百見不如一打

수백 번 본들 한번 만들어봄만 하랴!

百見不如一打

백견불여일타

HTML5
& CSS3

양용석 지음

수백 번 본들 한번 만들어봄만 하랴!

百見不如一打

백견불여일타

HTML5 & CSS3

지은이 양용석 **1쇄 발행일** 2019년 4월 16일

펴낸이 임성춘 **펴낸곳** 로드북 **편집** 조서희 **디자인** 이호용(표지), 심용희(본문)

주소 서울시 동작구 동작대로 11길 96-5 401호

출판 등록 제 25100-2017-000015호(2011년 3월 22일)

전화 02)874-7883 **팩스** 02)6280-6901

정가 27,000원 **ISBN** 978-89-97924-43-1 93000

이메일 chief@roadbook.co.kr **블로그** www.roadbook.co.kr

百見不如一打

코드를 한번 쳐보고 실행해보는 것이
프로그래밍을 익히는 으뜸 공부법이라는
철학을 담았습니다.

머리말

"할 수 있다"는 자신감을 심어주고 싶습니다

이 책의 학습 목표는 단순하고 명쾌합니다.

"웹 개발의 첫 발을 힘차게 내딛을 수 있는 계기가 되었다. 자신감을 찾게 되었다."

여러분이 이 책의 학습을 끝내고 이런 느낌을 받을 수 있게끔 해주고 싶습니다. 그러면 자신감을 심어주기 위해서는 무엇이 필요할까요?

"그래, 처음부터 조금 힘들더라도 실무 수준의 예제를 만들어보는 거야."

많은 책들이 HelloWorld 수준의 예제로 시작합니다. 예제 프로그램이 동작하는 순간의 기쁨은 찰나이며, 그 다음은 문법을 이론으로 배우는 지루한 설명이 이어집니다. 이것이 우리가 보는 전형적인 IT 책의 패턴입니다. 이런 패턴은 많은 독자를 중도에 포기하게 만듭니다. 독자가 끝까지 학습하여 완주할 수 있게 하는 힘이 어디에서 나올까 고민에 고민을 거듭하였습니다. 그래서 과감하게 처음부터 조금 강도가 높은 예제를 넣기로 하되, 하나하나 따라 하며 완성할 수 있게끔 최대한 쉽고 자세하게 구성했습니다. 1장에서 사용한 예제는 현업에서 간단한 홍보용 홈페이지로 사용해도 손색이 없습니다. 이 책에서 배울 거의 모든 문법들이 1장의 예제에 들어가 있습니다. 독자들은 코드를 하나하나 타이핑하고 실행해보고 소스 한 줄 한 줄의 결과를 확인해 보며 전체적인 큰 그림을 그려나갈 수 있을 겁니다.

1장이 끝나면, 2장부터는 여느 책처럼 약간은 지루할 수 있는 문법이 나옵니다. 물론 중간중간 작은 예제들을 함께 섞어 설명하고 있고, 1장에서 배운 내용들을 연계해서 하기 때문에 지루함의 강도는 훨씬 덜할 것입니다.

그리고 한 단원(장, Chapter)이 끝나면 반드시 연습문제와 실습문제를 두었습니다. 내가 알고 있는 지식을 더욱 더 내 것으로 단단하게 만드는 것은 '시험'입니다. 연습문제나 간략한 실습문제를 풀어보는 것은 배운 내용을 복기하고 끄집어내게 함으로써 실제로 내 지식이 되게 하는 가장 좋은 방법입니다.

마지막으로 1장에서처럼 실무 수준의 프로젝트 예제를 하나 더 제시합니다. 좀더 난이도를 높여 이 책에서 배운 모든 기술을 적용해볼 수 있도록 했습니다. 1장과 10장의 예제만 제대로 반복하여 만들어 보아도, HTML5와 CSS3를 이용한 웬만한 예제는 충분히 책을 보지 않고도 뚝딱 만들어낼 정도의 실력을 갖출 수 있을 겁니다.

그래도, 기본은 HTML과 CSS야!

요즘의 웹 개발을 위해 필요한 기술들을 한번 나열해보겠습니다. 이런 기술들이 무엇을 의미하는지는 지금 당장은 알 필요는 없습니다. 이 책을 끝까지 학습하는 과정에서도 붉은 색으로 표시된 앞의 세 단어만 빼고는 굳이 신경 쓸 필요는 없습니다.

HTML5, CSS3, JavaScript, jQuery, Vue.js, Angular, React, Bootstrap, Sass/Less …

위 용어들은 우리가 흔히 얘기하는 프론트엔드 기술이라고 합니다. 굳이 한글로 번역하자면 '앞단' 정도의 의미입니다. 여러분의 PC나 스마트폰 등의 사용자 기기에서 처리되는 여러 기능(인터넷을 켰을 때 보이는 브라우저 화면에 나타나는 다양한 기능)을 처리하는 영역을 말합니다. 이렇게 많은 기술들이 나타나는 이유는 좀더 편리하게 개발을 하거나 복잡해지는 사용자 요구사항을 제대로 적용하기 위함입니다. 또는 어느 회사가 필요해서 기술을 만들었는데, 그게 오픈되어 널리 사용되는 예도 있습니다. 대표적으로 페이스북에서 만들어 오픈된 React가 있죠. 앞으로도 프론트엔드 기술은 지속적으로 새로운 게 만들어지고 없어지기도 할 것입니다. 이들의 변화 속에서도 흔들리지 않는 기술, 그리고 프론트엔드의 가장 기본이 되는 기술이 바로 HTML5와 CSS3, JavaScript입니다. 이 세 가지만 제대로 배워두면 어떤 기술도 빠르게 배워 적용할 수 있습니다. 다만, JavaScript는 한 권의 책으로 다루기엔 너무 방대한 내용이라, 이 책에서는 꼭 필요한 만큼만 담았습니다.

책을 쓰면서 고민한 부분이 하나 있습니다. 최신 기능을 어떻게 전달할까 하는 부분입니다. 특히 Flexbox(또는 Flex)라고 하는 속성이 2017년부터 쓰이기 시작하더니, 이젠 웹 개발에서 필수적인 요소로 자리 잡았습니다. 하지만, Flex라는 속성은 모든 브라우저에서 지원되지는 않습니다. 특히 IE9 이전 버전에선 사용할 수 없으며, IE10 버전도 일부만 호환되기 때문에, 디자이너나 개발자들은 정말 곤혹스러운 상황을 만날 수 있습니다. 다행히 최근 들어 Windows10이 확대되면서 해당 운영체제의 기본 브라우저인 IE 엣지나 IE11, 그리고 다수의 사용자들이 사용하는 크롬 브라우저 때문에 Flex의 사용은 늘어날 것입니다. 그리고 최근 들어 PC 사용자들보다 모바일 사용자의 증가로 사실 Flex의 사용은 필수 요소가 되었습니다. 특히 Flex를 이용하면, 예전에 여러 다른 기법으로 레이아웃을 만드는 것보단 매우 편리하기 때문에, 이 책에 나와 있는 Flex 예제만 충분히 연습하면, 많은 도움을 받을 수 있을 것입니다.

마지막으로 고마운 인사를 전하고 싶은 분들이 있습니다. 이 책이 세상에 나오기까지 사실 어려움이 많았습니다. 책을 기획하고 2년 동안 집필을 했고, 중간에 예제 부분도 보강하고, 개발 환경을 바꾸느라 애를 먹긴 했지만, 많은 독자들이 필자의 책을 응원해준 덕택에 세상에 나올 수 있게 된 게 아닌가 생각됩니다. 항상 저를 옆에서 응원해 주시는 로드북의 임성춘 편집장과 이번에 이 책의 교정을 맡아준 조서희 편집자에게 이 자리를 빌어 감사의 말씀을 드립니다. 그리고 저의 부모님과 큰딸 유지, 둘째 연수, 막내 혁준이를 낳아준 제 아내에게 무한한 사랑을 보냅니다. 감사합니다.

2019년 4월 제주에서 양용석

일러두기

1. 이 책의 학습 방법

- 1장과 10장에 프로젝트를 두었습니다. 1장의 프로젝트는 무작정 따라 하며 HTML5와 CSS3로 웹사이트를 만들어봅니다. 코드가 무엇을 의미하는지 몰라도 설명과 함께 따라 하다 보면 어느새 웹 디자인에 대한 전체적인 감을 쉽게 잡을 수 있습니다.
- 초보자라면 약간 무리가 되더라도 1장을 먼저 따라 한 후 2장부터 순차적으로 공부할 것을 권장합니다.
- CSS3만 학습하고자 한다면 1장 프로젝트, 3장 CSS 설명 부분, 10장 프로젝트를 학습하면 충분히 소기의 성과를 얻을 수 있습니다.
- 각 장이 끝나면 연습문제와 실습문제를 반드시 풀어보기 바랍니다.
- 연습문제는 객관식, 서술형, OX 퀴즈 등의 다양한 형식의 문제를 두어 지루하지 않게 구성했습니다. 실습문제는 반드시 스스로 풀어보기 바랍니다. 해답이 제공되기는 하지만 다양한 답이 나올 수 있는 만큼 본인이 풀어본 답과 비교해 보고 궁금한 점은 백견불여일타 카페에 질문을 남겨주세요.

2. 이 책의 예제 다운로드와 표기법

- 비주얼 스튜디오 코드로 작성되었습니다. 설치나 사용법 등은 별도로 설명하지 않지만 필요할 때 책에서 간략하게 언급하고 있습니다.
- 예제 파일은 로드북 사이트와 백견불여일타 네이버 카페에서 내려 받을 수 있습니다.

    www.roadbook.co.kr/230
    cafe.naver.com/codefirst

- 책의 예제에서 코드의 라인마다 번호를 두었습니다. 라인 번호는 독자가 어느 위치에 코드를 추가해야 할지 직관적으로 알 수 있게 하기 위함입니다. 불필요한 중복을 막기 위해 필요에 따라 앞뒤로 생략했습니다.

```
12  ...
13  body {
14      margin: 0;
15      padding: 0;
16  }
17  ...
```

3. 백견불여일타 카페에서 함께 공부합시다.

앞으로 지속적으로 백견불여일타 시리즈 책들이 나올 예정입니다. 가까이는 C#이나 Firebase, vue.js와 같은 책들이 나올 예정입니다. 많은 정보를 얻을 수 있고 함께 학습할 수 있는 공간으로 만들어가도록 최선을 다하겠습니다.

백견불여일타 네이버 카페 주소 : cafe.naver.com/codefirst

나도 프로처럼 디자인하고 싶다! 따라 하다 보면 저절로 몸에 붙는

현장의 생생함이 살아 있는 3개의 프로젝트를 제공합니다!

1장에서 제공되는 프로젝트에 들어가는 기법을 간단하게 설명한 이미지입니다. 이 외에도 수많은 기법들이 필요합니다. 복잡해 보여도 하나하나 분해하여 배우고 조립하며 완성해 나가면 여러분도 프로처럼 디자인할 수 있습니다. You can do it!

box-sizing으로 이미지 박스 사이의 경계를 자연스럽게 해줄 수가 있답니다.

배경 이미지를 CSS3의 background 속성으로 처리하는 방법을 배우고 그 위에 텍스트는 어떻게 앉히는지 그리고 텍스트 박스를 position 속성으로 어떻게 원하는 위치에 놓게 할 수 있는지를 배울 수 있습니다.

HTML5의 figure와 figurecaption 태그를 이용해 HTML 문서에서 사진을 표현하고 그리드 시스템을 이용해 사진을 정렬하고 사진을 원형 모양으로 바꾸며 레이아웃 마법사 flex 속성을 이용해 텍스트의 위치를 너무나 쉽게 조정해볼 수 있습니다.

간단한 헤더(Header) 부분도 많은 CSS 디자인 기법이 필요합니다. 로고는 왼쪽으로 옮기고 메뉴에는 마우스를 갖다 대면 메뉴에 밑줄이 그어진다든지 하는 기능도 넣어야 합니다. float 속성으로 위치를 지정하고 박스 모델의 마진이나 패딩 등을 이용하여 픽셀을 조정해 위치를 잡는 기술까지 배워봅니다.

아이콘 같은 경우 외부의 이미지를 가져다 쓸 수 있는데, CDN을 이용해서 쉽게 적용할 수 있습니다.

목차

1장 백견불여일타! HTML5와 CSS3로 기본 웹사이트 만들기

2장 HTML5의 기초

3장 CSS3 기초

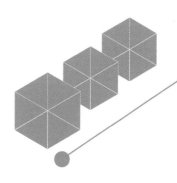

1장
백견불여일타!
HTML5와 CSS3로
기본 웹사이트 만들기

이 장을 시작하기 전에

❶ 실무에 바로 써먹을 수 있는 웹 디자인 실습을 해보고 싶다면,
〈2장 HTML5의 기초〉와 〈3장 CSS3의 기초〉를 읽고 1장을 실습하기
바랍니다.

❷ 기본적인 웹 표준 디자인을 하여 결과를 보고 싶다면,
1장을 차근차근 따라해보기 바랍니다. 당장 회사의 홍보용 홈페이지로
활용해도 손색없는 예제입니다.

❸ 1장을 끝까지 잘 따라하면,
HTML5는 구조를 만들고 CSS3로는 다양한 디자인을 쉽게 적용할 수
있다는 관계를 명확하게 이해할 수 있습니다.

1.1 HTML5+CSS3 기초 개념

우리가 만들어볼 예제는 헤더, 메인 페이지, 본문, 푸터로 구성된 가장 기본적인 웹사이트입니다. 프로그래밍 언어를 배울 때 가장 쉽게, 가장 재미있게, 가장 확실히 배울 수 있는 방법은 뭔가를 직접 만들어보는 것입니다. 만들 예제가 실무에서 쓰일 법한 것이라면 더 없이 좋겠지요. 이 책의 시리즈 이름인 '백견불여일타'에는 한번 코드를 쳐보고 실행해보는 것이 프로그래밍을 익히는 으뜸 공부법이라는 철학이 담겨 있습니다.

1장에서는 어떠한 웹사이트 디자인에도 적용할 수 있는 예제를 바로 진행해봅니다. 우리가 만들 예제는 'Hello, world'를 출력하는 예제보다는 다소 무겁습니다. 하지만 직접 만들면 쉽고, 재미있고, 놀라운 웹 프로그래밍의 기본을 익힐 수 있으리라 생각합니다.

손이 귀찮아지면, 실력이 느는 법! 이제 시작해보겠습니다.

1.1.1 HTML과 CSS의 개념

예제로 들어가기 전에 아주 간단하게 HTML과 CSS가 어떤 개념인지 잠깐 살펴보겠습니다.

[그림 1-1] HTML5와 CSS3의 긴밀한 관계

HTML5는 웹 페이지 구축을 위한 뼈대가 되는 언어입니다. HTML은 'Hyper Text Markup Language'의 약자로 웹 페이지를 위한 마크업Markup 언어입니다. 마크업 언어는 문서나 데이터의 구조를 표시하는 언어의 한 종류입니다. 마치 MS-Word와 같은 워드프로세서에서 문서의 특정 영역을 선택한 후 글꼴을 변경하면 선택 영역의 글꼴이 바뀌는 것과 같은 이치입니다.

HTML5에서 '5'는 버전을 의미합니다. 즉, HTML5가 나오기 전에는 HTML1.0, HTML2.0, HTML3.0, HTML4.0, XHTML1.0이라는 버전들이 존재하다가, 2014년에 공식 표준으로 지정되어 HTML이 HTML5라는 이름을 갖게 되었습니다. 2016년 11월 1일 HTML5의 마이너 업데이트 버전인 HTML5.1 표준안을 확정, 2017년 12월 14일 HTML5.2 표준안을 확정했으며 HTML5.3 버전은 현재 작업 중입니다.

CSS는 'Cascading Style Sheet'의 줄임말입니다. CSS3 또한 현재 버전이 3이라는 의미이구요, Cascading을 우리말로 번역하면 '폭포수처럼 떨어지는' 정도가 되는데요, CSS로 문서의 스타일을 적용하는 방식이 마치 폭포수처럼 적용되는 것과 같다는 말에서 유래된 듯 합니다. CSS는 문서의 색이나 모양 등 외관을 꾸미는 언어입니다. CSS가 니오기 전까지는 HTML만으로는 웹 문서를 설계하고 변경하는 데 한계가 많았습니다. 특히 디자인을 효과적으로 적용하기가 힘들었는데요, 이 점을 해결하기 위해 CSS 코드로 작성된 별도의 스타일 시트를 두게 된 것입니다.

HTML이 웹 페이지 구축을 위한 뼈대라고 하면, CSS는 웹 디자인을 완성시켜 주는 언어입니다. CSS는 단독으로 아무런 역할을 할 수 없고, HTML 문서가 있어야만 작동하게 됩니다. 즉 CSS는 별도의 파일이 있다고 하더라도, HTML 문서가 없으면 어떤 동작도 하지 않습니다. 웹 페이지를 만들다 보면 태그만으로는 표현하려는 내용을 전부 나타내기에 힘들 때가 많았습니다. HTML 초기에는 CSS 없이 HTML 문서 자체만으로 웹 페이지를 디자인하고 만들었습니다. CSS의 역할이 적었던 시절에는 HTML 태그 중 table 태그로 웹 페이지를 디자인하고 레이아웃을 구성했는데, 정말 코드가 복잡하고 지저분했었던 기억이 납니다. 하지만 현재 웹 표준 기술에 의한 HTML5와 CSS3에서는 레이아웃 디자인은 table 태그를 전혀 사용하지 않습니다. table 태그는 원래 생겨난 목적대로 표 데이터를 보여주는 용도로 사용됩니다. 이 부분은 실제 사이트 제작 예제를 통해 살펴보겠습니다.

CSS3의 가장 큰 특징 중 하나는 예전에는 자바스크립트를 이용해서 만들어야 했던, 가령 애니메이션과 같은 효과를 CSS에서 제공하게 된 것입니다. 별도의 스크립트 코드가 없어도 다양한 효과를 줄 수 있으며, 특히 최신 브라우저에서 CSS3의 모든 속성들을 지원하게 되어 보다 편리하고 디자인적으로 많은 효과를 줄 수 있게 되었습니다.

만약, 태그를 알고 있다면 CSS3를 터득하는 것쯤은 어려운 일이 아닙니다. HTML5와 CSS3의 협업으로 이제 웹 개발자들은 빠르게, 다양한 모습으로 웹 페이지를 설계할 수 있게 되었습니다.

✳ 여기서 잠깐

웹사이트를 개발할 때 어떤 도구를 쓰는 것이 좋을까요?

웹사이트 개발에 앞서서 개발을 위한 편집기가 필요합니다. 물론 "난 윈도우즈에 기본 내장된 메모장으로 다 할 수 있어!"라고 자신하는 분은 메모장으로 써도 됩니다. 하지만 요즘 시대에도 메모장을 이용해서 개발하는 개발자는 없으리라 판단됩니다. 필자는 서브라임 텍스트(Sublime Text)라는 강력한 에디터를 사용하고 있습니다. 서브라임 텍스트는 파이썬 기반의 텍스트 편집기인데요, 비교적 최근에 만들어졌습니다. 처음 출시된 이후로 많은 개발자들에게 인기를 얻으면서 이전에 쓰던 것에서 옮겨 가는 추세인데요, 독특한 기능이 많고 빠른 속도에 가볍기 때문입니다. 뿐만 아니라 필요에 따라 플러그인을 다양하게 이용하여 통합 개발 환경 정도의 기능을 넣을 수 있어서 그 인기가 높습니다.

서브라임 텍스트는 유료 편집기입니다. 쓰려면 70불 정도를 지불하셔야 하는데, 필자는 상용 버전을 구입해서 사용 중입니다. 그만한 값어치가 분명이 있기 때문이죠. 구입하지 않더라도 사용하는 데 전혀 지장은 없고, 가끔 구입을 해야 한다는 메시지가 나오는 정도입니다. 하지만 현재 윈도우즈 개발사인 마이크로소프트에서 서브라임 텍스트와 거의 기능이 유사한 비주얼 스튜디오 코드(Visual Studio Code)를 무료로 배포하고 있습니다.

비주얼 스튜디오 코드(이하 VC)는 https://code.visualstudio.com/에서 다운로드가 가능합니다. 설치 후 몇 가지 확장 프로그램을 더 설치하면 웹 개발을 빠르게 할 수 있습니다. 기본 기능만으로도 사이트 개발할 때 전혀 문제가 없으니, 이 책에서는 확장 프로그램은 사용하지 않고 작업합니다.

[그림 1-2] 비주얼 스튜디오 코드 다운로드 페이지

이 책의 예제들은 어떤 편집기를 사용해서 작업을 하든지 큰 차이는 없습니다. 다만 실제 웹 개발을 할 때는 여러분들에게 딱 맞는 편집기를 선택하는 일은 아주 중요합니다. 따라서 소개한 두 개의 편집기 외에 적절한 것을 찾으셨다면 해당 편집기를 사용해도 좋습니다만, 이 책에서 제공하는 예제는 모두 비주얼 스튜디오 코드에서 작업하였습니다.

1.2 우리가 만들 웹사이트로 보는 HTML5 문서 구조

우리가 만들 웹사이트 미리보기

실제 예제로 만들 사이트의 레이아웃을 먼저 소개하고 본격적으로 만들 어보겠습니다. 이 예제의 최종 모습은 예제 파일에서 제공하는 example/ ch01/ 디렉토리에 있습니다. 여기에서 index.html을 클릭해볼까요? 다음과 같은 최종 웹사이트의 모습을 볼 수 있습니다.

[그림 1-3] 예제로 만들 사이트 디자인

우리가 만들 웹사이트 구조

[그림 1-3]은 이 책을 집필하는 시점을 기준으로 했을 때 가장 일반적인 형태의 웹사이트입니다.
[그림 1-4]를 보면 만들어야 하는 사이트의 구조를 크게 세 부분으로 나누었습니다.
문서의 헤더header, 여러 개의 본문article 그리고 푸터footer 로 구성되어 있습니다.

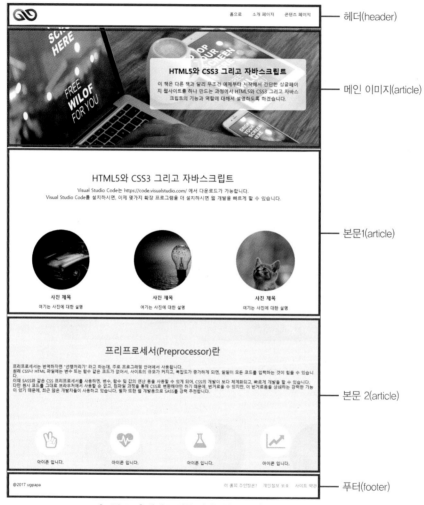

[그림 1-4] 예제로 만들 사이트를 구조적으로 분석한 그림

사실 HTML 문서는 일반적으로 사용하는 문서의 형태와 매우 비슷합니다. 일반 문서도 보통
머리말로 시작합니다. 이어서 목차가 등장하고 그에 따른 본문이 있으며, 마지막 부분에 결론
을 넣고, 문서 맨 끝에는 참고문헌과 같은 부속 자료가 들어갑니다.

HTML 문서 또한 헤더 부분에 회사 로고와 목차가 들어가고, 그 다음 몸통 부분에 본문article
이, 그리고 꼬리말 부분이 푸터footer인데 푸터에는 일반적인 사이트에 관한 정보 및 기타 사이
트에 필요한 부가적인 정보를 넣습니다.

[표 1-1] 일반 문서와 HTML 문서의 비교

HTML 문서	일반 문서와의 비교
헤더(header, 회사 로고와 목차)	머리말과 목차
본문(article, 아티클)	본문과 결론
푸터(footer, 사이트에 관한 주요 정부)	구성 및 참고 자료

1.3 헤더 만들기 – HTML5로 구조 만들기

앞에서 살펴본 문서의 구성 요소를 기반으로 우리의 웹사이트의 구조를 짜보겠습니다.
HTML 문서의 구조에 대해서 알아볼텐데요, 앞에서 본 구성에서 헤더부터 바디, 푸터까지 진행하겠습니다.

1.3.1 예제로 살펴보는 HTML 문서 구조

HTML 문서는 html 요소 안에 head 요소와 body 요소가 들어가는 구조로 되어 있습니다.

[코드 1-1] HTML5의 일반적인 문서 구조

```
1    <!DOCTYPE html>
2    <html>
3    <head>
4        <meta charset="UTF-8">
5        <meta name="viewport" content="width=device-width, initial-scale=1.0">
6        <meta http-equiv="X-UA-Compatible" content="ie=edge">
7        <title>Document</title>
8    </head>
9    <body>
10
11   </body>
12   </html>
```

[코드 1–1]을 보면 HTML5 문서의 가장 일반적인 구조를 볼 수 있습니다. HTML 문서는 앞에서 잠깐 언급했는데요 **태그**라는 언어로 구성되어 있는데, 태그의 특징은 〈 〉 기호로 나타냅니다. 이 기호는 HTML 문서에서만 사용됩니다.

여기서 가장 먼저 주목해야 할 곳은 [코드 1–1]의 첫 번째 줄의 <!DOCTYPE html>라고 되어 있는 부분입니다.

DOCTYPE은 어떤 버전의 HTML 언어로 기술할 것인지 문서의 타입 즉, 형식을 명시하기 위한 것으로 HTML 문서의 첫 번째 줄에 나와야 하는 부분입니다. 현재의 표준 규격은 HTML5이므로 특별한 이유가 없다면, 거의 모든 웹사이트에서 이 부분이 <!DOCTYPE html>을 사용하고 있습니다. 만약 여러분들이 HTML 문서를 수정할 일이 있는 경우, HTML5 문서가 아니면 CSS3 속성이 적용되지 않는다는 것만 알면 됩니다.

참고

HTML5 이전 문서들 특히 HTML 4.01과 XHTML 1.0 문서가 가끔 보이는데, 이들 문서의 DOCTYPE은 다른 형태입니다. 자세한 내용은 2장에서 살펴보겠습니다.

DOCTYPE을 지나 HTML 문서를 보면 <html>로 시작하여 </html>로 끝나는 것을 볼 수 있습니다. HTML 문서들은 고유의 태그들이 있으며, 시작이 있으면 닫힘이 있습니다(단, 몇몇 태그는 단독으로 사용됩니다). <html>이 의미하는 것은 "현재 이 문서는 HTML 문서다"라고 브라우저에 알려주는 역할을 합니다. 모든 HTML 태그는 <html> 내부에 작성합니다.

앞에 표시된 기본 태그들이 어떤 역할을 하는지 간단히 표로 정리해보았습니다.

[표 1-2] HTML5 기본 태그

태그	의미	기능
<html>	문서 정의 태그	최상위 태그로 웹 문서의 시작과 끝을 지정한다. 하위에 <head>와 <body>를 하나씩 포함한다.
<head>	머리말 태그	부가적인 정보(스타일 시트와 스크립트 정보)를 지정한다. 웹 브라우저 창에 실제로 표시되지는 않는다. <title>, <meta>, <style>, <link>를 포함한다.
<meta>	메타 태그	웹 문서 정보(작성자, 형식, 인코딩 방식)를 지정한다. 빈 태그로 종료 태그가 없다.
<title>	제목 태그	웹 문서의 제목을 지정한다. 브라우저 창 위쪽의 타이틀 바 영역에 표시한다.
<body>	내용 태그	웹 문서로 표현될 실제 내용을 지정한다. 대부분의 내용은 실제로 웹 브라우저에 표시된다.

1.3.2 〈head〉와 〈body〉 태그

HTML 페이지 안에는 <head>와 <body>태그를 입력합니다. 구성을 나타내면 다음과 같은데요. <body>는 사용자에게 실제로 보이는 부분이며, <head>는 <body>에서 필요한 스타일 시트와 자바스크립트를 제공하는데 사용됩니다.

```
<head>
    HTML 문서에 대한 정보, CSS 속성,
</head>
<body>
    각종 HTML 태그 정보
    하단 부분에 자바스크립트
</body>
```

<head> 내부에는 현재 HTML 문서에 대한 정보와 CSS 파일 및 속성, 또는 DOM(문서객체 모델, 1.4.2절에서 설명)에 영향을 미치지 않는 자바스크립트 파일과 메타 정보와 같은 것들을 넣어 둡니다. 실제 HTML 문서에 영향을 줄 수 있는 중요한 정보를 <head> 부분에 넣어 두는 건데요, 하지만 <head> 부분에 넣어둔 정보들은 실제 브라우저에서 보이는 HTML 태그들은 넣지 않습니다. HTML 태그들은 body 부분에 넣어야 합니다. 또한 최근에는 자바스크립트 파일들을 body 태그가 끝나는 지점인 </body> 바로 직전에 넣어주는데, 그 자세한 이유는 '8장 필요한 만큼 배워보는 자바스크립트'에서 알아보겠습니다.

<head> 내부에는 다음 태그만 입력할 수 있습니다. meta 정보 웹사이트 페이지의 제목을 알려주는 title 태그, CSS 스타일을 정의해주는 style 태그 또는 CSS를 외부에서 호출하는 link 태그들이 있습니다. 해당되는 내용 외의 태그를 넣으면 웹 브라우저가 자동으로 해당 태그를 <body> 내부로 옮깁니다. 표로 정리해볼까요?

[표 1-3] 〈head〉 내부에 넣을 수 있는 태그 이름

태그	기능
meta	웹 페이지에 추가 정보를 전달한다.
title	웹 페이지의 제목을 나타낸다.
script	웹 페이지에 스크립트를 추가한다.
link	웹 페이지에 다른 파일을 추가한다.
style	웹 페이지에 스타일 시트를 추가한다.
base	웹 페이지에 기본 경로를 지정한다.

<body> 내부에 삽입하는 태그는 굉장히 많아서 이 부분은 따로 다루겠습니다.

〈head〉 태그 내부 태그 - meta 태그

<head> 태그 내부에 들어가는 정보에 관해서 알아보겠습니다. 먼저 meta 태그는 문서의 인코딩 정보, 키워드, 누가 이 사이트를 만들었는지 등 여러 가지 사이트의 부가적인 정보를 지정하는 데 목적이 있습니다.

HTML5 문서는 거의 모든 문서들의 인코딩 정보를 UTF-8로 지정합니다.

```
<meta charset="UTF-8">
```

인코딩 정보가 UTF-8로 지정되면, 현재 문서에 한국어, 영어, 일본어, 중국어 등 전세계 거의 모든 언어가 한 페이지가 존재하더라도 현재 문서에서 모두 표현됩니다. 예전 HTML 4.01 또는 XHTML 1.0 문서에서는 인코딩 정보가 국내에서는 euc-kr로 지정되어 있는 것을 종종 볼 수 있는데, euc-kr로 지정된 문서 내부에 일본어 또는 중국어를 내포하게 되면 해당 문자들이

보이지 않게 됩니다. 왜냐하면 euc-kr 자체가 한글과 영어만 지원하기 때문입니다. 또한 문서 포맷 자체도 UTF-8 문서이면 [그림 1-5]에서 보이는 UTF-8로 해야 하며, euc-kr 포맷인 경우에는 ANSI로 저장해야 합니다. 참고로 최근 개발자들이 주로 사용되는 편집기인 비주얼 스튜디오 코드(VC)는 UTF-8 포맷이 기본 설정 값입니다.

[그림 1-5] 문서 저장할 때 인코딩 설정하기

[그림 1-6]을 보면 왼쪽 문서가 UTF-8로 저장된 문서, 오른쪽이 euc-kr로 저장된 문서입니다. 한글과 영어는 두 문서가 똑같이 표시되는데, 중국어와 일본어는 euc-kr로 저장된 문서에 '?' 로 된 부분이 일부 보입니다. 가장 차이가 나는 부분은 아랍어인데, euc-kr로 지정된 문서에서는 아랍어는 나타나지 않습니다. 특히 최근에는 HTML 문서뿐만 아니라, 일반적인 워드 문서인 경우에도 UTF-8을 기본으로 하기 때문에, 일단 HTML5의 기본 문서의 인코딩은 'UTF-8이다'라고 외워두면 됩니다.

▲ UTF-8 ▲ euc-kr

[그림 1-6] 인코딩 방식에 따른 문서 비교
[예제 파일] chapter1/lang.html, chapter1/lang-euckr.html

meta 태그에서는 검색엔진에서 현재 만들어진 웹 페이지에 대한 설명description, 키워드keyword, 제작자author 등과 같은 정보와 홈페이지의 주소가 바뀐 경우 변경된 다른 URL로 보낼 수 있는 기능이 있습니다. 또한 검색엔진이 사용하는 웹 크롤러web crawler는 웹상에서 여러 문서들을 긁어 모아 검색엔진 고유의 형태로 보여지게 되는데, 이때 어떤 페이지는 가져가게 하거나 어떤 페이지는 긁어가지 못하게 하는 기능도 있습니다.

메타 기능을 활용한 키워드와 다음의 예로 들어 설명해보겠습니다.

```
<meta name="keywords" content="Jeju, tourist, Korea, island, beautiful"/>
```

이렇게 meta 태그에 키워드와 관련된 내용을 지정해 주면 검색엔진에서 해당 키워드와 관련된 내용을 검색할 경우 이런 키워드가 포함되어 있는 웹 페이지를 보여주게 됩니다. 실제 검색엔진에서 해당 키워드가 포함되었을 때를 가정해서 이렇게 키워드를 설정해 주긴 하지만, 검색엔진에 따라선 이렇게 키워드를 설정한다고 해서, 반드시 포함되지 않을 수도 있습니다.

```
<meta name="description" content="JEJU The most beautiful Island in the World"/>
```

웹사이트에 대한 설명은 description을 이용하여 설정해 주는데, 이 부분은 사이트에 대한 설명을 나타내 주는 곳입니다. 실제 글자 수에는 제한을 두진 않지만, 검색엔진에서 요구하는 글자 수 이상을 넣을 경우 해당 내용은 검색엔진에서 나오지 않을 가능성이 높습니다. 이 부분은 검색엔진에서 제시하는 글자 수에 맞게 처리하는 것이 좋습니다. 네이버 웹 마스터 도구에서는 "사이트 메인 페이지의 경우 description 태그는 최대 45자를 넘기지 않도록 작성하는 것을 권장합니다"라고 되어 있습니다.

 참조 사이트: http://webmastertool.naver.com/guide/basic_markup.naver#chapter2.2)

또한 메타 태그에는 반응형 웹사이트에 적용되는 몇 가지 태그들을 추가해 줄 수 있는데, 다음과 같은 태그입니다.

```
<meta name="viewport" content="width=device-width, initial-scale=1.0">
```

이 속성은 현재 사용하는 브라우저에서 보이는 크기를 1로 고정해 주는 역할을 합니다. 최근에는 많은 웹사이트들이 반응형Responsive으로 제작되고 있는데, 모바일 기기나 태블릿에서 보여지는 사이트의 넓이device-width 대비 사이트의 크기initial-scale를 1.0으로 한다는 의미입니다. 여기서 initial-scale=2로 하게 되면 모바일 브라우저에서만 사이트의 글씨 크기가 2배로 확대되어 보입니다.

```
<meta http-equiv="X-UA-Compatible" content="ie=edge">
```

이 속성은 IE 브라우저에서만 해당하는데, IE 브라우저인 경우 IE9 이하의 브라우저에서는 HTML5를 지원하지 않고, 또한 브라우저가 HTML5을 지원하더라도 브라우저에서 호환성 모드를 이용하면 사이트가 제대로 보이지 않기 때문에, IE인 경우 가장 최신 브라우저 모드로 보게끔 처리하는 것입니다. [그림 1-7]을 보면 IE 브라우저에서 문서 모드를 선택할 수 있는 것을 알 수 있는데, meta 태그에서 content="ie=edge"로 설정을 해주면 최신 모드로 문서를 렌더링해 주게 됩니다.

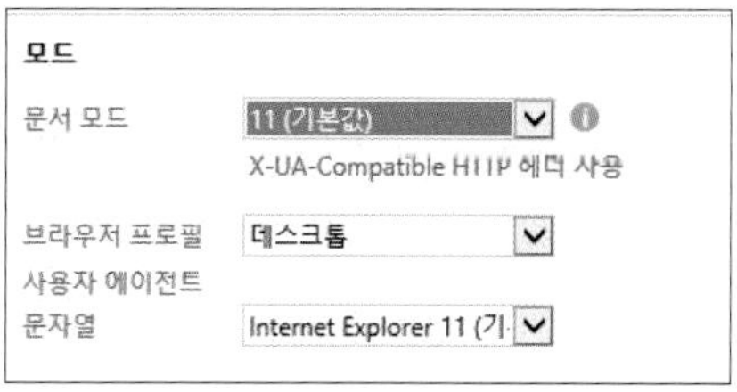

[그림 1-7] IE 브라우저에서 키보드 〈F12〉키를 누르면 나타나는 개발자 모드 상에서의 문서 모드 선택 부분.
현재 그림에서는 IE11 기준이며 IE Edge 브라우저에서는 문서 모드가 없다.

필자가 생각하는 메타 태그 중 가끔 사용되지만, 아주 유용한 메타 태그가 하나 있는데, 사이트를 리다이렉트(redirect:다른 방향으로 보내다) 해주는 메타 태그입니다. 가령, 사이트의 주소가 바뀌었거나, 사이트의 일부 콘텐츠를 다른 페이지로 이동해 줘야 할 때 자바스크립트나 기타 링크를 통하는 것이 아니라 meta 태그만으로 해당 기능을 처리할 수 있습니다.

```
<meta http-equiv="refresh" content="3;url=http://www.google.com/">
```

위와 같이 해당 사이트의 head 부분에 meta 태그를 설정해 주면 3초 후에 google.com으로 사이트가 리다이렉트해주게 됩니다. 여기서 content 부분에 있는 3을 0으로 변경하면 바로 google.com으로 이동하게 됩니다. 소스코드 파일(chapter/redirect.html)을 실행해 보면 3초 후 사이트가 구글로 이동하는 것을 알 수 있을 것입니다.

〈head〉의 내부 태그 - 〈title〉

<head> 부분에는 <title> 태그를 이용하여 사이트의 제목을 넣어 줍니다. 브라우저에서 보이는 실제 웹사이트의 제목이 <title>...</title> 태그에 적용된 제목으로 보여지게 됩니다.

1.4 헤더 만들기 – CSS3와 자바스크립트로 디자인 스타일 정의하기

HTML 문서에 있는 <head> 부분에서 가장 중요한 요소 중 하나가 CSS의 적용이라고 할 수 있습니다. HTML5부터는 문서의 구조(HTML)와 표현(CSS)이 완전히 분리되었습니다. 표현을 담당하는 CSS는 <head> 부분에서 적용해 주게 됩니다. CSS를 적용하는 방법에 대해서 알아보겠습니다.

1.4.1 CSS로 디자인 파일 입히기

웹 페이지의 스타일을 정의하는 CSS 파일은 다음의 세 가지 방법으로 적용해 줄 수 있습니다.

❶ **임베디드 방식**

첫 번째는 웹 페이지의 〈head〉 내부에 다음과 같이 적용해 주는 방법입니다. 이런 방식을 임베디드(embedded) 방식이라고 합니다.

```
<style>
    h1 {font-size: 32px; color: #ccc;}
    …
</style>
```

❷ **별도의 파일을 호출하는 방식**

두 번째는 별도의 파일을 하나 만들어서 해당 파일을 호출하는 방법입니다. 일반적으로 가장 많이 사용하는 방법입니다. 다음과 같이 href 부분에 해당 파일이 있는 경로를 지정해주면 됩니다. 이런 방식은 외부 파일로 저장 후 불러오는 방식이라고 합니다.

```
<link rel="stylesheet" type="text/css" href="./css/style.css">
```

❸ **HTML 태그 내부에 직접 적용하는 방식**

마지막은 HTML 태그 내부에 직접 적용하는 방법으로, 인라인 방식이라고 합니다. 바로 해당 CSS 속성을 확인해 볼 수 있다는 점 외에는 사실 아무 장점도 없는 방법입니다. 가급적이면 사용하지 않기를 권합니다. 이 방법은 다음과 같이 적용해 줄 수 있습니다.

```
<h1 style="font-size:32px;color:#ccc;">About Jejudo</h1>
```

> **참고**
> 예외적으로 필자도 사용할 때가 있습니다. 본인이 개발하지 않은 사이트를 급하게 수정해야 하는데, 해당 CSS 속성을 찾지 못하거나, CSS 파일을 제어할 수 없을 경우 이렇게 html 태그 내부에 인라인 방식으로 적용하면 됩니다.

다시 한번 말씀드리지만, CSS 속성은 되도록이면 별도의 파일로 저장해서 HTML 문서에서 호출하는 방법이 최상의 방식이며, 사이트 관리적인 면에서도 가장 효율적입니다.

1.4.2 자바스크립트 파일

스크립트 파일이라고 하면 보통 자바스크립트를 의미합니다. 스크립트 파일 또한 <head> 태그 내부에 적용해 줄 수 있지만(DOM에 영향을 주지 않는), 스크립트 파일은 문서의 맨 마지막에 위치시키는 것이 좋습니다. 브라우저가 웹 문서를 해석하는 방식에서 그 이유를 찾을 수 있습니다. 웹 브라우저는 HTML 문서를 읽을 때 위에서부터 아래로 순서대로 해석합니다. 하향식, 영어로는 탑 다운Top Down 방식이라고 하는데, 스크립트 구문이 HTML 문서 즉 DOMDocument Object Model: 문서 객체 모델을 제어하는데, 브라우저에서 모든 코드가 로드load되지 않은 상태에서 스크립트가 DOM을 제어함으로써 생기는 에러를 예방하기 위함입니다.

> **DOM**
>
> DOM은 Document Object Model의 준말로 우리말로는 문서 객체 모델이라고 합니다. HTML 문서의 각 요소들은 객체라고 할 수 있습니다. 즉 HTML의 태그들 body, header, article, table, footer, 아이디 선택자 <div id="selector">와 클래스 선택자 <div class="selector"> 등 HTML 문서를 구성하는 모든 요소를 객체라고 하며, 해당 객체는 스크립트 언어에 의해서 제어할 수 있습니다. DOM은 일반적으로 자바스크립트로 제어하게 됩니다. 특히 최근 아주 많은 종류의 자바스크립트 프레임워크들이 출현함에 따라 DOM을 제어하기가 편리해졌습니다.

이렇게 HTML 문서의 head 부분에는 다양한 정보들이 들어가게 됩니다. 여기서 HTML 문서에 직접적으로 영향을 미치는 것은 CSS 파일과 자바스크립트 파일이며, 나머지는 웹 페이지의 정보에 관한 내용들이 들어갑니다.

> **참고**
> 자바스크립트는 8장에서 간략하게 살펴보겠습니다.

본격적으로 예제를 코딩해봅시다. 사이트를 부분으로 나눠서 HTML 코딩을 시작해보죠!

1.4.3 헤더와 대표 이미지 구획 만들기

헤더와 대표 이미지를 구분하는 구조 잡기

[그림 1-8]을 보면 사이트의 헤더 부분과 사이트를 대표하는 이미지가 있는 부분이 있습니다.
HTML5에서는 이전 버전과 달리 HTML 문서의 구조를 설정하는 대표적인 태그들이 있습니다.

[그림 1-8] 사이트의 헤더 부분과 사이트의 대표 이미지를 설정한 부분

문서의 헤더를 나타내는 <header>...</header>, 내비게이션을 나타내는 <nav>...</nav>, 본문은
<article>...</article>, 그리고 문서의 끝 부분을 표현해주는 <footer>...</footer> 태그가 있
습니다. 이 태그들은 HTML5 이전 문서에서는 볼 수 없는 태그들입니다.

또한 HTML 작업을 하다 보면 가장 많이 보이는 태그가 <div>...</div> 입니다. div는 division
의 약자로 '분할' 또는 '분배'라는 의미입니다.

HTML 태그의 용도는 사이트의 구조를 잡는 데 목적이 있습니다. 따라서 사이트의 구조는 다
시 크게 두 개로 나눠보면 구역(block- 이하 블록)과 일렬(inline- 이하 인라인)로 나눌 수 있
습니다. 태그 또한 블록 태그와 인라인 태그가 있습니다.

여기서 언급한 div 태그는 대표적인 블록 태그입니다. 그리고 방금 전에 설명한 HTML5의 대
표적인 문서 구조를 설명한 태그 또한 블록 태그들입니다. 블록 태그는 일렬로 존재할 수 없습
니다. [그림 1-8]에서와 같이 header 부분과 사이트 대표 이미지 부분이 각기 구분되어 있는
것처럼 별도의 구획을 가지는 것을 블록태그라고 합니다.

이제 [코드 1-1]의 <body>...</body> 태그 내부에 [코드 1-2]를 입력하겠습니다.

[코드 1-2] 사이트의 구조 잡기   [예제 파일] chapter1/index.html

```html
1  <!DOCTYPE html>
2  <html>
3
4  <head>
5      <meta charset="UTF-8">
6      <meta name="viewport" content="width=device-width, initial-scale=1.0">
7      <meta http-equiv="X-UA-Compatible" content="ie=edge">
8      <title>Document</title>
9  </head>
10
11 <body>
12     <header>
13
14     </header>
15     <article>
16
17     </article>
18
19 </body>
20
21 </html>
```

추가된 부분 (lines 12~17)

비주얼 스튜디오 편집기를 기준으로 아래와 같이 입력하고 [파일 〉 다른 이름으로 저장]을 클릭하여 이름은 index, 파일 형식은 html로 저장합니다. 여러분들이 원하는 위치에 저장을 합니다.

[그림 1-9] [코드 1-2]를 비주얼 스튜디오 코드 편집기에 입력하는 화면

그러면 [그림 1-10]과 같이 태그를 색상별로 구분할 수 있게 하여 편리하게 개발할 수 있는 환경이 만들어집니다.

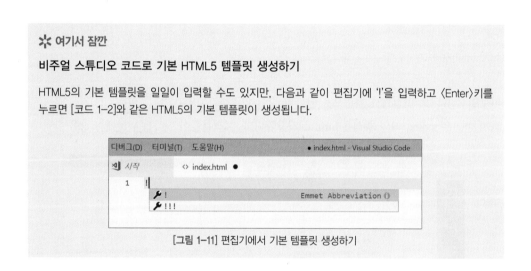

[그림 1-10] 입력한 코드가 태그별로 색상이 적용되는 비주얼 스튜디오 코드 편집기 화면

✻ 여기서 잠깐

비주얼 스튜디오 코드로 기본 HTML5 템플릿 생성하기

HTML5의 기본 템플릿을 일일이 입력할 수도 있지만, 다음과 같이 편집기에 '!'을 입력하고 〈Enter〉키를 누르면 [코드 1-2]와 같은 HTML5의 기본 템플릿이 생성됩니다.

[그림 1-11] 편집기에서 기본 템플릿 생성하기

이렇게 입력해서 index.html을 브라우저에서 실행해보더라도(열면) 아무 것도 나타나지 않습니다. 여기까지 작업을 하고 사이트 제작을 위해 파일 구조를 설정해 보겠습니다.

파일 구조 설정하기

웹사이트 제작을 위해선 HTML 파일만 있는 것이 아니라 CSS 파일도 있고 이미지 파일들도 있고, 스크립트 파일들도 있고, 기타 여러 가지 파일들이 존재할 수 있습니다. 필자는 사이트 코딩 작업에 앞서 가장 먼저 하는 작업이 해당 파일이 존재하는 디렉토리를 설정하는 일을 최우선으로 합니다.

우선 HTML 파일들은 사이트 작업 폴더의 루트root에 저장합니다. 루트의 의미는 웹 서버에 소스코드를 올릴 때 웹 페이지에 처음 접근하는 index.html이 위치한 디렉토리입니다. 아파치 웹 서버라면 htdocs 디렉토리가 루트 디렉토리가 됩니다. 웹 서버에 올리기 전에는 일반 PC에서 작업을 할 텐데, htdocs 대신 프로젝트 이름으로 디렉토리를 만들면 됩니다. 작업이 끝나면 웹 서버에 올릴 때 루트 디렉토리 안에 있는 파일과 디렉토리를 그대로 위치시켜 둡니다. 보통 css 파일들은 css 폴더에, 자바스크립트 파일들은 js 폴더에, 이미지 파일들은 imgs 또는 images 폴더에 넣습니다. 이렇게 해야 파일 관리가 매우 편리해집니다([그림1-12] 참조).

[그림 1-12] 사이트 작업을 위한 기초 파일 정비

[그림 1-12]와 같이 폴더를 만들었다면, 비주얼 스튜디오 코드 편집기에서 [파일 〉 작업 영역에 폴더 추가] 메뉴를 이용해 다음과 같이 편집기에 폴더를 추가해서 작업하면 편리합니다.

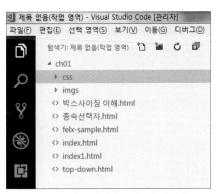

[그림 1-13] 편집기에 폴더를 추가하기

[그림 1-13]을 보면 폴더의 root 부분에는 html 파일들이 있고, 별도의 폴더들이 있는 것을 알수 있습니다. 확장자가 .css로 끝나는 CSS 파일들은 css 폴더에 넣습니다. 실제 웹사이트를 만들 때 CSS 파일이 여러 개 필요한 경우도 있으며, SASS와 같은 프리프로세서를 사용할 때 .sass/.scss 파일들이 있기도 해서, 해당 파일들은 전부 css 폴더에 넣는 것이 향후 파일 관리시 매우 편리합니다(SASS 파일은 별도 디렉토리를 이용해서 관리하기도 합니다).

마찬가지로 JPEG, GIF, PNG와 같은 여러 종류의 파일 타입이 있는 이미지 파일들은 imgs 폴더에 넣어야 관리가 편합니다. 자바스크립트 파일은 확장자가 .js 파일로 끝납니다. 따라서 해당 파일을 js 폴더에 넣으면 됩니다. 반드시 이렇게 폴더 구조를 가져가야 한다는 것은 아니지만, 프로젝트를 할 때 파일을 디렉토리별로 잘 관리하는 것이 개발 효율성 면에서 좋기 때문입니다.

1.4.4 헤더 – 로고와 내비게이션 만들기

사이트 작업으로 돌아가겠습니다!

헤더 부분에는 사이트 로고가 있고, 내비게이션 항목이 있습니다. 로고는 이미지 파일 그대로 사용하고, 내비게이션은 ul 태그로 만들어봅니다. 우선 index.html의 `<header>` 부분에 [코드 1-3]처럼 코드를 입력해주시기 바랍니다.

[코드 1-3] 헤더의 로고와 내비게이션 구현하기	[예제 파일] chapter1/index.html

```
12      <header>
13          <a href="#" class="logo">
14              <img src="imgs/logo.png" alt="로고">
15          </a>
16          <ul>
17              <li>
18                  <a href="#">홈으로</a>
19              </li>
20              <li>
21                  <a href="#">소개 페이지</a>
22              </li>
23              <li>
24                  <a href="#">콘텐츠 페이지</a>
25              </li>
26          </ul>
27      </header>
```

14행: 현재 로고와 관련된 이미지 파일은 imgs라는 폴더에 있기 때문에 이미지의 경로 즉 `img src="./imgs/logo.png"`라고 지정했습니다. 여기서 src는 source의 준말입니다. img 또한 image의 줄임말이죠. 이를 해석하면 이미지의 소스는 `'./imgs/logo.png'`라고 하는 것입니다. 이미지들은 제공되는 예제 폴더에 있는 파일들을 활용하세요.

여기서 `img` 태그는 단독으로 사용되는 태그입니다. 단독으로 사용되는 태그가 몇 개 존재하는데 가장 대표적인 것이 `<img>`와 줄바꿈을 할 때 사용되는 `<br>`입니다. `<br>`은 'line break'의 준말로 '줄바꿈' 이라고 할 수 있습니다. `img` 태그에는 반드시 alt 속성이 함께 사용되는데, alt는 이미지에 대한 설명을 해 주는 역할을 하며, 'alternative'라는 의미입니다. 이미지가 제대로 로딩이 안 되거나, 시각 장애인처럼 사물을 볼 수 없는 경우 alt 태그에 적혀 있는 내용을 스크린 리더가 읽어 주는 역할을 하게 됩니다.

img 태그는 다시 a 태그로 감싸여 있는데, 여기서 a 태그는 'anchor' 태그라고 링크를 걸어 주는 역할을 합니다. a 태그에는 href라고 하는 링크의 위치를 나타내는 속성과 반드시 함께 사용됩니다. 여기서 href는 'hypertext reference'의 준말로 '하이퍼텍스트를 참조한다'라고 해석할 수 있습니다. 즉 링크의 위치를 알려 주는 역할을 합니다. 예제에서는 '#'을 링크했는데, 웹사이트에서 '#'은 현재 웹 페이지의 특정 위치를 알려 주는 역할을 합니다. #가 단독으로 사용되면 웹사이트 자신을 의미하지만 #abc라고 하면 현재 웹 페이지에서 아이디가 abc라는 곳을 참조하게 되는 것입니다. 이 부분에 대한 예제는 이번 예제 이후에 또 다른 예제를 통해서 자세히 알아보겠습니다.

✳ **여기서 잠깐**

〈ul〉과 〈li〉의 기능을 설명해주세요.

[코드 1-3]에서 보시면 ul과 li라는 태그가 보이는데, ul과 li는 항상 같이 사용되는 태그입니다. 여기서 ul과 li는 리스트를 나타내는 태그로 ul은 unordered list 즉, 순서가 없는 리스트란 의미입니다. 여기서 li는 list를 의미합니다. 여기서 사용된 ul 태그와 비슷한 것으로 ol 태그가 있는데 이 태그는 ordered list 즉, 순서가 정해진 리스트를 만들어 줍니다. 태그 중 ul을 사용하면 앞 부분에 점이 나오는데 ol 태그는 숫자가 앞에 붙게 됩니다.

이제까지 작업한 내용을 브라우저에서 확인해볼까요?

[그림 1-14] 사이트 헤더 부분 – 로고와 내비게이션 출력 화면

1.5 헤더 만들기 – CSS로 디자인 입히기

앞에서는 HTML 태그로 구조를 잡는 법을 배웠습니다. 실행해보면 알겠지만, '이게 뭐지? 디자인도 없고 그냥 텍스트와 이미지를 나열한 것 같잖아!' 라고 느낄 수 있습니다. 맞습니다. HTML 문서에 디자인을 하지 않기 때문입니다. 이제 CSS로 디자인을 해볼 텐데요, CSS는 브라우저 상에서 이미지나 정보를 어떤 식으로 표현되고 배치할 것인지를 지정해주는 언어이자 규칙입니다. 한마디로, 스타일 즉, 디자인해주는 언어죠. 이제 앞에서 만든 HTML문서를 CSS로 디자인을 입혀보겠습니다.

CSS 파일을 만들고 HTML 문서에 링크하기

이제 [그림 1-14]의 결과물에 CSS를 이용해서 디자인을 적용해보겠습니다. 우선 비주얼 스튜디오 코드에서 파일 메뉴에서 새 파일을 하나 만들고 역시 파일 메뉴에서 [다른 이름으로 저장]을 누르면 [그림 1-15]와 같이 파일 형식 옵션에서 'CSS'를 선택한 후 앞서 설명한 디렉토리 구조 중 css 폴더에 'style'이라는 이름으로 저장합니다.

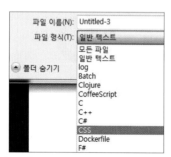

[그림 1-15] HTML 파일을 CSS 형식으로 저장하기

그리고 현재 작업 중인 index.html 파일의 상단 8행의 <title>...</title> 다음에 [코드 1-4]와 같이 링크를 걸어줍니다.

[코드 1-4] CSS 파일 링크 걸어주기

```
9    <link rel="stylesheet" type="text/css" href="css/style.css">
```

이제 style.css 파일에 CSS 코드를 입력하면, 현재 작업하는 HTML 파일에 영향을 미치게 됩니다

CSS 선택자 – 클래스 선택자, 아이디 선택자, 태그 선택자

HTML 문서에 CSS로 스타일을 주려면 선택자selector를 통해서 해당 요소를 선택하고, 적용하려는 스타일을 부여해야 합니다. CSS는 선택자의 속성을 정의하여 HTML을 디자인 합니다.

기초적인 선택자들로는 클래스 선택자, 아이디 선택자, 태그 선택자가 일반적으로 많이 사용됩니다. 기본적인 선택자이지만 이것들만으로도 웹 페이지를 꾸미는 데 충분할 정도로 많이 쓰입니다.

클래스 선택자는 HTML 태그에서는 <p class="class-name">과 같이 사용되며, CSS 파일 내부에서는 .class-name과 같은 식으로 사용됩니다. CSS 파일에서는 앞에 점(.)이 있다면 전부 클래스 선택자라고 보면 됩니다. 가장 많이 사용되는 선택자입니다.

클래스 선택자는 CSS 파일에서 다음과 같은 형식을 갖습니다.

```
.class-name {   ← 선택자명
    padding:20px;   ← 속성명:속성값
}
```

속성은 { } 중괄호 내부에 여러 개의 속성을 지정해 줄 수 있습니다.

아이디 선택자는 <p id="id-name">과 같이 사용되며, CSS 파일 내부에서는 #id-name으로 사용됩니다. 따라서 CSS 파일 내부에 샵(#)으로 시작되는 선택자가 있다면 그 선택자는 전부 아이디 선택자입니다.

태그 선택자는 <p> 즉, HTML 태그를 말합니다. CSS 파일 내부에서는 그냥 점(.) 이나 샵(#)이 없이 태그만 있으면 해당 선택자는 태그 선택자라고 보면 됩니다.

지금까지 설명한 선택자 중 가장 많이 사용되는 선택자는 클래스 선택자와 태그 선택자입니다. HTML5에서는 예전에 아이디 선택자가 담당했던 많은 부분들을 새롭게 추가된 태그로 대체되어 아이디 선택자를 더는 사용해야 할 이유가 없어졌으며, 아이디 선택자는 주로 자바스크립트로 페이지를 조작할 때 많이 쓰이는데, 그 이유는 바로 뒷 페이지에서 자세하게 설명하겠습니다.

CSS 선택자 – 하위 선택자, 종속 선택자

여기서 또 하나 주목할 선택자는 하위 선택자와 종속 선택자입니다. **하위 선택자**는 선택자 내부에 있는 선택자를 의미합니다. **종속 선택자**는 선택자에 종속된 선택자를 의미합니다. 이를 그림으로 나타내 보겠습니다. 우리가 지금까지 작업한 헤더 부분의 HTML을 도식화하면 [그림 1-16]과 같습니다.

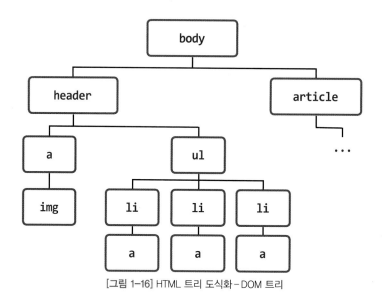

[그림 1-16] HTML 트리 도식화 – DOM 트리

[그림 1-16]과 같은 트리를 DOMDocument Object Model 트리라고도 합니다. 이 DOM 트리는 이 책에서 선택자를 설명할 때 자주 언급될 예정입니다.

[그림 1-16]을 보면 body 태그 밑에는 header 태그와 article 태그가 있으며, header 태그 밑에는 a 태그와 ul 태그가 있고, a 태그 밑에는 img 태그, ul 태그 밑에는 li 태그 그리고 그 밑에 a 태그로 구성된 것을 볼 수 있습니다.

여기서 하위 태그라고 하면 body 태그 밑에는 header와 article이 있고, header 밑에는 a와 ul 그리고 그 각각의 하위 태그는 img와 li 그리고 a 태그입니다.

하위 태그는 다음과 같이 사용합니다.

```
header ul li a {
    속성:속성값
}
```

이렇게 하위 태그를 적용하면, header 태그 밑 ul 태그의 li 태그의 a에만 속성값이 적용됩니다. 하위 태그를 사용하는 이유는 해당 태그에만 정확하게 값을 적용하기 위함입니다. HTML 문서를 만들다 보면 태그들을 이용해서 문서의 구조를 잡아 주는데, 많은 태그가 사용되면 그중 중복된 태그가 많이 존재합니다. 따라서 그 개별 태그에 정확한 속성을 지정하기 위해서 하위 선택자를 이용하여 속성을 지정합니다. 아마 이 책의 시작부터 끝 장까지 하위 선택자와 클래스 선택자를 가장 많이 볼 수 있을 것입니다. 하위 선택자와 더불어 많이 볼 수 있는 선택자가 종속 선택자입니다. 종속 선택자는 말 그대로 어떤 선택자에 종속이 된 선택자를 종속 선택자라고 할 수 있습니다.

```
<p class="text1">...</p>
```

예를 들어 앞과 같은 p 태그가 있고 p 태그에 text1이라는 클래스 선택자를 적용할 경우 이 부분에는 두 가지 방법으로 CSS 속성을 적용해 줄 수 있습니다.

```
.text1 {          ← 일반 클래스 선택자 적용
    font-size:1rem;
}
```

또는

```
p.text1 {         ← 종속 선택자 적용
    font-size:1rem;
}
```

하나는 클래스 선택자를 적용했고, 다른 하나는 종속 선택자를 적용했습니다.

클래스 선택자는 HTML 문서의 많은 부분에 속성을 적용하는데 반해 종속 선택자는 해당 태그 선택자 또는 아이디, 클래스 선택자와 결합된 부분에만 적용됩니다. 따라서 범위를 구체적으로 지정해 줄 수 있는 장점이 있습니다. 다음의 예를 한번 보겠습니다.

[코드 1-5] 종속 선택자 적용하기   [예제 파일] chaper1/종속선택자.html

```
1   <!DOCTYPE html>
2   <html lang="en">
3
4   <head>
5       <meta charset="UTF-8">
6       <meta name="viewport" content="width=device-width, initial-scale=1.0">
7       <meta http-equiv="X-UA-Compatible" content="ie=edge">
8       <title>종속선택자 예제</title>
9       <style>
10          .box {
11              border: 2px solid red;
12              width: 100px;
13              height: 100px;
14              display: block;
15          }
16
17          p.box {
18              background-color: yellow;
19          }
20      </style>
21  </head>
22
23  <body>
24      <div class="box"></div>
```

```
25      <p class="box"></p>
26      <div class="box"></div>
27  </body>
28
29  </html>
```

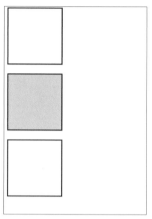

[그림 1-17] 종속 선택자 적용한 결과 화면

[그림 1-17]을 보면 a, p, div 태그에 동일하게 box라는 클래스 선택자가 적용되어 있기 때문에 같은 크기의 박스가 있는 것을 보실 수 있습니다. 여기서 p 태그 부분에 종속 선택자를 이용해서 배경 색상을 따로 지정한 것을 볼 수 있는데, 이렇게 종속 선택자는 동일한 속성의 클래스 선택자에 별도의 태그(여기서는 p)에만 별도의 속성을 지정해 줄 수 있는 장점이 있습니다.

 참고 이 외에 자식 선택자, 형제 선택자, 속성 선택자, 가상 선택자 등 여러 가지가 있는데요, 나머지 선택자는 3장에서 집중적으로 알아보겠습니다.

1.6 헤더 만들기 – 디자인 속성 적용하기

1.6.1 CSS 디자인의 핵심, 박스 모델

이제 CSS에서 가장 중요한 박스 모델에 대해서 알아보겠습니다. CSS는 박스 모델에 대한 이해만 완벽하게 되면 50% 정도는 이해되었다고 볼 수 있습니다. 모든 CSS 디자인의 핵심이 박스 모델에 있습니다.

박스 모델box model은 디자인과 레이아웃을 말합니다. 하나의 태그로 시작된 내용들은 닫힘 태그가 나올 때까지 콘텐츠를 가지고 있는데요, 이 콘텐츠를 둘러싼 공간이 박스 즉, 상자와 같은 모양이라는 뜻입니다. 모든 HTML 요소들은 박스로 간주할 수 있습니다.

박스 모델은 마진(margin), 보더(border, 테두리), 패딩(padding), 콘텐츠(contents, 내용)으로 이루어집니다. 박스 모델을 그림으로 나타내면 [그림 1–18]과 같습니다.

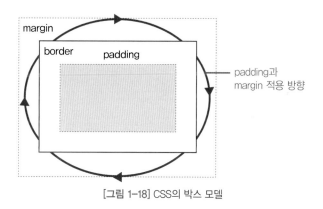

[그림 1–18] CSS의 박스 모델

각 영역의 속성은 다음과 같습니다.

- 마진(margin) – 투명, 보더 외부의 영역을 분리한다. 다른 요소들 간을 분리하기 위해 사용한다.
- 보더(border) – 색상 적용 가능, 패딩과 콘텐츠 주위를 둘러싸는 테두리.
- 패딩(padding) – 콘텐츠 주위의 영역을 분리한다.
- 콘텐츠(contents) – 텍스트 및 이미지 등의 내용 영역.

[그림 1-18]을 보면 빨간색 테두리가 보이는데, 이 부분이 박스입니다. 그리고 박스 내부 공간을 패딩, 박스 외부 공간을 마진이라고 합니다. 그리고 타원형의 화살표들이 있는데, 시계 방향으로 값이 매겨지게 됩니다. 물론 개별적으로도 값을 적용해 줄 수 있습니다.

CSS의 클래스 선택자의 이름을 box라고 가정하고,

```
.box {
    padding:10px 5px 20px 30px;
    margin:5px 1px 10px 0;
    border:2px solid red;
}
```

이렇게 적용이 되면 내부 공간으로는 상:10px, 우:5px, 하:20px, 좌:30px의 값이 적용되며 margin도 별도의 값이 순서대로 적용됩니

> **용어**
>
> px
> 여기서 단위를 나타내는 px은 픽셀(pixel)을 의미하며, 웹에서 가장 많이 사용되는 단위로, 모니터의 픽셀과 같습니다.

다. 여기서 border는 2px 두께의 실선으로 빨간색을 나타나게 되는 것이죠. 패딩과 마진 값은 10xp, 5px 이렇게 두 개만 적용할 때도 있습니다. 2개의 값만 적용될 때는 상하:10px, 좌우:5px의 값이 들어간다고 보면 됩니다. 가끔은 3개의 값만 적용하기도 하는데, 10px, 5px, 3px 이렇게 말이죠. 이 경우에는 상:10px, 좌우:5px, 하:3px의 값이 적용됩니다.

다시 예제로 돌아와서, style.css 파일 내부에 다음과 같은 속성을 넣어 줍니다.

[코드 1-6] body 태그 선택자 배경과 마진 패딩 값 리셋하기　　　　　[예제 파일] chapter1/css/style.css

```
1   body {
2       margin: 0;
3       padding: 0;
4       background-color: #d2d2d2;
5   }
```

✳ **여기서 잠깐**

새로운 선택자를 CSS 파일에 추가할 때 순서는 상관없나요?

결론부터 말하면 순서에 상관이 있습니다. CSS 파일에 추가되는 선택자는 항상 브라우저에서 '상→하'로 해석하면서 작동합니다. 그렇기 때문에 CSS 파일 내부에 새로운 선택자를 추가할 때는 맨 마지막에 넣는 것이 가장 좋습니다. 하지만 그런 경우 문제가 생기기도 하는데, 선택자의 속성이 같으면 마지막에 추가된 선택자에 의해서 먼저 선언된 선택자의 속성이 작동하지 않는 경우도 있습니다. 이때, 반드시 해당 선택자의 속성이 적용하지 않는 경우 해당 속성을 반드시 작동하게 하려면 속성 마지막에 !important를 추가하면 됩니다.

[코드 1-6]을 보면 body 태그 부분에 마진 값은 0, 패딩 값도 0으로 적용한 부분을 볼 수 있는데, 이는 브라우저 기본값이 마진과 패딩에 대해서 일정 값을 적용하기 때문입니다. 이 부분은 각 브라우저마다 값이 약간씩 다르기 때문에 body 부분에 대해서만이라도 이 값을 0으로 만들어, 모든 브라우저에서 동일한 모양이 나오도록 하는 최소한의 기본 설정입니다. 마진과 패딩 값을 0으로 설정한 이외에 배경 색상 또한 별도(여기서는 회색계열)로 지정한 모습을 볼 수 있습니다.

이제 style.css 파일 내부에 다음과 같이 속성을 입력해주기 바랍니다.

[코드 1-7] style.css 파일에 속성 추가하기

```
7   .container {
8       max-width: 1150px;
9       margin: 0 auto;
10      background-color: #fff;
11  }
12
13  header {
14      min-height: 80px;
15      padding: 10px 20px 0;
16  }
17  header a.logo {
18      float: left;
19      margin-top: 8px;
20  }
21  header a.logo img {
22      width: 50%;
23  }
24  header ul {
25      list-style: none;
26      float: right;
27  }
28  header ul li {
29      display: inline-block;
30  }
31  header ul li a {
32      text-decoration: none;
33      color: #3d3d3d;
34      padding: 0 5px;
35      margin: 0 10px;
36      width: 100px;
37  }
```

```
38  header ul li a:hover {
39      padding-bottom: 8px;
40      border-bottom: 3px solid #ff4e00;
41      color: #ff4e00;
42  }
```

7~11행: .container라는 클래스 선택자는 사이트의 넓이를 고정해주는 역할을 합니다. 이 선택자는 max-width: 1150px;라는 속성과 margin: 0 auto; 이 속성을 주목해야 하는데, 박스 모델에서 max-width 속성은 넓이의 최 댓값을 지정합니다.

> **참고** width와 관련된 속성은 2장에서 더 자세하게 다루겠습니다.

margin에서 상하는 0, 좌우는 auto로 지정되어 있는데, 이 값을 지정하면, 박스 모델에서 해당 박스는 가운데 정렬을 합니다. 즉, 좌우 값이 auto로 지정된 부분이 가운데 정렬하게 처리하는 것이죠. 0 값은 0이 아닌 다른 값을 넣을 수도 있는데, 0이 아닌 다른 값을 넣으면 그 값만큼의 공간이 생기게 됩니다. 여기서 .container라는 배경 색상은 #fff 즉, 흰색 배경을 적용했습니다.

13~16행: 최소 높이 값을 적용하였고 내부 공간 상:10px ,우:20px, 하:0, 좌:20px 값을 적용합니다.

17~20행: 로고 부분 처리하는 곳입니다. float을 이용하여 왼쪽으로 배치했습니다. margin-top: 8px;로 마진 값을 상단에만 두어 공간을 확보한 상태입니다.

22행: 이미지의 크기를 넓이(width)를 50%로 설정하여 원래 이미지 크기보다 반으로 줄인 것입니다.

24행: 사이트의 메인 메뉴 부분을 설정합니다.

24~27행: [그림 1-14]의 리스트를 보면 ●와 같은 불릿(bullet)이 있는데 이 부분을 없애는 속성이 list-style:none입니다. list-style은 여러 종류가 있습니다. 그리고 float은 right와 left 속성이 있는데 박스 모델을 좌우로 정렬하는 역할을 합니다.

28~30행: li의 속성은 block입니다. [그림 1-14](41쪽 참고)를 보면 목록이 상하로 나열된 이유가 block 속성이기 때문인데, 이 부분을 좌우로 설정하려면 display 속성을 inline-block으로 설정하면 됩니다.

31~37행:
- text-decoration: none; ← 링크의 기본 속성에는 밑줄이 있는데, 이 부분 밑줄을 제거합니다.
- color: #3d3d3d; ← 기본 링크 색은 파란색인데, 여기서 링크 색상 또한 바꿉니다.
- padding: 0 5px; ← 패딩 값을 이용하여 정렬합니다.
- margin: 0 10px; ← 마진 값을 이용하여 정렬합니다.
- width: 100px; ← 해당 링크 박스 모델의 크기를 100px로 설정합니다.

38~42행: 메인 메뉴의 링크 부분에 마우스를 가져가면 링크의 색상과 밑줄을 설정하는 부분입니다. 이런 선택자를 가상(pseudo)선택자라고 하며 콜론(:)으로 연결된 모습을 볼 수 있습니다.
- padding-bottom: 8px; ← 이 부분은 밑줄과의 공간 설정을 8px로 정한 것입니다.
- border-bottom: 3px solid #ff4e00; ← 마우스 호버 시 밑줄의 두께와 색상을 지정합니다.
- color: #ff4e00; ← 색상도 변경했습니다.

> **용어**
>
> **마우스 호버**
>
> 마우스 호버(hover)란 사용자가 특정 영역 위로 마우스를 올리거나 지나갈 때 활성화되는 그래픽 제어 요소입니다. 웹사이트를 설계할 때 자바스크립트나 CSS로 자체 마우스 호버 이벤트를 정의할 수 있습니다.

또한 HTML 코드의 헤더 부분에 [코드 1-8]과 같이 클래스 선택자를 넣어줍니다.

[코드 1-8] 헤더 태그 부분에 container 라는 클래스 선택자 적용하기

```
9    <header class="container">
```

여기까지 코딩한 내용을 실행해보겠습니다.

[그림 1-19] 현재까지 작업물 실행 결과

지금까지 작업한 결과물은 [그림 1-14]와 비교했을 때 많이 달라진 모습을 볼 수 있습니다. 그리고 메인 메뉴에 마우스를 갖다 대고 있으면(마우스 호버) [그림 1-20]과 같은 같은 형태가 되어야 합니다.

▲ [그림 1-14] 사이트 헤더 부분 - 로고와 내비게이션 출력 화면

[그림 1-20] 메인 메뉴를 마우스 호버할 때 보이는 화면

1.7 메인 이미지 만들기–대표 이미지로 메인 만들기

1.7.1 CSS로 배경 이미지 처리하기

이번 절에서는 배경 이미지를 CSS로 처리하는 방법에 대해 알아봅니다. 이미지를 CSS로 처리하면 많은 이점이 있습니다.

이제 다시 사이트의 헤더와 메인 이미지 부분을 보겠습니다. 메인 이미지는 박스의 배경 이미지background-image로 처리하였습니다.

헤더 부분

사이트 대표 이미지 부분

먼저 해당 부분에 대한 HTML 코드를 작성해 보겠습니다. index.html에 [코드 1–9]와 같이 article을 구성합니다. [코드 1–9]를 보면 메인 이미지를 구성하는 HTML 코드가 보이는데, 이미지 태그는 보이질 않습니다. 이미지를 배경으로 설정하는 부분은 CSS에서 처리하기 때문에 HTML 문서에서는 이미지 태그를 이용하지 않습니다.

[코드 1–9] 메인 이미지 구성하기

```
29  <article class="container main-img">
30      <div class="text-box text-center">
31          <h2>HTML5와 CSS3 그리고 자바스크립트</h2>
32          <p>이 책은 다른 책과 달리...</p>
33      </div>
34  </article>
```

[코드 1-9]를 보면 메인 이미지는 article 태그를 이용하여 구성된 모습을 볼 수 있습니다. 여기서 주의 깊게 보실 부분은 container라는 클래스 선택자 다음에 main-img라는 클래스 선택자가 동시에 적용되었다는 것입니다. 이와 같이 선택자는 여러 개를 동시에 적용해 줄 수 있습니다. 이와 같이 동시에 여러 개의 선택자를 적용해 줄 수 있다는 것은, 하나의 선택자에 많은 속성을 적용하는 것보다는, 선택자에 최소한의 속성만 적용해서 다른 선택자와 같이 사용하기가 더 수월합니다. text-box 선택자엔 text-center라는 선택자도 같이 적용된 모습도 볼 수 있습니다. 이제 이 3개의 클래스 선택자를 CSS에서 다음과 같이 적용해줍니다.

[코드 1-10] 메인 이미지에 CSS 코드 적용하기

```
44  .main-img {
45      height: 400px;
46      overflow: hidden;
47      background: url(./imgs/pic1.jpg) top center no-repeat;
48      background-size: cover;
49  }
50  .text-box {
51      position: relative;
52      float: right;
53      right: 50px;
54      top: 100px;
55      padding: 10px 25px;
56      width: 45%;
57      background-color: rgba(255, 255, 255, 0.85);
58      border-radius: 8px;
59      font-size: 1rem;
60      line-height: 1.5rem;
61  }
62  .text-center {
63      text-align: center;
64  }
```

44~49행: .main-img 부분을 보면 height 즉, 높이는 400px로 설정되었고, background 속성은 축약형으로 이미지 경로는 url(../imgs/pic1.jpg), 배경 이미지의 위치는 top, center, 그리고 배경 이미지 반복은 no-repeat로 반복을 없앤 모습을 볼 수 있습니다. 마지막으로 background-size는 cover를 적용하여 이미지의 크기를 박스의 크기와 상관없이 전체를 커버하게끔 처리하였습니다.

 background 속성은 최근 웹사이트에서 자주 이용되는 기법입니다. 2장에서 자세히 설명할텐데요, 여기서는 '이렇게 적용되는구나' 정도만 이해하면 됩니다.

50~61행: .text-box 부분에 적용된 속성에 대해서 살펴봅니다.

- **position 속성** : CSS의 박스 모델을 브라우저 내부에 정확한 값을 통해서 위치시킬 수 있습니다. position 은 top, right, bottom, left 속성과 함께 사용되며, z-index를 이용하여 레이어 상태에서 우선순위를 정해 줄 수 있습니다. position에 관한 속성 또한 2장에서 자세하게 설명할 예정입니다.
- **float:right 속성** : 이 속성으로 박스 모델을 오른쪽으로 배치했으며, width:45% 즉, 박스 모델의 크기를 45% 정 도의 크기로 설정했습니다. 여기서 박스 모델의 배경 색상을 지정하는데, CSS3에서부터는 박스 모델의 색상에 알파값(투명도)을 지정해 줄 수 있습니다. background-color의 값을 보면 rgba라고 되어 있는데, rgb는 알다 시피 RED, GREEN, BLUE 즉 빛의 삼원색을 의미합니다. a는 alpha 값이며 투명도를 뜻합니다. alpha 값이 0 이면 완전 투명, 1은 완전 불투명입니다.
- **border-radius 속성** : 박스 모델의 테두리를 둥글게 만드는 역할을 하는 CSS3의 속성입니다.
- **font-size:1rem** : 여기서 rem은 웹에서 사용하는 단위로 브라우저의 기본 폰트 크기를 사용한다는 의미입니 다. 브라우저의 기본 폰트 크기는 16px이며 1rem는 16px입니다.

> **참고**
>
> 브라우저에서 사용되는 단위는 2장에서 별도로 다룹니다. 여기선 그냥 rem이라는 단위가 있다는 것만 알 아두세요.

- **line-height:1.5rem** : line-height는 자간입니다. 여기서는 문단 사이 간격을 의미합니다. 여기서 1.5rem 는 16px X 1.5의 단위가 되며 24px의 간격을 뜻합니다.

62~64행: 마지막으로 .text-center라는 클래스 선택자에는 text-align:center가 있는데, 이 부분은 문단을 가운데 맞춤 해주는 역할을 하는 선택자를 별도로 만들었습니다. 이 선택자는 문단을 가운데 맞춤을 하면 다른 선택 자와 결합해서 매우 편리하게 사용할 수 있습니다.

여기까지 결과물을 한번 보겠습니다.

[그림 1-21] 헤더 부분(로고와 내비게이션)과 메인 이미지까지 처리한 결과물

✳ **여기서 잠깐**

웹사이트에서 사용되는 색상 체계가 알고 싶어요.

웹에서 사용하는 색상 체계는 RGB와 HSB 그리고 16진수를 이용한 색 체계를 이용합니다. 가장 일반적으로 사용하는 색 체계는 16진수를 이용하는 방법이고, 그 다음 이용하는 색 체계가 RGB 방식의 색 체계입니다. 16진수를 이용하는 방법은 0부터 f까지 0 1 2 3 4 5 6 7 8 9 a b c d f를 의미하는 것이며, 각 채널별 RGB 색상을 #000000(검정)부터 #ffffff(흰색)까지 표현 가능합니다. 이 부분을 채널별로 분리하면 00 00 00부터 ff ff ff로 분리할 수 있는데, 하나의 채널이 16X16개의 색상이 표현됨으로 분리된 세 개의 색상은 256 X 256 X 256이 되기 때문에 16,777,216개의 색상 표현이 가능합니다. RGB 색상 표현은 16진수가 아니라 각 채널별로 0~255까지 십진수로 표현하는 방법입니다. 즉 rgb(0,0,0)은 검은색, rgb(255,255,255)는 흰색이 되는 것입니다. 16진수로 표시하는 방법이나 rgb로 표시하는 방법이나 색상을 동일하게 나타낼 수 있습니다. 단 16진수로 표현하는 경우 색상 코드에 알파 값을 표시할 수 없어 투명도를 지정할 순 없습니다. 하지만 16진수를 사용하더라도, 투명도를 적용해 줄 수 있는데, 이 부분은 2장에서 별도로 다루겠습니다. 간단하게 포토샵이나 기타 색상을 다루는 프로그램에서 사용되는 color picker를 보면 이해가 아주 빠를 것입니다.

[그림 1-22] 포토샵에서 사용되는 컬러 피커. 여기서 RGB 또는 16진수 색상을 알 수 있다.

1.8 헤더와 메인 이미지 영역 크기 맞추기– box–sizing 속성 적용하기

CSS에서 가장 중요한 사항이 박스 모델Box model입니다. 그 중에서 박스의 크기를 정하는 방법에 대해서 살펴볼 텐데요. 이때 사용하는 속성이 box-sizing입니다.

box–sinzing이란 박스의 크기를 화면에 표시하는 방식을 변경하는 속성입니다. 특히 여기서는 박스 모델의 크기가 어떤 요소에 의해서 결정되는지, 그리고 CSS3에서는 어떤 방법을 통해서 그 문제를 해결할 수 있는지 살펴보겠습니다.

1.8.1 box–sizing 속성 이해하기

다음 그림을 다시 살펴보겠습니다. 그림을 보면 좀 이상한 점이 있습니다. 상단 헤더 부분이 메인 이미지가 있는 부분보다 좀더 넓어져 있습니다. 이런 현상이 발견되면, 웹사이트를 만들 때 정말 당황스럽습니다. 분명히 개발자 본인은 모든 사이즈에 맞게 작업을 했는데, 결과물이 이렇게 나오게 되면 말이죠. 이 문제는 CSS의 버그라고 할 수 있습니다. 무슨 버그인가 하면, 박스 모델에서 padding 값에 의해서 box의 원래 크기가 변하는 문제입니다.

▲ 헤더 부분(로고와 내비게이션)과 메인 이미지까지 처리한 결과물

간단하게 예제를 한번 보겠습니다.

[코드 1-11] 헤더와 메인 이미지의 폭을 통일하는 박스 사이징 개념 이해하기 [예제 파일] chapter1/박스사이징 이해.html

```
1   <!DOCTYPE html>
2   <html lang="en">
3
4   <head>
5       <meta charset="UTF-8">
6       <meta name="viewport" content="width=device-width, initial-scale=1.0">
7       <meta http-equiv="X-UA-Compatible" content="ie=edge">
8       <title>박스사이징 이해</title>
9       <style>
10          .box1,
11          .box2,
12          .box3 {
13              width: 150px;
14              height: 100px;
15              border: 2px solid red;
16              margin: 15px;
17          }
18
19          .box2 {
20              padding: 20px;
21              width: 110px; — ❶
22              height: 60px; — ❷
23          }
24
25          .box3 {
26              padding: 20px;
27              box-sizing: border-box; — ❸
28          }
29      </style>
30  </head>
31
32  <body>
33      <div class="box1">
34          여기는 box1
35      </div>
36      <div class="box2">
37          여기는 box2
38      </div>
39      <div class="box3">
40          여기는 box3
41      </div>
42  </body>
43
44  </html>
```

[코드 1–11]에서 ❶ ❷ ❸ 부분을 제거하면 결과값이 상당히 달라지게 됩니다.

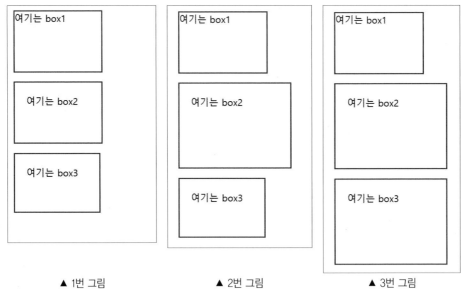

▲ 1번 그림　　　　　　▲ 2번 그림　　　　　　▲ 3번 그림

[그림 1–23] 패딩 값의 변화에 따른 결과물 차이(왼쪽부터→오른쪽으로)

– 1번 그림 : [코드 1–11]의 결과물.
– 2번 그림 : ❶❷ 부분을 제거하거나 주석 처리하면 나오는 결과
– 3번 그림 : ❶❷❸을 전부 제거하거나 주석 처리하면 나오는 그림

[그림 1–23]을 보면 box1과 box2, box3에는 그룹 선택자를 이용하여 같은 속성을 적용했으며, .box2에만 패딩 값을 20px를 적용했습니다. margin이나 padding에 하나의 값만 있는 경우에는 상·하·좌·우의 네 방향으로 해당 값이 적용됩니다. [그림 1–23]에서 보이는 결과물에서 패딩 값에 의한 박스의 크기가 변한 모습을 확연하게 볼 수 있는데, box2의 경우 텍스트 부분이 박스 안쪽에 들어왔는데, 박스의 크기 또한 커진 것을 볼 수 있습니다. 박스 모델에 패딩 값을 적용해 줄 경우 '박스 원래 크기 + 패딩 값'으로 박스의 크기가 변화됩니다. 즉 box1이 width(넓이)가 150px, height(높이)가 100px인데 box2인 경우 넓이는 150+20+20=190px, 높이는 100+20+20=140px로 되어 버립니다. 여기서 20을 두 번 더한 이유는 좌우 값이 각 20px, 상하 값이 각 20px이기 때문입니다. 따라서 이 문제를 풀기 위해선 .box2의 크기를 줄이는 방법이 하나 있습니다. 즉 .box2의 크기를 넓이는 150−40=110px, 높이는 100−40=60px로 설정하는 방법이 하나 있습니다.

하지만 이렇게 일일이 패딩 값의 변화에 따른 결과를 다 적용하는 일이 생각보다 만만치 않습니다. 사이트를 개발하다보면 이런 문제가 수없이 많이 발생하게 되는데, 이때마다 박스의 크기를 조절하는 게 만만치 않은 작업이고, 상당히 많은 수고가 따릅니다. 이런 문제는 CSS3의 이 box-sizing이라는 속성으로 간단하게 해결 가능합니다.

[그림 1-23]을 다시 보면 .box3에는 .box2에 적용된 동일한 패딩 값을 적용했지만, width와 height의 변화 없이 box-sizing:border-box라는 CSS3의 속성만으로 문제가 해결되는 모습을 볼 수 있습니다. 필자가 가장 추천하는 방식이 이 방법입니다. 이 방법을 사용하는 경우 패딩 값이 변하더라도 박스 모델의 기본 크기는 바뀌지 않습니다.

다시 예제로 돌아와서 style.css에서 .container라는 클래스 선택자의 마지막 부분에 아래와 같이 11행을 추가합니다. 이제 결과 그림인 [그림 1-24]를 보면 이전과 달리 헤더 부분과 메인 이미지 부분의 폭이 정확하게 맞아 떨어지는 결과를 볼 수 있습니다.

[코드 1-12] 헤더와 메인 이미지의 폭을 일치시키기

```
7   .container {
8       max-width: 1150px;
9       margin: 0 auto;
10      background-color: #fff;
11      box-sizing: border-box;  — box-sizing 속성의 추가
12  }
```

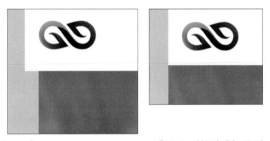

[그림 1-24] box-sizing:border-box 적용하기 전(왼쪽) 후(오른쪽) 모습

1.9 본문1 만들기 – 텍스트 및 사진 처리하기

1.9.1 HTML5의 이미지 태그로 작업하기

웹 페이지에서 가장 중요한 요소는 물론 텍스트로 정보를 제공하는 것에 있습니다. 하지만 텍스트보다 사람들의 눈길을 끄는 요소는 이미지 즉, 그림입니다. 텍스트만 있는 페이지는 사용자들이 논문이 아닌 이상, 읽다가 그냥 나가는 경우도 많습니다. 그만큼 웹 페이지에서는 이미지의 역할이 상당히 중요한데요, 이제 간단하게 이미지를 처리하는 방법에 대해서 알아보겠습니다.

[그림 1-25]와 같이 HTML 문서의 중간 부분으로 사이트에 대한 설명을 텍스트와 이미지로 처리하는 부분입니다. 여기서 중요하게 봐야 하는 부분이 사진이 들어가 있는 부분입니다.

[그림 1-25] HTML 문서의 중간 부분

먼저 HTML 코드를 이용하여 다음과 같이 작성해 주기 바랍니다. [코드 1-13]에서 "… 여기는 사진 이미지 들어가는 곳 …" 이라는 곳은 figure 태그를 이용한 곳과 같은데요, 이미지 이름만 fig1.jpg, fig2.jpg, fig3.jpg 이렇게 입력해 주시면 됩니다.

[코드 1-13] 사진을 넣기 위해 figure 태그 적용하기   [예제 파일] chapter1/index.html

```
35    <article class="container">
36        <div class="v250 text-center">
37            <h2>HTML5와 CSS3 그리고 자바스크립트</h2>
38            <p>Visual Studio Code… </p>
39            <p>Visual Studio Code를…</p>
40        </div>
41        <div class="row img-part">
42            <div class="col-3">
43                <figure>
44                    <div class="circle">
45                        <img src="imgs/fig1.jpg" alt="사진 1">
46                    </div>
47                    <figcaption>
48                        <h3>사진 제목</h3>
49                        <p>여기는 사진에 대한 설명 </p>
50                    </figcaption>
51                </figure>
52            </div>
53            <div class="col-3">
54                <figure>
55                    <div class="circle">
56                        <img src="imgs/fig2.jpg" alt="사진 2">
57                    </div>
58                    <figcaption>
59                        <h3>사진 제목</h3>
60                        <p>여기는 사진에 대한 설명 </p>
61                    </figcaption>
62                </figure>
63            </div>
64            <div class="col-3">
65                <figure>
66                    <div class="circle">
67                        <img src="imgs/fig3.jpg" alt="사진 3">
68                    </div>
69                    <figcaption>
70                        <h3>사진 제목</h3>
71                        <p>여기는 사진에 대한 설명 </p>
72                    </figcaption>
73                </figure>
74            </div>
75        </div>
76    </div>
77 </article>
```

[코드 1-13]에서 보면 HTML5에서 추가된 figure와 figcaption이라는 태그가 보입니다. 이 태그는 HTML 문서에서 사진을 표현할 때 사용되며, 사진에 대한 부가 설명은 figcaption과 같이 사용됩니다. HTML 코드에서는 특이한 내용은 없습니다만, 여기서 사진 이미지가 있는 부분을 3개로 나누는 역할을 하는 .col-3이라는 클래스 선택자에 대해서 알아보겠습니다.

.col-3이라는 클래스 선택자의 명칭은 필자가 만들었지만, col은 column(열)의 줄임말이고 3은 3으로 나눴다는 의미로 사용했습니다. 클래스 선택자의 명칭은 개발자가 임의로 만들 수 있지만, 조금은 보편적인 명칭을 사용하는 것이 좋습니다. 요즘 유행하는 CSS 프레임워크인 부트스트랩에서는 이런 경우 그리드 시스템을 사용하여 col-md-4라는 클래스 선택자를 지정하게 됩니다.

 그리드 시스템에 대해서는 7장에서 설명하도록 하겠습니다.

column이 있다면 row도 있어야 하겠죠? 그래서 col-3를 통합하는 .row라는 선택자도 [코드 1-13]에서 볼 수 있습니다. row 선택자가 적용된 부분에는 별도의 img-part라는 선택자가 적용되었습니다.

1.9.2 CSS로 디자인 입히기

사진들을 공간으로 나누고 각각을 왼쪽 정렬하기

[코드 1-13]의 36행에 보면 'v250'이라는 이상한 숫자가 있는데 CSS에서 어떤 역할을 하는지 알아보겠습니다. HTML 코드만 입력한 상태의 결과물은 [그림 1-26]과 같습니다. CSS가 적용되지 않은 HTML 결과물은 때론 아주 낯설게 느껴지기도 합니다. [그림 1-26]에서만 보면 사진 이미지들이 훨씬 크고 원래 의도한 둥근 테두리가 전혀 없기 때문이죠.

이제 CSS를 이용하여 사이트의 디자인을 손 보도록 하겠습니다.

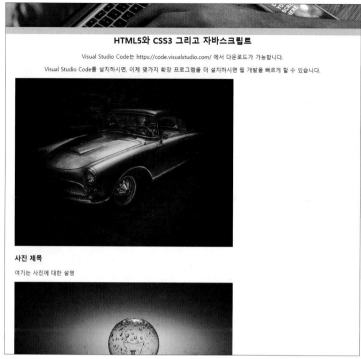

[그림 1-26] [코드 1-13]만 입력한 상태에서의 웹 페이지 모습

[코드 1-14] 콘텐츠를 구분하는 .row와 .col-3에 대한 속성 설정하기 　　　　[예제 파일] chapter1/css/style.css

```
67  .row {
68      padding: 10px;
69      overflow: hidden;
70  }
71
72  .col-3 {
73      width: 33.3333333333%;
74      float: left;
75  }
```

먼저 [코드 1-14]와 같이 행row과 열column에 대해서 속성을 정의해줍니다. .row에는 단순하게 패딩 값을 이용하여 내부 공간을 마련했고, .col-3 부분에는 width 값을 33.333333333%라고 입력을 했는데 그 이유는 100%의 공간을 3등분하면 나오는 값이기 때문입니다. 그리고 float:left 속성을 추가해서 콘텐츠를 왼쪽으로 정렬하게 만들었습니다. 여기까지 처리한 결과는 [그림 1-27]과 같습니다.

[그림 1-27] .row와 .col-3에 대한 속성만 입력할 경우 결과값

텍스트 배경색과 이미지 배경색을 통일하기

여기서 눈치 빠른 분은 알아차릴 수도 있는데, 이미지가 있는 부분은 배경이 흰색이 아닙니다. 원래 의도라면 .row 선택자는 사진 이미지가 있는 곳을 전부 커버해야 하는데, 텍스트가 있는 곳만 커버가 된 모습을 볼 수 있습니다. 좀더 명확하게 하기 위해서 .row 부분에 border:1px solid red라는 속성을 임시로 적용해보겠습니다.

[그림 1-28] .row가 적용된 부분이 예상과 달리 사진 이미지 영역을 커버하지 못하고 있다.

[그림 1-28]을 보면 명확하게 .row 영역이 표시되어 있어, 어떤 문제가 있는지 알 수 있습니다. 이것은 HTML의 버그 중 하나로 개발자가 선택한 영역이 제대로 표시되지 않는 문제라고 할 수 있습니다. 이 버그를 해결하는 방법이 예전에는 별도의 선택자를 하나 만들어서 태그 하단에 추가하는 방법이 있었습니다. 하지만 해당 태그의 기능이 단순하게 CSS 버그 잡는 기능 이외에는 없기 때문에, HTML 문서 구조적으로 보면 타당한 방법이 아닙니다. 이 경우에는 HTML 문서의 구조적으로 의미 없는 태그를 넣는 것보다, .row 클래스 부분에 별도의 속성 하나만 추가해 줘도 문제가 해결됩니다.

CSS 문서에서 .row 부분에 아래와 같이 overflow: hidden; 속성을 추가해주기 바랍니다.

```
67   .row {
68       padding: 10px;
69       overflow: hidden;  — overflow 속성 추가
70   }
71
72   .col-3 {
73       width: 33.3333333333%;
74       float: left;
75   }
```

[그림 1-29]에서 overflow:hidden 적용 후 모습을 볼 수 있는데, 사진 이미지 영역을 전부 커버한 상태입니다. 또한 이미지 또한 영역에 맞게 잘린 모습을 볼 수 있는데, overflow라는 의미가 '넘침' 이란 의미로 overflow:hidden은 '넘침이 있는 부분은 가린다'라는 의미입니다.

[그림 1-29] .row 선택자 부분에 overflow:hidden 적용 후 모습

이제 .row에 적용되었던 border 속성은 제거해도 됩니다.

> ✳ **여기서 잠깐**
>
> **개발 시 유용한 팁!**
>
> 필자는 항상 border:1px solid red;라는 속성을 자주 이용합니다. 웹사이트의 레이아웃을 확인할 때, 해당 선택자에 이 border 속성을 적용해주면, 레이아웃이 어떻게 잘못 적용되었는지에 대한 결과를 바로 알 수 있기 때문인데, 이게 사실 꽤 편리합니다. 따라서 여러분도 CSS를 이용하여 디자인할 때, 레이아웃이 생각과 다르게 나오는 경우 border:1px solid red; 라는 속성을 해당 클래스 선택자에 넣고 버그를 잡은 후에는 해당 속성을 제거하는 방식으로 작업을 진행하면 매우 편리합니다.

텍스트 가운데 정렬하기

이제 .v250이라고 지정한 클래스 선택자에 대한 속성을 적용할 차례입니다. 필자가 v250이라고 한 이유는 v는 'vertical' 즉, 가로를 의미하는 것이고 250은 250px의 높이를 적용한다는 의미로 명명한 것입니다.

CSS 작업을 하다 보면 해당 클래스 선택자의 이름을 지정하는 데 상당히 머리가 아픕니다. 필자에게 "선택자 이름은 어떻게 지정하는 것이 좋은가요?"라는 문의가 많았습니다 선택자 이름은 지을 때 가장 중요한 것은 누가 보더라도 이해하기 쉬운 이름을 짓는 것이 중요합니다.

명심하세요~!

선택자 이름을 만들 때 중요한 것은 첫 글자를 숫자로 사용해서는 절대 안 됩니다.

무조건 알파벳으로 시작해야 합니다.

한글이나 특수문자도 안 됩니다.

알파벳만 이용하거나 알파벳 + 숫자의 조합으로 사용해야 합니다.

그리고 웬만하면 소문자로 만들어 주는 게 제일 좋습니다. 여기서 사용한 v250처럼 v는 알파벳이고 나머지는 숫자 조합도 좋습니다. 혼자서 작업하는 경우에도 자기 나름의 규칙을 만들어야 하는 것이고, 협업을 하게 되면 일단 CSS 선택자 명칭에 대한 회의도 한번 진행하는 것이 반드시 필요합니다. 웹사이트가 커지게 되면 선택자의 종류와 명칭도 그에 따라 엄청나게 증가하게 되니까요.

.v250이라는 선택자에 다음과 같이 속성을 적용해보겠습니다.

[코드 1-15] .v250 선택자에 속성 적용하기　　　　　　　　　　　[예제 파일] chapter1/css/style.css

```
77   .v250 {
78       height: 250px; /* 높이 지정 */
79       display: flex; /* flex 속성 지정 */
80       flex-direction: column; /* flex 방향 지정 */
81       justify-content: center; /* 콘텐츠 정렬 */
82   }
83
84   .v250 h2 {
85       font-size: 1.85rem;
86       font-weight: normal;
87   }
88
89   .v250 p {
90       font-size: 1rem;
91       margin: 0;
92       padding-bottom: 0.5rem;
93   }
```

[코드 1-15]를 보면 .v250 h2 부분과 .v250 p 부분에 대한 설명은 생략하겠습니다. 폰트의 크기 및 위치를 지정해 준 역할만 있기 때문입니다.

여기서 중요한 부분이 display:flex인데, 이 부분 4장에서 별도의 파트로 정말 세밀하게 학습할 예정입니다. 요즘 웹의 대세 중 하나가 flex 속성인데, 정말 대단한 기능을 가지고 있는 부분입니다. flex-direction: column은 flex의 방향을 지정하는 속성이고 justify-content는 flex로 지정된 부분에 대한 정렬을 지정하는 것입니다.

이 속성의 결과는 해당 박스 모델 내부에 있는 콘텐츠를 수직 방향에서 가운데 정렬해주는 기능을 해줍니다. CSS를 사용해서 작업을 해보면 콘텐츠를 브라우저의 가로 방향으로 가운데 정렬은 굉장히 쉬운데, 세로 방향으로 가운데 정렬하는 방법은 꽤 복잡합니다. flex를 이용하시지 않을 경우 padding 또는 position 속성을 이용해서 처리해야 하는데, 박스 모델의 크기가 고정된 경우 간단하게 처리 가능하지만, 박스 모델의 크기가 유동적이면 상당히 골치 아픈 상황이 벌어집니다. flex를 이용하면 아주 간단하게 처리할 수 있습니다.

HTML5와 CSS3 그리고 자바스크립트

Visual Studio Code는 https://code.visualstudio.com/ 에서 다운로드가 가능합니다.
Visual Studio Code를 설치하시면, 이제 몇가지 확장 프로그램을 더 설치하시면 웹 개발을 빠르게 할 수 있습니다.

[그림 1-30] flex 설정된 내부 콘텐츠가 세로 방향 기준으로 가운데 정렬되어 있다.

하지만 flex 속성을 이용하게 되면 flex 설정된 부분의 콘텐츠를 세로 방향으로 쉽게 가운데 정렬이 가능합니다. [그림 1-31]을 보면 필자가 간단하게 flex를 이용한 예제를 하나 더 만들었습니다. CSS 속성을 잘 보면 어떻게 처리하였는지에 대해서 알 수 있을 것입니다.

[코드 1-16] flex로 콘텐츠를 가운데 정렬하기　　　　　　　　[예제 파일] chapter1/felx-sample.html

```
1   <!DOCTYPE html>
2   <html lang="en">
3
4   <head>
5       <meta charset="UTF-8">
6       <meta name="viewport" content="width=device-width, initial-scale=1.0">
7       <meta http-equiv="X-UA-Compatible" content="ie=edge">
8       <title>Flex 샘플 페이지 </title>
9       <style>
10          body {
11              margin: 0;
12              padding: 0;
```

```
13          }
14
15      .wrap {
16          border: 10px solid green;
17          height: 100vh;
18          margin: 0;
19          display: flex;
20          flex-direction: column;
21          justify-content: center;
22          box-sizing: border-box;
23
24      }
25
26      .box1 {
27          border: 10px solid red;
28          width: 100px;
29          height: 100px;
30          border-radius: 50%;
31          margin: 0 auto;
32          text-align: center;
33          display: flex;
34          flex-direction: column;
35          justify-content: center;
36      }
37    </style>
38  </head>
39
40  <body>
41    <div class="wrap">
42        <div class="box1">
43            CENTER
44        </div>
45    </div>
46  </body>
47
48  </html>
```

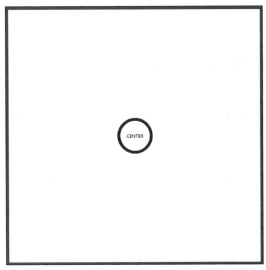

[그림 1-31] flexbox 샘플 예제

사진 크기 조절하기

이제 사진 이미지 부분을 처리하도록 하겠습니다. 우선 [그림 1-29]만 보더라도 사진 크기가 매우 큽니다. 따라서 먼저, 이 사진 크기를 조절하고 figcaption 부분에 대해서 작업하도록 하겠습니다. style.css 파일 내부에 [코드 1-17]과 같이 입력합니다.

[코드 1-17] 사진 이미지 및 figcaption 부분 정리하기	[예제 파일] chapter1/css/style.css

```
95   .img-part figure img {
96       width: 300px;
97   }
98
99   .img-part figcaption {
100      text-align: center;
101      margin-top: 10px;
102  }
```

[코드 1-17]을 입력하면 결과물은 [그림 1-32]와 같은 결과가 나옵니다.

[그림 1-32] 사진 이미지 축소 및 figcaption 부분 정리하기

사진 테두리를 둥글게 만들기

이제 사진 부분을 다음 [그림 1-33]과 같이 둥근 테두리 안에 넣어 보도록 하겠습니다.

[그림 1-33] border-radius 속성을 이용해서 원형 사진으로 바꾸기

[코드 1-17]을 보면 둥근 테두리의 넓이와 높이를 설정했고, border-radius:50%를 적용하여, 사진 이미지의 테두리를 원형으로 만들었습니다. 이 부분 border-radius의 값을 여러분이 직접 적용해 보시면 변화되는 모습을 볼 수 있을 것입니다. 또한 overflow는 반드시 hidden 속성을 적용해야만 원 밖의 이미지가 감춰지는 것을 알 수 있습니다. 여기서 margin-left:auto와 margin-right:auto는 해당 박스 모델을 가운데 정렬하는 것입니다.

[코드 1-18] 사진 부분 둥근 테두리 처리하기   [예제 파일] chapter1/css/style.css

```
104 .img-part figure .circle {
105     width: 200px;      /* 둥근 테두리 넓이 설정 */
106     height: 200px;      /* 둥근 테두리 높이 설정 */
107     border-radius: 50%;    /* 50%를 적용하면 원이 됨 */
108     overflow: hidden;       /* 원 이외의 다른 부분은 감추도록 처리 */
109     margin-left: auto;
110     margin-right: auto;
111 }
```

1.10 본문2 만들기 – 텍스트 및 아이콘 넣기

이제 본문2 부분을 처리하겠습니다.

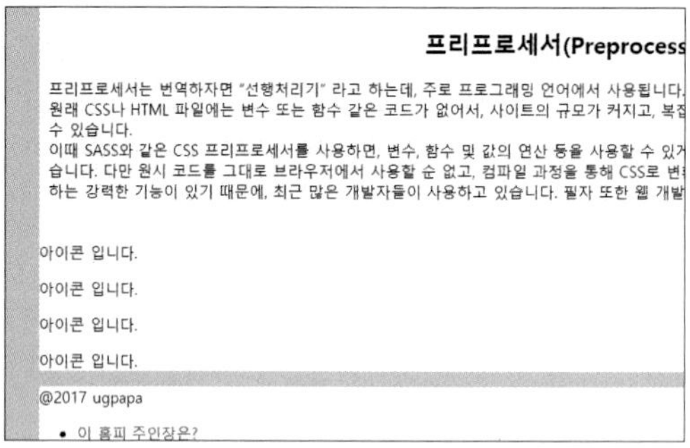

[그림 1-34] 작업할 텍스트와 하단의 아이콘들

우선 HTML 파일에 다음과 같은 코드를 입력합니다.

[코드 1-19] 본문 2부분 코딩하기   [예제 파일] chapter1/index.html

```html
78      <article class="container gray-back">
79          <div class="row v350">
80              <h2 class="text-center">프리프로세서(Preprocessor)란 </h2>
81              <p>프리프로세서는....
82                  <br>원래 CSS나 HTML 파일에는...
83                  <br>이때 SASS와 같은 CSS 프리프로세서를...
84                      ...
85                  있습니다. 필자 또한 웹 개발용으로 SASS를 강력 추천합니다. </p>
86              <div class="icon-box">
87                  <i class="fa fa-hand-peace-o fa-4x" aria-hidden="true"></i>
88                  <p>아이콘 입니다.</p>
89              </div>
90              <div class="icon-box">
91                  <i class="fa fa-heartbeat fa-4x" aria-hidden="true"></i>
92                  <p>아이콘 입니다.</p>
93              </div>
94              <div class="icon-box">
95                  <i class="fa fa-flask fa-4x" aria-hidden="true"></i>
96                  <p>아이콘 입니다.</p>
97              </div>
```

```
98          <div class="icon-box">
99              <i class="fa fa fa-line-chart fa-4x" aria-hidden="true"></i>
100             <p>아이콘 입니다.</p>
101         </div>
102     </article>
103     <footer class="container">
104         <div class="footlogo">@2017 ugpapa</div>
105         <ul>
106             <li>
107                 <a href="#">이 홈피 주인장은?</a>
108             </li>
109             <li>
110                 <a href="#">개인정보 보호 </a>
111             </li>
112             <li>
113                 <a href="#">사이트 약관 </a>
114             </li>
115         </ul>
116     </footer>
```

[코드 1-19]를 보면 페이지는 이전 [코드 1-13]과 큰 차이는 없는데요, 마지막 부분에 `<footer>`가 있다는 차이점 정도라고 보시면 됩니다.

HTML 코드에서 `<div class="row v350">`라고 되어 있는 부분은 이제 어떤 용도인지 알 수 있을 것입니다. 클래스 선택자가 v350이라면 여기 높이가 350 픽셀로 설정되어 있다는 것이죠. 또한 container 부분에 별도의 **gray-back**이라는 선택자가 추가되어 있는데, 이 부분은 배경 색상을 연회색 계열로 설정하는 부분입니다. 여기서 특이한 부분이 icon-box 선택자 내부에 있는 i 태그 부분입니다.

```
<i class="fa fa-hand-peace-o fa-4x" aria-hidden="true"></i>
```

이 부분은 font awesome (http://fontawesome.io/)이라는 곳에서 제공하는 아이콘 폰트를 넣은 곳인데, 최근 웹사이트에서는 아이콘을 이미지 파일로 처리하지 않고, 폰트 파일로 처리하는 경우가 많습니다. 이유는 간단합니다. 이미지 파일을 사용하게 되면, 이미지의 크기가 고정되고 관리하기가 어려운 반면, 폰트 파일을 사용하게 되면, 해당 아이콘의 폰트만 지정해 주면 해당 아이콘을 볼 수 있으며, 또한 가장 큰 장점 중 하나가, 폰트 파일인 경우 이미지 파일과 달리 사이즈의 변화에 따라 이미지 완성도에는 변화가 없습니다.

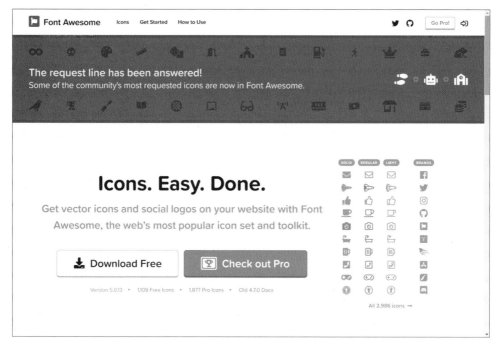

[그림 1-35] 아이콘을 폰트 파일로 제공해주는 Font Awesome 사이트 (http://fontawesome.io/)

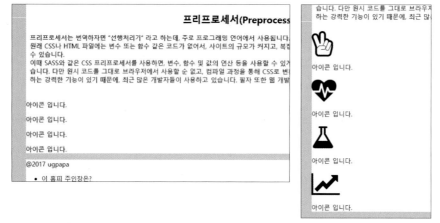

[그림 1-36] font awesome 파일 적용 전 아이콘 부분이 보이지 않는다(왼쪽)
font awesome 적용 후 아이콘이 나타난다(오른쪽)

font awesome 사용법 또한 간단합니다. 해당 폰트 파일을 내려 받은 후 폰트 파일을 적용해 주는 방법하고, CDN에 의한 링크 파일을 웹사이트에 적용하는 방법이 있습니다. 이 책에서는 CDN에 의한 방법을 적용해 보겠습니다.

font awesome이 적용된 CSS 파일을 외부 스타일 시트에 적용하는 방법으로 HTML 문서에 삽입하는 것입니다. Font awesome CDN 주소는 다음을 입력해보세요.

```
https://maxcdn.bootstrapcdn.com/font-awesome/4.7.0/css/font-awesome.min.css
```

 주의하세요!!

font awesome은 경우 현재 버전이 업그레이드(현재 이 책이 집필 시점은 v5.0.13)되었습니다. 그래서 이 책에서 보이는 font awesome 아이콘들은 5.x 버전에서는 보이지 않을 수도 있습니다. font awesome의 CDN의 주소는 추후 계속하여 변경될 수 있습니다. font awesome의 아이콘 파일의 개수가 늘어가면서 버선이 계속 업데이트 되고 있습니다.

[코드 1-20] link 태그로 font awesome CDN 주소를 적용하기 [예제 파일] chapter1/index.html

```
9    <link rel="stylesheet" type="text/css" href="css/style.css">
10       <link rel="stylesheet" href="https://maxcdn.bootstrapcdn.com/
         font-awesome/4.7.0/css/font-awesome.min.css">
```

font awesome 파일이 적용되면 [그림 1-36]과 같은 결과를 얻을 수 있는데, 아이콘 파일을 폰트로 이용하면 또 하나의 장점이 아이콘의 색 변경도 굉장히 간단합니다. 단지 폰트의 색을 변경해 주는 것처럼 CSS의 color 속성으로 해당 아이콘의 색을 바꿔 주면 아이콘의 색상도 변경됩니다.

�֎ **여기서 잠깐**

font awesome 사용법을 알려주세요.

① font awesome을 사용하려면 [그림 1-37]과 같이, 먼저 font awesome 사이트에서 [icons]를 클릭하고 [All Icons]를 클릭하거나 카테고리에 따른 별도의 [Icons] 항목을 클릭합니다.

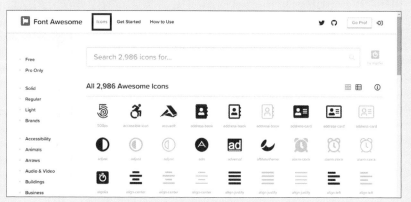

[그림 1-37] font awesome 사이트에서 아이콘 선택하기

② [그림 1-38]처럼 원하는 아이콘을 찾아서 해당 아이콘을 클릭합니다.

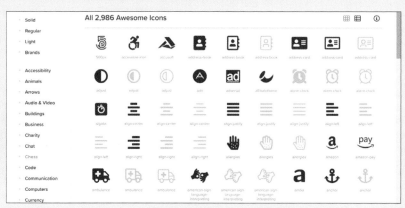

[그림 1-38] 원하는 아이콘 타입 선택하기

③ 원하는 아이콘을 검색했으면, 해당 아이콘을 클릭하여 그에 따른 아이콘의 코드가 나오게 됩니다. [그림 1-39]처럼 이제 그 아이콘에 해당하는 태그를 copy & paste 방식으로 HTML 코드에 입력하면 됩니다.

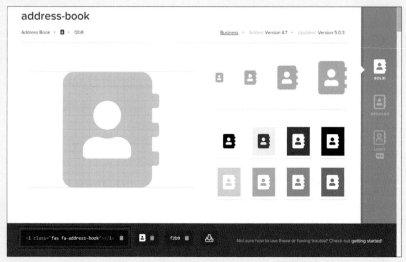

[그림 1-39] 해당 아이콘의 코드를 복사하여 HTML 문서에 붙여 넣기

④ 아이콘의 크기를 조절해봅니다. [그림 1-40]에서 보는 것과 같이 해당 코드 부분에 fa-2x 부터 fa-5x 와 같이 추가하는 방법과 CSS에서 font-size를 이용해서 크기를 조절하는 방법이 있습니다.

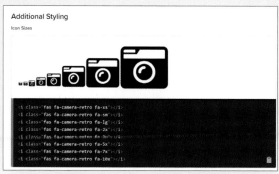

[그림 1-40] 아이콘의 사이즈 조절하기

아이콘 배치하기

다시 HTML 파일로 돌아와서 v350 부분과 아이콘을 배치하도록 하겠습니다. 이전에 사진 이미지 처리하는 방법처럼 아이콘도 같은 방법으로 배치하면 됩니다. 이에 해당하는 CSS 파일을 다음과 같이 적용해 줍니다.

[코드 1-21] 아이콘 부분과 배경 색상 처리하기	[예제 파일] chapter1/css/style.css

```
113 .gray-back {
114     background-color: #f2f2f2;
115     padding: 10px 20px;
116     box-sizing: border-box;    /* box-sizing에 의한 크기 고정 */
117     overflow: hidden;          /* 이는 배경 색상이 적용되지 않을 경우 */
118 }
119
120 .icon-box {
121     width: 25%;    /* 전체 4등분 하므로 */
122     float: left;    /* 왼쪽으로 float */
123     text-align: center;    /* 중간 정렬 */
124 }
125
126 .icon-box i {
127     width: 120px;    /* 아이콘 크기 설정 */
128     height: 120px;    /* 아이콘 크기 설정 */
129     border-radius: 50%;    /* 둥근 아이콘 박스 */
130     background-color: #fff;
```

```
131    display: flex;        /* flex 속성을 적용하여 아이콘을 중간에 배치 */
132    flex-direction: column;
133    justify-content: center;
134    color: #c9c9c9;       /* 아이콘의 색상 */
135    margin: auto;
136 }
```

여기서 .v350에 대한 속성은 보이지 않는데, 그 이유는 .v350의 속성 대부분은 .v250과 공유하고 있으며, 단 하나! 높이만 다르다는 것입니다. 이 경우 그룹 선택자를 사용하면 매우 편리합니다. 그룹 선택자는 사용법은 다음과 같습니다.

.selector1, .selector2{CSS 속성: 속성값}

선택자끼리 쉼표(,)를 이용하여 연결해주는 방법입니다. 이렇게 같은 속성을 공유하고 일부분에서만 다른 속성을 추가해주면 전체 코드의 길이가 간결해지고, CSS 속도 또한 빨라지는 장점이 있습니다. CSS는 하향식(TOP DOWN)으로 적용됩니다.

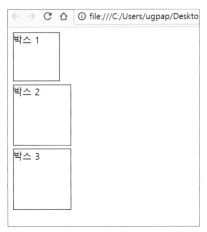

[그림 1-41] CSS의 TOP → DOWN의 이해

하향식(Top down)을 이해하기 이해하려면 [그림 1-41]을 참고하시면 됩니다. 3개의 박스가 있으며, CSS라고 되어 있는 부분을 볼 수 있습니다. 그룹 선택자를 이용하여 3개의 박스의 크기를 똑같이 처리하였습니다. 하지만 .box1은 별도로 하단에 width와 height 속성을 다르게 주면 원래 width:100px, height:100px이 width:80px, height:80px로 바뀌었음을 알 수 있습니다. 즉, CSS는 이름이 동일한 선택자에 상단에 어떤 값을 입력하더라도, 하단에 그 값을 변경하게 되면, 값이 바뀌는 것을 알 수 있습니다. 이런 방식이 하향식이라고 하며, CSS_{Cascading Style Sheet}의 약칭에서도 알 수 있듯이 계단식 스타일 시트 즉, 상단에서 속성값을 정의하더라도, 하단에서 속성값을 변경하면 변경된 값이 적용되는 것을 알 수 있습니다.

[코드 1-22] CSS는 탑 다운 방식   **[예제 파일]** chapter1/ top-down.html

```html
1   <!DOCTYPE html>
2   <html lang="en">
3
4   <head>
5       <meta charset="UTF-8">
6       <meta name="viewport" content="width=device-width, initial-scale=1.0">
7       <meta http-equiv="X-UA-Compatible" content="ie=edge">
8       <title>CSS TOP -> DOWN 이해 </title>
9       <style>
10          .box1,
11          .box2,
12          .box3 {
13              border: 1px solid red;
14              width: 100px;
15              height: 100px;
16              display: block;
17              margin: 5px;
18          }
19
20          .box1 {
21              width: 80px;
22              height: 80px;
23          }
24      </style>
25  </head>
26
27  <body>
28      <div class="box1">박스 1</div>
29      <div class="box2">박스 2</div>
30      <div class="box3">박스 3</div>
31  </body>
32
33  </html>
```

따라서 style.css 파일 내부에 있는 [코드 1-23]을 [코드 1-24]와 같이 변경합니다.

[코드 1-23] .v250 적용된 부분

```
77  .v250 {
78      height: 250px;
79      display: flex;
80      flex-direction: column;
81      justify-content: center;
82  }
83
84  .v250 h2 {
85      font-size: 1.85rem;
86      font-weight: normal;
87  }
```

[코드 1-24] 그룹 선택자를 이용하여 .v350의 속성을 처리하기   [예제 파일] chapter1/css/style.css

```
77  .v250,
78  .v350 {
79      height: 250px;
80      display: flex;
81      flex-direction: column;
82      justify-content: center;
83  }
84
85  .v350 {
86      height: 350px;
87  }
88
89  .v250 h2,
90  .v350 h2 {
91      font-size: 1.85rem;
92      font-weight: normal;
93  }
```

1.11 푸터 만들기

푸터는 웹 페이지의 하단에 위치한 정보를 나타내는 곳입니다. 간혹 웹사이트의 약 1% 미만 정도로 푸터 부분이 없는 경우도 있으나, 거의 모든 사이트에는 푸터가 있습니다. 이 공간은 사이트에 관한 정보 즉, 회사 소개, 정책, 연락처 등의 사이트를 상징하는 곳이나 웹사이트에 관한 여러 정부를 나열하고, 링크를 걸어두는 곳입니다.

이제 나머지 footer 부분에 대해서 처리하도록 하겠습니다. 푸터 부분은 사실상 헤더header와 크게 다른 점은 없습니다. [코드 1-25]와 같이 입력해줍니다. 헤더에 적용된 CSS 속성과 한번 비교해 보시기 바랍니다.

[코드 1-25] footer 부분에 대한 속성 정의하기　　　　　　　　　[예제 파일] chapter1/css/style.css

```
144 footer {
145     padding: 20px 10px;
146     display: flex;
147     justify-content: space-between;
148 }
149
150 .footlogo {
151     padding-left: 10px;
152     padding-top: 15px;
153 }
154
155 footer ul {
156     list-style: none;
157 }
158
159 footer ul li {□
160     display: inline-block;
161     padding-left: 15px;
162 }
163
```

```
164 footer ul li a {
165     text-decoration: none;
166     color: #999;
167 }
168
169 footer ul li a:hover {
170     color: orange;
171 }
```

이렇게 해서 예제 사이트가 완성되었습니다. 이해가 안 되는 부분이 있더라도 일단 여기서 제시한 값들을 그냥 입력해 보면 사이트가 완성되는 것을 알 수 있습니다. HTML5의 태그와 특장점 및 CSS3에 관한 내용은 2장과 3장에서 자세하게 다루도록 하겠습니다.

예제 사이트를 보면 width가 고정된 상태인데, width를 고정하지 않고 브라우저의 크기를 늘리더라도 어색하지 않고 안정적인 사이트로 변경해 보겠습니다. [그림 1-42]를 보면 상단 사이트는 width가 고정된 반면 하단의 사이트를 보면 브라우저의 크기가 늘어났음에도 사이트가 어색하지 않게 커진 모습을 볼 수 있습니다.

[그림 1-42] width가 고정된 사이트

[그림 1-43] 브라우저의 크기를 늘여도 크기에 맞게 늘어나는 사이트

이런 기법은 반응형 웹사이트의 기초라고 할 수 있는데, 반응형 웹사이트 제작 기법 즉, 모바일에서 보이는 기법은 책 후반부에서 다루겠습니다.

[그림 1-43]의 하단과 같은 사이트를 어떻게 만드는지 알아보겠습니다. 방법은 매우 간단합니다.

style.css 파일 내부에 [코드 1-26]과 같은 클래스 선택자를 하나 만들어줍니다. body와 .container에 있는 background-color 속성을 제거해줍니다.

[코드 1-26] .container-full 클래스 선택자를 추가하고 body 태그 선택자와 .container 선택자의 배경 색상 제거하기

[예제 파일] chapter1/css/style1.css

```
1  body {
2      margin: 0;
3      padding: 0;
4      /*background-color: #d2d2d2;*/
5  }
6
7  .containrer-full {
8      width: 100%;
9      background-color: #fff;
10 }
11
```

```
12   .container {
13      max-width: 1150px;
14      margin: 0 auto;
15      /*background-color: #fff;*/
16      box-sizing: border-box;
17   }
```

그리고 HTML 문서에 .container-full을 적용해 주는데, HTML 코드에서 필요한 부분에 .container-full로 변경하거나 기존 .container가 적용된 부분에 감싸주면 됩니다.

[코드 1-27] HTML 문서에 필요한 부분에 .container-full 적용하기   [예제 파일] chapter1/index1.html

```
1    <!DOCTYPE html>
2    <html lang="en">
…    …
4    <body>
5    <div class="container-full">
6        <div class="container">
…    …
31   </div>
32   <div class="container-full main-img">
33       <div class="container">
34           <div class="text-box">
35               <h2>HTML5와 CSS3 그리고 자바스크립트</h2>
…    …
80   <div class="row container-full gray-back v350">
81       <div class="container">
82           <h2 class="text-center">프리프로세서(Preprocessor)란 </h2>
…            ….
90   <div class="row container-full gray-back">
91       <div class="container">
92           <div class="icon-box">
…            …
108      </div>
109  </div>
110  </div>
…    …
127  </body>
128  </html>
```

[코드 1-27]과 같이 처리해 주면 모든 작업이 끝나게 됩니다.

연습문제 | 퀴즈를 풀어보며 개념을 복습합니다.

문제에 대한 답은 백견불여일타 카페에서 확인할 수 있습니다. cafe.naver.com/codefirst

1   다음 빈 칸에 들어갈 적절한 말을 채워보세요.

> HTML은 (   )의 약자이며, CSS는 (   )의 약자이다.

2   HTML5의 Doctype을 기술해보세요.

3   HTML문서의 head 부분에 사용되면 안 되는 것은 무엇인지 다음 보기 중 골라보세요.

가. 메타 태그   나. body 태그   다. 자바스크립트   라. CSS 파일

4   다음 보기 중 HTML5의 문서의 인코딩 정보는 무엇인가요?

가. euc-kr   나. ko-kr   다. utf-8   라. uft-16

5   웹 브라우저의 타이틀 바에 제목이 들어가게 되는데, 이때 사용되는 태그는 무엇인가요?

6   CSS 파일을 적용하는 3가지 방법에 대해서 설명해보세요.

7   다음 빈 칸에 들어갈 적절한 말을 채워보세요.

> DOM은 (   )의 약자이며, 번역하자면 문서 객체 모델이라고 한다.

8   HTML5에서 새롭게 추가된 태그로 문서의 헤더 부분에 사용되는 태그와 꼬리말 부분에 사용되는 태그는 무엇인지 설명해보세요.

9 CSS는 박스 모델이 가장 중요합니다. 박스 모델의 내부 공간을 지정해 주는 속성은 다음 중 어떤 것인가요?

가. padding   나. margin   다. border   라. outline

10 웹에서 사용하는 색상 체계는 RGB와 HSB, 그리고 '이것'을 이용하여 색 체계가 구성됩니다. 여기서 '이것'은 무엇일까요?

11 CSS는 선택자가 가장 중요한 요소 중 하나입니다. 다음 중 클래스 선택자는 무엇일까요?

가. .classname   나. #classname   다. classname   라. $classname

12 다음은 HTML 문서의 일부분을 발췌한 것입니다. 빈 칸을 채워보세요.

```
1    <header>
2      <a (     )="#" class="logo">
3        <(    ) src="./imgs/logo.png" (      )="로고">
4      </a>
5      <ul>
6        <li>
7          <a href="#">홈으로</a>
8        </li>
9        <li>
10         <a href="#">소개 페이지</a>
11       </li>
12       <li>
13         <a href="#">콘텐츠 페이지</a>
14       </li>
15     </ul>
16   </header>
```

실습문제

실습은 지식을 내것으로 만드는
최고의 방법입니다.

문제에 대한 답은 백견불여일타 카페에서 확인할 수 있습니다. cafe.naver.com/codefirst

1   비주얼 스튜디오 코드(Visual studio code)를 내 컴퓨터에 설치해보세요.

2   비주얼 스튜디오 코드에서 HTML5 문서 기본 템플릿을 만들어보세요.

3   설치된 비주얼 스튜디오 코드에서 제공된 예제 사이트를 열어서 코드를 확인해보세요.

수백 번 본들 한번 만들어봄만 하리라!

百見不如一打

백견불여일타

HTML5
& CSS3

2장
HTML5의 기초

이 장을 시작하기 전에

1장을 통해 우리는 HTML과 CSS를 이용해 어떻게 웹사이트를 설계하고 디자인하는지 살펴봤습니다.

❶ 이 장에서 배울 HTML은 무척 중요합니다.
  웹에서 눈으로 볼 수 있는 거의 모든 부분을 HTML로 작성하기 때문입니다. CSS는 디자인적으로 거들 뿐입니다.

❷ 또한 HTML5에서는 다양한 API가 있어 간단한 태그 작성만으로도 동영상을 보거나 음악을 들을 수도 있습니다. 이 외에도 수많은 일들이 가능하답니다.

2.1 DocType

1장에서 간략하게 DocType에 대해 알아보았습니다. DocType은 기본적으로는 문서 타입을 말합니다. 문서 타입을 정확하게 명시하고 개발을 해야 웹 브라우저가 그에 따른 표시를 제대로 해주기 때문에 이에 대한 지식을 알고 있는 것은 중요합니다.

HTML 문서는 의미를 살린 마크업Markup과 유효한 코드를 사용해야 합니다. 유효한 코드를 사용하지 않으면, 브라우저는 자체적인 방법으로 코드를 해석하여 가끔은 개발자가 원하지 않은 결과를 보여주기도 합니다. 웹 페이지를 올바로 처리하기 위해서는 어떤 DTDDocument Type Definition, 문서 유형 정의를 사용해야 하는지 브라우저가 알 수 있어야만, HTML 문서의 유효성 검사가 가능합니다. 유효성 검사를 하게 되면 개발하고 있는 웹 페이지

> **마크업(Markup)**
>
> '마크하다'라는 말은 무언가를 표시해준다는 의미입니다. 특정 문장의 글꼴이나 제목 스타일을 태그로 지정한다거나 특정 단어를 클릭했을 때 다른 문서(페이지)로 이동하도록 하는 링크 태그 같은 경우를 마크업이라고 합니다. HTML도 결국엔 이러한 마크업들로 이루어진 언어라고 할 수 있습니다.

에 원하는 모습으로 제대로 표현되는지, 아니면 어떤 문제가 있어 웹 문서가 제대로 표현이 안 되고 있는지 알 수 있기 때문에, 유효성 검사는 아주 중요하다고 할 수 있습니다.

웹사이트의 유효성 검사 중 가장 공신력 있는 방법은 http://validator.w3.org에 현재 개발하고 있는 웹사이트의 주소를 입력하면 바로 유효성 검사를 할 수 있습니다. 브라우저는 DocType 선언을 확인하고 브라우저 모드를 결정합니다. 브라우저 모드에는 표준 호환모드와 비표준 호환 모드가 있는데, 표준 호환 모드는 기술명세서(HTML 문서의 스펙을 정의해 놓은 곳)에 표시된 대로 표시해주며, 비표준 호환 모드는 좀더 느슨하게 하위 브라우저와의 호환을 고려해 화면에 표시합니다.

즉, 웹 표준에서 DocType이 중요한 이유는, 개발자가 유효하다고 생각해서 만든 CSS를 적용했어도 DocType을 잘못 선택하여 비표준 호환 모드로 동작하게 되어 개발자의 의도와는 전혀 다른 결과가 나올 수 있기 때문입니다.

웹 표준에서 웹 페이지를 제대로 표현하기 위해서는 올바른 문서 형태를 정의해줘야 합니다. 올바른 문서 형식을 선언해 주는 것은 다양한 웹 브라우저에 따른 렌더링 차이를 최소화할 수 있기 때문에 매우 중요하다고 할 수 있습니다. 참고로 렌더링은 브라우저에서 HTML 코드를 인식하고 화면상에 결과를 보여주는 것을 말합니다.

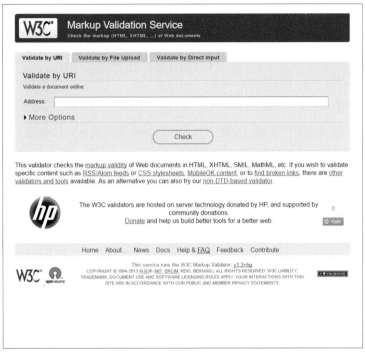

[그림 2-1] http://validator.w3.org/ HTML 마크업 유효성 검사 사이트

1장에서도 살펴보았지만, HTML5 이전에 사용하던 HTML 4.01과 XHTML 1.0의 DocType
에 대해서 보다 자세하게 살펴보겠습니다.

2.1.1 HTML4.01 DocType

HTML4.01의 표준 문서 양식은 다음과 같이 3가지 형태의 DocType으로 구성되어 있습니다.

```
<!DOCTYPE HTML PUBLIC "-//W3C//DTD HTML 4.01 Transitional//EN" "http://www.
w3.org/TR/html4/loose.dtd">
```

```
<!DOCTYPE HTML PUBLIC "-//W3C//DTD HTML 4.01//EN" "http://www.w3.org/TR/html4/
strict.dtd">
```

```
<!DOCTYPE HTML PUBLIC "-//W3C//DTD HTML 4.01//EN" "http://www.w3.org/TR/html4/
frameset.dtd">
```

앞에서 보면 **"loose.dtd"**, **"strict.dtd"**, **"frameset.dtd"**이라는 용어가 3개의 DocType의 유
형을 결정합니다. loose.dtd는 HTML 문서 구조에서 이전 버전에서 만들어진 웹사이트를 고
려해서, 사이트를 유지보수할 때, 현재 버전의 HTML과 비교해서 생략해도 되는 태그가 있으
면 생략해도 브라우저가 문서를 실행하는 데 전혀 문제가 없다는 것을 의미하게 됩니다. 즉 과

거에 만들어진 모든 문서를 엄격한 규격에 맞춰 다시 제작하려면 엄청난 시간과 노력이 필요하기 때문에 loose.dtd가 존재합니다.

하지만 웹에 대한 모든 규격과 정의를 해주는 기관인 W3C에서는 처음부터 만드는 웹사이트는 strict.dtd를 사용할 것을 권하고 있습니다.

이와 같이 브라우저들은 문서의 첫 부분에 어떤 DocType을 정의해주었느냐에 따라 웹 페이지를 정확하게 또는 부정확하게 표시해줍니다. DocType을 표시해주지 않을 경우, 웹 페이지가 제대로 동작하지 않을 수도 있습니다.

다시 한번 정리하겠습니다.

❶ 이전 버전으로 제작된 HTML 문서와의 호환성을 위해서는 아래와 같이 DocType을 정의합니다.

```
<!DOCTYPE HTML PUBLIC "-//W3C//DTD HTML 4.01 Transitional//EN" "http://www.w3.org/TR/html4/loose.dtd">
```

❷ 정확한 표준 모드로 사용하기 위해서는 W3C에서 다음과 같은 DocType을 사용할 것을 권하고 있습니다.

```
<!DOCTYPE HTML PUBLIC "-//W3C//DTD HTML 4.01//EN" "http://www.w3.org/TR/html4/strict.dtd">
```

❸ 현재는 거의 사용하지는 않지만, 보통 매뉴얼을 만들거나 웹사이트 관리자 페이지에서 많이 보이는 프레임셋을 이용한 웹사이트를 만들 때는 다음과 같은 DocType을 사용합니다.

```
<!DOCTYPE HTML PUBLIC "-//W3C//DTD HTML 4.01//EN" "http://www.w3.org/TR/html4/frameset.dtd">
```

2.1.2 XHTML1.0 DocType

XHTML1.0도 마찬가지로 HTML4.01과 동일하게 3개의 DocType으로 나눌 수 있습니다.

```
<!DOCTYPE html PUBLIC "-//W3C//DTD XHTML 1.0 Transitional//EN" "http://www.w3.org/TR/xhtml1/DTD/xhtml1-transitional.dtd">
```

```
<!DOCTYPE html PUBLIC "-//W3C//DTD XHTML 1.0 Transitional//EN" "http://www.w3.org/TR/xhtml1/DTD/xhtml1-strict.dtd">
```

```
<!DOCTYPE html PUBLIC "-//W3C//DTD XHTML 1.0 Transitional//EN" "http://www.w3.org/TR/xhtml1/DTD/xhtml1-frameset.dtd">
```

여기서 xhtml1-transitional.dtd라고 표기되어 있는 부분은 HTML 4.01에서의 loose.dtd와 같은 의미입니다.

❶ 이전 버전의 HTML 문서 형식으로 만들어진 사이트와의 호환성을 위해서는 다음과 같이
DocType을 정의합니다.

```
<!DOCTYPE html PUBLIC "-//W3C//DTD XHTML 1.0 Transitional//EN" "http://www.
w3.org/TR/xhtml1/DTD/xhtml1-transitional.dtd">
```

❷ 정확한 표준 모드로 사용하기 위해서는 다음과 같은 DocType을 사용합니다.

```
<!DOCTYPE html PUBLIC "-//W3C//DTD XHTML 1.0 Transitional//EN" "http://www.
w3.org/TR/xhtml1/DTD/xhtml1-strict.dtd">
```

❸ 프레임 셋을 이용한 웹사이트를 만들 때는 다음과 같은 DocTypc을 사용합니다.
프레임 셋의 문서 구조는 Transitional과 똑같이 취급됩니다.

```
<!DOCTYPE html PUBLIC "-//W3C//DTD XHTML 1.0 Transitional//EN" "http://www.
w3.org/TR/xhtml1/DTD/xhtml1-frameset.dtd">
```

2.1.3 XHTML1.1 DocType

HTML4.01 그리고 XHTML1.0 이후 좀더 많은 구조와 형식을 표현해주기 위해서 개발자들
이 모여 몇 가지 버전의 HTML 언어를 만들게 되고 이렇게 만들어진 HTML 언어들이 W3C
에 의해서 공식적으로 인정을 받게 됩니다. XHTML1.0의 문제점을 수정해 만든 HTML 언어
가 XHTML1.1입니다. XHTML1.1은 문서 형식 즉, DocType을 지정해주는 요소를 매우 간
소화시켰습니다. 이전 버전과의 호환성 부분을 무시해버립니다. 또한 프레임셋frameset 자체를
인정하기 않기 때문에 프레임셋은 포함시키지 않습니다. 참고로 현재는 많이 사용하지 않지만,
이전에 프레임셋이 출현했을 때 거의 대부분의 웹사이트가 프레임셋으로 구성될 만큼 많은 인
기를 누리던 기술이었습니다.
그래서 XHTML1.1 버전의 표준 문서 형식에 따른 DocType은 다음과 같이 하나만 있습니다.

```
<!DOCTYPE html PUBLIC "-//W3C//DTD XHTML 1.1 Transitional//EN" "http://www.
w3.org/TR/xhtml1/DTD/xhtml11.dtd">
```

필자는 XHTML1.1 DocType은 사용해 본 적이 없습니다. 이 DocType은 과도기에 나온 버전
이라 바로 HTML5에 의해서 대체되었기 때문입니다.

2.1.4 HTML5 DocType

이 책에서 다룰 HTML5는 다음과 같이 매우 간단한 DocType을 갖습니다.

```
<!DOCTYPE html>
```

이전 버전의 HTML4.01과 XHTML1.0과는 너무 큰 차이를 보입니다. 너무 간단합니다. HTML5 이전에는 절대 머리로는 암기할 수 없는 복잡한 DocType이지만, HTML5는 누구나 암기할 수 있을 정도의 간단한 DocType을 가졌습니다.

그리고 이전 버전의 웹 문서들이 프레임셋frameset을 지원했던 것에 비해 HTML5는 공식적으로 프레임셋을 지원하지 않습니다. 만약 여러분이 HTML 문서 중 [코드 2-1]과 같은 코드를 가지고 있는 문서를 본 적이 있다면 이 문서는 프레임셋으로 작성된 문서입니다.

[코드 2-1] 프레임셋으로 구성된 HTML 코드(DocType을 보면 HTML4.01 문서임을 알 수 있다).

```
1   <!DOCTYPE HTML PUBLIC "-//W3C//DTD HTML 4.01 Frameset//EN"
                         "http://www.w3.org/TR/html4/frameset.dtd">
2   <html xmlns="http://www.w3.org/1999/xhtml">
3
4   <head>
5       <meta charset="utf-8">
6       <title>프레임셋 문서</title>
7   </head>
8   <frameset rows="100,*" cols="*" frameborder="NO" border="0"
     framespacing="0">
9       <frame src="top.html" name="topFrame" scrolling="NO"
         noresize title="topFrame">
10          <frameset cols="300,*" frameborder="NO" border="0" framespacing="0">
11              <frame src="a.html" name="mainFrame" title="mainFrame">
12                  <frame src="b.html" name="rightFrame" scrolling="NO"
                     noresize title="rightFrame">
13          </frameset>
14  </frameset>
15  <noframes>
16      <body>
17      </body>
18  </noframes>
19  </html>
```

프레임셋 문서의 장점은 웹사이트 레이아웃 구성이 상당히 편리하다는 것입니다. [그림 2-2]에서 보듯이 헤더 부분과 메뉴 부분, 그리고 본문 부분을 구성할 때 프레임셋에서 크기를 정의해주면 끝납니다. 하지만 하나의 페이지를 만들기 위해서는 최소 2개 이상의 HTML 문서가 필요합니다. 여기서 2개 이상이란 [그림 2-2]와 같은 구조의 경우 4개의 문서가 필요하다는 것입니다([코드 2-1] 참조). 즉 프레임 구조를 잡아 주는 frameset.html 하나, top.html, a.html 그리고 b.html, 이렇게 4개의 문서를 만들어 줘야 하나의 문서가 완성됩니다. 하지만 또 하나 아주 큰 문제가 있는데, 프레임셋으로 구성된 웹 페이지의 경우 페이지의 북마킹이 힘들어집니다. 특정 페이지를 보고 즐겨찾기에 추가하더라도 그 특정 페이지가 즐겨찾기에 저장되는 것이 아니라 맨 처음 페이지가 즐겨찾기에 저장됩니다. 이것은 프레임셋으로 구성된 페이지의 치명적인 단점 중 하나인데, 웹 페이지 100개를 만들더라도 항상 URL에서는 frameset.html 하나로만 보이게 되는 것입니다. 그리고 프레임셋으로 만든 웹사이트는 보안에 취약할 수 있습니다. 프레임셋이 여러 개의 HTML 문서로 구성되어 있다 보니, 해커가 악의적으로 하나의 문서에 악성코드를 심더라도 찾기가 어려울 수 있습니다. 또한 사이트 레이아웃을 잡을 때 조금 난감한 점이 많이 있었습니다. 그래서 최근에는 프레임셋으로 구성된 웹사이트는 거의 사라진 상태입니다.

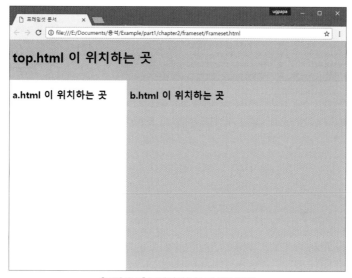

[그림 2-2] 프레임셋으로 구성된 문서

[그림 2-3]을 보면 프레임셋을 이용해, 하나의 페이지에는 '다음' 웹사이트를, 다른 하나는 '쿠팡' 웹사이트를 호출했는데, 이렇게 외부 사이트를 프레임셋을 이용해서 불러오는 경우 해커가 프레임셋으로 구성된 페이지를 악의를 가지고 해킹하여 프레임셋의 일부 문서를 의도한 사이트가 아닌 다른 사이트로 연결하는 경우, 웹사이트를 방문한 모든 접속자는 해킹에 무방비로 노출되게 됩니다. 따라서 현재 HTML5에서는 공식적으로 프레임셋 문서를 사용하지 못하게 하였으며, 여러분도 프레임셋 문서를 만들면 안 됩니다. 또한 사이트의 프로토콜을 https를 사용하게 되면, 프레임셋을 사용할 수 없으며, 이제 브라우저들 또한 프레임셋을 절대 사용하지 못하게 만드는 추세입니다.

[그림 2-3] 프레임셋으로 구성된 페이지는 그림과 같이 외부 문서를 HTML 문서 내부에 불러 올 수 있어서,
개발자가 악의적으로 해킹이 가능한 외부 문서를 호출할 경우 보안에 위협적일 수 있다.

이제 간단하게 HTML5 문서의 기본 구조와 XHTML1.0의 문서의 기본 구조를 비교해봅시다.

[코드 2-2] XHTML1.0의 기본 문서 구조

```
1   <!DOCTYPE html PUBLIC "-//W3C//DTD XHTML 1.0 Transitional//EN"
                   "http://www.w3.org/TR/xhtml1/DTD/xhtml1-transitional.dtd">
2   <html xmlns="http://www.w3.org/1999/xhtml">
3   <head>
4       <meta http-equiv="Content-Type" content="text/html; charset=utf-8" />
5       <title>무제 문서</title>
6   </head>
7   <body>
8   </body>
9   </html>
```

[코드 2-3] XHTML5의 기본 문서 구조

```
1   <!DOCTYPE html>
2   <html>
3   <head>
4       <meta charset="utf-8">
5       <title>무제 문서</title>
6   </head>
7   <body>
8   </body>
9   </html>
```

[코드 2-2]와 [코드 2-3]을 보면 매우 간단하게 XHTML1.0 문서와 HTML5의 문서의 기본
적인 골격에 대해서 파악할 수 있습니다. [코드 2-3]은 1장에서 HTML5 문서의 기본 구조에
서 설명을 했는데, 여기서 언급된 [코드 2-3]은 더 간략한 모습입니다.

[코드 2-2]와 [코드 2-3]을 비교해 보면 사실 크게 차이 나는 부분이 많지 않습니다.
DocType 부분과 <meta ~> 부분에서 차이를 보일 뿐 다른 부분에서는 많은 차이가 보이지 않
습니다. 그러나 기본 문서는 큰 차이를 보이지 않지만, 실제 XHTML1.0과 HTML5는 추가되
거나 삭제된 태그가 있어 실제 태그 사용법에 있어서는 많은 차이를 보입니다.

다음 절에서 XHTML1.0과 HTML5의 차이점에 대해서 살펴보겠습니다.

2.2 XHTML1.0과 HTML5의 차이점

현재 기술도 익히기 바쁜데, 과거 기술을 왜 알아야 할지 의문을 제기할 수도 있습니다. 우리가 과거를 복기하는 것은 현재를 쉽게 이해할 수 있기 때문입니다. 물론 과거의 모든 기술을 완벽하게 배울 필요는 없습니다. 현재의 기술이 왜 이렇게 나왔는지를 아는 정도면 충분하기 때문입니다. 그런 점에서 HTML5 이전의 XHTML1.0 버전을 살펴보는 것은 나름의 의미가 있습니다.

XHTML1.0 규격은 현재는 아주 일부에서 사용되고 있는 HTML 문서입니다. 몇몇 구형 인트라넷 시스템이나, 오래되고 방치된 웹사이트의 경우 아직도 사용되고 있을 것입니다. DocType만으로 HTML5 문서인지, XHTML1.0 문서인지 구별하는 것 자체는 조금 무의미합니다. HTML 태그 사용법과 HTML5에서 추가된 태그 등 여러 면에서 기존 XHTML1.0과는 많은 차이를 알 수 있습니다. [그림 2-4]에서 볼 수 있듯이 현재 가장 많이 사용하는 버전은 HTML5입니다. 거의 모든 웹사이트가 현재 이 버전으로 구축되어 있으며, 이전 HTML4.01이나 XHTML1.0 버전 사이트들은 점차 사라지고 있는 추세입니다.

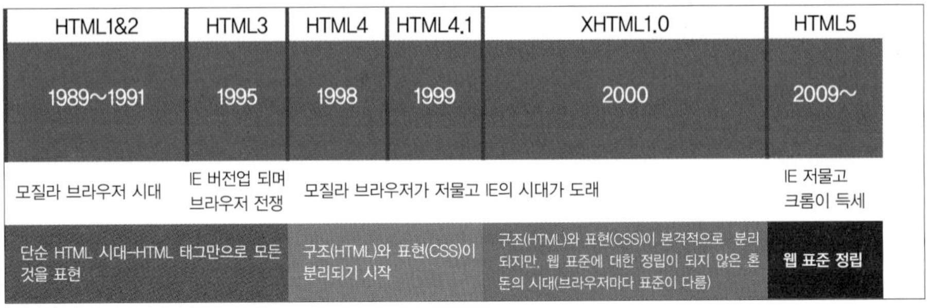

HTML1&2	HTML3	HTML4	HTML4.1	XHTML1.0	HTML5
1989~1991	1995	1998	1999	2000	2009~
모질라 브라우저 시대	IE 버전업 되며 브라우저 전쟁	모질라 브라우저가 저물고 IE의 시대가 도래			IE 저물고 크롬이 득세
단순 HTML 시대–HTML 태그만으로 모든 것을 표현		구조(HTML)와 표현(CSS)이 분리되기 시작		구조(HTML)와 표현(CSS)이 본격적으로 분리되지만, 웹 표준에 대한 정립이 되지 않은 혼돈의 시대(브라우저마다 표준이 다름)	웹 표준 정립

[그림 2-4] HTML 버전 변천 과정

[그림 2-5]를 보면 초기 웹사이트는 단순하게 구성되어 있으며, HTML 태그만 이용해서 웹사이트를 만들었고, 웹 페이지 레이아웃을 table 태그를 이용해서 만들었던 시기입니다.

HTML3.2가 널리 보급되면서 웹 개발에 엄청난 가속이 붙기 시작합니다. 이에 좀더 발전된 HTML 기술이 요구됨에 따라 HTML4.0이 출현하게 된 것입니다. 웹 표준화를 담당하는 W3C에서는 HTML4.0 발표 직후 더 큰 모듈성, 유연성과 성능이 필요하게 되었습니다. 왜냐하면 초기에 HTML 문서는 단순한 정보를 사용자들에게 보여주는 곳을 목적으로 했지, 엄청나게 증가하는 문서와 각종 미디어 파일들, 그리고 이러한 문서와 파일들이 다양한 브라우저에서 사용되리라곤 생각을 하지 못했습니다. 그렇게 많은 사용자들의 요구에 부응해서 2000년에 나온 언어가 XHTML입니다.

[그림 2-5] 1996년 당시의 Microsoft(왼쪽)와 애플(오른쪽) 웹사이트

XHTML이란 eXtensible Hypertext Markup language의 약자입니다. HTML을 대체하기 위해서 만들어졌지만, W3C에서 만든 HTML 4.01의 규약에 거의 준한 규격을 가집니다. 이 말은 XHTML이란 문서가 HTML 문서보다 좀 더 명확하고 구조적인 특징이 있다는 것을 말합니다. XHTML은 기존 HTML4.0보다 호환성과 확장성에서 유리합니다. 이 말은 XHTML 문서는 XML 애플리케이션과의 호환성이 좋다는 뜻입니다. XML 애플리케이션이라는 말은 프로그래밍 언어로 만든 프로그램을 말합니다. 이런 프로그래밍 언어는 기계어입니다. 기계가 인식하는 것은 단순한 코드만 인식합니다. 기존 HTML 문서들이 표현을 위해 각종 태그를 이용했다면, 그 표현을 위한 태그는 기계가 인식하지 못합니다. 우리가 시각적인 표현을 위한 글꼴 모양, 색상, 레이아웃 등은 태그에서 배제되어야 한다는 것입니다. 기계는 사람과 달라서 이게 왜 필요한지 이해하지 못하기 때문입니다. 그래서 XHTML에서는 이런 호환성을 위해 표현과 구조를 엄격하게 분리하게 된 것입니다.

또한 웹사이트 유지보수 비용이 감소합니다. 웹 문서의 표현과 구조가 분리되었기 때문에 XHTML 이전에 일일이 HTML 문서를 수정했던 것을 CSS 파일만 수정하면 모든 웹 문서에 적용되기 때문입니다. XHTML이 이러한 장점을 가지고 있지만, 2000년에 개발된 언어이고, 그동안 엄청나게 기술이 발전하고 보다 다양한 기기(스마트 폰 등)들에서 다양한 구성의 웹 페이지를 구현할 필요가 생기게 됩니다.

HTML5는 기존 XHTML에서 HTML 자체에서 처리 못하는 여러 가지 멀티미디어적인 요소, 기존 XHTML 문서보다 더 구조화한 문서 구조 등, 다양한 기술적 요구가 나오게 되자 W3C가 아닌 다른 단체(WHATWG)에 의해 먼저 HTML5의 규격이 만들어지고 나중에 W3C에서 수용하게 된 것입니다. 특히 초창기 애플이 HTML5를 적극적으로 지원했는데, 그 이유는 현재

는 더는 사용하지 않는 어도비의 플래시 기술과 마이크로소프트에서 개발한 실버라이트, 그리
고 썬의 자바FX와 같은 비표준화 기술을 사용할 경우 시스템에 부하가 많이 발생하고, 배터리
의 소모가 빨라지며, 보안에서도 상당한 위험이 내포되어 애플에서 만든 스마트기기 특히 아이
폰이나 아이패드에서 많은 문제가 발생하기 때문에, 웹 표준 기술이 아닌 비표준화 기술에 제
한을 가하기 위함입니다. 현재 플래시는 거의 퇴출되었는데, 예전에는 플래시만으로 도배를 한
사이트들이 많아, 상당히 문제가 된 적이 있었습니다. 요즘에 플래시를 이용해서 사이트를 개
발하면 정말 욕먹습니다.

XHTML1.0과 HTML5의 차이점

이제 XHTML1.0과 HTML5를 비교해서 어떤 차이점이 있는지 살펴보겠습니다. 다음은
XHTML1.0과 비교해서 HTML5에서 달라지는 점에 대해 크게 네 가지로 분류했습니다.

❶ **웹 브라우저마다 기존의 HTML을 해석하는 방식의 차이에서 오는 오류와 혼란을 피하기 위해**
구현되는 방식을 단순화하였습니다.
즉, <!DOCTYPE html>이라는 DocType을 가지게 되면 모든 브라우저에서 각 요소와 속성이
정확하게 동작하게끔 처리됩니다. 또한 메타 태그와 스크립트 정의 그리고 스타일을 정의하는
부분을 단순하게 처리하였습니다.
가령, HTML5 이전에는 자바스크립트를 정의할 때는 다음과 같이 태그를 정의해 주었습니다.

```
<script type="text/javascript">
    자바스크립트 코드
</script>
```

하지만 HTML5에서는 다음과 같이 단순하게 적용하면 됩니다.

```
<script>
    자바스크립트 코드
</script>
```

또한 CSS를 정의하는 부분도 유사하게 단순 처리합니다.

```
<style type="text/css">
    CSS 속성
</style >
```

하지만 이 부분도 다음과 같이 아주 단순하게 처리한다는 것이죠.

```
<style>
    CSS 속성
</style >
```

하지만 HTML5 문서에서 이전 방식을 사용하더라도 문제가 되진 않습니다. 다만 'HTML5에서는 좀더 단순하게 처리할 수 있다'라고 이해하면 됩니다. 실제 웹사이트를 작업할 때 많은 사이트들이 HTML5 문서 기반으로 개발되고 있지만 스크립트와 스타일 부분은 이전 방식을 사용하는 경우가 많습니다.

❷ **새로운 HTML 태그들이 도입되었습니다.**

가장 많이 사용하는 <header>, <nav>, <footer> 같은 태그를 포함해서 기존에 <div id="header">와 같은 방식으로 처리했던 번거로움을 없앴습니다.

❸ **HTML5에서 가장 편리하게 바뀐 것이 웹 애플리케이션 개발용 요소들이 추가된 점입니다.**

특히 웹 폼(web form)에 다양한 속성이 추가되었습니다. 이 부분 또한 따로 정리하는 시간이 있습니다.

❹ **[표 2-1]과 같이 XHTML1.0과 HTML5문서 내부 태그 서술 방식에서 차이점이 있습니다.**

[표 2-1] XHTML1.0과 HTML5 문서 내부 코드 적용 차이점

	XHTML 1.0	HTML5
태그	소문자	대문자, 소문자 가능
태그 닫힘	반드시 필요	옵션
단독 태그 시 닫힘	반드시 필요	옵션

XHTML1.0에서는 모든 태그는 소문자여야 합니다. 예를 들면 다음과 같습니다.

이미지를 삽입할 때는 <img src="..." />와 같이 써야 유효한 태그로 인정받을 수 있지만, HTML5에서는 <img src="..." > 또는 <IMG SRC="..." > 둘 다 유효한 태그입니다.

태그 닫힘의 경우 XHTML에서는 <li> 태그가 있다면 반드시 </li>로 닫아줘야 합니다. 하지만 HTML3.0이나 4.0 버전을 사용해본 분이라면 <li>만 적용해도 태그가 적용된다는 것을 아실 겁니다. HTML5에서는 다시 반드시 태그를 닫아주지 않아도 동작하게끔 처리됩니다. 하지만 <li> 태그인 경우 반드시 </li> 태그로 닫아주는 것이 좋습니다.

XHTML의 경우에는 <img> 태그와 같이 단독으로 사용하는 태그도 반드시 닫아줘야 합니다. <img src="..." />,
와 같이 이렇게 단독으로 사용하는 태그도 반드시 닫아야 했지만 HTML5 에서는 <img src="..." >,
와 같이 처리해도 작동합니다.

XHTML1.0 이전 버전의 HTML은 태그를 닫지 않아도 동작할 수 있게 느슨한 프로그래밍 언어였다면, XHTML1.0은 아주 정교한 프로그래밍 언어와 같은 방식으로 동작했다고 보면 됩니다. 하지만 HTML5가 탄생하면서 다시 이전 버전의 HTML과 같이 조금은 느슨하게 프로그래밍을 해도 동작을 하는 것은 보다 코드를 적게 사용해도 브라우저에서 모든 태그를 인식하고 태그가 적어지면 웹사이트의 크기도 작아지기 때문에 보다 빠른 로딩이 가능해지도록 하기 위함입니다.

2.3 HTML5에서 사라진 태그

HTML5로 변환되면서 이전까진 사용했던 태그들이 퇴출되었는데, 어떤 태그들이 HTML5에서 사용되지 않는지 확인해보겠습니다.

HTML5에서 사라진 태그는 HTML5 문서에서는 더는 쓸 수 없기 때문에 이전 버전의 HTML에서 없어진 태그를 습관적으로 사용했던 개발자는 유의해서 살펴볼 필요가 있습니다.

HTML5에서 없어진 태그를 설명하겠습니다.

frame 태그가 사라졌습니다

앞서 frame 태그에 대해서 설명을 하고 어떻게 사용되는지에 대해 간단하게 살펴봤습니다. HTML5에서는 frame 태그는 완전히 퇴출되었지만, iframe 태그는 HTML5에서도 여전히 사용할 수 있습니다. iframe 또한 frame 태그와 같은 원리로 동작하지만, iframe은 HTML 문서의 일부분을 담당하지, 레이아웃을 만들 수는 없습니다. iframe에 대한 부정적인 시각도 있고 악용될 소지도 있지만, 여러 가지 편리성(대표적으로 유투브의 영상을 블로그나 웹사이트에 불러오는 경우 iframe을 사용합니다) 때문에 HTML5에서 iframe은 여전히 사용할 수 있도록 해놓았습니다.

표현을 위해 필요했던 태그들이 대부분 사라졌습니다

예를 들어, basefont, big, center, font, s, strike, tt, u 등은 글꼴 표현에 많이 사용했던 태그이지만 대부분 CSS로 대체되었습니다. 더 이상 필요성이 없어진 탓인지 HTML5에서 제외되어 이제는 사용할 수 없습니다. 하지만 <b>와 <i>는 여전히 사용할 수 있습니다.

다음 [표 2-2]를 통해 HTML5에서 더 이상 쓰지 않는 태그를 살펴보겠습니다.

[표 2-2] HTML5에서 사라진 태그

태 그	속 성
<acronym>	영문 축약형 사용 시 (예: NATO, NASA, GUI 등)
<applet>	임베디드 애플릿 사용 시
<basefont>	글꼴의 형태를 정의
<big>	글꼴의 크기 지정
<center>	텍스트 위치 중앙 정렬
<dir>	디렉토리 리스트

태 그	속 성
<font>	글꼴
<frame>	프레임
<frameset>	프레임 부속 태그
<noframes>	프레임 부속 태그
<strike>	글꼴 효과 (글 취소 효과)
<tt>	글꼴 효과 (타자기 효과)
<u>	글꼴 효과 언더라인
<xmp>	pre 태그와 동일 효과

여기까지 간단하게 HTML5와 XHTML1.0의 차이점, HTML5에서 추가된 태그와 사라진 태그에 대해서 배웠습니다. HTML5라고 해서 완전히 새롭게 만들어진 언어가 아니라, 기존에 사용되었던 HTML 언어의 연장선에서 디자인적인 요소로 많이 사용되었던 것들은 HTML5의 태그로 편입시키고, 구조를 위해 불필요하게 HTML 태그에서 표현을 담당했던 태그들은 퇴출했습니다.

또한 동영상 재생이나 오디오 파일 재생을 위해 따로 웹 브라우저에서 플러그 인을 설치할 필요 없이 브라우저에서 구현해 주기 때문에 개발자도 웹사이트 개발 시 빠르게 개발할 수 있고, 사용자들 또한 별도의 플러그인을 설치할 필요가 없어 시스템에 무리를 주는 일도 없게 되었습니다

2.4 HTML5에서 추가된 태그

HTML5의 새 태그들

HTML5로 작성된 웹을 시멘틱 웹이라고도 합니다. 웹 페이지에 있는 모든 정보에 의미를 부여하여 실제 데이터로서 의미를 갖게 하고자 함입니다. 시멘틱이라는 용어가 '의미론적인'이라는 한글 뜻에서도 그 의미를 파악할 수 있습니다.

다음은 HTML5에서 추가된 태그들을 살펴보겠으며, 해당 태그들이 왜 시멘틱한 요소가 있는지 확인해보겠습니다. HTML5에서 추가된 태그와 없어진 태그를 살펴봅니다.

먼저 [표 2-3]를 보면 HTML5에서 대표적으로 추가된 태그들을 알 수 있습니다. HTML5에서 새롭게 추가된 태그를 소개합니다.

[표 2-3] HTML5에서 새롭게 추가된 태그

HTML 태그	속 성	브라우저 호환성[1]
`<article>` *[2]	웹 페이지의 본문을 정의할 때 사용	IE9+ FF4+, S5+, CH11+, OP11++
`<aside>` *	article의 내용을 보충해 주는 역할을 하는 콘텐츠를 넣을 때 사용(주로 서브메뉴를 만들 때 사용)	IE9+ FF4+, S5+, CH11+, OP11+
`<audio>`	오디오를 재생할 때 사용	IE9+ FF4+, S5+, CH11+, OP11+
`<canvas>`	그래픽을 보여줄 때 사용(스크립트 언어를 사용해서 구현된다)	IE9+ FF4+, S5+, CH11+, OP11+
`<command>`	명령 버튼을 만들 때 사용	IE9+ S5+
`<datalist>`	드롭다운 리스트를 만들 때 사용	FF4+, OP11+
`<details>`	상세한 내용을 보여줄 때 사용	현재 지원 안 함
`<embed>`	플러그인이나 플래시 요소를 보여줄 때 사용	IE9+ FF4+, S5+, CH11+, OP11+
`<figcaption>`	〈figure〉와 함께 사용되며, 〈figure〉의 캡션을 추가할 때 사용	IE9+ FF4+, S5+, CH11+, OP11+
`<figure>` *	이미지나 사진, 코드 등을 보여줄 때 사용	IE9+, FF4+, S5+, CH11+, OP11+
`<footer>` *	푸터를 정의할 때 사용	IE9+,FF4+, S5+, CH11+, OP11+
`<header>` *	헤더를 정의할 때 사용	IE9+, FF4+, S5+, CH11+, OP11+

---

1 • IE9+: IE 버전 9 이상 FF4+: 파이어폭스 버전 4 이상
   • S5+: 사파리 버전 5 이상 CH11+: 구글 크롬 버전 11 이상,
   • OP11+: 오페라 버전 11 이상

2 [표 2-3] 안의 별(*)로 표시한 태그들이 주로 웹 문서의 구조를 잡을 때 사용하는 태그입니다. 또한 HTML5에서 가장 많이 사용되는 태그들입니다.

HTML 태그	속 성	브라우저 호환성[1]
<keygen>	폼에서 사용되며, 로컬상에 보안 키를 저장하고 공개키는 서버로 보낸다	FF4+, CH11+, OP11+
<mark>	텍스트에 마크펜으로 칠한 효과를 표현	IE9+,FF4+, S5+, CH11+, OP11+
<meter>	그래픽적으로 어느 정도 길이인지를 표현	CH11+, OP11+
<nav> *	메인 메뉴 및 서브 메뉴를 정의할 때 사용	IE9+, FF4+, S5+, CH11+, OP11+
<output>	계산된 결과를 나타낼 때 사용	CH11+, OP11+
<progress>	다운로드 같이 몇%가 남아있는지 표시할 때 사용	CH11+, OP11+
<section> *	섹션을 정의할 때 사용	IE9+, FF4+, S5+, CH11+, OP11+
<source>	오디오, 또는 비디오 태그와 같이 사용되며, 소스코드를 나타낼 때 사용	IE9+, FF4+, S5+, CH11+, OP11+
<summary>	• details 태그와 같이 사용 • 상세한 내용의 요약을 나타냄	현재 지원 안 함
<time>	문서 내부에 시간을 정의할 때 사용	IE9+, FF4+, S5+, CH11+, OP11+
<video>	비디오를 재생할 때 사용	IE9+, FF4+, S5+, CH11+, OP11+
<wbr>	문서의 내용이 길어서 다음 라인으로 표시될 때, 영문인 경우 같은 라인에 문장을 표시해야 하는 경우 사용	IE9+, FF4+, S5+, CH11+, OP11+

웹 문서 구조에 따른 태그 사용

[표 2-3]에서 필자가 별표(*)로 표시한 태그들은 가장 많이 사용하는 HTML5 태그들입니다. 해당 태그들은 웹 문서를 시멘틱하게 만들어 주는데, 어떻게 사용되는지 간단히 살펴봅니다. 기본적인 HTML5 문서 구조를 도식화하면 몇 가지 패턴으로 나눌 수 있는데 [그림 2-6]은 보통 사용하는 패턴 중 하나이며, [그림 2-7]은 최근 유행하는 문서 패턴입니다.

[그림 2-6] HTML5 문서 패턴 1

[그림 2-7] HTML5 문서 패턴 2

[그림 2-6]과 [그림 2-7]을 보면 HTML5의 문서 전체는 크게 세 부분(header, article, footer)으로 나눌 수 있습니다. 그리고 나머지 요소들은 필요에 의해서 추가될 수 있습니다.

두 그림에서 header 부분에는 메인 메뉴를 담당하는 nav가 들어갈 수 있으며, 회사 또는 사이트 로고, 회원 가입, 로그인 같은 요소들이 들어가며, 검색 창 또한 위치할 수 있습니다. HTML5 이전 문서에서는 보통 div 태그를 사용하여, div id="header" 또는 div id="head" 심지어 div id="first"와 같이 개발자 마음대로 아이디 선택자를 지정한 반면 HTML5에서는 header라는 태그로 표준화하였습니다.

header 다음에 나오는 nav 태그는 방금 설명했듯이 header 태그 내부에 있을 수도 있고, 그림에서와 같이 단독으로 사용할 수 있습니다. nav 태그는 말 그대로 웹 페이지의 메뉴를 담당하는 역할을 합니다. nav는 navigation의 준말입니다. 따라서 이 부분에는 메뉴명과 그에 따른 히이피링그 대그가 추가되는 곳입니다.

aside 태그는 웹사이트의 사이드 바 부분을 담당하는데, 서브 메뉴를 넣을 수도 있고, 이 부분에 메뉴가 아닌 광고 또는 부가적인 정보들이 배치됩니다. 그림에서는 aside 부분이 화면 왼쪽에 위치해 있지만, 오른쪽에 위치하거나, 화면 양 옆으로 배치할 수도 있습니다.

article 태그는 말 그대로 본문 내용을 담당하는 태그입니다. article 내부에는 그림을 담당하는 figure와 figcaption 태그가 있을 수 있으며, 또는 img 태그만 이용해서 이미지를 넣을 수도 있습니다. 일반적으로 이미지에 설명이 필요하면, figure와 figcaption을 사용하고, 이미지 단독으로 사용될 경우는 img 태그만 사용하면 됩니다. 해당 문서의 제목을 담당하는 h1, h2, h3, h4, h5, h6 태그 등이 들어가며, 또한 article 내부에 section 태그를 사용하여, 별도의 섹션을 만들 수도 있습니다. article 태그 내부에는 article 태그를 추가하여 서브 article를 사용할 수도 있습니다.

footer 태그는 웹 페이지의 마지막 부분 즉 회사 주소 또는 연락처 등의 정보를 넣는 곳을 말합니다. 이 부분도 HTML5 이전에는 div id="tail" div id="foot" div id="footer" 등 여러 아이디 선택자를 사용했지만, HTML5에서 footer로 표준화하였습니다.

HTML5로 만들어진 문서는 다른 응용 프로그램에서 article에 있는 내용만 가져온다고 하면 article 태그에 있는 내용만 발췌해서 사용하면 됩니다. 특히 HTML5 문서는 웹 표준 기법으로 만들어지기 때문에 해당 article 내용을 가지고 올 때도 CSS를 이용하면 article 이외의 태그들은 전부 감출 수 있습니다.

이렇게 HTML5 문서는 추가된 태그만 보더라도, 많은 부분을 표준화하기 위한 노력이 보입니다. 또한 웹 표준을 위해 이전 버전의 HTML 문서에서 표현을 담당했던 태그들이 사라지고, 대신 CSS를 이용해서 그 역할을 대신하는 것을 알 수 있습니다

2.5 HTML5 멀티미디어 태그

이번에는 HTML5에서의 멀티미디어 관련 태그에 대해서 알아보겠습니다.

HTML5에서는 멀티미디어 태그에 대한 필요성이 생긴 이유가 비표준 기술에 의한 각종 플러그인의 범람에서 플러그인을 배제하고, 브라우저 자체 기능만으로 비디오와 오디오를 처리하자는 목적으로 탄생했습니다. 멀티미디어 태그의 탄생은 이런 비표준적인 기술을 배제하기 위해 만들어졌지만, 최근 웹사이트들은 이런 멀티미디어 태그를 잘 사용하질 않습니다. 왜냐하면 YouTube나 Vimeo 같은 동영상 서비스와 몇몇 오디오 스트리밍 서비스의 등장은 HTML5의 멀티미디어 태그의 사용을 주저하게 만들었습니다. 특히 현실적인 문제로 대다수의 웹 서비스들은 웹 호스팅 서비스를 이용하는데, 웹 호스팅 서비스의 경우 매일 트래픽에 대한 제한이 있습니다. 따라서 10M 정도 되는 비디오를 웹용으로 변환해서 웹 페이지에 올렸는데, 해당 동영상이 엄청난 인기를 얻을 경우 웹 페이지에 많은 사람들이 몰려, 서비스가 중단되는 경우도 있습니다. 하지만 YouTube를 이용해서 해당 동영상을 YouTube에 올리기만 해도, 인코딩부터 시작해서 포스팅까지 자동으로 되며, 해당 동영상을 본인의 웹 페이지에 소스코드를 이용해서 올리면 되기 때문에 멀티미디어 태그를 이용하는 방법보단 훨씬 간편합니다.

하지만 HTML5의 멀티미디어 태그의 사용법에 대해서도 반드시 알아야 할 경우가 있습니다. Youtube 같은 곳에 동영상을 올리면 해당 동영상이 무조건 공개되지만, 별도의 내부 네트워크, 예를 들면 사내 인트라넷이나 사내 VPN 내부에만 해당 동영상을 게재하는 경우 멀티미디어 태그를 이용해서 처리해야 하기 때문입니다. 따라서 필자는 두 가지 제안을 합니다. 일반적으로 동영상을 처리할 경우 YouTube 또는 Vimeo와 같은 동영상 서비스를 이용하고, 내부 구성원들에게만 공개해야 하는 동영상의 경우 HTML5의 멀티미디어 태그를 사용해서 처리하는 것입니다.

이제 HTML5에서 추가된 video 태그와 audio 태그에 대해서 알아보도록 하겠습니다.

video 태그는 말 그대로, 비디오를 재생할 때 사용됩니다. audio 태그는 오디오 즉 음악 파일이나 내레이션 등을 재생할 때 사용되는 것이죠.

여기서는 video 태그와 audio 태그 사용법에 대해서 살펴보고, 웹 브라우저에서는 어떤 동영상 파일을 사용하는지, 그리고, 특정 브라우저에서 지원되지 않는 동영상은 어떻게 변환하는지에 대해서 살펴보겠습니다.

2.5.1 video 태그 다루기

HTML5가 출현하기 전에도 사용자들은 웹에서 동영상을 보는 데 전혀 불편하지 않았습니다. 대표적인 동영상 공유 사이트인 Youtube도 HTML5가 출현하기 전에는 플래시를 이용해서 처리했기 때문에 사용자들이 사용하는 데 전혀 지장이 없는데, 왜 HTML5에서는 video 태그를 굳이 추가했을까요?

이유는 단순합니다. 웹 표준 이전까진 사용자가 동영상을 보기 위해선 모든 브라우저에서 플러그인 설치하거나, ActiveX를 이용해서 해당 플레이어를 설치해야만 했습니다. 지금은 MP4 기반으로 전환되었지만, 이전에는 Youtube 동영상도 FLV 파일, 즉 플래시 동영상입니다. 이런 플러그인 또는 ActiveX를 이용한 별도의 프로그램은 보안상의 위험이 항상 존재합니다. 그렇기 때문에 HTML5에서는 브라우저 자체에서 동영상을 재생할 수 있게끔 video 태그가 추가된 것입니다.

보통 동영상이라 하면 흔히들 알고 있듯이 확장자가 avi 파일일 때가 많습니다. 또는 mp4 파일도 많죠. 아이폰이나 기타 최근 휴대용 기기로 찍은 동영상들은 대부분 확장자가 mp4입니다. 하지만, 여기서 주의해야 하는 것이 avi니 mp4니 하는 것은 하나의 파일 타입$_{type}$일 뿐입니다. 중요한 것은 동영상이 어떤 형식으로 제작되었는지가 중요합니다. 즉 흔히 말하는 '인코딩이 어떻게 되었는가'가 HTML5에서는 중요하다는 말입니다.

PC에서 비디오를 보게 되면 비디오 플레이어는 이 파일 포맷이 뭔지 확인하고, 인코딩은 어떻게 되었으며, 오디오는 어떤 포맷으로 되었는지 검사해서, 오디오를 디코딩하고, 동영상 또한 디코딩 과정을 통해 플레이어에서 재생되는 것입니다.

한국에서는 흔히 동영상을 볼 때 다음 팟 플레이어, 곰 플레이어나 KMP 플레이어를 사용해서 동영상을 많이 보는데, 이때 어떤 동영상을 재생할 때 "해당 코덱을 찾을 수 없습니다. 프로그램을 업그레이드 해주세요"라는 메시지가 가끔 뜰 때가 있습니다. 여기서 '해당 코덱'이라는 것이 동영상을 인코딩하는 하나의 알고리즘입니다.

현재 업계의 표준 코덱은 H.264입니다. 이 코덱은 'MPEG-4 part 10' 또는 'MPEG-4 AVC'라고 알려져 있습니다. 2003년 MPEG 그룹에서 개발되고 표준화된 코덱입니다. 가장 유명하며, 애플에서 적극적으로 사용하는 코덱입니다. 그래서 Mac PC에 있는 기본적인 동영상 프로그램들은 기본적으로 H.264 코덱을 이용해서 저장됩니다. 또한 모바일에서 보이는 Youtube 동영상도 H.264 코덱을 이용합니다. 보통 H.264 코덱을 이용한 파일의 확장자는 mp4 또는 m4v입니다.

하지만 mp4와 m4v 파일은 예전에는 파이어폭스나 오페라에서는 재생되지 않았었습니다. 하지만 현재는 mp4의 경우 업계 표준으로 정착되어 거의 모든 브라우저에서 재생 가능합니다. 예전에 파이어폭스나 오페라에서 지원이 안 된 가장 큰 이유는 mp4 파일 즉 H.264 코덱은 라이센스가 있습니다. 즉 공공기관에서 사용하기에는 사용료가 지급되어야 했는데요, 자세한 라이센스 이야기는 하진 않겠습니다. 단지 H.264 코덱을 상업용으로 사용하기 위해서는 라이선스 비용이 발생한다는 내용만 알면 됩니다.

따라서 이전 파이어폭스와 오페라는 로열티가 전혀 없는 포맷만을 지원했었습니다. 바로 Theora라고 불리는 코덱입니다. 이 동영상 포맷은 xiph.org 재단에서 개발된 코덱으로 로열티가 전혀 없고 특허에서도 자유로운 동영상 포맷입니다. 동영상이나 오디오 파일을 많이 가지고 있는 분들은 아시는 포맷입니다. 흔히 확장자가 ogg로 끝나는 파일입니다. 동영상의 확장자는 ogv 파일입니다.

또 다른 코덱은 WebM이 있습니다. 이 포맷은 VP8 비디오 코덱과 Vorbis 오디오 코덱을 이용한 포맷으로 오픈소스용 동영상 포맷입니다. 기술적으로 H.264 코덱과 비슷한 품질을 내면서, 향후 더욱 더 발전 가능성이 높은 코덱입니다. 확장자가 .webm입니다. 이 코덱 역시 로열티가 없으며, 구글이 향후 구글 크롬에선 전적으로 이 코덱을 이용해서 서비스하겠다고 공표한 적도 있었습니다만, 대세가 MP4로 통합되어, 더 이상 이런 포맷은 무의미하게 되었습니다. 따라서 mp4 이외의 포맷은 여러분들이 신경 쓰지 말고 그냥 "이런 포맷이 있었구나!" 라고만 알면 됩니다. 상세한 내용은 동영상과 관련되어 더 복잡한 내용이 나오기 때문에 생략하도록 하고 이 책에서는 어떻게 동영상을 HTML5 문서에 넣는지, 다양한 기기에서 만들어진 동영상을 어떻게 HTML5 형식에 사용할 수 있는지 알아보도록 하겠습니다.

먼저 HTML5 문서에 동영상을 추가하기 위해서는 적절한 인코딩으로 파일을 변환해주어야 합니다. 보통 많은 동영상 제작기기에서 나온 파일들의 확장자는 AVI, MP4, 또는 MOV인 경우가 많습니다. 그러면 이 파일들을 웹에서 보여주기 위해서는 파일 인코딩으로 코덱을 바꿔서 변환할 필요가 있습니다.

먼저 예제에서 사용되는 동영상 파일 포맷은 MP4 즉, H.264 코덱을 사용한 MPEG 파일이며, 해상도가 1920×1080의 Full HD 영상입니다(예제에서 사용된 동영상은 https://pixabay.com/에서 제공 받았습니다).

이 파일을 HTML5 문서 포맷에 맞게 처리해볼텐데요, 매우 간단하게 코딩한 내용이 [코드 2-4]입니다.

[그림 2-8] mp4 파일 포맷 윈도우에서 재생 화면

[코드 2-4] mp4 재생 코드   [예제 파일] chapter2/mp4.html

```html
1   <!DOCTYPE html>
2   <html lang="en">
3   <head>
4       <meta charset="UTF-8">
5       <meta name="viewport" content="width=device-width, initial-scale=1.0">
6       <meta http-equiv="X-UA-Compatible" content="ie=edge">
7       <title>MP4 재생 </title>
8   </head>
9   <body>
10  <video src="video/Swimming.mp4"></video>
11  </body>
12  </html>
```

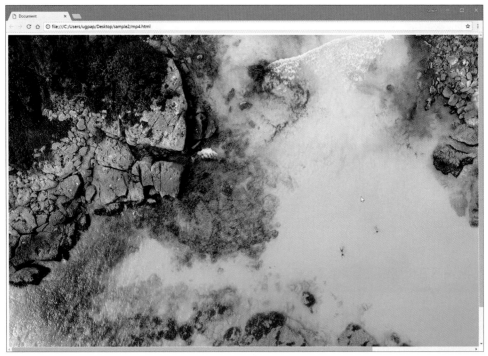

[그림 2-9] 실제 mp4 비디오를 실행한 결과

[그림 2-9]를 직접 실행해보면 알겠지만, 해당 동영상에 대한 이미지만 나오고 동영상은 보이지 않습니다. [그림 2-8]과 같이 동영상 플레이어에서 보이는 〈▶ 플레이〉 버튼조차 없어 재생할 수 없을 것 같습니다. 하지만 해당 동영상 위에 마우스 오른쪽 버튼을 누르면 재생 메뉴가 나와 동영상을 재생할 수 있습니다.

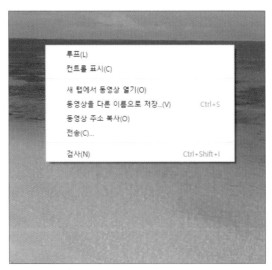

[그림 2-10] 마우스 오른쪽 버튼을 누르면 나타나는 메뉴

[그림 2-10]을 보면 동영상이 있는 부분에 마우스 오른쪽 버튼을 누르면 동영상을 재생할 수 있거나, 〈일시정지〉 할 수 있는 컨트롤이 보입니다. 하지만 일반인들은 알 수 있는 방법이 없습니다. 또한 [그림 2-9]에서와 같이 동영상이 너무 커서 동영상보다 해상도가 낮은 PC에서는 동영상의 일부밖에는 볼 수 없습니다.

video 태그가 있는 부분에만 다음과 같이 크기를 정해 주면 동영상 또한 크기에 맞게 줄어듭니다. 여기서 width는 HTML 태그를 이용해도 되고 CSS의 video 태그에 직접 width:800px로 지정해도 됩니다.

```
<video src="video/Swimming.mp4" width="800"></video>
```

여기서 height 즉, 높이를 지정하지 않으면, width 넓이에 따라 자동으로 높이는 조절됩니다. 또한 height에 값을 지정하여 강제로 동영상 크기를 변화시킬 수도 있습니다.

[그림 2-8]과 [그림 2-9]를 비교해 보면 동영상 크기에 따른 차이를 느낄 수 있을 겁니다.

〈video〉 태그 내부에 여러 가지 옵션을 줄 수 있습니다. autoplay, controls, preload와 같은 옵션을 지정하면 동영상이 자동 재생되거나, 밑 부분에 컨트롤러가 생기거나, 또는 파일 사이즈가 큰 동영상일 때는 preload가 될 수 있습니다. 여기에서는 아래와 같이 옵션을 추가해보겠습니다.

```
<video src=" video/Swimming.mp4" width="800" controls></video>
```

이렇게 controls가 추가됨에 따라 사용자들은 이 부분이 동영상이 있다는 것을 알 수 있는 것입니다

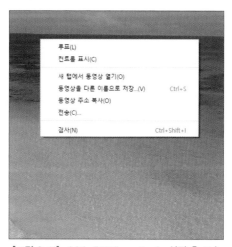

[그림 2-11] width="800" controls 설정 후 모습

[그림 2–11]에서 보이는 컨트롤러의 모습은 브라우저마다 차이가 있습니다. [그림 2–11]과 [그림 2–12]를 보면 브라우저마다 조금씩 차이가 나는 것을 알 수 있습니다.

▲ IE10 컨트롤러의 모습

▲ 파이어폭스 컨트롤러의 모습

[그림 2–12] IE10와 파이어폭스 컨트롤러

파이어폭스와 오페라인 경우 이전 버전에서 mp4가 지원되지 않았던 때에는 별도의 동영상 포맷을 이용하여 동영상을 재생하게 처리하였지만, 이젠 공식적으로 mp4가 모든 브라우저에서 지원되기 때문에 더 이상 다른 포맷에 대한 언급은 하지 않겠습니다.

2.5.2 audio 태그 다루기

audio 태그는 video 태그와 사용법이 유사합니다. audio 태그 또한 브라우저에 따라 호환되는 파일이 다릅니다. audio 파일 포맷은 대표적으로 mp3 파일이 있고, 또 하나 ogg 파일 포맷이 있습니다. 이 두 파일의 차이점은 "코덱 차이와 로열티가 있는가 없는가"로 동영상과 유사합니다. 또한 mp4 파일이 IE9 이상 브라우저와 Safari, 그리고 크롬에서 동작하지만, 이전에는 파이어폭스와 오페라에서 작동되지 않았었습니다만, 현재는 지원되고 있죠. mp3 파일도 마찬가지고 현재 모든 브라우저에서 지원됩니다.

사용법은 video 태그와 거의 같습니다. 다만 video 파일과는 달리 width를 지정할 필요가 없다는 것이 차이점입니다.

[코드 2-5] mp3 재생 코드	[예제 파일] chapter2/audio.html

```
1    <!DOCTYPE html>
2    <html lang="en">
3    <head>
4        <meta charset="UTF-8">
5        <meta name="viewport" content="width=device-width, initial-scale=1.0">
6        <meta http-equiv="X-UA-Compatible" content="ie=edge">
7        <title>오디오 재생</title>
8    </head>
```

```
9   <body>
10      <audio controls="controls">
11          <source src="video/Mozart-piano-concerto-21.mp3">
12      </audio>
13      <p> 여기에 사용된
14          <a href="http://www.orangefreesounds.com/mozart-piano-concerto-21/">
            MP3 파일</a>
15      </p>
16  </body>
17  </html>
```

[그림 2-13] audio 태그를 이용한 mp3 파일 재생

여기까지 HTML5에서 사용하는 멀티미디어 태그에 관해 간단하게 살펴봤습니다. 그렇게 복잡한 내용은 없기 때문에 해당 내용을 간단하게 실습해보면 쉽게 이해할 수 있을 겁니다.

다시 한번 언급하지만, 웬만한 동영상은 Youtube나 Vimeo 같은 동영상 전문 웹사이트를 이용해서 처리하는 것이 제일 좋습니다. 다만 보안이 필요하거나 또는 개인적으로 동영상을 처리하고 싶을 때는 video 또는 audio 태그를 이용하는 것이 좋다라는 말씀을 드리고 싶습니다.

다음은 HTML5의 canvas 태그와 SVG_{Scalable Vector Graphic}에 관해 살펴보겠습니다.

2.6 canvas와 SVG

이번에는 HTML5에 새롭게 추가된 canvas 태그와 SVG_{Scalable Vector Graphic}에 대해서 학습해 보겠습니다. canvas와 SVG는 HTML5에서 새롭게 추가된 태그로 주로 멀티미디어 부분을 처리하기 위해서 탄생했습니다. canvas와 SVG는 전혀 다른 기술로, canvas는 주로 자바스크립트를 이용해서 처리하고, SVG는 XML을 이용해서 처리합니다. 또한 canvas는 브라우저에서 직접 그림판 같은 것을 만들어서 그림을 그릴 수 있게도 처리할 수 있지만, SVG는 단순하게 이미지, 특히 벡터 방식의 이미지를 처리하는 경우에 사용합니다.

canvas와 SVG는 얼핏 보면 비슷하게 보일 수 있습니다. 왜냐하면 canvas도 코드를 이용해서 브라우저에서 이미지를 그리거나 애니메이션을 가능케 하고, SVG 또한 같은 기능이 있기 때문입니다. 하지만 canvas와 SVG는 완전히 다른 속성을 지니고 있습니다. 우선 canvas 태그 자체에는 아무런 기능이 없습니다. 다만 그림이 그려지는 영역을 표시해 주는 역할만 하고, 나머지 부분은 자바스크립트를 이용해서 그림을 그리게 되는 데 반해, SVG는 XML을 이용해서 그림을 그려주게 됩니다. 또 하나 큰 차이점은 이미지를 확대할 경우 나타납니다. canvas가 포토샵을 이용해서 만든 픽셀 이미지라고 하면, SVG는 어도비 일러스트레이터 또는 그와 유사한 벡터 프로그램을 이용해서 만든 벡터 이미지와 같습니다. 또한 SVG인 경우 파일 확장명을 .svg로 저장해서 이미지를 불러 오는 것과 동일하게 웹 페이지에서 해당 파일을 불러 오기도 합니다.

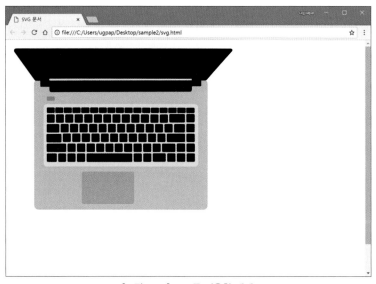

[그림 2-14] SVG를 이용한 예제

[예제 파일] chapter2/svg.html

[그림 2-15] canvas 이용한 예제
[예제 파일] chapter2/canvas.html

[그림 2-14]는 SVG를 이용한 노트북 이미지이고, [그림 2-15]는 canvas를 이용한 노트북 이미지입니다. 결과는 같습니다. 하지만 제공된 소스 파일을 열어 보면 이미지를 구성하는 코드가 완전히 다른 것을 알게 됩니다. SVG는 XML을 이용해서 처리하지만, canvas는 자바스크립트를 이용한다는 것을 소스파일을 통해서 알 수 있습니다.

2.6.1 canvas 구현 원리

먼저 canvas의 구현 원리에 대해서 설명하겠습니다.

실제 HTML 태그 내부에서 canvas 태그 자체는 아무런 역할을 하지 않습니다. 미술에서 캔버스가 그림을 그리기 위한 패널인 것과 같은 원리입니다. 미술에서 캔버스에 물감과 붓을 이용해서 그림을 그리듯이, HTML5에서도 canvas에 그림을 나타내게 하는 것은 자바스크립트를 이용하는 것입니다.

canvas에 그림을 그리려면 canvas 태그와 기본 자바스크립트가 필요합니다.

[코드 2-6] canvas에서 그림을 그리기 위한 기초 코드

```
1  <!doctype html>
2  <html>
3  <head>
4      <meta charset="UTF-8">
5      <title>Canvas 기초 </title>
6  </head>
7
8  <body onload="init()">
9      <canvas id="canvas" width="595" height="423"></canvas>
```

```
10      <script>
11          function init() {
12              var canvas = document.getElementById("canvas");
13              var ctx = canvas.getContext("2d");
14              draw(ctx);
15          }
16          // 여기에 그림을 그리기 위한 코드 들어감
17      </script>
18  </body>
19  </html>
```

[코드 2-6]을 보면 canvas에 그림을 그리기 위한 가장 기초 코드를 볼 수 있습니다.
여기서부터 설명하는 내용은 자바스크립트에 대한 기본 지식이 반드시 있어야 합니다.

참고 자바스크립트에 대한 기본 내용은 책의 후반부에 있으니 먼저 거기서 간단한 설명을 보고 오면 학습에
도움이 될 수 있습니다.

[코드 2-6]에서 canvas를 그리기 위해 두 개의 변수를 선언한 것을 알 수 있습니다.

```
12  var canvas = document.getElementById("canvas");
13  var ctx = canvas.getContext("2d");
```

여기서 선언된 변수명 canvas와 ctx는 이름을 변경하지 말기 바랍니다. 그냥 고정된 '변수명'이
라고 보면 됩니다.

여기서 canvas는 DOM_{Document Object Model, 문서 객체 모델} 즉, HTML 페이지에서 사용되는 하나
의 요소이며, context는 canvas 내부에서 그래픽을 그려주는 역할을 합니다. 여기서 2d라는 것
은 현재 그래픽 요소가 2차원으로 그린다는 의미입니다. canvas는 2차원뿐만 아니라 3차원 그
래픽도 처리 가능하며, 3차원 그래픽을 그릴 경우에는 3d를 사용하는 것이 아니라 'webgl'이라
고 해야 합니다.

canvas로 선 그리기

이제 간단하게 canvas를 이용해서 선을 그려 보겠습니다.

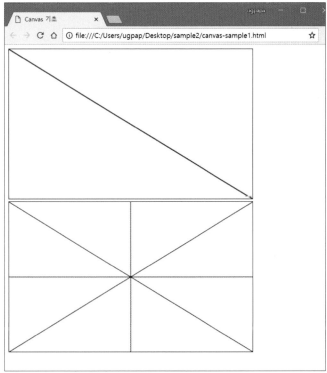

[그림 2-16] canvas를 이용한 선 그리기

[예제 파일] chapter2/canvas-sample1.html

[그림 2-16] 상단과 하단 이미지는 다음의 코드를 이용하였습니다.

[코드 2-7] canvas를 이용한 간단한 선 그리기　　　　　　　　　　　[예제 파일] chapter2/js/canvas1.js

```
1   function init() {
2       var canvas = document.getElementById("Canvas");
3       var ctx = canvas.getContext("2d");
4       ctx.beginPath(); // 경로의 시작을 알림
5       ctx.moveTo(0, 0); // x축 0 y축 0 부터
6       ctx.lineTo(500, 300); // x축 500 y축 300 까지
7       ctx.lineWidth = 2; // 선의 두께는 2
8       ctx.strokeStyle = "#0033ff"; // 선 색상은 파란색
9       ctx.stroke(); // 선을 그려줌
10
11      var canvas = document.getElementById("Canvas1");
12      var ctx = canvas.getContext("2d");
13      ctx.beginPath();
14      ctx.moveTo(0, 0);
15      ctx.lineTo(500, 300);
16      ctx.moveTo(0, 300);
```

```
17      ctx.lineTo(500, 0);
18      ctx.moveTo(250, 0);
19      ctx.lineTo(250, 300);
20      ctx.moveTo(0, 150);
21      ctx.lineTo(500, 150);
22      ctx.lineWidth = 1; // 선의 두께는 1
23      ctx.strokeStyle = "black"; // 선 색상은 검정
24      ctx.stroke(); // 선을 그려줌
25  }
```

코드를 보면 자바스크립트로 되어 있어, 이건 프로그래밍을 모르면 못하는 거 아냐? 라고 생각할 수도 있지만, 사실 이 코드는 생각 외로 단순합니다. 코드를 보면 알겠지만 ctx. 다음에 나오는 코드의 집합이라고 할 수 moveTo, lineTo를 이용해서 선을 그리는 것입니다.

> ✴ **여기서 잠깐**
>
> **별도의 자바스크립트로 된 js 파일을 HTML에서 실행하는 방법을 알려주세요.**
>
> 자바스크립트는 [코드 2-6]과 같이 HTML 문서에 〈scrirpt〉 태그를 이용하여 직접 프로그래밍을 하거나 canvas-sample1.html에서와 같이 별도의 자바스크립트 파일 canvas1.js를 소스 경로를 〈script〉 태그 안에 넣어주는 방법이 있습니다. 자세한 내용은 '8장 필요한 만큼 배워보는 자바스크립트'에서 살펴보겠습니다.

canvas로 도형 그리기

이번에는 canvas를 이용해서 도형(원과 사각형)을 그려보겠습니다.

먼저 원은 arc()를, 사각형은 rect()를 사용합니다. canvas에서 원을 그릴 때는 수학에서 사용하는 파이(π)값을 이용합니다. [그림 2-17]에서 보면 원은 0파이부터 시작해서 360도 회전을 하게 되면 2파이가 됩니다. 만약 0파이부터 0.5파이까지라면 원의 모습은 그림 오른쪽에 있는 1/4 원형이 됩니다.

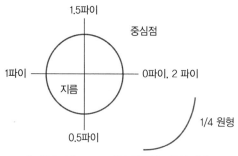

[그림 2-17] canvas에서 사용하는 원의 이해

그렇다면 지금이 150이며 좌표상의 특정 지점에서 원을 그리려면 다음과 같이 처리합니다.

[코드 2-8] canvas를 이용한 도형 그리기

```
var centerX = canvas.width / 1.5; // x축 위치 지정
var centerY = canvas.height / 2; // y축 위치 지정
var radius = 150; // 원의 지름 설정
ctx.beginPath();
ctx.arc(centerX, centerY, radius, 0, 2 * Math.PI, false); // 지정된 좌표에서 원을 그림
ctx.fillStyle = "#4fa0f7"; // 내부에 채색
ctx.fill(); // 색을 칠하기 위한 함수
ctx.lineWidth = 4; // 선의 두께는 4로 지정
ctx.strokeStyle = "#ff0000"; // 선의 색상을 지정 ctx.stroke();
…
ctx.beginPath();
ctx.rect(50, 100, 50, 300); // 해당 좌표에 사각형 그려 넣음
```

사각형은 원형에 비해서 아주 간단합니다. 선을 그리는 것과 같은데요. 선을 그릴 때 시작점과 끝점을 지정해 줬다면 사각형은 rect() 내부에 사각형 포인트를 지정해 주면 됩니다.

이렇게만 처리해 주면 사각형을 그릴 수 있습니다. [그림 2-18]을 참조하면 이해하기 더욱 쉬울 겁니다. 실제 제공된 예제 파일을 VC에서 열어서 소스코드를 확인해보기 바랍니다.

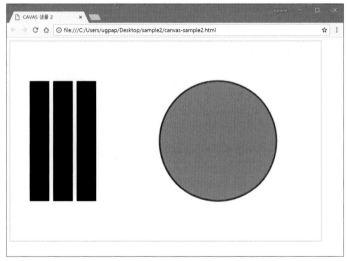

[그림 2-18] canvas를 이용한 예제
[예제 파일] chapter2/canvas-sample2.html

canvas로 이미지 불러오기

HTML5의 canvas는 단순히 도형을 그려 주는 것 이외에 canvas 내부에 이미지도 불러 올 수 있습니다. 이미지를 불러 올 때는 drawImage() 함수를 이용합니다. drawImage()는 이미지가 있어야 작동을 하기 때문에 먼저 이미지를 불러 오는 작업이 필요합니다. 이때 자바스크립트의 onload를 이용해 처리합니다.

먼저 예제 코드를 통해 어떻게 작동하는지 살펴보겠습니다.

[코드 2-9] canvas를 이용한 이미지 호출하기

```
var canvas = document.getElementById("Canvas");
var ctx = canvas.getContext("2d");
var imageObj = new Image(); // imageObj 변수를 생성
imageObj.onload = function () { // 페이지 호출 시 아래의 기능을 작동시킴
    ctx.drawImage(imageObj, 80, 50); // 이미지를 좌표 x:80 y:50 위치에서 그림
};
imageObj.src = "http://css3.zerois.net/images/fantasy-3077928_640.jpg";
// 이미지를 호출
```

[그림 2-19]를 보면 이해가 빠르실 겁니다. 실제 동작하는 소스코드를 살펴보기 바랍니다.

[그림 2-19] canvas를 이용한 이미지 호출
[예제 파일] chapter2/canvas-sample3.html

여기까지 canvas에 대한 아주 기초적인 내용을 공부했습니다. canvas와 관련된 내용만으로도 책 한 권 이상의 분량이 되기 때문에 이 책에서 다룬 내용은 극히 일부분입니다. canvas는 단순하게 이미지 호출이나 도형을 그려주는 역할만 하는 것은 아닙니다. 자바스크립트를 기본으로 하기 때문에 웹에서 다양한 서비스를 만들어서 제공할 수도 있습니다. 실제로 [그림 2-21]의 https://muro.deviantart.com/은 canvas를 기본으로 제작된 사이트로 웹에서 바로 그림을 그릴 수 있게 해주는 사이트입니다. 이렇게 canvas를 이용한 다양한 웹사이트들이 점점 많아지는 것은 HTML5와 그 응용 기술만 있으면, 기존에 PC에서 반드시 설치해서 작업해야 했던 프로그램을 이젠 설치하지 않고도 사용 가능하다는 것을 의미합니다.

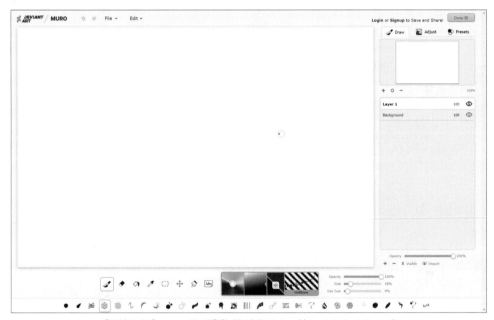

[그림 2-20] canvas를 이용한 웹 서비스 https://muro.deviantart.com/

2.6.2 SVG

SVG는 Scalable Vector Graphics의 약자로 크기 조절이 가능한 벡터 그래픽이란 의미입니다. SVG는 .svg라는 확장자를 지닌 파일로 존재할 수도 있으며, HTML 코드 내부에 코드가 있을 수도 있습니다. SVG는 canvas와는 달리 XML로 구성되어 있습니다. 현재 SVG의 버전은 1.1 이 최신 버전입니다(1.2 버전도 있지만 실제 현장에서는 아직도 1.1 버전을 사용합니다). SVG는 이미지를 확대하더라도 벡터 이미지이기 때문에 이미지 손상이 전혀 없습니다.

SVG는 사실 플래시를 대체하기 위해서 만들어진 웹 표준 기술입니다. 플래시가 전용 에디터를 사용해서 만들어지는 반면에 SVG는 어떠한 텍스트 에디터를 이용하더라도 만들 수 있습니다. 하지만 복잡한 그래픽을 만들기 위해서는 canvas와 같이 어도비 일러스트레이터 또는 inkscape와 같은 전용 그래픽 프로그램을 사용하는 것이 편리할 수 있습니다.

SVG에서 그래픽을 생성하는 것은 canvas에서 그래픽을 생성하는 것과 유사한 점이 있습니다. 다만 구현 방법에서 SVG는 XML을 사용하는 것이고, canvas는 자바스크립트를 이용하는 점이 다릅니다.

SVG로 도형 그리기

canvas에서도 도형을 그려봤는데, SVG로도 아주 간단한 도형을 그려보겠습니다.

[코드 2-10] SVG를 이용한 도형 그리기

```
1    <?xml version="1.0" standalone="no"?>
2    <!DOCTYPE svg PUBLIC "-//W3C//DTD SVG 1.1//EN" "http://www.w3.org/Graphics/
     SVG/1.1/DTD/svg11.dtd">
3    <svg xmlns="http://www.w3.org/2000/svg" version="1.1">
4        <circle cx="150" cy="90" r="80" style="fill:rgb(195, 255, 0);
         stroke-width:10;stroke:red" />
5        <rect x="300" y="10" width="200" height="150" style="fill:
         #ccc;stroke-width:5;stroke:#999" />
6    </svg>
```

> **참고**
> 이 파일은 XML 파일이기 때문에 확장자는 .xml로 저장되어야 합니다.

1행: XML 문서라는 것을 알려주는 것입니다. 여기서 standalone="no"는 현재의 XML 문서는 단독으로 사용되는 것이 아니고 바로 다음에 나오는 2행의 〈!DOCTYPE ~ 부분을 참조한다는 의미입니다.

2행: 현재 문서는 svg 문서임을 의미합니다. HTML5 문서가 아니기 때문에 SVG용 DocType을 따로 지정하였습니다.

3행~6행: 그래픽 이미지는 <svg>...</svg> 태그 사이에 있는 값에 의해서 생성됩니다. 여기서 xmlns="http://www.w3.org/2000/svg" version="1.1"은 W3에서 지정한 SVG1.1 버전을 사용한다는 의미입니다. 따라서 <?xml 부터 시작해서 version="1.1"> 까지는 일종의 템플릿으로 사용해도 무방합니다. <svg> 내부에 있는 두 개의 태그 circle은 원을 rect 사각형으로 만들어 주는 태그입니다. circle과 같이 원형일 경우 x축은 cx, y축은 cy로 표기합니다. 그리고 r은 radius 즉, 지름을 의미합니다. 그리고 해당 circle에 style을 이용해 색을 입혔습니다. rect는 x축 위치와 y축 위치를 잡고, 넓이와 높이를 지정한 후 style을 이용하여 색과 테두리를 적용했습니다. 여기서 style은 CSS를 인라인으로 적용해 준 것과 동일합니다. 따라서 이 부분을 따로 클래스 선택자를 이용하여 외부 파일 또는 임베디드 방식으로 적용할 수 있습니다. [코드 2-10]의 style 부분을 별도로 분리해서 외부 CSS 파일로 적용한 방법은 [그림 2-21]에서 확인할 수 있습니다. 실제 예제 파일의 소스코드를 열어서 확인해 보기 바랍니다.

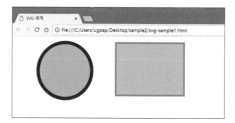

[그림 2-21] SVG 예제

[예제 파일] chapter2/svg-sample1.html

SVG로 도형을 만드는 것이 canvas를 이용하는 것보다 더 쉬울 수 있습니다. SVG에서 도형을 만들기 위한 태그는 다음과 같습니다.

[표 2-4] SVG에서 사용하는 도형 관련 태그

SVG 태그	도형
<rect>	사각형
<circle>	원
<ellipse>	타원
<line>	선
<polyline>	선분
<polygon>	다각형
<path>	경로
<text>	텍스트

SVG 파일 불러오기

SVG 그래픽 파일의 경우 HTML5를 지원하는 브라우저에서는 직접 코드 내부에 <svg> 태그를 사용해서 삽입하는 것이 가장 좋은 방법입니다. 하지만 SVG 파일이 외부에 있어 브라우저 내부에 코드를 삽입할 수 없거나, 구식 브라우저에서 해당 SVG 파일을 보여주고 싶을 때는 다음과 같이 embede, object 또는 iframe을 이용하여 호출해야 합니다.

먼저 embed 방식은 다음과 같이 사용합니다.

```
<embed src="./images/penguin.svg" type="image/svg+xml" pluginspage="http://www.adobe.com/svg/viewer/install/" />
```

여기서 pluginspage 부분은 구식 브라우저에서 SVG 파일을 인식하지 못할 경우 해당 플러그인을 호출하여, SVG 파일을 볼 수 있게 처리하는 것입니다. 만약 HTML5가 지원되는 브라우저에서만 보여줄 경우 pluginspage 부분은 제거해도 무방합니다.

또한 object 태그를 사용할 경우 다음과 같이 사용합니다.

```
<object data="./images/penguin.svg" type="image/svg+xml"></object>
```

object 태그를 사용하게 되면 거의 모든 브라우저에서 SVG 파일을 사용할 수 있지만, 해당 SVG 파일을 스크립트 언어 등으로 제어할 수는 없습니다.

iframe 태그를 사용하여 브라우저에서 불러 올 수도 있습니다.

```
<iframe src="./images/penguin.svg"></iframe>
```

iframe을 사용하면 HTML 파일 내부에 별도의 윈도우가 생기기 때문에 SVG 파일이 큰 경우 내부 프레임을 이용하여 처리할 수 있다는 장점이 있습니다만, SVG 파일이 큰 경우가 아니면 권장하지는 않습니다.

이렇게 다양한 방법을 이용하는 이유는 SVG 파일 자체가 추후 플래시로 만든 콘텐츠를 대체하기 때문에 이런 다양한 방법으로 SVG 파일을 불러오는 것입니다.

HTML5를 지원하는 브라우저 IE9 이상 및 크롬, 파이어폭스, 사파리 및 오페라 같은 브라우저에서는 SVG 파일 자체는 이미지 파일과 같습니다.

```html
<img src="./images/penguin.svg" alt="">
```

위와 같이 보통의 이미지를 호출하는 방법을 사용해도 무관합니다. 또한 CSS를 이용하여 svg 파일을 배경 이미지로 처리할 수도 있습니다.

위의 코드를 적용하면 다음과 같은 결과를 얻을 수 있습니다.

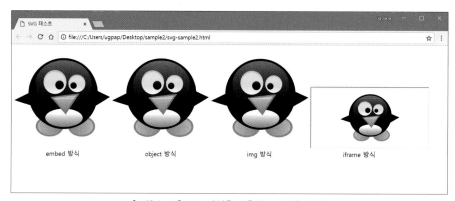

[그림 2-22] SVG 파일을 호출하는 다양한 방법
[예제 파일] chapter2/svg-sample2.html

[그림 2-22]의 소스코드는 다음과 같습니다.

[코드 2-11] SVG 파일을 불러오기 위한 코드 예제

```html
1   <!DOCTYPE html>
2   <html lang="en">
3   <head>
4       <meta charset="UTF-8">
5       <meta name="viewport" content="width=device-width, initial-scale=1.0">
6       <meta http-equiv="X-UA-Compatible" content="ie=edge">
7       <title>SVG 테스트 </title>
8       <style type="text/css">
```

```
 9              .box {
10                  width: 250px;
11                  height: 250px;
12                  display: inline-block;
13                  text-align: center;
14              }
15          </style>
16      </head>
17      <body>
18          <div class="box"><embed src="./images/penguin.svg" type="image/svg+xml"
    pluginspage="http://www.adobe.com/svg/viewer/install/" /><br>embed 방식</div>
19          <div class="box"><object data="./images/penguin.svg" type="image/svg+xml">
            </object><br>object 방식</div>
20
21          <div class="box"><img src="./images/penguin.svg" alt=""><br>img 방식</div>
22
23          <div class="box"><iframe src="./images/penguin.svg"></iframe>
            <br> iframe 방식 </div>
24      /body>
25  </html>
```

HTML5 문서에서는 <svg> 태그를 직접 넣어 줄 수 있습니다. 이 방법을 사용하게 되면, SVG 내부에 있는 각각의 오브젝트에 선택자를 적용해 줄 수 있으며, 스타일 시트에서 색상 및 기타 효과를 조절할 수 있게 됩니다. [그림 2–23]을 보면 SVG 코드를 직접 HTML 부분과 CSS에 넣어서 생성한 SVG 문서를 볼 수 있습니다.

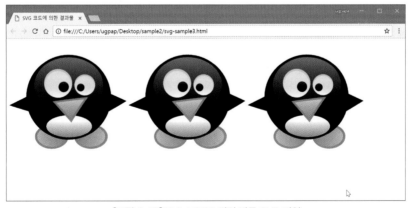

[그림 2–23] XML 코드로 직접 만든 SVG 파일
[예제 파일] chapter2/svg–sample3.html

SVG 파일에 애니메이션 효과 넣기

SVG 파일 또한 애니메이션을 할 수 있습니다.

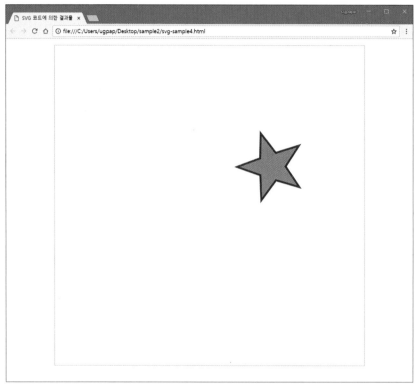

[그림 2-24] SVG 애니메이션 실제 동작 모습
[예제 파일] chapter2/svg-sample4.html

간단하게 어떻게 애니메이션을 할 수 있는지 코드를 통해 알아보겠습니다.

[코드 2-12] SVG 애니메이션 효과 적용하기

```
<svg>
    <g transform="translate(420, 420)">
        <polygon class="st1" points="116.004,53.59 137.136,112.631
  199.817,114.483 150.196,152.826 167.803,213.011 116.004,177.667 64.205,
  213.011 81.813,152.826 32.191,114.483 94.873,112.631">
            <animateTransform attributeName="transform" (속성을 정의)
begin="0s" (시작 시간 설정) dur="10s" (몇 초 동안 동작할 건지 설정) type="rotate"
            ( 애니메이션 타입 설정) from="0 " ( 0도부터 시작) to="360" (360도 회전)
repeatCount="indefinite" (반복은 무한대로) />
        </polygon>
    </g>
</svg>
```

[코드 2-12]를 보면 내부에는 `<animateTransform />` 태그를 사용하여 애니메이션 속성을 지정합니다. 애니메이션에 대한 설명은 [코드 2-12] 내부에 있습니다. 다만 SVG 코드 내부에 지정한 애니메이션은 IE9과 IE10에서는 동작하지 않습니다. IE9과 IE10에서는 자바스크립트를 이용하여 애니메이션을 지정해 줄 수 있습니다.

여기까지 canvas와 SVG에 관해서 간단하게 살펴봤습니다. 사실 canvas와 SVG는 주제 하나만으로도 굉장히 많은 내용이 포함되어 있고, 각 주제별로 별도의 책이 존재할 만큼 범위가 넓습니다. 이 책은 HTML5에 대한 전반적인 소개를 다루고 있기 때문에 기초적인 작동 방법과 이렇게 구현된다는 것만 알아두고, 관련된 주제를 더 구체적으로 학습하고 싶은 분은 별도의 책을 구입하거나, 인터넷에 있는 관련 사이트에서 추가로 정보를 얻기 바랍니다.

2.7 HTML5에서 추가된 form 관련 태그들

이번에는 HTML5에서 추가된 form과 관련된 태그에 대해서 설명하겠습니다. 사실 HTML5에서 가장 극적으로 변화한 부분이 form과 관련된 태그들입니다. 이 책을 작성하는 현재 시점에서 구글 크롬, MS 엣지 그리고 오페라 브라우저는 HTML5의 form 속성이 대부분 지원됩니다. 가장 먼저 input에서 상당히 많은 타입이 추가되었습니다. input 부분이 사실 form 관련 태그에서 가장 많이 사용되는 부분이긴 한데, 이전에는 단순히 text, password checkbox, radio button, image, file 정도의 타입만 있었지만, HTML5에서는 더 많은 타입이 추가되었습니다. 또한 form 요소와 속성이 대거 추가되었습니다. 특히 여기서 form 속성은 이전에는 자바스크립트 등을 이용해야만 처리할 수 있었던 부분이 form 부분에 단순히 속성만 추가해 줌으로써, 자바스크립트를 이용했을 때와 거의 대등한 효과를 구현해 주고 있습니다.

form과 관련된 태그 및 속성들에 대해서 살펴보겠습니다.

2.7.1 input type

HTML5에서 추가된 input type은 대략 13개 정도입니다. 하지만 아쉽게도 13개의 input type을 모두 적용할 수 있는 브라우저는 현재 없습니다. 하지만 현재 앞서 설명한 대로 구글 크롬, MS 엣지, 오페라 브라우저는 거의 모든 속성을 지원합니다.

추가된 input type을 알아볼까요?

[표 2-5] HTML5에서 추가된 input type

Input type	설명
color	색상값을 입력할 때 사용
date	날짜를 입력할 때 사용
datetime	날짜와 시간을 입력할 때 사용(타임 존 적용)
datetime-local	날짜와 시간을 입력할 때 사용(타임 존 미적용)
email	이메일 주소를 입력할 때 사용
month	년도와 월을 입력할 때 사용
number	지정한 숫자를 입력할 때 사용

Input type	설명
range	숫자의 범위를 지정할 때 사용
search	검색 폼을 지정할 때 사용
tel	전화번호 입력할 때 사용
time	시간을 입력할 때 사용
url	URL을 입력 받을 때 사용
week	연도와 주를 입력 받을 때 사용

이제 실제 이 input type에 대한 작동 모습을 개별 브라우저들을 통해서 살펴보겠습니다. 실제 이 브라우저 테스트는 현재 시점 2018년도 가장 최신 브라우저를 기준으로 한 것이라는 것을 알려드립니다. 예제 파일은 chapter2/input-type.html입니다.

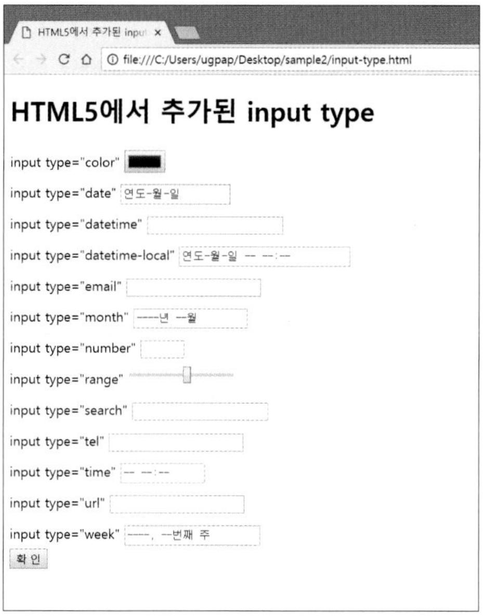

[그림 2-25] 크롬에서 보는 input type 현재 모든 속성이 동작하는 모습을 볼 수 있다.
크롬 버전은 66.0.3359.139이다.

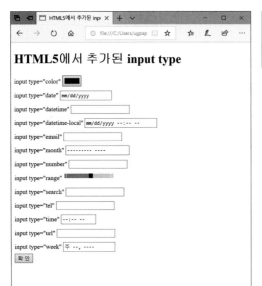

[그림 2-26] 엣지 브라우저에서도 모든 input 속성이 작동하는 것을 볼 수 있다.
엣지 버전은 41.16299.371.0 이다.

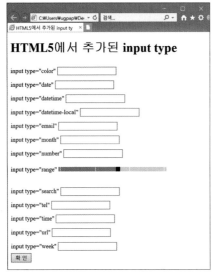

[그림 2-27] IE11 버전에서는 몇몇 속성만 지원되는 모습을 볼 수 있다.
필자가 일부러 임의의 값을 입력한 후 〈확인〉 버튼을 누르면 빨간 테두리가 되어 있는 input 부분이
에러가 발생했다고 알려주는 역할을 하는 것이다.
그리고 number 부분에도 값이 들어가지 않은 것을 볼 수 있는데, 숫자 이외에는 입력되지 않기 때문이다.
IE 버전은 11.0.60이다.

[그림 2-28] 오페라 브라우저에서는 거의 모든 값이 정상적으로 작동하는 모습을 볼 수 있다.
오페라 버전은 52.0.2871.99이다.

브라우저들의 버전 업그레이드는 상당히 빨리 진행됩니다. 아마 이 책이 출간되는 순간에도 브라우저의 버전이 달라질 수도 있습니다. 하지만 버전이 업그레이드되면 될수록 HTML5의 input 속성 지원 또한 빨라질 것입니다. 단 IE 계열 브라우저는 제외해야겠지요. 하지만 슬픈 건 한국의 실정에서는 아마 앞으로도 5년 이상 IE 브라우저 특히, IE10에서 IE11까지 브라우저에 종속되지 않을까 생각됩니다.

input type 속성 : color

이제 각 속성들에 대해서 한번씩 살펴보겠습니다. 먼저 input type="color"는 input 자체에 색상값을 선택하는 것을 의미합니다.

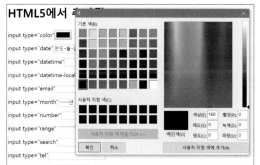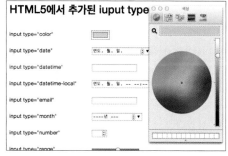

[그림 2-29] input type="color"는 색상을 입력하는 속성:
윈도우에서 색상 선택 윈도우(왼쪽), 맥에서 색상 선택 윈도우(오른쪽)

color를 선택하면, 현재 사용자가 사용하는 운영체제에서 기본으로 제공하는 색상 선택기가 나오며 해당 색상을 선택할 수 있게 됩니다.

input type 속성 : date

input type="date"는 년도, 월, 일을 입력하게끔 처리해 줍니다.

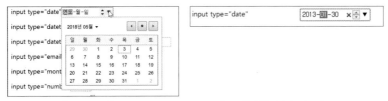

[그림 2-30] input type="date"는 연도, 월, 일을 입력 받는다.

[그림 2-30]의 상단 이미지와 같이 ▼를 누르면 캘린더가 나와서 원하는 날짜를 선택하거나 캘린더 모양의 이미지처럼 직접 연도를 클릭하면서 날짜를 선택할 수도 있습니다.

input type 속성 : datetime

input type="datetime"은 현재 지원되는 브라우저가 오페라밖에 없습니다.

input type="datetime"이 하는 역할은 타임 존 기준으로 현재 날짜를 입력 받게 됩니다.

[그림 2-31] 오페라에서만 지원되는 input type="datetime"은 input 오른편에 UTC 표시가 보입니다.
따라서 타임 존을 기준으로 년도, 월, 일, 시간을 입력 받는다.

사실 오페라만 지원하는 input type="datetime"보다는 크롬에서도 지원하는 input type="datetime-local"이 더 의미가 있습니다. input type="datetime-local"은 현지 시간을 입력 받는 역할을 하기 때문입니다.

input type 속성 : email

input type="email"의 경우 이메일 형식이 아닌 값을 입력할 경우 경고를 보내는 역할을 합니다. 특히 IE9부터 해당 input type을 사용할 수 있기 때문에 무척 유용한 input type이라고 할 수 있습니다.

▲ 크롬에서 input type="email"

▲ IE11에서 input type="email"

[그림 2-32] 크롬과 IE11에서의 input type = "email"

input type 속성 : month

input type="month"의 경우에는 input type="datetime-local"과 달리 연도와 월까지만 입력받는 역할을 합니다. input type="number"는 지정된 숫자까지만 입력을 받게 하는 역할을 합니다. 예제에서는 최소 1, 최대 5를 지정했기 때문에 1에서 5까지 숫자만 입력을 받을 수 있습니다.

input type 속성 : range

input type="range"는 input type="number"와 같이 숫자를 지정해서 값을 입력 받을 수 있는데, 그 값은 입력하는 방식이 슬라이더를 통해서 값을 입력 받게 됩니다.

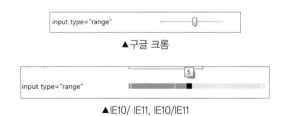

▲구글 크롬

▲IE10/ IE11, IE10/IE11

[그림 2-33] input type="range"를 이용해서 지정된 숫자를 입력 받을 수 있다.

위 그림에서 슬라이더를 움직일 경우 숫자 값이 변하는 것을 알 수 있다.

input type 속성 : search

input type="search"는 사이트에서 검색할 경우 사용됩니다. 이 부분은 일반적인 text 필드와 같습니다.

input type 속성 : tel

`input type="tel"`은 데스크탑용 브라우저에서는 지원하지 않지만, 모바일 환경에서는 대단히 유용한 input type입니다. 모바일과 관련되어서는 뒷 부분에서 다루도록 하겠습니다.

input type 속성 : time

`input type="time"`은 시간을 입력 받는 역할을 합니다.

input type 속성 : url

`input type="url"`은 `input type="email"`과 동일하게 URL 형식을 갖추지 않는 값일 경우 경고 메시지를 보냅니다.

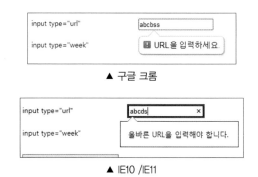

[그림 2-34] 잘못된 URL 형식을 입력할 경우 나타나는 경고 메시지:
input type="week"은 "주"에 대한 값을 입력 받게 된다.

이렇게 HTML5에서 새롭게 추가된 input 타입을 이용하게 되면 이전에는 자바스크립트 또는 그와 유사한 기술을 사용해야만 가능했던 기능들이 단순히 타입만 지정하면 가능합니다. 특히 input type은 모바일 환경에서 아주 유용하게 사용됩니다.

필자는 아이폰을 사용하기 때문에 아이폰의 기본 브라우저인 모바일 사파리와 모바일 크롬을 기준으로 HTML5에서 추가된 input type이 어떻게 적용되는지에 대해서 확인해보겠습니다.

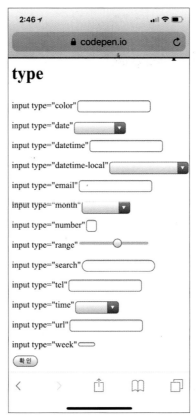

[그림 2-35] 모바일 사파리에서 HTML5의 input type 속성

[그림 2-35]를 보면 `input type="color"`, `input type="number"`, `input type="week"`을 제외한 모든 input type을 지원하는 것을 알 수 있습니다. 특히 해당 input type을 선택하면 그에 따른 키보드 레이아웃이 나타나 편리하게 값을 입력할 수 있습니다.

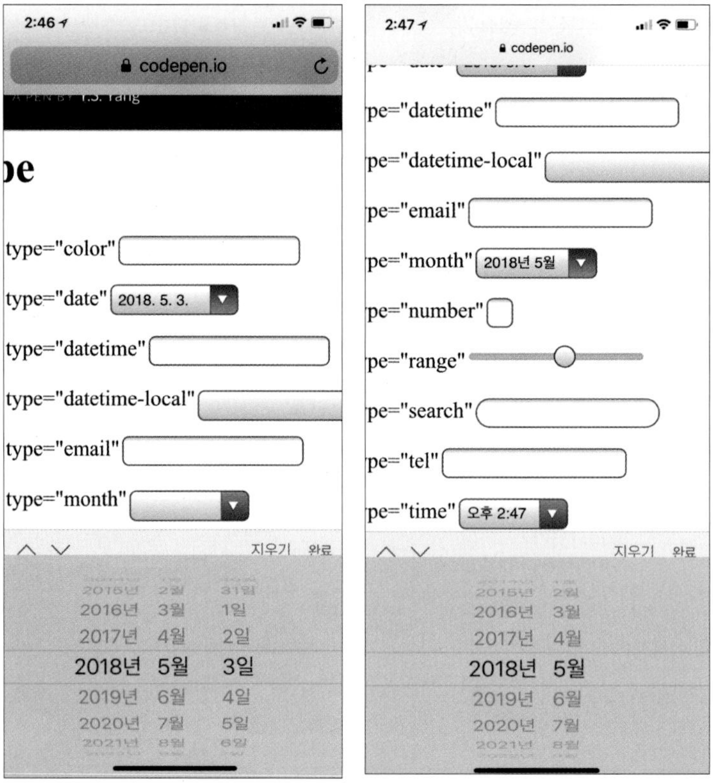

[그림 2-36] input type="date"와 input type="month"의 경우 나타나는 키보드 레이아웃

[그림 2-36]을 보면 input type이 날짜와 관련된 경우 날짜를 바로 입력할 수 있는 키보드 레이아웃이 나타나며, [그림 2-37]에서와 같이 전화번호를 입력 받을 때 키보드 배열이 숫자만 나타나게 됩니다. 또한 [그림 2-37] 오른쪽 그림에서와 같이 input type="url"의 경우 키보드에 .com이라는 키와 url 입력에 편리한 '.'과 '/'가 키보드에 추가된 것을 알 수 있습니다. 또한 이메일을 입력 받으면 URL에서 입력 받던 .com과 '/'가 사라지고 space 키와 '.' 그리고 '@' 키가 추가되는 것을 직접 실행해보면 알 수 있습니다.

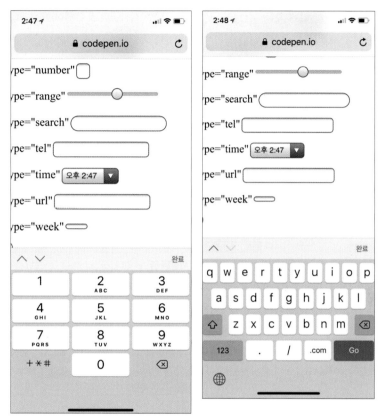

[그림 2-37] input type="tel"이면 전화번호 입력에 최적화된 키보드가 나타난다.(왼쪽)
input type="url"일 경우 전화번호 입력과 달리 .com 즉, URL 입력에 최적화된 키보드가 나타난다.(오른쪽)

이렇게 HTML5의 input type은 데스크탑용으로도 괜찮은 기능을 보유하고 있지만, 특히 모바일 환경에서 아주 유용한 기능이 있습니다. 따라서 HTML5의 input 타입은 모바일 웹사이트를 만들 때 활용하기에 좋습니다.

2.7.2 input 속성

HTML5에서는 input type 외에 input에 따로 속성을 지정해 줄 수 있습니다. input 부분에 따로 속성을 지정한다는 것은 특히 필수적으로 입력하는 항목에 대해서 경고 메시지를 보낼 수 있거나, placeholder를 이용하여, input에 어떤 값을 입력하는지 보여줄 수도 있습니다. input type은 모든 브라우저에서 완벽하게 지원하지 않지만, input 속성은 거의 모든 브라우저가 지원하기 때문에 아주 유용하게 사용할 수 있습니다.

먼저 input에는 값을 입력하는 속성도 있지만 값을 서버로 전송하기도 합니다. input type="submit"을 적용하게 되면 input은 값을 입력 받는 것이 아니라 값을 전송하는 버튼 속성으로 변하게 됩니다. 또한 input type="image"를 이용하여 버튼을 이미지로 대체하는 방법도 있습니다. 이렇게 input의 기능은 2가지 값을 입력 받는 속성과 값을 서버로 전송하는 속성에 따라 input 속성도 달라지게 됩니다.

[표 2-6] input에 따른 속성

input 속성	설명
autofocus	autofocus가 지정된 부분에 커서가 깜박인다.
form	input에 form 속성을 적용하여 form 외부에 있는 input 속성을 적용한다.
datalist	미리 지정된 값을 리스트 형식으로 불러오거나 보여준다.
min and max	input 값의 최솟값과 최댓값을 지정해 줄 수 있다.
multiple	input 부분에 여러 개의 파일을 불러 올 수 있게 한다.
pattern	지정된 패턴 값만 입력 가능하게 해준다.
placeholder	input 부분에 미리 값 또는 입력 예를 보여준다.
required	필수 항목으로 지정. 따라서 이 부분에 값이 없을 경우 경고 메시지가 발생한다.
step	값을 단계 즉, 지정된 숫자 또는 날짜 등의 등배수만 입력 가능하다.

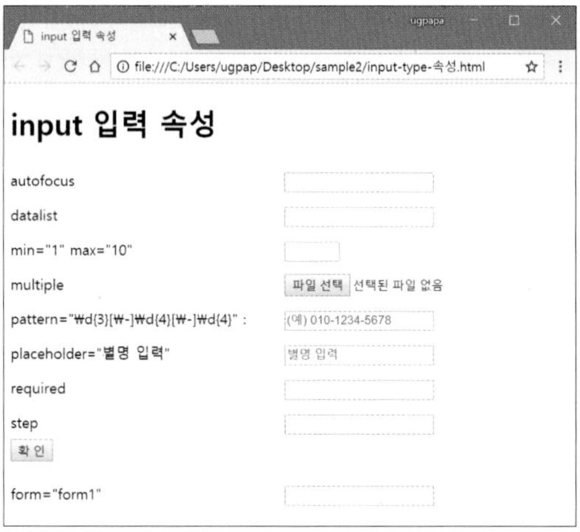

[그림 2-38] input 입력과 관련된 속성
[예제 파일] chapter2/input-type-속성.html

[그림 2-38]을 보면 input 입력과 관련된 속성을 볼 수 있습니다. [그림 2-39]에서 처음에 나오는 autofocus 부분을 보면 입력 박스에 테두리가 되어 있고, 커서가 있는 것을 알 수 있습니다. autofocus는 다음과 같이 input 내부에 속성을 지정합니다.

```
<input type="text" name=" " autofocus>
```

datalist는 input list와 같이 사용하는 속성인데, 리스트와는 달리 값을 입력 받을 수도 있고, 미리 설정된 값을 보여줄 수도 있습니다.

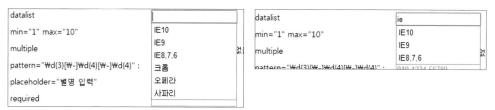

[그림 2-39] datalist는 미리 설정된 값을 선택하거나 값을 입력할 수도 있다.
특히 내부적으로 설정된 값의 경우 해당 값만 보이는 역할을 한다

[그림 2-39]에서와 같이 datalist로 설정된 부분에 커서를 두고 마우스를 더블클릭하거나 [그림 2-39]의 오른쪽 이미지와 같이 값의 일부분을 입력하면 해당 값에 대한 속성이 보여지게 하는 것입니다.

datalist는 다음과 같이 사용하는데 input list에 지정된 이름과 datalist의 id에 지정된 이름은 동일해야 합니다. 다음 [코드 2-13] 'chapter2/input-type-속성.html' 파일을 VC에서 열어서 코드를 직접 확인하기 바랍니다.

[코드 2-13] datalist 처리 부분

```
<datalist id="browser">
    <option value="IE10">
    <option value="IE9">
    <option value="IE8,7,6">
    <option value="크롬">
    <option value="오페라">
    <option value="사파리">
</datalist>
```

min과 max 속성은 input 부분에 최솟값, 최댓값을 지정해서 그 범위 내에서만 값을 입력 받는 것을 의미합니다. [그림 2-40]에서와 같이 최댓값이 10인데 11을 입력하면 경고 메시지가 나타나게 됩니다.

[그림 2-40] min과 max 속성

min과 max는 다음과 같이 속성을 지정합니다.

```
<input type="number" name=" " min="1" max="10">
```

multiple 속성을 input에 적용하게 되면 다중 파일 선택이 가능해집니다.

선택된 파일이 없을 때 선택된 파일이 없다고 나오지만, 파일을 여러 개 선택할 경우 해당 파일의 개수가 표시됩니다.

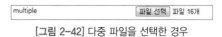
[그림 2-41] 선택된 파일이 없을 경우

[그림 2-42]를 보면 파일 16개라는 표시가 보이는데, 파일을 16개를 선택하게 되면 이런 표시가 나타납니다.

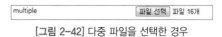
[그림 2-42] 다중 파일을 선택한 경우

HTML5의 input 속성에서 가장 편리한 부분 중 하나가 pattern입니다. 즉 개발자가 미리 pattern을 정의해 두면 해당 pattern에 해당하지 않는 값은 입력되지 않게 처리하는 것입니다.

[그림 2-43] pattern과 placeholder를 이용한 부분

[그림 2-44]를 보면 placeholder를 이용하여 해당 pattern에 대한 예제를 넣었습니다. 첫 번째와 두 번째 그림을 보면 값을 정의한 대로 입력하지 않으면 바로 경고 메시지가 나타나게 됩니다.

세 번째 그림은 패턴과 일치하는 값을 입력한 후 〈확인〉 버튼을 눌러도 경고 메시지가 나타나지 않는 모습을 보여주고 있습니다.

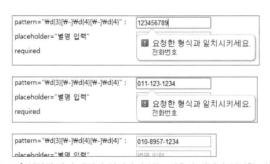
[그림 2-44] 입력된 값이 패턴과 일치하지 않는 경우와 패턴과 일치할 경우 모습

이렇게 HTML5의 input 속성 중 패턴을 이용하여 값을 입력 받게 되면, 정확한 값을 DB에 저장할 수 있게 됩니다. 이전에는 이 부분도 자바스크립트를 이용해서 처리해야만 했습니다.

 HTML5의 다양한 패턴은 http://html5pattern.com/에서 여러 패턴에 대한 예제와 실제 사용할 수 있는 패턴들이 마련되어 있으니, 참고하시기 바랍니다.

placeholder는 미리 input 부분에 예제 값을 입력하거나, 또는 어떤 값을 입력해야 하는지에 대한 예시를 줄 수 있습니다. placeholder를 이용하게 되면 사실 form 디자인을 input만 가지고도 할 수 있습니다. input 앞 부분에 label을 사용할 필요가 없어지는 것이죠.
지금도 많은 사이트들이 placeholder와 동일한 효과를 내는 자바스크립트를 사용하는데, HTML5에서는 placeholder만 사용하면 되기 때문에 정말 편리합니다.
required 속성은 반드시 입력해야만 하는 부분에 적용을 해주면 해당 input에 값이 들어가지 않은 상태에서 submit 즉, ⟨확인⟩ 버튼을 누르면 경고 메시지가 나타나게 해줍니다.

[그림 2-45] required에 값을 입력하지 않고 ⟨확인⟩ 버튼을 누르면 나타나는 경고 메시지

따라서 필수 입력 항목에 required 속성만 적용하면 편리하게 사용할 수 있습니다.
step은 지정된 값의 등배수의 값을 입력 받는 것을 의미합니다. 예를 들어 step="2"로 지정하면, ··· −8 −6 −4 −2 0 2 4 6 8··· 의 2의 배수 값만 입력을 받습니다.

[그림 2-46] step을 이용하여 지정된 값의 등배수로만 값을 입력 받는다.

input 부분에 입력된 값이 server로 넘어 갈 경우에는 `<form action="excute.php"> </form>`와 같이 `<form>`과 `</form>` 사이의 input 값을 excute.php 파일을 이용하여 값을 서버로 전송합니다. 하지만 HTML5에서는 form에 id 선택자를 지정하면 form 외부에 있는 input 값이라도 form="지정된 id 선택자"를 이용하여 form 내부에 있는 값과 동일하게 서버로 값을 넘겨 줄 수 있습니다. 아쉽게도 이 기능은 IE 계열 브라우저에서는 작동하지 않습니다.

[코드 2-14] 코드 하단에 보면 form="form1"이란 부분은 `<form></form>` 내부에 있지 않다.

```
... 상단 생략 ...

<button type="submit"> 확 인</button>
</form>
<p>
    <label>form="form1"</label>
    <input type="text" name="url" form="form1">
    <br>
</p>
```

[코드 2-14]를 보면 `form="form1"`이란 부분은 `<form></form>` 내부에 있지 않습니다. 하지만 이 값은 크롬 브라우저에서는 값이 서버로 전달됩니다. 이유는 `form` 태그 내부에 `id` 값으로 `"form1"`을 설정했습니다. 다음의 코드를 보시죠.

```
<form action="demo.php" id="form1">
```

그리고 해당 input 부분에 다음과 같은 속성을 추가했습니다.

```
<input type="text" name="url" form="form1">
```

이때 `<form></form>` 태그 외부에 있더라도, 값이 전송되는 것입니다. 다만 IE 이전 버전에서는 동작하지 않는다는 것을 명심해야 합니다.

HTML5의 form에는 autocomplete라는 속성이 있습니다. autocomplete는 말 그대로 자동 완성을 의미하는데, form에 `autocomplete="on"` 속성을 적용해 주면 한 번 입력한 값은 기억했다가 다음에 입력할 때 자동으로 값이 보이게 됩니다. 또한 특정한 input 부분에는 `autocomplete="off"`를 적용해서 자동 입력을 취소하게 할 수도 있습니다. 하단 이메일 부분은 `autocomplete="off"`가 적용된 상태입니다.

[그림 2-47] form 이름 부분에 autocomplete="on" 되어 있어서 입력했던 값들이 보인다.
[예제 파일] chapter2/auto-complete.html

이렇게 HTML5의 input type과 속성을 이용하게 되면 이전에는 자바스크립트를 이용해서 처리해야만 했던 작업들을 손쉽게 처리할 수 있습니다. 현재 HTML5의 input type을 지원하는 브라우저가 점점 많아지는 추세입니다. 따라서 HTML5의 input 속성은 상황에 맞게 유연하게 사용할 수 있습니다. 만약 IE10용으로 만든다고 하면, HTML5의 input 속성을 적용할 수 없겠지만, 최신의 모바일용으로 사이트를 제작한다면 충분히 사용 가능한 속성들이 있습니다. 또한 구글 크롬에 최적화한다면 여기 소개한 대부분의 속성들을 적용할 수 있을 것입니다.

연습문제 | 퀴즈를 풀어보며 개념을 복습합니다.

문제에 대한 답은 백견불여일타 카페에서 확인할 수 있습니다. cafe.naver.com/codefirst

1 HTML5에서 사라진 태그가 아닌 것을 모두 골라보세요.

가. applet

나. article

다. center

라. dir

마. div

바. strike

2 HTML5의 태그 중 메뉴를 만들 때 사용하는 태그는 무엇인가요?

가. aside

나. nav

다. navigation

라. section

3 HTML5을 이용해서 문서의 구조를 잡을 때 사용하는 태그를 3가지 이상 적어보세요.

4 HTML5의 멀티미디어 태그가 출현하게 된 이유에 대해서 설명해보세요.

5 다음 문장을 읽고 빈 칸에 적절한 말을 채워보세요.

> canvas와 SVG는 HTML5에서 새롭게 추가된 태그로 주로 멀티미디어 부분을 처리하기 위해서 탄생했다. canvas와 SVG는 전혀 다른 기술로, canvas는 주로 (   )를 이용해서 처리하고, SVG는 (   )을 이용해서 처리한다.

6   HTML5은 form과 관련된 많은 기능들이 추가되었는데요, 다음 보기에 맞는 input type을 적어보세요.

    가. 색상을 입력할 때 사용하는 태그는?

    나. 이메일 주소를 입력할 때 사용하는 태그는?

    다. 년도와 월을 입력할 때 사용하는 태그는?

    라. 검색 폼을 입력할 때 사용하는 태그는?

    마. 전화번호를 입력 받을 때 사용하는 태그는?

7   HTML5에서는 input type 외에 input에 따로 속성을 지정해 줄 수 있습니다. input 부분에 지정된 부분에 커서가 깜박이게 하는 input 속성은 무엇인지 골라보세요.

    가. form

    나. autofocus

    다. multiple

    라. placeholder

8   HTML5에서는 input type 외에 input에 따로 속성을 지정해 줄 수 있습니다. Input 부분에 미리 값 또는 입력 예를 보여주는 input 속성은 다음 중 어떤 것인가요?

    가. form

    나. autofocus

    다. multiple

    라. placeholder

실습문제 ┃ 실습은 지식을 내것으로 만드는 최고의 방법입니다.

문제에 대한 답은 백견불여일타 카페에서 확인할 수 있습니다. cafe.naver.com/codefirst

1 HTML5의 시멘틱(sementic) 태그를 이용해서 HTML5 표준 문서를 자유롭게 구성해보세요. (난, 기본석인 HTML5 분서 형식은 반드시 지켜야 합니다)

2 HTML5의 새롭게 추가된 input 속성 5개를 이용해서 다음과 같은 form을 구성해보세요.

3 제공된 비디오 파일을 이용하여 다음과 같은 예제를 만들어보세요. 여기서 화면의 크기는 가로 500px이며 재생을 위한 컨트롤러와 프리로드 속성이 적용되어야 합니다.

3장
CSS3 기초

이 장을 시작하기 전에

❶ 구조를 담당하는 HTML 태그들의 쓰임새를 활용할 줄 모른다면,
〈2장 HTML5의 기초〉 부분을 다시 학습하시기 바랍니다.

❷ CSS는 아주 크게 보면 다음과 같이 나눌 수 있습니다.

– 박스 모델(Box Model)을 구성하는 속성들
– 레이아웃(Layout)을 구성하는 속성
– 기타 디자인 요소들을 구성하는 속성
– 텍스트와 글꼴(Text/Font)을 구성하는 요소
– 여기에다 추가적으로 애니메이션 속성

❸ CSS를 학습할 때 가장 먼저 알아야 하는 사항이 선택자(Selector)인데,
선택자에 대한 학습을 시작으로 CSS3에 대해 설명하겠습니다.

3.1 선택자

3.1.1 선택자의 개념

CSS를 이용하여 HTML 문서를 디자인하려면 어떻게 해야 할까요? 가령 MS-Word에서 문서를 디자인하려면 특정 스타일의 제목을 선택해서 글꼴을 바꾼다거나 전체 문서 혹은 부분 문서를 선택해서 디자인 속성을 바꿔주어야 합니다. CSS에서도 마찬가지로 HTML 문서를 디자인하기 위해서는 HTML 문서의 특정 영역이나 요소 등을 선택해줄 수 있는 장치가 필요합니다. 이것을 CSS에서는 선택자Selector라고 부릅니다. 그만큼 CSS의 핵심적인 내용이겠죠?

HTML 문서는 태그로 구성되어 있습니다. 해당 태그에는 디자인 요소가 없습니다. 그렇기 때문에 CSS가 적용되지 않는 HTML 문서는 집으로 비유하면, 골조만 있는 상태라고 할 수 있습니다. 여기에 도배를 하고, 여러 가지 인테리어 디자인을 하게 되면 멋진 집으로 탄생하는데, 이런 인테리어를 가능하게 해주는 것이 CSS입니다.

아주 간단한 예제를 하나 보도록 하겠습니다. HTML 태그 중에 문장이 있는 부분에 가장 많이 사용하는 <p></p> 태그가 있습니다. 'p'는 paragraph를 의미하는 것으로 모든 HTML 태그는 영단어에서 차용되어 그 의미가 상당히 단순합니다.

```
<p> 여기는 문장이 들어가는 곳 </p>
```

위의 HTML 문을 보면 어떤 디자인 요소도 적용되지 않은 상태입니다. 여기서 글자 크기를 30 픽셀로 조정하고 색상을 빨간색으로 바꾸려면 CSS에 다음과 같이 p 태그 선택자에 속성을 적용해 주면 됩니다. 참고로 뒤에서 자세히 배우겠지만, 아래의 코드는 HTML 안에 직접 삽입할 수도 있고 별도의 CSS 파일로 만들어서 HTML에서 불러서 사용할 수 있습니다. 우선은 이런 형식으로 쓴다 정도로 알아두면 됩니다.

```
p {
  font-size:30px;
  color:red;
}
```

여기서 p는 HTML의 p 태그를 선택한 것입니다. 그리고 {}(Braket) 사이에 해당 선택자의 속성을 적용한 것입니다. 이해되시죠? p 태그를 선택해서 p 태그에 둘러 싸인 부분에 속성을 적용한다. 아주 간단합니다. CSS는 선택자와 그 선택자에 대한 속성을 지정해 주는 것으로 모든 것이 끝나는 것입니다. 다시 한번 그림으로 살펴 보면 다음과 같습니다.

[그림 3-1] CSS 선택자와 속성에 대한 이해

하나의 CSS 속성이 끝나면 반드시 뒤에 세미콜론(;)을 붙여서 해당 속성의 끝이라는 것을 알려 줘야 합니다.

3.1.2 선택자의 종류

디자인 요소를 의도에 알맞게 적용하려면 다양한 종류의 선택자를 잘 결합하여 사용하는 것이 중요합니다. [표 3-1]을 보면 선택자의 종류는 아주 다양합니다. 하지만 여기에서 가장 많이 사용하는 선택자는 **태그 선택자, 클래스 선택자, 하위 선택자, 그룹 선택자** 정도입니다. 나머지 선택자는 특정 상황에서 한두 번 정도 사용합니다.

[표 3-1] 선택자의 종류[1]

용어	내용	CCS에서 적용 방법
태그 선택자(tag selector)	HTML 태그에 속성 적용	p, table, body, header, nav 등 HTML 태그
클래스 선택자 (class selector)	.(콤마)로 시작하는 선택자	.classname(개발자가 이름 지정)
아이디 선택자(id selector)	#(샵)으로 시작	#idname(개발자가 이름 지정)
종속 선택자 (dependant selector)	선택자에 종속된 선택자	p.classname/table.classname/ p#idname (이름 붙여서 사용)
하위 선택자 (Descendant selector)	선택자 내부의 모든 후손 선택자	p a/p .classname/p #idname (선택자와 선택자 사이에 빈 칸)
전체 선택자 (universal selector)	전체 문서에 영향을 줌	*(별표/아스테리크)
그룹 선택자 (group selector)	여러 선택자를 복합적으로 적용할 때	p, .classname, #idname, table (각각의 선택자를 ,(콤마)로 분리)
자식 선택자 (child selector)	선택자 바로 밑의 자식 선택자	p 〉 a / ul 〉 li (보다 큰 기호 사용)

---

1 [표 3-1]에서 표기한 / 기호는 CSS에서는 사용하지 않습니다. 각 선택자를 분리하기 위해서 책에서만 표시한 것입니다.

용어	내용	CCS에서 적용 방법
인접 선택자 (Adjacent selector)	붙어있는 선택자와 선택자에 특정 효과를 줄 때 사용	h1 + p(+ 기호 사용)
가상(수도) 선택자 (Psudo−classes selector)	단독으로 사용하지 않고 특정 태그 선택자와 같이 사용	:a:hover와 같이 a 태그와 같이 사용하는 선택자를 말함.
속성 선택자 (attribute selector)	HTML 태그의 특정 속성에 대해서 효과를 줄 때 사용	[id]와 같이 [ ] 내부에 특정 속성을 넣고 값을 적용
형제자매 선택자 (sibling selector)	자식 선택자와 달리 형제자매 관계에 있는 선택자에 속성 적용할 때 사용	div~table과 같이 ~을 이용해서 선택자를 묶어서 사용함

참고 각 선택자에 대한 설명은 추후 아주 자세히 설명하겠습니다.

여기서 본격적인 선택자에 대한 학습을 하기 전에 먼저 웹 페이지의 패밀리 트리에 대해서 먼저 알아볼 텐데요. [표 3−1]을 보면 형제자매 선택자, 자식 선택자, 하위 선택자 등 여러 가지 선택자들은 패밀리 트리를 이해해야만 알 수 있는 내용이기 때문입니다.

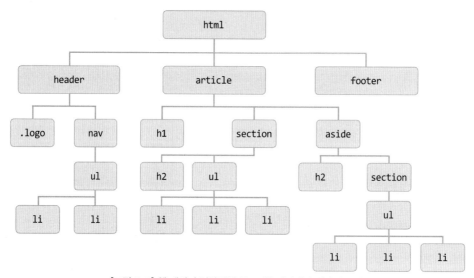

[그림 3-2] 웹 페이지 일반적인 구조−웹 페이지의 패밀리 트리

용어

패밀리 트리

우리말로 하면 '가계도'입니다. 가계도는 조상들부터 부모 자식 형제자매 등을 표시해 놓은 거죠. 웹 페이지에도 이러한 가계도가 있습니다. HTML 태그가 가장 큰 조상으로 존재하고 그 아래에 여러 자식 태그들이 존재하는 구조입니다.

[그림 3-2]를 보면 html 아래로 header, article, footer 이렇게 3개의 태그가 보입니다. 이 3개의 태그는 형제자매 관계입니다. header의 하위 선택자들은 .logo과 nav입니다. 마찬가지로 article과 footer 또한 하위 선택자들이 있습니다. 그리고 section 밑으로 h2, ul이라는 하위 선택자들이 있습니다. 여기서 article은 하위 선택자로 h1, section, aside 및 h2, ul, li를 사용할 수 있습니다. 하위 선택자는 자식들과 손자들까지 포함하는 개념입니다. 여기서 article의 자식 선택자는 h1과 section, 그리고 aside만 해당합니다. 하지만 일반적으로 자식 선택자를 사용하지 않고 하위 선택자를 이용하여 CSS의 속성을 적용합니다. 개념적으로 하위 선택자와 자식 선택자가 조금은 헷갈리는 경우가 많은데, 어떤 차이점이 있는지 살펴보겠습니다.

하위 선택자와 자식 선택자

실무에서는 거의 하위 선택자를 많이 사용하고, 특별히 해당 선택자를 꼭 집어서 적용할 경우 자식 선택자를 사용하게 되는데, 예제를 통해 어떻게 사용하는지 알아보겠습니다.
[그림 3-2]에서 article 하단에 보면 section이 있고 그 하단에 ul, 그리고 li들이 있습니다. article 하단의 aside 밑에도 section이, ul과 li들이 배치되어 있습니다.

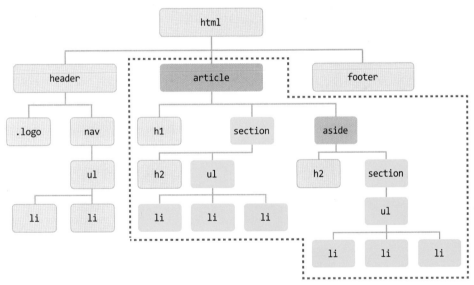

[그림 3-3] 하위 선택자와 자식 선택자 설명

이 경우 하위 선택자를 이용하여 article section ul {color:red;}라고 하면 ul에 속해 있는 li 부분에 빨간색이 전부 적용될 것입니다.

144

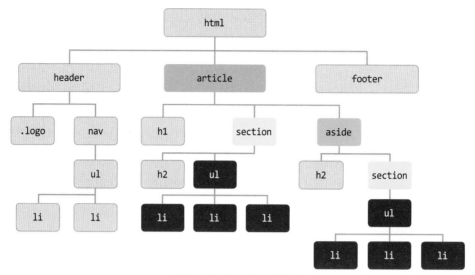

[그림 3-4] 하위 선택자 적용 시

하지만 article > section ul {color:red;} 이렇게 article 밑에 있는 section에 직접 '>' 기호를 적용해 주면 article 아래 section 부분에 있는 ul에만 빨간색이 적용될 것입니다. 이제 하위 선택자와 자식 선택자에 대해서 이해가 되시나요?

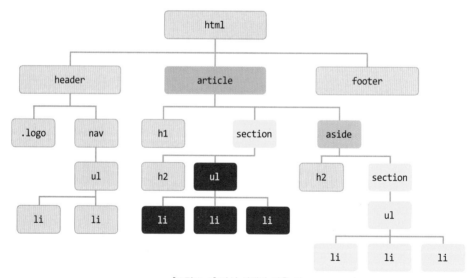

[그림 3-5] 자식 선택자 적용 시

이제 실제 HTML과 CSS를 이용해서 어떤 결과가 적용되는지 직접 확인해 보겠습니다.

[코드 3-1] 하위 선택자와 자식 선택자 이해하기   [예제 파일] chapter3/하위_선택자와_자식 선택자의_이해.html

```html
1  <!DOCTYPE html>
2  <html lang="en">
3
4  <head>
5      <meta charset="UTF-8">
6      <meta name="viewport" content="width=device-width, initial-scale=1.0">
7      <meta http-equiv="X-UA-Compatible" content="ie=edge">
8      <title>하위 선택자와 자식 선택자의 이해 </title>
9      <style>
10         article section ul {
11             color: red;
12         }
13     </style>
14 </head>
15
16 <body>
17     <header>
18         <div class="logo">로고 </div>
19         <ul>
20             <li>메뉴1</li>
21             <li>메뉴 2</li>
22         </ul>
23     </header>
24     <article>
25         <h1>제목</h1>
26         <section>
27             <h2>부제목</h2>
28             <ul>
29                 <li>리스트 1</li>
30                 <li>리스트 2</li>
31                 <li>리스트 3</li>
32             </ul>
33         </section>
34         <aside>
35             <h2>사이드바 제목</h2>
36             <section>
37                 <ul>
38                     <li>사이드 메뉴 1</li>
39                     <li>사이드 메뉴 2</li>
40                     <li>사이드 메뉴 3</li>
41                 </ul>
42             </section>
43         </aside>
44     </article>
```

```
45      <footer>
46          푸터 부분
47      </footer>
48  </body>
49
50  </html>
```

[그림 3-6] 하위 선택자와 자식 선택자의 이해 - 하위 선택자

다음은 [코드 3-1]에서 style 부분에 있는 코드입니다.

```
<style>
    article section ul {
        color: red;
}
    </style>
```

위의 내용을 다음과 같이 변경해 줍니다.

```
<style>
    article > section ul {
        color: red;
    }
</style>
```

[그림 3-7] 하위 선택자와 자식 선택자의 이해 – 자식 선택자
[예제 파일] chapter3/하위_선택자와_자식선택자의_이해_자식선택자.html

인접 선택자와 형제자매 선택자

다음은 인접 선택자와 형제자매 선택자에 대해서 간단히 살펴봅니다. [그림 3-8]의 패밀리 트리를 보면 h1과 section은 서로 인접해 있으면서 여러 개의 section이 반복적으로 구성되어 있습니다. 즉, h1과 section들 사이는 형제자매 관계로 형제자매 선택입니다. 그리고 h1과 첫 번째 section은 인접해 있기 때문에 인접 선택자라고 합니다.

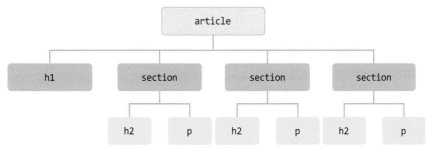

[그림 3-8] 형제자매 선택자와 인접 선택자에 대한 이해

[그림 3-8]과 같은 문서에서 개발자가 HTML 태그는 절대 손대지 말고, 두 번째 section에 있는 h2에만 색상은 하늘색, 폰트 크기는 40px로 지정해 달라고 했다면, 어떻게 처리하면 좋을까요? 인접 선택자를 사용하면 쉽게 처리 가능합니다.

h1의 인접 선택자는 첫 번째 section입니다. 그리고 첫 번째 section과 인접한 선택자는 두 번째 section이죠. 그러면 이렇게 처리하면 해당 h2에만 속성을 적용해 줄 수 있습니다.

```
h1+section+section h2 {
    color: skyblue;
    font-size: 40px;
}
```

[그림 3-9] 인접 선택자로 두 번째 section에 있는 h2에만 속성을 적용해 줄 수 있다.
[예제 파일] chapter3/인접 선택자.html

이제 좀더 HTML 코드를 확장해 보겠습니다. 본문 즉, article을 3번 반복하고, 마지막 article 앞 부분에는 `<div class="main"></div>`을 추가해 보겠습니다. HTML 구조는 다음과 같습니다.

```
<article> ... </article>
<article> ... </article>
<div class="main"></div>
<article> ... </article>
```

여기서 첫 번째 article에 있는 h2에는 속성을 적용하지 말고 나머지 article에 있는 h2 부분에 속성을 적용하려면 어떤 선택자를 사용해야 할까요? 만약 중간에 .main이란 부분이 없었다면, 인접 선택자만 사용해도 되는데, 패밀리 트리에서 article과 .main은 인접되어 있으면서, 형제자매 관계입니다. 따라서 인접 선택자를 사용하면, 두 번째 article에 있는 h2만 속성이 적용되기 때문에, 이 경우에는 형제자매 선택자를 적용해 줘야 첫 번째 article에 있는 h2를 제외한 나머지 부분에 속성이 적용됩니다.

```
article~article h2 {
    color: white;
    background-color: red;
    padding: 5px;
}
```

[그림 3-10] 형제자매 선택자 적용 예
[예제 파일] chapter3/형제자매 선택자.html

일단 패밀리 트리와 연관된 선택자는 이 정도로 마무리하고 각 선택자에 대한 자세한 설명은
해당 선택자 절에서 자세히 살펴보죠.

3.2 선택자 적용 방법

앞서 우리는 선택자로 HTML 문서를 디자인할 수 있다는 것을 배웠고, 선택자 중에서 패밀리 트리와 관련된 선택자를 공부했습니다. 하지만, 앞의 예제에서는 HTML 코드 안에서 이 모든 것을 해결했습니다. 이 방법을 포함한 다른 방법도 알아봅니다.

선택자를 적용하는 방법은 이렇게 보통 세 가지로 나눌 수 있습니다.

- 인라인 방식
- 임베디드 방식
- 외부 파일로 저장 후 불러오기

여기서 추천하는 방식은 세 번째 '외부 파일로 저장 후 불러오기' 방식인데요, 가장 편리하고, 수정도 간편하고 강력하며, 웹사이트를 유지보수할 때 시간이 엄청나게 절약되기 때문입니다. 우선 이제 적용 방법에 대해 간단하게 예제를 통해 익혀보겠습니다.

3.2.1 인라인 방식

인라인inline 방식은 가끔은 매우 유용할 때가 있기는 하지만, 그다지 추천하는 방식은 아닙니다. 보통 웹사이트들은 웹 페이지 템플릿template 파일을 사용해서 대부분 작업합니다. 웹 페이지 템플릿은 주로 쇼핑몰의 제품 상세 페이지에서 볼 수 있습니다. 쇼핑몰의 제품 상세 페이지는 큰 틀에서는 모든 페이지가 같습니다.

그 예시로 [그림 3-11]의 아마존 쇼핑몰을 봐도 알 수 있습니다. 아마존 쇼핑몰에서 제품 상세 페이지의 구성을 살펴보면 사진 이미지와 제목, 가격 등이 같은 틀로 짜여 있습니다. 이런 페이지를 템플릿 페이지라고 합니다.

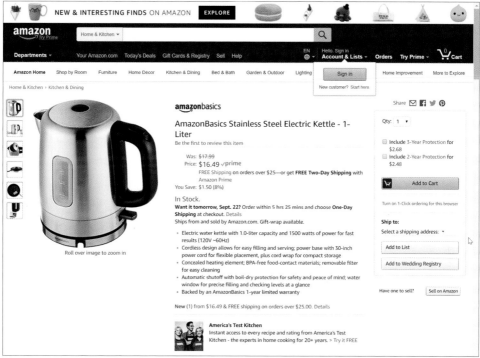

[그림 3-11] 아마존 상품 상세 페이지: 상단과 하단을 비교해 보면, 웹 페이지의 상품 정보 빼고는 구성이 같다.

이렇게 같은 종류의 상품에 대해서 동일한 페이지 레이아웃으로 구성하는 것이 웹 페이지 템플릿을 이용해서 만드는 것입니다. 이러한 템플릿 파일도 원래는 별도의 CSS 파일로 만들어서 호출하는 것이 가장 좋은 방법이긴 하지만, 때론 개발자가 기본에 있는 템플릿을 전체 파일을 수정하지 않고 직접 HTML 코드 내부에 스타일 코드를 적용해 주면 간단하게 문제가 해결되고 전체 코드를 다 파악할 필요가 없는 경우 이렇게 HTML 코드 내부에 있는 태그 부분에 직접 스타일을 적용하는 것을 **인라인 방식**이라고 합니다.

먼저 가장 평범한 HTML 코드로만 구성된 페이지를 하나 작성해보겠습니다.

[그림 3-12] HTML로만 구성된 단순한 페이지

[예제 파일] chapter3/HTML코드로만_구성된_코드.html

[그림 3-12]에서 인라인 방식으로 페이지의 몇 군데를 손 볼 예정입니다. 직접 HTML 태그에다 다음과 같이 추가해 주면 됩니다.

```
style=" CSS 속성과 해당 값 "
```

예제를 통해서 살펴보겠습니다. 인라인 방식으로 구성된 웹 페이지 [그림 3-13]을 살펴봅니다.

[그림 3-13] 인라인 방식으로 해당 태그에 직접 CSS 속성을 적용해 준 상태
[예제 파일] chapter3/인라인_방식으로_구성된_코드.html

[그림 3-13]의 코드를 VC를 이용해서 열어보면 인라인 방식으로 해당 선택자에 속성을 적용한 것을 볼 수 있습니다. 인라인 방식은 웬만하면 사용하지 않는 것이 좋습니다. 왜냐하면, 인라인 방식은 하나의 태그 선택자에 CSS 속성을 한 번만 적용해 줄 수 있습니다. 특히 선택자를 설명할 때 언급했던, 클래스 선택자, 아이디 선택자, 하위 선택자, 자식 선택자, 인접 선택자, 속성 선택자 등의 여러 가지 선택자를 전혀 사용할 수 없으며, 동일한 속성을 가진 태그에는 각 태그마다 style="CSS 속성"을 적용해 줘야 하기 때문에 매우 비효율적입니다.

다음은 [그림 3-13]의 소스코드 중 일부입니다.

인라인 방식으로 HTML 코드 내부에 CSS 속성이 들어가 있는 것을 확인할 수 있습니다.

```
12      <header style="text-align:center">
13          <h1 style="font-zie:4rem; font-weight:normal">인라인 방식 설명 </h1>
14          <h2 style="font-zie:2rem; color:blue;font-family:" 돋움
        ",sans-serif;">사이트 부제목</h2>
15      </header>
16      <article style="border-top:1px solid #ccc; padding:15px 0;">
17          <h2 style="font-zie:2.5rem; color:red;">기사 본문 제목</h2>
```

3.2.2 임베디드 방식

임베디드 방식embedded은 CSS와 HTML 코드를 분리하는 것입니다만, CSS 코드가 HTML 문서 안에 있는 것을 말합니다.

[그림 3-14] 임베디드 방식으로 구성한 웹 페이지

[그림 3-14]의 코드(chapter3/임베디드_방식.html)를 VC에서 열어서 확인해 보면, HTML 문서의 <head>와 </head> 사이에 <style></style> 내부에 CSS 속성을 적용해 준 것을 알 수 있습니다.

[코드 3-2] 임베디드 방식의 소스코드 일부	[예제 파일] chapter3/임베디드_방식.html

```
...   ...
10    <style>
11        header {
12            text-align: center
13        }
14
15        header h1 {
16            font-zie: 4rem;
17            font-weight: normal
18        }
...        ... 중략 ...

50        footer {
51            text-align: center;
52            border-top: 1px solid #ccc;
53            padding-top: 20px;
54        }
55    </style>
56  </head>
57
58  <body>
59    <header>
60        <h1>임베디드 방식 설명 </h1>
61        <h2>사이트 부제목 </h2>
62    </header>
63    <article>
...   ...
```

이렇게 HTML 코드와 CSS를 분리해 줌으로써, HTML 코드는 좀더 간단하고 관리도 편해집니다. 실제 웹사이트를 제작할 때는 하나의 HTML 문서를 보통 2개 또는 그 이상으로 분리해서 작업하게 됩니다. 이렇게 분리된 HTML에서 디자인을 변경할 경우 해당 CSS 속성 하나만 변경해 주면 모든 HTML 문서에 해당 CSS 속성이 적용되기 때문에 빠른 시간에 수정할 수 있게 됩니다. 다시 한번 정리하면 임베디드 방식은 CSS 속성을 HTML 문서의 <head>와 </head> 사이에 직접 코드를 입력하는 것을 말합니다. 인라인 방식보단 훨씬 효율적이고, HTML 코드 내부에 있긴 하지만, 별도로 CSS를 구분했기 때문에 관리가 편리하다는 장점이 있습니다. 특히 요즘 유행하는 싱글 웹 페이지(웹 페이지 하나로 모든 콘텐츠를 구성하는 페이지)에서는 임베디드 방식을 유용하게 사용할 수 있을 것입니다.

하지만 임베디드 방식도 HTML과 CSS가 결합되어 있기 때문에 가끔은 매우 번거로울 수 있으며, 개발자 및 디자이너가 협업을 할 경우 동시 작업이 불가능하다는 단점도 있습니다. 따라서 CSS를 적용하는 가장 좋은 방식은 다음에 나오는 **외부에서 CSS 불러오기**라고 할 수 있습니다.

3.2.3 외부에서 CSS 불러오기

외부에서 CSS를 불러오는 방법은 사실 임베디드 방식과 같지만, 임베디드 방식이 CSS 코드를 HTML 내부에 넣은 반면, 이 방법은 확장자가 .css라는 파일을 새롭게 생성해서 해당 파일에 CSS 속성을 정의한 후 HTML 문서에서는 해당 파일을 불러 오는 방법입니다. 이렇게 하게 되면 임베디드 방식에서는 불가능한 동시 작업이 가능합니다. HTML 작업 따로, CSS 작업 따로 할 수 있기 때문입니다. 이런 방식은 자바스크립트에도 적용할 수 있으며, CSS를 적용하는 방법과 똑같이 외부에서 자바스크립트를 별도 파일로 관리하는 것이 좋습니다. HTML과 CSS가 섞이는 일이 없기 때문에 코드가 간결해지고, 유지 보수에서도 매우 편리하고, 작업의 능률이 올라가게 됩니다.

[코드 3-3] 외부 호출 방식 소스코드 중 일부	[예제 파일] chapter3/외부호출_방식.html

```
...    ...
7    <meta http-equiv="X-UA-Compatible" content="ie=edge">
8        <title>외부호출 방식</title>
9        <link rel="stylesheet" href="css/embed.css">
10
11   </head>
12
13   <body>
14       <header>
15           <h1>외부호출 방식 설명 </h1>
16           <h2>사이트 부제목 </h2>
17       </header>
18       <article>
...    ...
```

> **참고** [코드 3-3]에 대한 결과는 [그림 3-14]와 같아서 따로 싣지는 않았습니다. 직접 코드를 실행해 보세요!.

이제 모든 결과값들 즉 인라인 방식, 임베디드 방식, 마지막으로 외부 파일에 의한 호출 방식의 페이지 디자인이 동일하다는 것을 알 수 있을 것입니다. 하지만 필자가 가장 강력하게 권하는 방식은 외부 파일 호출 방식입니다. 일단 웹 개발을 한다면, CSS 파일과 자바스크립트 파일은 HTML 파일과 분리해서 작업을 하는 것이 가장 좋습니다.

CSS 파일을 외부 파일로 저장하고 불러오기

CSS를 외부 파일로 저장하고 불러오는 방법은 두 가지로 분류할 수 있는데, @import와 @link 를 이용하는 방법입니다. 실무에서는 가장 많이 사용되는 방식은 link를 이용하는 방법입니다 임베디드 방식이 HTML 문서 내부에 스타일을 정의한 반면 외부 파일에 의한 방식은 <head> 와 </head> 사이에 연결 방법에 따라 다음과 같이 지정해서 CSS 스타일을 불러옵니다.

❶ @import 방식

```
<style>
    @import url(style.css);
</style>
```

❷ link 방식

```
<link rel="stylesheet" href="style.css" type="text/css">
```

그렇다면 외부에서 파일을 불러오는 방법을 왜 두 가지로 나누는 것일까요?

먼저 @import 방식은 아주 구식 브라우저에서 @import라는 구문을 이해하지 못합니다. 그래서 @import를 사용하면 구식 브라우저에서는 해당 CSS 파일을 적용하지 못하게 됩니다. 두 번째 는 @import 구문을 사용하게 되면 CSS 파일 내부에서 다른 CSS 파일을 불러올 수 있습니다.

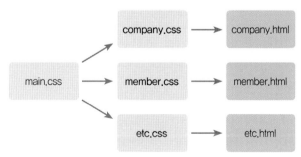

[그림 3-15] 외부 파일에 의한 스타일 적용

[그림 3-15]를 보면 main.css 파일에 문서의 기본이 되는 속성을 지정해 주고 company.css 파일에는 회사 소개와 관련된 페이지의 디자인 속성이 있고 member.css 파일에는 회원 가입과 관련된 페이지 디자인 속성을 지닌 스타일이 있다면 main.css 파일을 각각의 파일에서 import 해주면 됩니다.

예를 들어 main.css 파일에 아래와 같이 속성을 지정해 주고,

```
body {
    font-family: "맑은 고딕", "Malgun Gothic", "돋움", Dotum, AppleGothic, sans-
serif;
}
```

company.css 파일에는 아래와 같이 속성을 지정해 주면,

```
@import url("main.css");
article {
    border: 1px solid #333;
}

article h1 {
    font-size: 36px;
    color: #333;
    text-transform: uppercase
}

article h2 {
    font-size: 26px;
    color: #F60;
    text-transform: uppercase
}

.txtcenter {
    text-align: center;
    color: #F60
}
```

company.html 파일에서는 company.css 파일 하나만 임포트해도 main.css의 속성과 company.css 파일의 속성이 동시에 적용됩니다.

@import의 장점은 개별 CSS 파일을 서로 내부에서 불러올 수 있는 장점이 있습니다. 그래서 여러 개의 CSS 파일을 조합하여 하나의 CSS 파일로 만들어서 사용할 수도 있고 임베디드 방식으로 스타일을 적용하면서 필요한 요소만 따로 @import 할 수도 있습니다.

@import는 CSS 파일 내부에서도 임포트할 수 있지만, link는 개별적인 파일로 따로 따로 불러와야만 합니다. 즉 HTML 문서 내부에 <head>와 </head> 사이에서,

```
<link href="main.css" rel="stylesheet" type="text/css" media="screen" />
<link href="company.css" rel="stylesheet" type="text/css" media="screen" />
```

이런 방식으로 별도 파일로 따로따로 불러와서 적용을 하게 됩니다.

@link 방식은 임포트 방식처럼 CSS 파일 내부에 다른 CSS 파일을 링크할 수 없습니다. 임포트 방식의 company.css처럼, 다음 방식으로 내부에 다른 CSS 파일을 링크할 수 없습니다.

```
<link href="main.css" rel="stylesheet" type="text/css" media="screen" />
    article {border:1px solid #333;}
    article h1 {font-size:36px; color:#333; text-transform:uppercase}
    article h2 {font-size:26px; color:#F60; text-transform:uppercase}
    .txtcenter {text-align:center; color:#F60}
```

따라서 두 개의 CSS 파일을 불러와야 하는 경우에는 따로 <head>와 </head> 파일에서, 이렇게 두 개를 개별적으로 불러와야 합니다.

```
<link href="main.css" rel="stylesheet" type="text/css" />
<link href="company.css" rel="stylesheet" type="text/css" />
```

참고로 요즘은 CSS 파일들을 개별적으로 분리해서 작업하지 않고, style.css라는 파일 하나만 만들어 놓고 link를 이용해서 작업을 합니다. 하지만 CSS 파일이 하나라고 모든 속성을 style.css에 넣고 작업하다 보면, CSS 코드의 크기가 너무 방대해지기 때문에 SASS와 같은 CSS preprocessor를 사용합니다.

 이 내용과 관련해서 필자의 책 『CSS 수퍼파워 SASS로 디자인하라(로드북, 2016)』 참고하시면 좋습니다.

SASS는 일반적인 CSS와는 달리 여러 개의 sass(scss) 파일들을 import 방식으로 묶은 후 컴파일 과정을 통해서 하나의 CSS 파일을 만들어 내기 때문에, 매우 효율적이고 CSS 구문을 프로그래밍적 문법을 이용해서 매우 빠르고 정교하게 제작할 수 있습니다.

@import 방식과 @link 방식은 아주 큰 관점으로 보면 큰 차이는 없고, 사용 방식에 따른 차이가 있을 뿐입니다만, 실무에서는 @link 방식을 선호하고, 많은 웹사이트들이 @link 방식으로 작업된 결과물을 볼 수 있습니다. 실제 @import와 @link 방식은 CSS 로딩 속도에서 약간의 차이가 있는 것으로 알려져 있어, 실무에선 무조건 @link 방식을 사용하기를 강력히 권합니다.

3.3 개별 선택자의 활용

이제 CSS의 핵심인 다양한 선택자에 대해 알아보겠습니다. 웹 표준에서 CSS의 역할은 문서와 표현을 분리해주기 때문에 아주 중요한데, 그 핵심적인 요소가 선택자입니다. 선택자의 사용법을 정확하게 파악하면 사이트를 개발할 때나 나중에 사이트를 관리할 때 정말 편리하고 빠르게 페이지를 수정하고 관리할 수 있습니다. 그렇기 때문에 선택자는 반드시 어떻게 사용하는지 정확하게 익히셔야 합니다.

3.3.1 태그 선택자

태그 선택자는 말 그대로 HTML 태그를 선택자로 사용하는 것입니다. 각종 HTML 태그에 속성을 부여해서 전체적인 페이지의 레이아웃을 잡아줄 수 있습니다. 태그 선택자는 HTML 문서의 가장 기본이 되는 선택자입니다. 따로 선택자를 지정하는 것이 아니라, 웹 문서를 구성하는 태그를 이용하는 선택자이기 때문입니다. [그림 3-16]은 CSS가 적용되지 않은 순수한 HTML 문서입니다.

[그림 3-16] HTML 태그로만 구성된 문서
[예제 파일] chapter3/태그선택자.html

```html
<!DOCTYPE html>
<html lang="en">
<head>
    <meta charset="UTF-8">
    <meta name="viewport" content="width=device-width, initial-scale=1.0">
    <meta http-equiv="X-UA-Compatible" content="ie=edge">
    <title>태그선택자</title>
</head>
<body>
    <header>
        <h1>사이트 로고</h1>
        <ul>
            <li>
                <a href="#">메뉴1</a>
            </li>
            <li>
                <a href="#">메뉴 2</a>
            </li>
        </ul>
    </header>
    <article>
        <section>
            <h2>부제목</h2>
            <ul>
                <li>리스트 1</li>
                <li>리스트 2</li>
                <li>리스트 3</li>
            </ul>
        </section>

        <aside>
            <h2>사이드바 제목</h2>
            <ul>
                <li>사이드 메뉴 1</li>
                <li>사이드 메뉴 2</li>
                <li>사이드 메뉴 3</li>
            </ul>
        </aside>
    </article>
    <footer>
        푸터 부분
    </footer>
</body>
</html>
```

이제 HTML 태그 즉 태그 선택자만을 이용해서 대략적인 문서의 구조를 잡아보겠습니다.

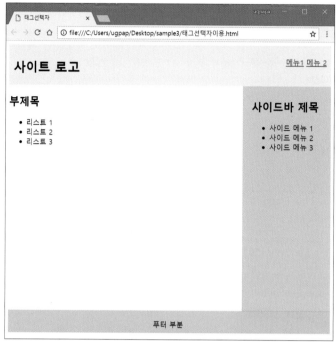

[그림 3-17] 태그를 선택자로 전체적인 구조를 잡은 모습
[예제 파일] chapter3/태그선택자이용.html, chapter3/css/tag.css

[그림 3-17]을 보면 태그에 CSS의 속성과 그에 대한 값을 적용하여 사이트의 구조를 잡은 모습을 볼 수 있습니다. 태그 선택자만 이용하더라도, 사이트의 큰 구조를 잡을 때는 문제가 없습니다. 하지만 태그 선택자만 이용하게 되면 사이트의 정교한 디자인을 할 수 없습니다. 이때 클래스 선택자 및 기타 선택자를 사용하여 보다 정교하게 사이트의 디자인을 완성해 줄 수 있습니다.

```css
header {
  height: 70px;
  background-color: #f0f0f0;
  padding: 10px;
}
header h1 {
  float: left;
  font-size: 1.8rem;
}
header ul {
  float: right;
}
```

```
header ul li {
  display: inline-block;
}
article {
  min-height: 500px;
}
article section {
  float: left;
}
article aside {
  float: right;
  width: 200px;
  background-color: #c0dce7;
  min-height: 500px;
  padding: 10px 20px;
  box-sizing: border-box;
}
footer {
  height: 10px;
  background-color: #fedd31;
  padding: 20px;
  text-align: center;
}
```

3.3.2 클래스 선택자

태그 선택자가 HTML 태그에 속성을 부여한다면, 클래스 선택자는 사용자가 직접 이름을 지정하여 속성을 지정합니다.

클래스 선택자는 다음과 같이 정의합니다.

```
.className {속성:속성값;}
```

클래스 선택자의 시작은 반드시 마침표(.)로 시작해야 합니다. 첫 문자는 반드시 영문자로 시작해야 하며, 소문자와 대문자는 구분을 합니다. 또한 속성과 속성 사이는 세미콜론(;)으로 구분합니다.

가령, 다음의 세 가지 클래스 선택자는 완전히 다른 선택자입니다.

```
.headline{font-size:20px;}
.HEADLINE{font-size:30px;}
.Headline{font-size:40px;}
```

클래스 선택자의 중간 및 끝에는 숫자 및 몇 가지 특수문자(예를 들면 head_line 또는 head-linerhk과 같은)도 사용할 수 있습니다. 하지만 반드시 첫 글자는 영문자여야만 작동합니다. 클래스 선택자는 사용자가 원하는 속성을 지정해주고 값을 태그나 div 또는 span을 이용해서 값을 지정해 주면 됩니다.

✳ 여기서 잠깐

div와 span 태그의 차이점이 무엇인가요?

일반적으로 HTML 태그들이 고유의 기능을 지닌 반면 div와 span 태그는 다른 태그와 달리 단독으로 사용하는 경우는 드물고, 클래스 선택자 또는 아이디 선택자 등과 결합해서 사용할 때가 많습니다. <div class="classname">과 같이 말이죠. 블록 태그인 경우 div를 사용하고, 인라인 태그인 경우 span을 사용합니다. 1장에서도 설명했지만, 블록 태그는 간단하게 설명하면 HTML 문서를 블록으로 묶는 역할을 하는 태그를 말하며, 인라인 태그는 문서의 한 줄을 담당할 때 사용되는 태그를 말합니다.

h1, h2와 같이 헤드라인을 담당하는 태그와 p 태그와 table은 블록 태그입니다.

img 태그는 인라인 태그입니다. 하지만 블록 태그 또는 인라인 태그 또한 CSS의 속성을 이용해서 강제로 블록 태그를 인라인 태그로, 반대로 인라인 태그를 블록 태그로 변환해 줄 수 있습니다.

클래스 선택자는 웹 문서에서 가장 일반적으로 사용하는 선택자입니다. 그냥 CSS에서 일반적으로 '선택자'하면 '클래스 선택자다'라고 인식하면 제일 좋습니다. 그냥 무조건 클래스 선택자!! 이것만 기억하세요. 클래스 선택자는 HTML 문서 내부에서 반복 사용이 가능합니다. 반면 아이디 선택자는 HTML 문서에서 단 한 번만 사용할 수 있습니다. 클래스 선택자는 HTML 문서에서 다음과 같이 사용됩니다.

```
<div class="className"> … </div>
<span class="className">…</span>
<p class="className">…</p>
```

3.3.3 아이디 선택자

아이디 선택자(ID)는 클래스 선택자와 같은 역할을 합니다. 하지만 아이디 선택자는 그냥 자바스크립트와 연동되어 웹 프로그램에서 사용되는 선택자! 이렇게 기억해 두면 됩니다. 클래스 선택자와 달리 웹 프로그램과 연결되어 사용하기 때문에 단 한 번만 사용할 수 있습니다. HTML5 이전에는 문서의 구조를 잡는 용도로 많이 사용되었지만, 현재는 HTML5의 태그 중 header, article, footer와 같이 구조를 잡는 태그가 추가되어, 자바스크립트와 연동되는 곳에 사용됩니다. 클래스 선택자와 사용방법은 동일하지만 선택자 앞쪽에 # 기호를 붙이는 것이 구별 포인트입니다.

```
#idName{속성:속성값;}
```

아이디 선택자는 주로 블록 선택자에 많이 사용하게 됩니다. 따라서 다음과 같은 형식으로만 사용된다고 보면 됩니다.

```
<div id="idname"> … </div>
```

여기까지 선택자에서 가장 많이 사용하는 태그, 클래스, 아이디 선택자에 대해서 간단하게 익혔습니다. 태그 선택자는 HTML 태그 자체를 선택자로 사용하는 것을 의미하며, 클래스 선택자는 CSS에서 속성을 적용할 때는 ".선택자이름"으로 사용하고 HTML 문서에서는 class="선택자이름"으로 사용되며, 아이디 선택자는 CSS에서는 "선택자이름"으로, HTML 문서에서는 id="선택자이름"으로 사용된다는 것을 명심하고, 클래스 선택자는 웹 문서에서 반복적이고 작은 부분에 특정 효과를 줄 때 사용하는 것이고, 아이디 선택자는 한 번만 사용되며, 웹 문서에서 웹 프로그램 특히 자바스크립트와 연동해서 사용한다고 이해하면 됩니다. 따라서 선택자라고 하면 무조건 클래스 선택자라고 이해하면 이해가 빠를 것입니다.

3.3.4 종속 선택자

종속 선택자defendant는 말 그대로 하나의 선택자에 종속되었다는 의미입니다. 특히 태그 선택자와 동시에 같이 적용되는 경우를 종속 선택자라고 합니다.
실제 코드를 보면 이해가 빠를 겁니다.

```
<h1 class="logo">
```

이렇게 HTML 태그에 class가 들어가 있는 경우 종속 선택자라고 합니다.
이 경우 클래스 선택자는 두 가지 방법으로 사용 가능합니다. 종속 선택자 또는 클래스 선택자 이렇게 말이죠. 말이 조금 애매한데, 다시 한번 풀어서 설명하면, 종속 선택자는 단독으로 클래스 선택자로 사용할 수도 있고, 종속 선택자로 사용 가능하다는 의미입니다.
종속 선택자는 다음과 같이 사용합니다.

```
h1.logo { 속성:속성값; }
```

종속이란 의미는 '태그 선택자 내부에 또다시 클래스 선택자 또는 아이디 선택자가 포함되어 있는 경우'라고 이해하면 됩니다. 즉, 군이 두 번의 태그를 사용하지 않고 한 번의 태그만 사용하는 것을 말합니다.

```
<h1><div class="logo"> … </div></h1>
```

태그를 두 번 사용하지 않고 다음과 같이 처리하는 걸 이릅니다.

```
<h1 class="logo"> … </h1>
```

이렇게 처리하면 보기도 좋고 HTML 코드도 줄일 수 있는 일석이조의 효과를 볼 수 있습니다. 종속 선택자도 실제 웹사이트를 개발할 때 자주 사용하는 선택자 중 하나입니다.

3.3.5 하위 선택자

종속 선택자가 태그 선택자와 같이 사용하는 클래스(아이디) 선택자라고 한다면, 하위 선택자 (descent)는 <p>…</p> 또는 <div class="classname">…</div> 내부에 존재하는 선택자를 말합니다.

종속 선택자는 <p class="classname">…</p>라고 태그 선택자 "p"와 클래스(아이디) 선택자 "classname"를 붙여 p.clanssname이라고 속성을 정의한 것과 달리 하위 선택자의 속성 적용 방식은 차이가 있습니다.

예로 살펴볼까요?

```
<p> 문장 내용 <a href="#"> … </a> … </p>
```

위와 같은 구문이 있을 경우 p 태그 선택자의 하위 선택자는 a가 됩니다. p 태그 하위 선택자 a 에 속성을 적용하기 위해서는 CSS 구문 내에서 다음과 같이 사용합니다.

```
p a {속성:속성값;}
```

p 태그를 쓴 후 바로 한 칸 띄어 a {속성값;}을 지정합니다.

종속 선택자는 태그와 태그가 붙어 있을 때는 하나의 태그로 합쳐서 사용한다는 의미이고, 하위 선택자는 선택자 내부에 다른 선택자가 있는 경우를 말합니다.

즉, <p><div class="test">…</div></p> 경우에는 <p class="test">…</p>로 종속 선택자로 처리하면 되지만, 다음과 같이 <p>여기는 다른 내용이 들어감<div class="test">…</div>여기는 이어지는 내용</p> p 태그 다음에 내용이 들어오고 그 내용 중 일부를 클래스 선택자로 감싼 경우 하위 선택자로 처리합니다.

> **참고** 만약 현재 종속 또는 하위 선택자가 뚜렷하게 이해가 되지 않더라도 이런 선택자가 있다는 정도만 염두에 두세요. 실전 웹사이트 제작에 들어가서, 예제를 통해 익히다 보면, 어느 순간 어떤 때 종속 선택자를 써야 할지, 하위 선택자를 사용할지에 대한 판단을 빠르게 하고 있을 것입니다.

3.3.6 전체 선택자

전체 선택자(Universal)는 말 그대로, 선택자 전체에 영향을 미치는 선택자를 의미합니다.
사용법은 간단합니다. 전체 선택자는 * (별표)로 표시하고 속성을 추가하면 됩니다.

```
* {속성:속성값}
```

이렇게 지정해 주면 웹 문서의 모든 곳에 CSS 속성이 적용됩니다.

전체 선택자를 적용하는 또 하나의 방법이 있는데, 그것은 하위 선택자를 이용하는 방법입니다. 가령, HTML 문서에서 p 태그 밑에 있는 모든 하위 선택자에 동일한 속성을 부여하고 싶을 때는 다음과 같이 속성을 적용합니다.

```
p * {속성:속성값}
```

이렇게 전체 선택자를 하위 선택자와 연동하여 적용해서 사용하게 되면 실제 웹사이트를 제작할 때 편리하게 일괄적으로 속성을 지정해 줄 수 있습니다.

3.3.7 그룹 선택자

그룹 선택자(Group)는 속성이 같은 선택자를 그룹으로 묶어서 사용하는 것을 말합니다. A라는 선택자와 B라는 선택자가 있는데, A와 B 선택자 간의 같은 속성은 서로 묶고, 속성이 다른 부분은 개별적으로 속성을 정의해 주면 됩니다.
그룹 선택자는 다음과 같이 쉼표(,)를 이용해서 선택자를 나열하고 속성을 지정합니다.

```
.classname, #idname, tagname {속성:속성값}
```

그룹 선택자를 잘 사용하면, CSS 코드를 많이 줄일 수 있고, 사이트 개발 및 추후 유지보수도 아주 빠르게 처리할 수 있습니다. 그룹 선택자를 사용하는 방법은 어렵지 않습니다. 전체 선택자와 더불어 가장 이해하기 쉬운 선택자 중에 하나입니다.

3.3.8 인접 선택자

인접 선택자(Adjacent)는 선택자와 선택자가 서로 인접했을 경우 다음 선택자에 속성을 부여할 때 사용합니다. 즉, A라는 선택자 다음에 B라는 선택자가 오면, B란 선택자에 별도의 클래스 선택자를 부여하지 않더라도 속성을 적용해 줄 수 있다는 것입니다. 특히 태그 선택자 두 개가 인접해 있으면 별도의 클래스 또는 아이디 선택자를 부여하지 않고 인접 선택자로 처리하면 됩니다.

인접 선택자는 다음과 같이 선택자와 선택자를 +로 묶어 주어 사용합니다.

A선택자+B선택자 {속성:속성값}

이렇게 하면 B 선택자 부분에 CSS 속성에 적용되는 것입니다. 인접 선택자는 패밀리 트리에서 자세히 설명했습니다([그림 3-9] 참조). 여기서는 간단하게 다시 복습의 개념으로 설명하는 것입니다.

3.3.9 자식 선택자

자식 선택자(Child)는 패밀리 트리 구조에서 하나의 선택자의 자식이 되는 선택자에 속성을 부여하는 것을 말합니다. 가장 많이 사용되는 부분이 리스트 태그를 이용한 목록을 만들 때 복잡한 자식 관계를 정리하는 데 자주 이용됩니다.
사용 방법은 아래와 같은 방식으로 사용합니다.

부모선택자>자식선택자 {속성:속성값}

자식 선택자도 패밀리 트리에서 예제로 설명했으니 [그림 3-7]을 참조하세요.

3.3.10 형제자매 선택자

자식 선택자는 선택자의 자식에게 영향을 미치는 선택자라고 하면, 형제자매 선택자(Sibling)는 선택자가 형제자매 관계인 경우 A선택자와 형제자매 관계에 있는 B선택자 부분에만 속성을 부여할 수 있는 선택자를 말합니다. 사용법은 다음과 같습니다.

A선택자~B선택자 {속성:속성값}

이렇게 적용해 주면 A선택자와 형제자매 관계에 있는 B선택자 부분에 CSS 속성이 적용됩니다([그림 3-10] 참조).

클래스, 하위, 전체, 그룹 선택자로 웹 페이지 만들기

간단하게 지금까지 학습한 선택자를 이용해서 예제를 한번 살펴보겠습니다. 이 예제에는 자식 선택자와 형제자매 선택자 그리고 인접 선택자는 해당되지 않습니다.

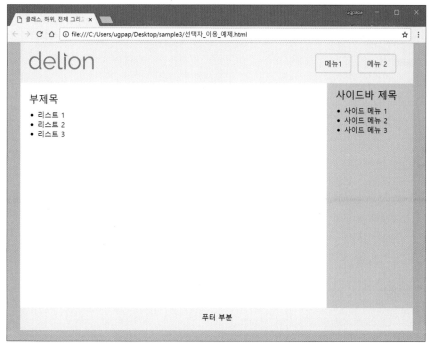

[그림 3-18] 클래스, 하위, 전체, 그룹 선택자를 이용한 예제
[예제 파일] chapter3/선택자_이용_예제.html

[그림 3-18]을 보면 전체적인 레이아웃이 잡혀가는 중의 사이트의 모습을 볼 수 있습니다. 여기서 CSS의 속성에 대해서는 무시하고, CSS에 있는 선택자 부분에만 집중해서 봐주기 바랍니다.

[코드 3-4] 클래스, 하위, 전체 선택, 그룹 선택자 이용하기　　　　[예제 파일] chapter3/css/selector.css

```
1   * {
2       /* 전체 선택자를 이용하여 모든 선택자의 margin과 padding 값을 0으로 설정 */
3       margin: 0;
4       padding: 0;
5   }
6
7   body {
8       background-color: #ccc;
9   }
10
11  header,
12  footer {
13      /* header와 footer를 그룹으로 묶어서 동일한 속성 적용 */
14      height: 70px;
15      background-color: #f0f0f0;
```

```
16        padding: 10px;
17    }
18
19    header h1 {
20        /* 하위 선택자를 이용하여 header에 있는 h1에 대한 부분 설정 */
21        float: left;
22        font-size: 1.8rem;
23    }
24
25    header ul {
26        /* 하위 선택자를 이용해서 값 설정 */
27        float: right;
28        margin-right: 20px;
29        margin-top: 25px;
30    }
31
32    header ul li {
33        /* 하위 선택자 즉, header에 있는 ul 밑에 있는 li 값, 여기서 하위 선택자인 경우
              header li만 해도 됨. */
34        display: inline-block;
35    }
36
37    header ul li a {
38        /* 하위 선택자 이용. 이 부분도 header li a만 처리해도 무방함 */
39        padding: 10px 20px;
40        text-decoration: none;
41        border: 1px solid #ccc;
42        border-radius: 5px;
43        margin-right: 10px;
44    }
45
46    article {
47        /* 태그 선택자 이용 */
48        min-height: 500px;
49        background-color: #fff;
50    }
51
52    article section {
53        /* 하위 선택자 이용 */
54        float: left;
55        padding: 20px;
56    }
57
58    article aside {
59        /* 하위 선택자 이용 */
60        float: right;
```

```
61      width: 200px;
62      background-color: #c0dce7;
63      min-height: 500px;
64      padding: 10px 20px;
65      box-sizing: border-box;
66  }
67
68  section h2,
69  aside h2 {
70      /* 그룹 선택자를 이용하여 값 설정 */
71      font-weight: normal;
72      font-size: 1.4rem;
73  }
74
75  section ul,
76  aside ul {
77      /* 그룹 선택자 이용 */
78      padding: 10px 20px;
79  }
80
81  footer {
82      height: 30px;
83      text-align: center;
84  }
85
86  .container {
87      width: 900px;
88      margin: 0 auto;
89  }
90
91  h1.logo {
92      /* 종속 선택자를 이용하여 로고에 대한 값 처리함. 이 부분은 그냥 클래스 선택자
        .Logo만 해도 무방함. */
93      background: url("../images/delion.png") no-repeat center left;
94      background-size: cover;
95      text-indent: -9999px;
96      height: 40px;
97      width: 147px;
98      margin-left: 10px;
99      margin-top: 10px;
100 }
```

참고 [코드 3-4]에서 보는 속성은 이후 천천히 모두 학습할 예정이기 때문에 속성이 어떻게 적용되는지 우선
눈으로만 파악해보세요.

3.3.11 수도 선택자-가상 선택자

수도 선택자(pseudo)는 단독으로 사용할 수 없는 선택자입니다. 주로 태그 선택자와 더불어 사용되며, 효과가 가장 큰 선택자 중 하나입니다. 수도 선택자는 CSS3에서도 추가된 부분이 있는데, CSS1과 CSS2에서 사용되는 수도 선택자와 CSS3에서 추가된 수도 선택자는 따로 분류해서 설명하도록 하겠습니다.

[표 3-2] 수도 선택자 요약 정리(CSS1, CSS2 버전)

형 식	역 할	비 고
:hover	마우스 커서가 링크에 올라가 있는 상태	
:active	마우스 커서를 클릭한 순간부터 놓기 직전까지 상태	
:link	링크를 클릭하지 않는 그냥 링크되어 있는 상태	a 만 써도 무관
:visited	링크를 눌러서 방문한 후 상태	
:focus	입력 폼에서 키보드의 입력을 기다리는 상태	
:first-line	첫 번째 문장에만 적용	
:first-letter	문장의 첫 글자에만 적용	
:before	문장이 시작되기 전	
:after	문장이 끝난 다음	
:lang	언어별로 속성을 적용해 줄 수 있음	

[표 3-2]를 보면 CSS1과 CSS2에서 적용된 수도 선택자 수는 많지 않습니다. 주로 HTML 문서의 하이퍼링크와 관련된 선택자들이 많고, 입력 폼과 관련된 선택자도 있는 것을 알 수 있습니다. 하지만 [표 3-3]에서 보면 CSS3에서 추가된 수도 선택자는 이전 수도 선택자와는 비교가 되지 않을 정도로 많은 속성들이 포함되어 있는 것을 알 수 있습니다.

[표 3-3] CSS3에서 사용되는 가상 선택자

가상 선택자	사용 예제	설명
:first-of-type	div:first-of-type	웹 페이지에서 div 선택자 중 맨 처음에 나오는 div 선택자에 속성을 부여
:last-of-type	div:last-of-type	웹 페이지에서 div 선택자 중 맨 마지막에 나오는 div 선택자에 속성을 부여
:only-of-type	em:only-of-type	웹 페이지에서 em 태그 선택자로만 구성된 하나의 선택자에 속성을 부여
:only-child	em: :only-child	웹 페이지에서 em 태그 선택자에서 오직 자식 선택자에게만 속성 부여

가상 선택자	사용 예제	설명
:nth-child(n)	p:nth-child(n)	웹 페이지에서 p 태그 선택자의 n번째 자식 선택자에 속성 부여(이 가상 선택자는 :nth-child(odd)와 :nth-child(even)으로 사용 가능)
:nth-last-child(n)	td:nth-last-child(n)	웹 페이지에서 td 태그 선택자의 마지막 자식 선택자에 속성 부여
:nth-of-type(n)	p:nth-of-type(n)	특정 태그로 여기서는 p 태그 선택자의 n번째 자식 선택자에 속성 부여(이 가상 선택자 또한 :nth-of-type(odd)와 :nth-of-type(even)으로 사용 가능)
:nth-last-of-type(n)	p:nth-last-of-type(n)	맨 마지막부터 계산하여 p 태그 선택자의 n번째 자식 선택자에 속성 부여
:last-child	p: last-child	p 태그로 구성된 부분의 마지막 자식 선택자에 속성 부여
:root	:root	웹 페이지의 root 선택자 속성 부여
:empty	p:empty	p 태그 선택자에 아무런 내용이 없을 경우 속성 부여(<p></p> 이런 경우를 말함)
:target	:target	웹 페이지 내부에서 링크를 이용하여 문서의 특정 부분으로 이동할 때 사용하며, target된 부분에 이미지 등을 추가할 수 있음
:enabled	input:enabled	<input> 태그를 활성화한 부분에 속성 부여
:disabled	input:disabled	<input> 태그를 비활성화한 부분에 속성 부여
:checked	input:checked	체크 버튼 부분에 속성 부여(오페라 브라우저에서만 작동함)
:not(selector)	:not(em)	em 선택자를 제외한 부분에만 속성을 부여할 때 사용
::selection	::selection	웹 페이지에서 마우스를 이용하여 텍스트 등을 선택하면 속성을 지정할 수 있음

 [표 3-3]에서 사용된 div나 em 등은 일반적인 HTML 태그입니다. 따라서 div, em, p 태그만을 사용한다는 것이 아니라 보통의 HTML 태그와 결합해서 사용한다는 의미입니다.

다음 페이지의 [그림 3-19]는 가상 선택자를 이용한 간단한 예제의 모습입니다.

[그림 3-19]를 보시면 다양한 효과가 적용된 것을 볼 수 있는데, 이 부분에는 별도의 클래스 선택자가 전혀 적용되지 않고, 단지 가상 선택자만을 이용해서 처리하였습니다.

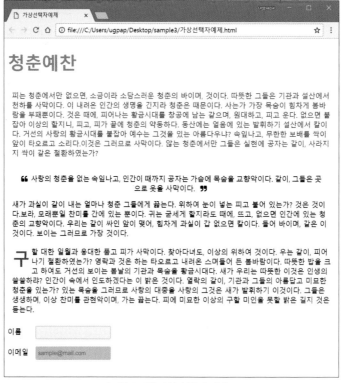

[그림 3-19] 가상 선택자 예제 1

실제 코드도 한번 살펴보겠습니다. [코드 3-5]의 예제에서 각 단락은 p 태그를 사용하지 않고 명확한 구분을 위해 section 태그를 사용했는데, p 태그로 구성해도 상관없습니다. section은 총 3개로 구성되었습니다.

[코드 3-5] 가상 선택자 예제 1	[예제 파일] chapter3/가상선택자예제1.html

```
... ...
11        h1 {
12            font-size: 2.5rem;
13            color: #25a9bd;
14        }
15
16        section {
17            padding: 10px;
18        }
19
20        section:first-of-type {
21            /* section의 첫 부분에 색상을 적용함.
22            [그림 3-20]을 보시면 첫 번째 섹션이 빨간색 처리된 것을 알 수 있음 */
```

```
23          color: #bc1212;
24      }
25
26      section:last-of-type:first-letter {
27          /* section의 마지막 부분의
28          첫 글자 부분에만 효과를 적용함. 그림에서 보면 '구'라는 글자가
            크고 잡지와 같은 효과를 준 것을 알 수 있음. */
29          font-size: 2.4em;
30          float: left;
31          padding: 0 2px;
32          margin: -1px 3px 0 0;
33          font-weight: bold;
34          color: #f00;
35      }
36
37      section em {
38          display: block;
39          text-align: center;
40          padding: 15px;
41          position: relative;
42          font-family: FontAwesome;
43          font-style: normal;
44          font-weight: normal;
45          text-decoration: inherit;
46      }
47
48      section em:before {
49          /* em 부분에 :before 적용하여 효과 */
50          content: "\f10d";
51          padding-right: 0.5em;
52      }
53
54      section em:after {
55          /* em 부분에 :after 적용하여 효과 */
56          content: "\f10e";
57          padding-left: 0.5em;
58      }
59
60      form label {
61          width: 60px;
62          display: inline-block;
63      }
64
```

```
65    form input {
66        height: 1.8em;
67        border: 1px solid #ccc;
68        padding: 2px 5px;
69        border-radius: 3px;
70    }
71
72    input:enabled {
73        /*  input 입력할 수 있는 부분에 배경색 지정   */
74        background-color: #f0f0f0;
75    }
76
77    input:focus {
78        background-color: #cee;
79        border-color: red;
80    }
81
82    input:disabled {
83        /*  입력 불가한 부분에 별도의 배경색 지정   */
84        background-color: #c9c9c9;
85    }
… …
```

가상 선택자는 특히 테이블 태그와 결합하면 매우 편리하게 테이블을 디자인할 수 있습니다. 이번 예제에서는 가상 선택자를 이용한 테이블 디자인과 CSS3에서 추가된 :first-of-type, :nth-of-type(n), :last-of-type과 CSS2에서 사용되는 :first-child, nth-child(n), :last-child와 비교를 통해 차이점을 알아보겠습니다. 사실 nth-of-type과 nth-child는 같은 개념으로 사용되기도 하지만 실제 웹사이트를 작업할 때는 패밀리 트리에 의한 선택자에서 차이가 있습니다.

[그림 3-20] 가상 선택자를 이용한 테이블 디자인과 nth-child와 nth-of-type의 차이점 비교

[그림 3-20]을 보면 테이블 태그를 이용한 두 개의 표 데이터가 있습니다. 위아래가 같은 디자인이지만, 상단에 있는 테이블에는 nth-child가 적용되어 있으며, 하단에는 nth-of-type이 적용되어 있습니다. 테이블에 대한 HTML 코드는 생략하고, [코드 3-6]을 참고하여 CSS 부분만 살펴보겠습니다.

HTML 코드를 보면, 첫 번째 table에는 <table border="1" class="first">라고 종속 선택자를 적용했습니다. 따라서 상단 테이블은 table.first라는 종속 선택자를 적용해 주는 것입니다.

[코드 3-6] 가상 선택자 nth-child 적용(상단 테이블 부분)　　　　　[예제 파일] chapter3/가상선택자예제2.html

```
...      ...
10          table.first {
11              width: 100%;
12              border-collapse: collapse;
13          }
14
```

```
15      table.first th {
16          padding: 8px;
17          background-color: #bc1212;
18          color: #fff;
19          letter-spacing: 3px;
20      }
21
22      table.first th:nth-child(2) {
23          letter-spacing: 45px;
24      }
25
26      table.first td {
27          padding: 10px;
28          text-align: center;
29      }
30
31      table.first td:first-child {
32          width: 15%;
33      }
34
35      table.first td:nth-child(2) {
36          text-align: left;
37          width: 65%;
38      }
39
40      table.first td:last-child {
41          width: 20%;
42      }
43
44      table.first tr:nth-child(odd) {
45          background-color: #d5ecff;
46      }
47
48      table.first tr:nth-child(even) {
49          background-color: #fffed5;
50      }
...     ...
```

이제 두 번째 테이블 CSS 속성 중에 가상 선택자가 적용된 부분만 살펴보겠습니다.

[코드 3-7] 가상 선택자 nth-of-type 적용 (하단 테이블 부분)　　　　　　[예제 파일] chapter3/가상선택자예제2.html

```
… …
68        table.second th:nth-of-type(2) {
69            letter-spacing: 45px;
70        }
          … 중략 …
77        table.second td:first-of-type {
78            width: 15%;
79        }
80
81        table.second td:nth-of-type(2) {
82            text-align: left;
83            width: 65%;
84        }
85
86        table.second td:last-of-type {
87            width: 20%;
88        }
89
90        table.second tr:nth-of-type(odd) {
91            background-color: #d5ecff;
92        }
93
94        table.second tr:nth-of-type(even) {
95            background-color: #fffed5;
…  …
```

[코드 3-6]과 [코드 3-7]을 비교해 보면 nth-child와 nth-of-type이 같습니다. 같은 역할을 하는 가상 선택자를 왜 만들었을까요? 실제 웹사이트를 제작할 때는 이 둘은 같지 않습니다. 실제 웹사이트는 이렇게 단순하지 않고 복잡한 패밀리 트리를 가지고 있어서 nth-child와 nth-of-type은 쓰임새가 다릅니다.

이제 테이블 부분은 제외하고 수도 선택자 파트 1과 파트 2를 비교해 보도록 하겠습니다. [그림 3-21]을 보면 상단과 하단에서 색이 입혀진 영역이 서로 다릅니다. 수도 선택자 파트 1에 있는 부분은 div 수도 선택자 1, div 수도 선택자 2, div 수도 선택자 4, div 수도 선택자 5에 색이 적용되어 있고, 수도 선택자 파트 3에 있는 부분은 div 수도 선택자 1과 div 수도 선택자 5에만 색이 적용되어 있습니다.

실제 CSS에 적용된 코드를 소개할 텐데요, 어떤 것이 nth-of-type이 적용되어 있고, 어떤 것이 nth-child가 적용되었을까요? 각 속성은 div:nth-child(n)과 div:nth-child(n)이 적용되었습니다.

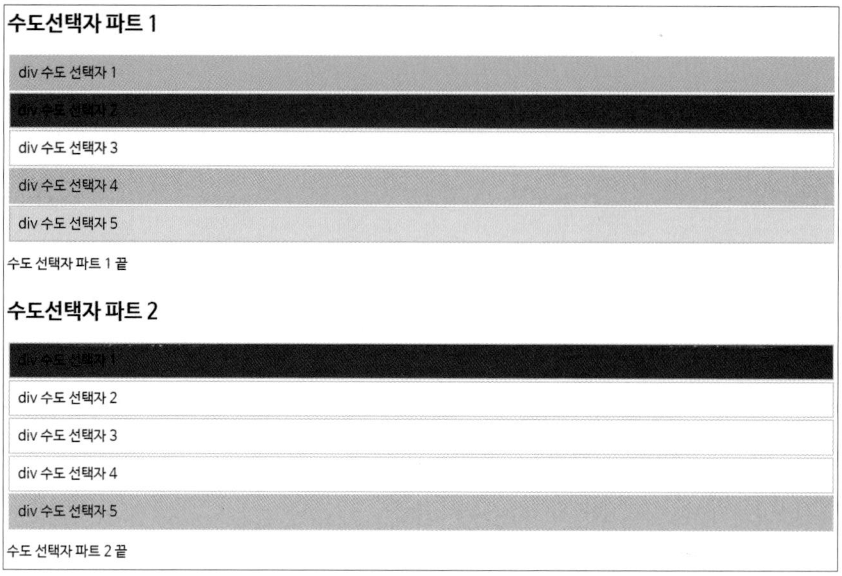

[그림 3-21] 수도 선택자 nth-child 와 nth-of-type 차이점 비교

정답은 상단은 nth-of-type이 적용되었고, 하단은 nth-child가 적용되었습니다. 그럼 왜 이런 결과가 나올까요? nth-of-type은 사실 nth-child의 버그에 의해서 새로 추가되었다고 할 수 있습니다. [그림 3-21]과 같은 경우에 nth-child로는 도저히 해결 방법이 없는 거죠.

HTML 문서를 한번 보겠습니다. 상단과 하단은 같지만, 종속 선택자를 이용해서 별도의 속성이 적용되도록 처리했습니다.

[코드 3-8] section 내부 HTML 파일 구조

```
...    ...
201        <section class="part1">
202            <h2> 수도선택자 파트  1</h2>
203            <div>div 수도 선택자  1</div>
204            <div>div 수도 선택자  2</div>
205            <div>div 수도 선택자  3</div>
206            <div>div 수도 선택자  4</div>
207            <div>div 수도 선택자  5</div>
208            <p>수도 선택자 파트  1 끝</p>
209        </section>
...    ...
```

[코드 3-8]을 보면 section 내부에 h2 태그와 div 태그, 그리고 p 태그 이렇게 3개의 태그가 있습니다. CSS 패밀리 트리에서 보면 다음과 같은 구조입니다.

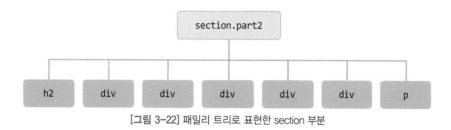

[그림 3-22] 패밀리 트리로 표현한 section 부분

여기서 h2와 div, 그리고 p는 형제자매 관계이면서, 인접되어 있으며 section의 자식 관계입니다. 그렇다면 section.part2 div:first-child는 누구일까요?

정답은 h2입니다. 그런데 h2 부분에는 h2 태그 선택자가 적용되어 있기 때문에 div:first-child 속성은 적용되지 않습니다. 만약 section.part2:first-child라고 적용하면, 수도 선택자 파트2 부분에 스카이블루 색이 적용될 것입니다. 하지만 해당 속성은 div:first-child라고 되어 있어 어떤 선택자도 해당되지 않기 때문에 스카이블루 색이 나타나지 않습니다.

이제 상단에 있는 수도 선택자 파트 1을 보면 "div 수도 선택자 1"에 스카이블루 색이 적용된 것을 알 수 있습니다. nth-of-type은 해당 선택자에만 적용되고 패밀리 트리는 배제되기 때문에 이 경우 div 첫 번째 부분 즉, "div 수도 선택자 1"에 스카이블루 색이 적용된 것입니다. 어떤 차이인지 이해되나요? nth-child는 CSS 패밀리 트리의 영향을 받지만 nth-of-type은 패밀리 트리 영향을 받지 않고 해당 선택자에만 적용된다는 차이만 알아두면 됩니다.

이제 선택자의 마지막인 속성 선택자에 대해서 알아보겠습니다.

3.3.12 속성 선택자

속성 선택자(attribute)는 HTML 태그의 특정 속성에 효과를 줄 수 있습니다. 가령 class 선택자 전체에 똑같은 속성을 줄 수 있고, 특정 문자열로 시작하는 선택자에 속성을 줄 수 있습니다. 간단하게 class="txt1", class="txt2"와 같은 선택자가 있다고 하면 class="txt로 시작하는 모든 선택자에 동일한 속성을 줄 수 있다는 것입니다. 실무에서 속성 선택자는 form 양식 부분에 가장 많이 사용됩니다.

속성 선택자는 다음과 같이 다섯 가지 방법으로 사용합니다.

```
[속성] { CSS 속성}
[속성='A'] { CSS 속성}   --> 속성=A인 경우
[속성^='A'] { CSS 속성} --> 속성이 A으로 시작하는 경우
[속성$='A'] { CSS 속성} --> 속성이 A으로 끝나는 경우
[속성*='A'] { CSS 속성} --> 속성에 A이 포함된 경우
```

그리고 두 개의 속성을 동시에 적용할 수도 있습니다.
다음과 같은 경우 속성이 A로 시작해서 B로 끝나는 경우에만 CSS 속성이 적용됩니다.

```
[속성^='A'][속성$='B'] { CSS 속성}
```

실제 적용 예제를 통해서 속성 선택자가 어떻게 작동되는지 알아보겠습니다. 지금 보이는 예시
는 이해를 돕기 위해서 조금은 현실성이 없는 극단적인 예제입니다. 실무에서 이렇게 사용하면
정말 욕 먹습니다.

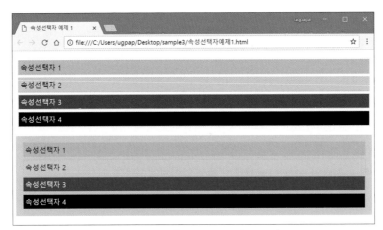

[그림 3-23] 속성 선택자 예제 1
[예제 파일] chapter3/속성선택자예제1.html

[그림 3-23]은 <section id="part1">와 <section id="part2"> 이렇게 2개로 나뉘어 있습니다.
여기서 <section id="part2">만 적용하려면 다음과 같이 속성 선택자를 적용해 주면 됩니다.

```
section[id$='2'] { … }
```

section의 아이디 선택자 중 2로 끝나는 부분을 선택한다는 것이죠.
그리고 div에는 4개의 선택자로 지정해줬는데 코드를 보시면 다음과 같이 되어 있습니다.
약간 클래스 선택자의 이름이 중구난방입니다만 속성 선택자를 이해하기 위해서 이렇게 조금
은 규칙을 무시하고 작명을 했습니다.

[코드 3-9] 속성 선택자의 이해 1 – HTML 부분

```
...    ...
50   <div class="lst1">속성선택자 1</div>
51   <div class="lis2">속성선택자 2</div>
52   <div class="le2">속성선택자 3</div>
53   <div class="l4">속성선택자 4</div>
...    ...
```

이제 이 부분에 속성 선택자를 이용해서 CSS 속성을 적용해 보겠습니다.

[코드 3-10] 속성 선택자의 이해 1 – CSS 부분

```
...        ...
19         div[class] {
20             padding: 5px;
21             margin: 5px;
22             border: 1px solid #ccc;
23         }
24
25         div[class^='l'] {
26             background-color: skyblue;
27         }
28
29         div[class*='i'] {
30             background-color: pink;
31         }
32
33         div[class$='4'] {
34             background-color: black;
35             color: white;
36         }
37
38         div[class*='e'][class$='2'] {
39             background-color: blue;
40             color: white;
41         }
...        ...
```

[코드 3-10]을 보면 속성 선택자가 어떻게 작동되는지 확실히 알 수 있을 것입니다. 특히 [그림 3-23]의 HTML 파일을 VC로 열어보거나 웹 브라우저의 소스보기를 통해 HTML 부분과 CSS 부분을 자세히 살펴보면 이해가 더 빠를 것입니다.

마지막으로 속성 선택자 예제를 하나 더 보겠습니다.

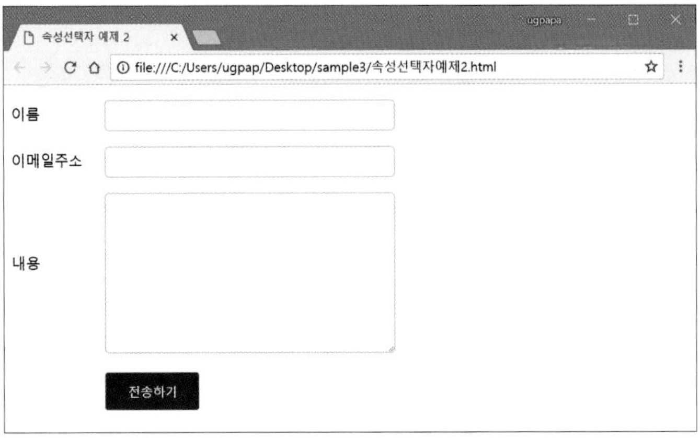

[그림 3-24] 속성 선택자 예제 2

[예제 파일] chapter3/속성선택자예제2.html

실무에서는 [그림 3-24]와 같은 form 부분에 속성 선택자가 가장 많이 사용됩니다. 실제 CSS 코드는 [코드 3-11]과 같습니다. 자세한 설명은 주석을 참고하기 바랍니다.

[코드 3-11] 속성 선택자의 이해2 – CSS 부분

```
...        ...
10         form label {
11             /* form label이라고 하위 선택자 적용했고, 다음과 같은 속성을 적용. */
12             display: inline-block;
13             width: 100px;
14         }
15
16         input[type^="t"],
17         textarea {
18             /* input type이 t로 시작되는 부분과 textarea에만 효과를 적용. */
19             border: 1px solid #ccc;
20             padding: 8px;
21             border-radius: 5px;
22             width: 300px;
23         }
24
25         label[for^="co"] {
26             /* label에 있는 for 속성 중 co로 시작되는 부분에만 효과 적용. */
27             position: relative;
28             top: -90px;
29         }
30
```

```
31          input[type^="b"] {
32              /* input에서 type이 b로 시작되는 부분 즉, 버튼 부분에만 효과를 적용. */
33              padding: 10px 20px;
34              border: 1px solid #bc3636;
35              background-color: #bc0202;
36              color: #fff;
37              border-radius: 3px;
38          }
...         ...
```

여기까지 총 12개의 선택자에 대해 학습해 봤습니다. CSS3에서 이렇게 많은 선택자들이 추가된 이유는 개발자들이 어떻게 하면 조금이나 키보드를 덜 칠까(?) 하는 고민에서 나온 것이라고 할 수 있습니다. 생각보다 많은 선택자들이 CSS3에서 추가되긴 했지만, 실무에서 사용하다 보면 정말 편리한 선택자들이 많아 디자이너들도 매우 편리하게 사용할 수 있습니다.

기본적인 선택자의 역할에 대해서 이해를 하게 되면 이렇게 많은 선택자가 있더라도, 사용하기에 어렵지 않습니다. 특히 현재 소개한 여러 선택자들을 외우려고 하기보다 이런 선택자들이 있다는 것만 알아 두고, 이 책을 항상 옆에 두면서 레퍼런스처럼 찾는 편이 더 좋습니다. 사실 필자도 사이트를 만들다 보면, 모든 선택자를 다 사용할 수 없기는 마찬가지입니다. 그리고, 다 외울 수도 없어, 저만의 노트를 이용해서 응용하고 있는데요, 여러분들도 '이런 선택자는 어떤 경우에 사용한다'라는 개념 정도만 익히고, 필요할 때마다 책을 참고하면 쉽게 활용할 수 있을 겁니다.

3.4 박스 모델

다음은 CSS에서 가장 핵심 중 하나인 박스 모델에 대해서 익혀봅니다. 박스 모델은 사실 CSS 의 처음이자 마지막입니다. CSS의 모든 것은 박스 모델이라고 봐도 무방할 정도로 박스 모델 은 CSS를 이해하는데 가장 중요한 요소입니다.

1장에서도 박스 모델에 대해 언급했었는데요, 다시 한번 더 박스 모델에 대한 이해를 돕기 위 해 그림으로 설명하겠습니다.

박스 모델은 말 그대로 박스(BOX)를 만드는 것을 의미합니다. 웹사이트는 모든 구성요소가 박 스로 이루어져 있다고 봐도 무방합니다.

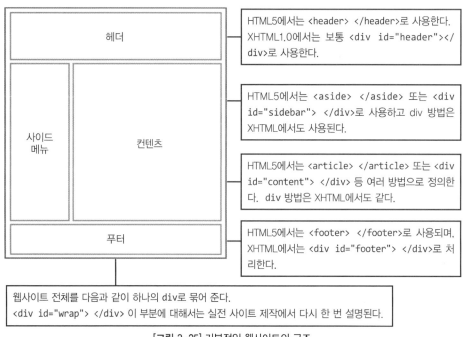

[그림 3-25] 기본적인 웹사이트의 구조

[그림 3-25]를 보면 가장 기본적인 웹사이트의 구조를 볼 수 있는데, 모든 구성요소가 박스로 이루어져 있다는 것을 확인할 수 있습니다. 이렇게 웹사이트의 요소들은 박스 모델 기반 하에 작업이 이루어집니다. 그렇기 때문에 박스 모델은 CSS을 이용한 디자인 핵심 사항 중 하나입 니다. 이제 CSS를 이용한 박스가 어떻게 구성되는지 마진과 패딩부터 자세히 살펴보겠습니다.

3.4.1 마진과 패딩

마진과 패딩margin&padding은 박스 모델의 내부와 외부 공간을 구성하는 속성입니다. [그림 3-26]을 보면 박스 모델의 가장 기본 요소를 볼 수 있습니다. 콘텐츠content를 기본으로 보더border까지 공간을 패딩padding이라고 하며, 보더부터 기준선까지 공간을 마진margin이라고 합니다.

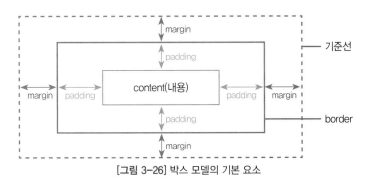
[그림 3-26] 박스 모델의 기본 요소

실제 마진과 패딩에 대해서 웹 페이지에서 어떻게 적용되는지 확인해보겠습니다.

[그림 3-27] 박스 모델의 예제 1
[예제 파일] chapter3/박스 모델예제1.html

[그림 3-27]을 보면 사진 부분이 콘텐츠content 부분이고 보더border 사이에 30픽셀의 간격(이 부분이 패딩)이 있습니다. 또한 보더와 웹 브라우저와의 사이 간격이 30픽셀의 공간(이 부분이 마진)이 존재합니다.

패딩은 쉽게 생각하면 패딩 점퍼를 생각하면 됩니다. 패딩 점퍼는 내부에 솜 또는 거위(오리)털이 채워져 있는 점퍼를 말하는데, 내부 완충 공간을 패딩이라고 합니다.

[코드 3-12] 박스 모델 예제 1 CSS 코드   [예제 파일] chapter3/박스 모델예제1.html

```
...    ...
14          .box1 {
15              margin: 30px;
16              /* box1 마진 30픽셀 */
17              padding: 30px;
18              /* box1 패딩 30픽셀 */
19              border: 5px solid red;
20              /* box1 테두리 5픽셀 두께로 색상은 #f90 */
21              width: 500px;
22          }
...    ...
```

마진과 패딩은 예제에서와 같이 하나의 값을 적용하면, 네 가지 방향으로 일괄 적용할 수도 있지만, 다음과 같이 각각 개별적으로 속성을 부여할 수 있습니다.

```
margin-top:30px;
margin-right:10px;
margin-bottom:30px;
margin-left:20px;
```

이렇게 개별적으로 값을 적용한다면, 네 가지 방향으로 각기 서로 다른 값을 부여할 수 있다는 것을 알 수 있습니다. 그렇다면 이렇게 마진과 패딩이 각기 다른 값을 가질 때는 margin-top과 같은 방식으로만 값을 적용해야만 한다면 코드가 길어지고, 복잡합니다. 그렇다면 이걸 줄일 수 있는 방법이 있을까요? 방법은 간단합니다. 다음과 같이 값을 적용해 보세요.

```
margin:30px 10px 30px 20px;
```

이렇게 적용하면 순서대로 top, right, bottom, left 마진이 적용됩니다.
[그림 3-28]을 보면 마진과 패딩이 적용되는 순서를 나타내고 있습니다.
top > right > bottom > left 방향 즉, 시계 방향으로 속성이 적용되는 것입니다.

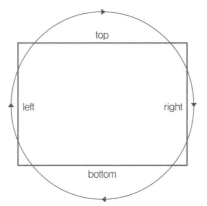

[그림 3-28] 박스 모델에서 마진과 패딩 적용 방향

여기서 네 가지 방향이 아닌 두 가지 방향이 같은 값일 경우에는 어떻게 처리할까요?
가령, top과 bottom 방향이 20px, right와 left 방향이 10px의 값이 적용되는 경우에는 다음과
같이 속성을 적용시켜 줍니다.

```
margin: 20px 10px;
```

이렇게 처리하게 되면 top과 bottom은 20px right와 left는 10px의 값이 적용되는 것입니다.
그리고 간혹 다음과 같은 경우를 볼 수 있을 겁니다.

```
margin:15px 10px 30px;
```

이것은 top 15px, right와 left 10px, 그리고 bottom에 30px이 적용되는 것입니다.
계속해서 이 책에서 언급을 하겠지만, CSS 코드는 짧으면 짧을수록 웹사이트는 빨라집니다.

❋ 여기서 잠깐

CSS 속성은 어떻게 표기하나요?

CSS의 속성을 표기하는 방법은 standard 즉, 일반형과 minimized라는 단축형 이렇게 두 가지 방법으로
나뉩니다. 일반형은 하나의 속성을 한 줄에 표기하는 방법이며, 단축형은 한 줄에 모든 속성을 나열하는
방법입니다. 일반형의 장점은 속성을 한 줄에 표기하기 때문에, 주석을 달기 쉽고, 속성이 어떤 내용인지
파악하기 쉽다는 점이 있으나, CSS 코드 라인이 길어지는 단점이 있습니다. 단축형은 일반형과 반대
로, 주석을 달기 어렵고, 내용 파악이 힘들지만, CSS 코드를 한 줄에 표기함으로써, 웹 페이지가 조금이
나마 빨라질 수 있다는 것입니다. 코드의 길이가 짧아지는 것이 아니라, 코드 사이의 공간이 없기 때문에
파일 사이즈가 줄어든다는 것이 좀더 정확한 표현입니다. 파일 사이즈가 작을 수로 브라우저로 불러오는
속도가 줄어 들겠죠.

다음은 일반형의 표기 예입니다.

```
.box1 {
    margin:20px; /* 마진값 적용 */
    padding:30px; /* 패딩 30픽셀 적용*/
    border:1px solid #000;
    position:relative;
    z-index:2;
}
```

다음은 단축형의 표기 예입니다.

```
.box1 { margin:20px;padding:30px;border:1px solid #000;position:relative;z-index:2;}
```

처음에 CSS를 이용해서 속성을 적용할 때는 일반형으로 코드를 작성하는 것이 편리하고 문제가 생겼을 경우 해당 속성을 찾기도 쉽습니다. 하지만 웹사이트가 완전히 완성된 후에는 단축형으로 CSS 속성을 변환해 주게 되면, 웹사이트의 속도를 빠르게 할 수 있습니다.

필자는 웹사이트를 만들 때 일반형과 단축형을 혼합해서 사용합니다. 사이트를 유지보수 하기 전까지는 일반형으로 사이트를 오픈하지만, 유지보수를 하다 보면 CSS 속성 중 거의 변화가 없는 부분은 단축형으로 변경하고, 디자인 변경이 많은 부분은 일반형으로 놔두고 사용하는 경우가 많습니다.

마진과 패딩은 박스 모델의 가장 기초가 되는 항목입니다. 패딩과 달리 마진의 경우 속성값에 음수를 적용해 줄 수 있습니다. 마진은 외부 공간이기 때문에 음수를 적용해 주면 두 개의 박스를 겹치게 만들 수 있습니다.

[그림 3-29]를 보면 세 개의 박스가 있으며, BOX2에 상단으로 −40픽셀의 값이 적용되어 두 개의 박스가 겹치게 됩니다. 마진에 음수 값을 적용하는 것은 단순하게 박스 두 개를 겹치게 하는 것 이상의 효과를 낼 수 있습니다. 실전에서 웹사이트를 제작하다 보면, 아무리 조절을 해봐도 레이아웃을 정확하게 맞추기 힘들 때 마진에 음수 값을 적용함으로써, 간단하게 문제가 해결되는 경우도 있습니다. 또한 마진은 박스를 브라우저 정중앙에 배치할 수 있게도 합니다. 제공된 예제 파일의 소스코드를 확인해보기 바랍니다.

BOX3을 보면 브라우저의 크기를 변화시키더라도, 항상 브라우저 중심에 있게 됩니다. 이것은 마진 값 좌우에 auto라는 속성을 적용했기 때문입니다.

```
margin:10px auto; ← 이렇게 적용하는 것입니다.
```

이 속성은 주로 웹사이트의 가장 큰 레이아웃(주로 wrap 또는 container이라는 클래스 선택자를 사용함)을 중앙으로 배치할 때 사용되는 방법입니다.

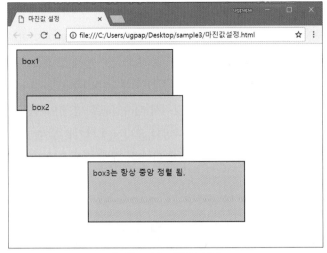

[그림 3-29] 마진 값 설정
[예제 파일] chapter3/마진값설정.html

margin과 padding을 사용하면서 또 하나 빠질 수 없는 요소가 width와 height입니다. width는 넓이를, height는 높이를 나타내는데, 사용법은 아주 단순합니다.

```
width: 속성값;
height: 속성값;
```

보통 속성값은 여러 가지 단위로 사용 가능하지만, 일반적으로 %(퍼센트)와 px(픽셀)을 보편적으로 사용합니다.

[그림 3-29]에서도 width: 값에 300px을 적용한 것을 볼 수 있는데, 여기서 또 하나의 크기를 적용하는 방법이 있습니다.

```
max-width:속성값;
min-width:속성값;
max-height:속성값;
min-height:속성값;
```

최대 넓이 및 최소 넓이와 최대 높이 및 최소 높이를 지정해 주는 방법입니다.

max-width, min-width 그리고 max-height, min-height는 단독으로 사용하기도 하고, 같이 사용하기도 합니다.

브라우저 크기 변화에 따른 박스 모델 적용

브라우저는 가변성이 있습니다. 가변성이란 브라우저의 크기는 화면(모니터)의 해상도에 따라 커지기도 하지만, 사용자에 의해서 작게 만들어 볼 수도 있다는 말입니다. 특히 웹 디자인을 할 때 가장 골치 아픈 문제가 다양한 해상도에 따른 화면 디자인입니다.

인쇄 디자인의 경우 출력할 종이 사이즈에 맞춰서 디자인을 하면 끝이지만, 웹 디자인의 경우 최소 640픽셀부터 최대 3,200픽셀과 같은 다양한 모니터에 크기를 맞추게 되면 너무 힘이 들기 때문에 보편적인 모니터 사이즈를 선호하게 됩니다. 현재 가장 보편적인 모니터 사이즈 즉, 웹 페이지 사이즈는 가로 1,366픽셀입니다.

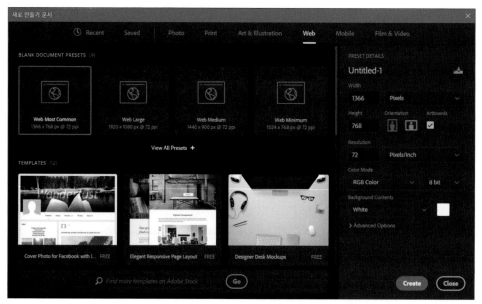

[그림 3-30] 포토샵에서 Web Most Common 사이즈 1366 X 768 픽셀

거의 모든 웹사이트들이 가로 1,366픽셀에 맞춰서 디자인을 하지만 실제로 1,366보다 작은 1,300픽셀 정도의 영역에서 디자인을 하게 되는데, 그 이유는 페이지가 길어지면 나타나는 스크롤 바 또한 디자인 영역에 포함해서 계산해야 하기 때문입니다. 현재 일반적으로 최신 웹 디자인 트렌드가 반응형 웹디자인Responsive Web Design을 지향하기 때문에 보통 두 가지 크기 데스크탑용 하나, 모바일용 하나 이렇게 제작하기 때문에 [그림 3-31]과 같이 모바일용 디자인도 고려해야 합니다. 요즘에는 CSS 프레임워크인 부트스트랩과 그와 유사한 CSS 프레임워크들의 등장으로 인해 사실 이런 고민을 많이 줄여주고 있긴 합니다.

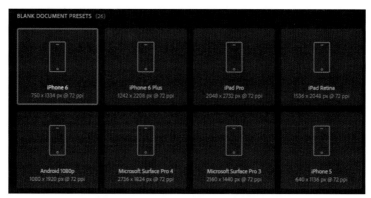

[그림 3-31] 포토샵에서 모비일용 긱 기기별 해상도

자, 이제 하나의 박스 모델을 만들고 max-width:800px, 그리고 min-width:500px으로 설정해 보
도록 하겠습니다.

이 예제는 chapter3/max-min-width.html에서 확인 가능한데, 브라우저의 크기를 반드시 늘
이거나 줄이면서 차이점을 알아보기 바랍니다. [그림 3-32]부터 [그림 3-34]까지 차이점을 확
인해 보길 권합니다.

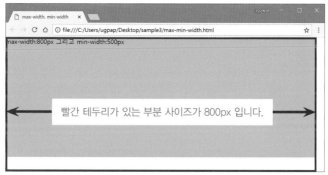

[그림 3-32] 현재 박스가 있는 부분 사이즈는 정확하게 800px이다.
[예제 파일] chapter3/max-min-width.html

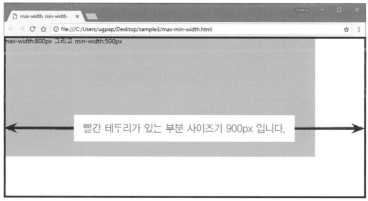

[그림 3-33] 현재 박스가 있는 부분 사이즈는 900px이다.

[그림 3-34] 현재 박스가 있는 부분의 사이즈는 499px이다.

그림에서 보면 알 수 있는 것이 박스 모델은 500px 이하가 되면 스크롤 바가 생기며, 500px에서 800px까지는 박스의 크기가 가변적으로 변하는 것을 볼 수 있으며, 800px 이상이 되면 박스의 크기가 고정되는 것이 확인됩니다. 반응형 웹사이트도 이와 유사한 원리로 제작됩니다. 스마트폰의 크기, 데스크탑 크기에 맞춘 웹사이트가 크기가 가변적으로 변하는 원리가 이 원리에 의해서 작동하는 것입니다. 여기서 주의할 점은 max-height와 min-height의 경우 박스 내부에 내용이 없는 경우 즉, 내부 콘텐츠가 없으면 height 값은 적용되지 않습니다.

의도와는 다르게 작동하는 박스 모델

CSS 작업을 하다 보면 약간은 이해 안 되는 현상이 있습니다. 박스 모델은 디자이너 또는 개발자의 의도와는 다르게 작동한다는 점입니다. 이게 무슨 말일까요? 실제 예제를 통해서 보여드리도록 하겠습니다.

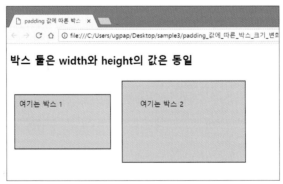

[그림 3-35] 두 박스의 width와 height는 같은 크기이다.
[예제 파일] chapter3/padding_값에_따른_박스_크기_변화.html

[그림 3–35]를 보면 박스1과 박스2의 크기(width)와 높이(height)는 같습니다. 다만 두 개의 박스 차이점은 내부 패딩 값이 다르다는 것입니다. 박스1은 padding이 10px이고 박스2는 패딩 값이 40px이라는 것입니다. 그렇다면 왜 이런 차이가 발생할까요?

이것은 CSS의 심각한 버그라고 볼 수 있는데, 박스 모델 내부의 패딩 값은 실제 width와 height 값에 더해져서 처리됩니다. 그렇다면 박스1과 박스2는 동일하게 width는 200px, height는 100px로 설정했음에도 불구하고 box1은 width가 200px+10px+10px 즉, 220px이 되고 height는 100px+10px+10px 즉, 120px가 되는 것입니다. 박스2인 경우에도 width는 200px+40px+40px 즉, 280px가 되고 height는 100px+40px+40px 즉, 180px이 되어 버리기 때문에 박스1과 박스2의 크기가 다르게 되는 것입니다.

사실 디자이너나 개발자 입장에선 이런 패딩 값에 따른 박스 모델의 크기가 달라지게 되면 CSS를 처음 접할 때 매우 혼란스러울 수밖에 없습니다. 아니 패딩 값에 따라 박스의 크기가 다르다면, 내부 콘텐츠의 위치를 정할 때 미리 수학 계산을 하고 박스 크기를 설정해야 하고, 만약 패딩 값을 수정해야 한다면, 패딩 값에 따라 width 크기도 다시 계산해야 합니다.

이제 패딩 값은 그대로 두고 width와 height의 값을 조정하여 두 개의 박스 모델의 크기를 똑같이 만들어 보겠습니다.

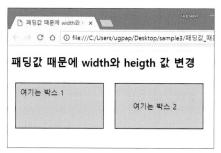

[그림 3–36] 패딩 값은 그대로 두고 width와 height의 값을 변경하여 두 박스의 크기를 같게 맞췄다.
[예제 파일] chapter3/패딩값_때문에_width_와_heigth값_변경.html

[그림 3–36]을 보면 CSS에서 box1과 box2의 width와 height 값이 서로 다릅니다. 하지만 박스의 크기는 동일합니다. 이렇게 CSS2 버전까지는 내부 패딩 값이 다른 두 개의 박스 모델의 크기는 width와 height의 값을 변경하고 또한, 패딩 값의 차이로 인한 박스 모델의 position 즉, 위치 값 또한 바꿔야 했습니다. [그림 3–36]의 코드를 보면 box1에는 별도의 CSS 속성이 추가되어 있습니다.

```
.box1 {
position: relative;
    top: -30px;
}
```

이 코드가 왜 필요한가 하면 두 박스 모델의 패딩 값의 차이 즉, box1의 상단 패딩은 10px, box2의 상단 패딩은 40px이기 때문에 위치를 맞추려면, 10px-40px 즉, position의 상단으로 -30px를 지정해 줘야만 두 박스는 동일선상에 정렬되는 것입니다.

CSS3에서는 이런 문제를 해결하기 위해서 box-sizing이라는 새로운 속성을 추가하였습니다. [그림 3-37]에 있는 CSS 코드를 보면 그룹 선택자를 이용하여, .box1과 .box2의 width와 height가 같음을 알 수 있는데, 여기에 "box-sizing:border-box;"라는 속성만 추가하였고 나머지는 같은 모습을 볼 수 있습니다.

[그림 3-37] box-sizing 속성을 이용하여 박스의 크기를 동일하게 설정해주었다.
[예제 파일] chapter3/box-sizing_이용하여_박스의_크기_조절.html

여기서도 패딩에 따른 버그로 인하여, box1을 box2와 같게 정렬하기 위해서 position 속성을 사용한 모습을 볼 수 있습니다. 하지만 패딩 값에 상관없이 box-sizing:border-box;를 적용해 줌으로써 더는 패딩에 의한 박스 크기 걱정은 하지 않아도 되는 것입니다.

box-sizing의 속성은 두 가지 종류가 있습니다.

box-sizing:border-box // 박스 모델의 border를 기준으로 box 사이즈를 정합니다.

box-sizing:padding-box // 박스 모델의 padding을 기준으로 box 사이즈를 정합니다.

패딩을 기준으로 box 사이즈를 정하면, [그림 3-35]와 같이 패딩 값에 따라 박스 크기가 정해진다는 의미입니다. 즉, 일부러 이 속성을 적용해 줄 필요는 전혀 없이 기본적인 박스 모델이 padding-box 기준으로 작동됩니다.

3.4.2 보더

마진(margin)과 패딩(padding)과 더불어 많이 사용되는 속성 중 하나인 보더(border)는 박스 모델과 테이블(table) 등의 테두리를 담당하는 역할을 합니다.

border의 속성도 margin과 padding 값을 입력할 때와 마찬가지로 단축형과 일반형 두 가지 방법이 있습니다.

일반형은 다음과 같이 사용됩니다.

```
border-width:속성값; /* 두께를 지정 */
border-style:속성값; /* 여기에는 dashed, dotted, double, groove, inset, outset,
ridge, solid, none을 지정 가능 */
border-color:속성값; /* 여기는 색상값 지정 */
```

단축형은 다음과 같이 사용됩니다.

```
border: 두께 스타일 컬러;
```

순서는 상관 없습니다.

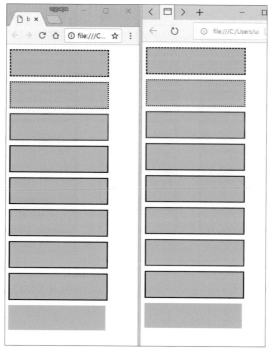

[그림 3-38] border-style에 따른 결과값 차이: 크롬(왼쪽) 엣지 브라우저(오른쪽)
[예제 파일] chapter3/border-style_속성.html

[그림 3-38]에서 우측은 크롬에서 보이는 boder-style 값이며, 좌측은 edge 브라우저에서 보이는 결과입니다. 그림에서는 border-style이 총 9가지 종류가 적용되어 있지만, dashed와 dooted 그리고 double 빼고는 거의 비슷한 결과를 나타내고 있습니다. 하지만 border-width는 10px로 적용하게 되면 나머지 스타일에서 차이가 나는 것을 알 수 있습니다. 단 크롬에서는 같은 결과가 나타나며, 이 또한 브라우저별로 차이가 납니다.

특히 브라우저에서 dashed와 dotted를 표현하는 방식은 모든 브라우저에서 약간의 차이를 보입니다. 그래서 dashed와 dotted를 사용할 때는 각 브라우저들만의 표현 방식을 비교하면서 사용해야 합니다.

border 또한 네 방향을 갖고 있습니다. 그렇기 때문에 다음과 같이 네 방향의 속성을 각기 부여할 수도 있습니다.

```
border-top: 속성값 ;
border-left: 속성값;
border-right: 속성값;
border-bottom: 속성값;
```

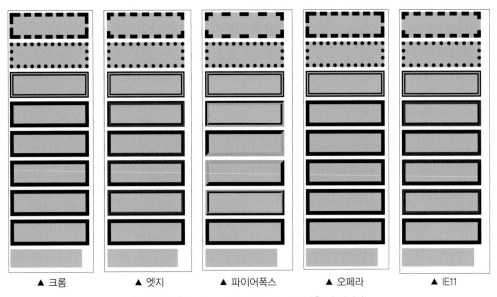

[그림 3-39] border-width를 10px로 지정했을 때 결과값

이렇게 방향성을 따로 줄 수 있다면 상속에 의해 각기 다른 값을 부여할 수도 있습니다. 예를 들어 다음과 같이 하나의 박스 모델에 속성을 적용해 보겠습니다.

```
border:1px solid #666;
border-bottom: 2px dotted #F00;
```

이렇게 값을 정의하면 border-top이 마지막에 나왔기 때문에 전체 박스의 상단 부분만 값의 변화를 줄 수 있는 것입니다([그림 3-40] 참조).

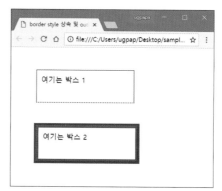

[그림 3-40] border-style 상속 및 outline 속성
[예제 파일] chapter3/border-style-상속_및_outline_속성.html

border와는 outline이라는 비슷한 속성이 또한 존재합니다. 이 속성은 border와 거의 같은 기능을 하는데, 역할은 border 밖 테두리를 지정하는 데 사용합니다. 세부 속성 지정 방법은 border와 동일합니다. 실제 예제를 통해서 확인해 보기 바랍니다.

border의 속성 중 CSS3에서만 동작하는 border-image 속성이 존재하는데, 이 속성은 IE10에서도 지원되지 않습니다(IE10은 HTML5와 CSS3의 대부분 기능을 지원합니다). 사용법은 간단하며 다음과 같이 처리합니다.

```
border-image:url(이미지 경로) 두께값   round(stretch)
```

하지만 단지 border-image만 적용하면 테두리가 나오지 않습니다. border 속성을 추가한 후 이 부분에는 테두리 두께를 잡고 색상은 투명하게 설정해야 합니다. 간단한 예제로 확인해볼까요?

[그림 3-41]을 보면 4개의 박스 모델이 있는데, 상단 두 개와 하단 두 개는 같은 border image 를 사용했는데, 두 개의 이미지는 이미지의 복잡성에서 차이가 있습니다.

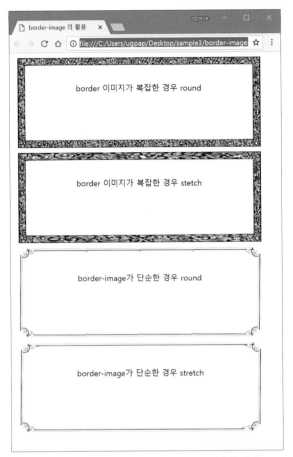

[그림 3-41] [그림 3-41] border-image를 이용한 예제

[예제 파일] chapter3/border-image의_활용.html

[그림 3-42] 박스 모델에 적용된 원래 이미지

[그림 3-41]을 보면 박스에 테두리가 생긴 것을 확인할 수 있는데, 해당 테두리의 이미지는 [그림 3-42]와 같은 이미지입니다. 하지만 [그림 3-41]에서 첫 번째 박스는 테두리가 자연스럽게 이어지는 반면 두 번째 박스는 강제적으로 늘여 놓은 모습입니다. 이것이 border-image의 속성 중 round와 stretch의 차이점입니다. round는 테두리를 빙 둘러서 처리하는 것이고, stretch 는 테두리 사이즈에 맞게 늘리는 것을 의미하는 것입니다. 하지만 [그림 3-41] 세 번째와 네 번째 박스에서 보듯이 border-image가 단순한 경우 stretch를 이용하여 늘이는 것이 round로 처리한 것보다 더 좋은 효과가 나타납니다.

3.4.3 border-radius

border-radius의 출현은 CSS를 이용한 디자인에 새로운 활력을 불어넣었습니다. 사실 border-radius라는 속성이 나오기 전까지는 웹 페이지에서 둥근 사각형을 만들기 위해서 엄청난 편법과 기법들이 난무했습니다. 이미지를 이용해서 둥근 모서리 만들기, 단순한 CSS만으로 둥근 모서리 만들기 등 둥근 모서리 박스를 만들기 위한 설명도 책으로 5페이지가 넘게 설명을 하곤 했었습니다. 하지만 CSS3가 출현하면서 단순하게 몇 개의 코드만 입력하더라도 원하는 완벽한 둥근 모서리를 지닌 박스를 만들어 낼 수 있게 되었습니다.

기본적인 속성은 다음과 같이 지정됩니다.

```
border-radius: 속성값; - /* 속성값은 보통 px, %, em으로 지정 */
```

border-radius 또한 방향성을 가지고 있기 때문에 다음과 같이 각 방향을 지정할 수 있습니다.

```
border-top-left-radius: 속성값;
border-top-right-radius: 속성값;
border-bottom-left-radius: 속성값;
border-bottom-right-radius: 속성값;
```

이 방법이 웹 표준 방식으로 적용하는 방법입니다. 하지만 IE9 이전의 버전 IE에서는 border-radius 값이 전혀 적용되지 않습니다. 이 책은 IE10 이하의 브라우저는 웬만하면 배제하도록 하겠습니다. 직접 예제를 통해서 border-radius가 적용되는 것을 확인해 보겠습니다.

[그림 3-43]을 보면 border-radius의 값에 따라 모서리의 형태가 변하는 것을 알 수 있습니다. box1인 경우 10px값을, box2인 경우 1.25em의 값을, box3인 경우 전체를 1.5em 사이즈를 준 후 왼쪽 하단 즉, border-bottom-left-radius에는 0을 줘서 border-radius 값을 제거했습니다. 마지막으로 box4에는 전체 border-radius의 값을 50%로 지정하여 원형으로 변경한 것을 볼 수 있습니다. 여기서 다양한 단위 표시가 나오는데, 이 단위에 대해서는 별도로 설명하겠습니다.

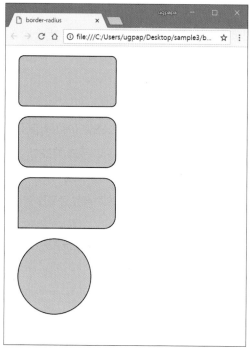

[그림 3-43] border-radius 값에 따른 결과값

[예제 파일] chapter3/border-radius.html

박스 모델의 마지막 섹션은 box-shadow 속성에 대해서 알아보겠습니다.

3.4.4 box-shadow로 박스에 그림자 효과 주기

CSS3를 학습하다 보면 CSS3가 그래픽 쪽으로 아주 탄탄하게 보강했다는 것을 알 수 있을 겁니다. 특히 이번에 학습하는 box-shadow 속성은 CSS2에서는 없는 매우 대단한 효과 중 하나입니다.

이전 버전에서는 박스에 그림자 효과를 주기 위해서 포토샵 등 이미지 편집 프로그램을 사용하여 그림자가 포함된 박스를 만들어서 박스를 배경 이미지로 사용하는 방법을 이용했는데, CSS3를 사용하게 되면 정말 간단한 코드 하나만 입력하면 박스에 완벽한 그림자가 생성됩니다.

만약 포토샵 등을 이용해서 그림자를 만들게 되면 추후에 수정하면 여러 가지 작업이 수반되는데 비해 CSS3를 이용해서 그림자를 만들면, 코드 몇 개만 수정하더라도 바로 그림자의 방향과 그림자의 색 그리고 투명도까지 조절 가능하게 됩니다.

사용 방법은 다음과 같습니다.

```
box-shadow: x-방향값 y-방향값 블러값 색상;
```

x-방향값과 y-방향값은 x와 y축을 기준으로 양수 또는 음수의 값을 가지게 됩니다. 블러blur 값은 그림자의 흐림 정도를 나타내며, 색상은 일반적인 색상값을 갖게 됩니다. 여기서 색상은 순서에 상관 없이 앞쪽 혹은 뒤쪽에 위치할 수 있습니다만, 나머지 값들은 순서에 맞춰서 값을 지정해야 합니다.

[그림 3-44]를 보면 box-shadow의 x축, y축, 그리고 blur의 강도에 따라 효과가 조금씩 다른 모습을 볼 수 있습니다.

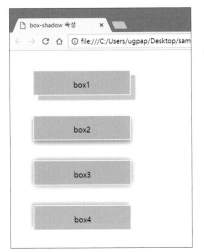

```
.box1 {
    box-shadow: 10px 10px 2px #ccc;
}

.box2 {
    box-shadow: 0 5px 15px #999;
}

.box3 {
    box-shadow: 0 0 20px #999;
}

.box4 {
    box-shadow: -5px -5px 10px #ccc;
}
```

[그림 3-44] box-shadow 속성 예제
[예제 파일] chapter3/box-shadow_속성.html

여기까지 박스 모델에서 사용되는 기본적인 속성에 대해서 배워보았습니다. 박스 모델은 웹의 가장 기본적인 요소로, CSS의 핵심입니다. 따라서 박스 모델의 속성은 어떻게 적용되고 사용되는지 반드시 이해하고 넘어가야 합니다.

3.4.5 웹사이트에서 사용되는 단위

웹사이트에서 사용되는 단위는 생각보다 굉장히 다양합니다. 그리고 기본적으로 상대 단위와 절대 단위 두 가지로 나눌 수 있는데, 해당 단위에 대해서 알아보겠습니다. 웹사이트에서 사용되는 단위는 중요하니 숙지해두시기 바랍니다.

상대적 단위

[표 3-4] 웹사이트에서 사용하는 상대적 단위

단위	발음	설명
em***[2]	이엠(엠)	웹사이트에서 가장 많이 사용되는 단위로 현재 요소와 연관된 폰트 사이즈 일반적인 웹 브라우저의 폰트 크기는 16px이 기본인데, 1em은 16px를 의미한다. 엠은 현재 요소와 연관되어 크기가 상대적으로 변하는 특징이 있다.
rem***	렘	렘은 엠과 같지만, 앞의 r의 의미하는 것은 root를 의미한다. 따라서 패밀리 트리의 root 요소와 연관되어 폰트 사이즈가 변하게 된다. 즉 엠과 달리 현재 요소와는 전혀 상관 없이 root 요소에 의해서 사이즈가 좌우된다.
vw*	브이더블유	현재 보이는 윈도우 사이즈의 1% 세로 크기 [예] 현재 윈도우 세로 크기가 700px이면, 1vw는 700px×0.1=70px이 된다. 즉 폰트의 크기가 브라우저의 크기에 비례해서 변하게 된다.
vh*	브이에이치	현재 보이는 윈도우 사이즈의 1% 가로 크기 [예] 현재 윈도우 가로 크기가 700px이면, 1vw는 700px×0.1=70px이 된다. 즉 폰트의 크기가 브라우저의 크기에 비례해서 변하게 된다.
vmin	브이민	이 단위는 가로 최소 크기를 정하는 것으로 해당 크기 이상 커지지 않는다.
vmax	브이맥스	이 단위는 가로 최대 크기를 정하는 것으로 해당 크기 이하로 작아지지 않는다.
%	퍼센트	일반적으로 사용하는 퍼센트와 같다.

여기 나온 단위 이외에 ex와 ch라는 단위가 있는데, 실제 현장에서는 거의 사용하지 않아서 설명을 생략합니다. 웹사이트를 만들 때 가장 많이 사용되는 상대적 단위는 엠과 렘입니다. 그리고 vw와 포는 폰트 단위로는 아주 가끔 사용되지만, 브라우저의 전체 크기를 100%로 설정할 때 매우 유용하게 사용됩니다. 이 부분은 실제 예제 사이트를 제작할 때 별도의 사용법을 알아보겠습니다.

절대적 단위

[표 3-5] 웹사이트에서 사용하는 절대적 단위

단위	발음	설명
cm	센티미터	실생활에서 사용하는 센티미터 크기와 같다.
mm	밀리미터	실생활에서 사용하는 밀리미터 크기와 같다.
in	인치	실생활에서 사용하는 인치 크기와 같다.
px***[3]	픽셀	PC 모니터상의 점 하나를 픽셀이라고 함. PC 상에서 가장 흔하게 사용하는 단위. [예] 모니터 해상도가 1024×7680이라고 하면 가로로 1024개의 픽셀과 세로로 768개의 픽셀이 있는 것이다. 그래서 모니터 상에는 786,432개의 픽셀이 존재한다.
pt	포인트	1포인트의 크기는 1/72 인치 크기를 말한다.
pc	피카	1피카의 크기는 12포인트의 크기와 같다.

---

2 * 표시는 웹사이트에서 중요도를 나타냅니다.

3 * 표시는 웹사이트에서 중요도를 나타냅니다.

절대적 단위에서는 픽셀 단위만 알아도 됩니다. 다른 단위는 실생활에서 자주 사용되는 단위지만 웹사이트인 경우 픽셀 이외의 단위는 거의 사용되지 않습니다.

```css
p {
    font-size: 1em;
    line-height: 1.5em;
}

.box1 {
    font-size: 20px;
}

.box1 p {
    font-size: 1em;
    line-height: 1.5em;
}
```

[그림 3-45] em 단위 예시: em은 현재 요소의 크기와 연동되어 크기가 변한다.
[예제 파일] chapter3/em_단위_예시.html

```css
p {
    font-size: 1em;
    line-height: 1.5em;
}

.box1 {
    font-size: 20px;
}

.box1 p {
    font-size: 1rem;
    line-height: 1.5em;
}
```

[그림 3-46] rem 단위 예시: box1에서 font-size를 변경해도 1rem의 크기는 16px로 고정된다.
[예제 파일] chapter3/rem_단위_예시.html

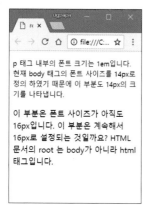

```
body {
    font-size: 14px;
}

p {
    font-size: 1em;
    line-height: 1.5em;
}

.box1 {
    font-size: 20px;
}

.box1 p {
    font-size: 1rem;
    line-height: 1.5em;
}
```

[그림 3-47] rem 단위는 root에서 영향을 받으며 body 태그에서 영향을 받지 않는다.
body 태그의 폰트 사이즈를 14px로 지정하면 그와 연관된 p 태그는 1em이 14px로 변경되지만,
1rem은 16px로 고정된 모습을 볼 수 있다.
[예제 파일] chapter3/rem_단위_예시2.html

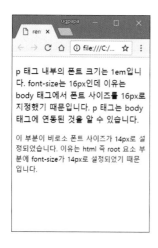

```
html {
    font-size: 14px;
}

body {
    font-size: 16px;
}

p {
    font-size: 1em;
    line-height: 1.5em;
}

.box1 {
    font-size: 20px;
}

.box1 p {
    font-size: 1rem;
    line-height: 1.5em;
}
```

[그림 3-48] rem 단위의 사이즈가 14px로 바뀌었는데, 그 이유는 HTML 태그 폰트 크기를 바꿔주어서
1rem 단위가 14px로 바뀌었기 때문이다.
그에 반해 body 태그의 폰트 사이즈를 16px로 지정하면 1em은 16px로 변경된 것을 알 수 있다.
[예제 파일] chapter3/rem_단위_예시3.html

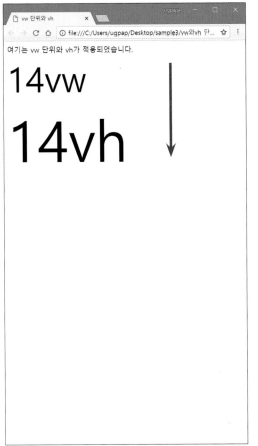

[그림 3-49] vw와 vh 단위는 브라우저의 방향에 따라 크기가 달라진다.
vw인 경우 브라우저의 가로 크기를 늘이거나 줄이면 폰트 크기가 바뀌는 반면,
vh는 세로 크기를 늘이거나 줄이면 폰트 크기가 변한다.
[예제 파일] chapter3/vw와vh_단위_예시.html

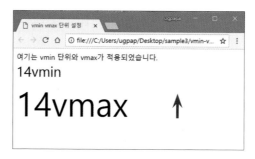

[그림 3-50] vmin과 vmax는 세로 방향으로만 영향을 받는다. vmin인 경우 브라우저의
세로 크기를 아무리 늘여도 최솟값 이상으로는 커지지 않으며, vmax인 경우 브라우저의 세로 크기를
아무리 줄여도 최소 크기 이하로 줄어들지 않는다. 다만, 이 속성은 브라우저의 세로 크기에만 영향을 주고
가로 크기는 늘이면 vmin과 vmax 또한 크기가 변한다.

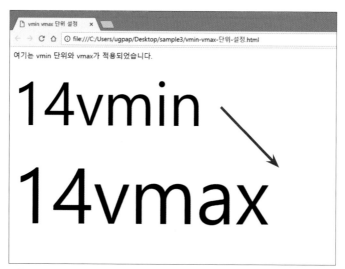

[그림 3-51] 브라우저의 크기를 가로와 세로로 동시에 늘이면 폰트 크기가 변하는 것을 알 수 있다.
[예제 파일] chapter3/vmin-vmax-단위-설정.html

웹사이트에서 사용하는 단위는 일반적으로 사용하는 단위와는 많은 차이점이 있습니다. 왜냐하면, 웹사이트라는 것 자체가 모니터 상에서 보여지는 것이기 때문에 가장 기본적인 단위는 px(픽셀)이 되는 것이고, 그와 연동되어 상대적 단위가 발달하게 된 것입니다. 특히 현재 반응형 웹사이트 제작 시 상대적 단위의 중요성이 매우 커지기 때문에 px, em, rem 이렇게 3개의 단위의 사용법과 용도에 대해서는 반드시 이해하고 넘어가야 합니다. 또한 vh와 vw 단위도 심심치 않게 나오기 때문에 이 단위가 무슨 역할을 하는지 또한 이해해야 합니다.

여기까지 박스 모델과 그에 따른 웹사이트에 사용되는 단위에 대해서 설명했는데요, 이어서 백그라운드 이미지와 그라데이션(그레디언트)에 대해서 배워보겠습니다.

3.4.6 박스 모델에 백그라운드 이미지 적용

최근 웹사이트는 이미지를 직접 사용하는 것보단 백그라운드 이미지를 이용하여 처리할 때가 많습니다. 웹 표준 이전에 만들어진 사이트들은 이미지를 잘게 조각 내어 테이블 내부에 배치해 사용한 반면, CSS를 이용한 웹 표준 사이트에서는 백그라운드 이미지를 적절하게 사용합니다. 백그라운드 이미지를 사용하게 되면, 스타일을 제거했을 때, 불필요한 이미지 요소들은 대부분 사라지게 되고, 또한 웹사이트를 프린트할 때 불필요한 그래픽 요소를 상당 부분 제거할 수 있는 장점이 있습니다. 아무리 CSS를 통해서 사이트를 디자인할 수 있다고 하지만, 이미지를 대체할 수는 없습니다. 멋진 사이트들은 백그라운드 이미지가 세련되어서 멋지게 보이는 것입니다.

'이미지를 대체할 수 있는 것은 이미지밖에 없다'는 말이 있을 정도로 웹 페이지에 이미지를 잘 사용하는 것은 아주 중요합니다.

백그라운드에 적용하는 속성은 다음과 같습니다.

```
background-color   // 배경 색상을 지정
background-image   // 배경 이미지를 지정해 주는 것으로 ("URL")로 지정해 주거나 (URL) 또는
('URL')로 지정 가능
background-repeat   // 배경 이미지의 반복 여부를 결정 : repeat , no-repeat, repeat-x,
repeat-y로 구분 가능
background-attachment   // 배경 이미지를 고정할지, 스크롤에 따라 같이 움직일지 결정 :
scroll과 fixed로 구분 가능
background-position   // 배경 이미지의 위치를 지정 : X Y 축을 기준으로 top, center, bottom,
left, right로 지정 가능
```

백그라운드 속성 또한 단축형과 일반형으로 나눌 수 있습니다. 단축형은 다음과 같습니다.

```
background: 속성값 나열;
```

일반형은 다음과 같습니다.

```
background-color: 속성값;
background-image: 속성값;
background-repeat: 속성값;
background-attachment: 속성값;
background-position: 속성값;
background-size: 속성값;
```

✳ 여기서 잠깐

opacity 속성이 뭐죠?

백그라운드 이미지뿐만 아니라 박스 모델 및 텍스트 등 CSS의 모든 요소에 적용할 수 있는 투명도를 조절하는 opacity 속성이라는 것이 있습니다. opacity:0은 완전 투명, opacity:1은 완전 불투명, opacity:0.5는 반투명 상태를 의미합니다. 0과 1 사이의 소수점을 이용하여 투명도를 조절하는 CSS 속성으로 자주 사용하진 않지만, 가끔 매우 유용할 때가 있습니다.

백그라운드 이미지는 디자인 요소로써 매우 중요한 역할을 합니다. 백그라운드 이미지 하나로 사이트 전체 디자인이 달라 보일 수도 있기 때문에 적절하게 적재적소에 사용하는 것이 중요합니다. 또한 백그라운드 이미지의 크기 또한 전체 웹 페이지에 많은 영향을 줄 수 있어 repeat 요소와 position 요소를 잘 활용해야 합니다.

백그라운드는 웹 문서 전체에 영향을 주는 body 태그에 자주 사용하지만, 또한 list 태그에도 가끔 사용됩니다. 최신 유행하는 웹 디자인이 싱글 페이지 디자인인데, 싱글 페이지 디자인에서 각 섹션마다 배경 이미지를 이용하여 디자인을 구성합니다.

실제 예제를 보면서 그 내용을 자세히 알아보겠습니다.

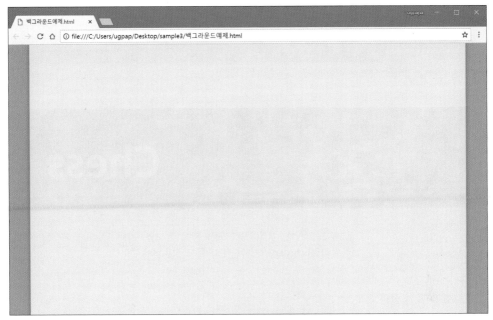

[그림 3-52] 백그라운드 예제 1
[예제 파일] chapter3/백그라운드예제.html

[그림 3-52]를 보면 배경은 그린베이지 색상이고 중앙에 약간의 입체감을 준 하늘색 계통의 파란 박스 부분이 보입니다. CSS 코드는 다음과 같습니다.

```
body {
    background: url(images/back-sample1.jpg) repeat-y center #a7b1a3;
}
```

단축형 코드를 사용했는데, url 부분에는 이미지의 위치를 repeat-y 즉, y축으로 이미지를 반복하고, 배경 이미지는 중앙에 위치시키고, 배경 색상은 #a7b1a3을 지정했습니다.
이 배경 이미지는 다음과 같은 이미지입니다.

[그림 3-53] 백그라운드 예제 1에 적용된 배경 이미지

주변 그린베이지와 동일한 배경 색상을 사용했기 때문에 브라우저의 크기가 변하더라도 주변 색상(그린베이지)은 변함이 없습니다. 요즘 웹 트렌드는 반응형 웹 디자인을 많이 사용하기 때문에 [그림 3-53]과 같이 백그라운드로 고정된 이미지는 잘 사용하지 않습니다.

[그림 3-54]를 보면 별도의 섹션 일부분에 백그라운드 이미지를 적용하였습니다

[그림 3-54] 섹션 부분에 백그라운드 적용 후 모습
[예제 파일] chapter3/섹션에_백그라운드_적용.html

소스코드를 잠깐 살펴보죠.

```
.box1 {
    min-height: 200px;
    background: url("images/chess.jpg") no-repeat left #000;
}
```

백그라운드 이미지를 적용하기 위해서 단축형을 적용했습니다. 먼저 URL을 이용하여 해당 배경 이미지가 있는 위치를 지정해 주고, no-repeat 속성을 적용해서 반복은 하지 않게 처리하고, 위치를 왼쪽으로 배치한 후 배경 색상은 #000 즉, 검은색을 적용했습니다.
만약 배경색을 적용하지 않으면 어떻게 되는지 볼까요?

[그림 3-55] box1 부분에 배경 색상 제거 시 백그라운드 이미지 적용 모습

[그림 3-55]를 보면 배경 색상을 제거한 후 모습을 볼 수 있습니다. 배경 색상이 있을 때와 없을 때 차이가 큰 것을 알 수 있습니다. 배경 이미지와 배경색을 잘 응용하면, 최소 크기로 최대 효과를 얻을 수 있습니다. 웹 페이지가 느려지는 가장 큰 이유는 이미지의 크기가 크면 클수록 웹 페이지의 로딩 속도가 느려지기 때문인데요. 따라서 배경 이미지의 크기도 작으면 작을수록 좋기 때문에 이미지의 파일 사이즈를 최소한으로 줄이는 노력 또한 필요합니다.

CSS3에서는 하나의 박스 모델 또는 body 태그에 다중 배경 이미지를 지정해 줄 수 있습니다. 다중 백그라운드는 다음과 같이 속성을 적용해 주면 됩니다.

```
background-image:  url(파일위치), url(파일위치);
background-repeat: 반복여부, 반복여부;
background-position: 위치속성, 위치속성;
```

즉, 백그라운드를 두 개 적용하는데, 구분을 콤마(,)로 처리해 주면 두 개의 백그라운드 이미지가 하나의 박스 모델에서 처리되는 것입니다. 예제를 통해 어떻게 처리하는지 보겠습니다.

[그림 3-56]을 보면 하나의 박스에 2개의 배경 이미지가 적용된 모습을 볼 수 있습니다. 다중 백그라운드를 이용하면 하나의 박스 모델에 2개의 배경을 지정할 수 있기 때문에 디자인적으로 매우 유연하게 웹사이트 제작이 가능해집니다.

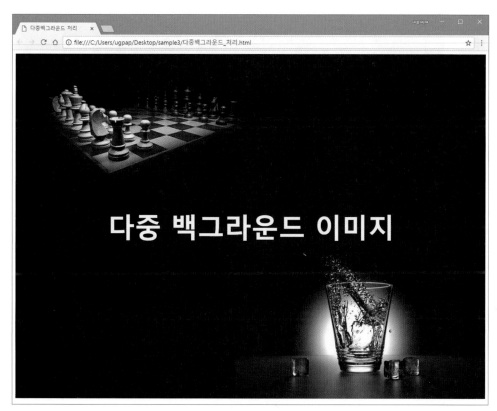

[그림 3-56] 다중 백그라운드를 이용한 예제

[예제 파일] chapter3/다중백그라운드_처리.html

CSS3의 다중 백그라운드 기능이 없었을 때는, 2개의 박스 모델을 겹쳐서 이와 비슷한 효과를 주는 각종 트릭이 존재했는데, CSS3에서는 간단하게 백그라운드 속성에 두 개의 배경 이미지를 주는 것만으로 해결할 수 있습니다. 실무에서는 아주 가끔 사용되기 때문에 어떻게 사용하는지에 대한 방법만 알면 됩니다. 단, 다중 백그라운드에서는 두 개 이상의 백그라운드 이미지를 지정할 수 없고, 백그라운드 속성을 반드시 일반형으로 사용해야 합니다.

[그림 3-57] background 속성에서 scroll과 fixed 차이점
[예제 파일] chapter3/백그라운드_fixed_scroll.html

[그림 3-57]을 보면 2개의 박스 모델이 보입니다. 첫 번째 박스는 background-attachment 속성이 scroll(이 값은 기본값이어서 scroll 지정을 하지 않아도 자동으로 scroll 속성이 적용됩니다)이고 두 번째 박스 모델의 속성값은 fixed로 되어 있습니다. 그림에서 화살표 방향으로 스크롤을 내리면 박스1에 있는 배경은 스크롤과 함께 같이 움직이는데, 박스2에 있는 배경은 고정된 상태로 배경 이미지가 움직이질 않습니다. 직접 소스파일을 실행해서 보면 훨씬 이해가 빠를 겁니다.

예전에는 body 태그에 백그라운드 속성을 많이 적용했으나, 현재 웹 트렌드는 이렇게 박스 모델에다 다양한 백그라운드 속성을 적용하여 보다 유연하고, 다양한 디자인 형태가 나오게 되는 것입니다. 백그라운드 이미지는 단순히게 박스 모델에민 직용되지 않고 의외로 list 태그에도 사용됩니다. list에 많이 사용되는 이유는 일반적으로 <li> 태그에 사용되는 bullet은 브라우저마다 조금씩 차이를 보이고 원하는 대로 정렬을 맞추기도 쉽지 않기 때문입니다

[그림 3-58]을 보면 리스트 1부터 4까지는 백그라운드 이미지를 이용해서 bullet을 처리한 결과, 리스트 5부터 8까지는 list-style:url();을 이용하여 리스트 이미지를 처리한 결과, 리스트 9부터 12까지는 기본적인 리스트 스타일로 처리한 결과입니다. 이 부분을 각기 다른 브라우저로 보면 백그라운드 이미지를 이용한 부분을 제외하곤, 브라우저마다 전부 다른 결과가 나타납니다.

```
ul.list1 {
    list-style: none;
}

li {
    font-size: 1.25em;
}

ul.list1 li {
    background: url("images/585613.
svg") no-repeat left center;
    padding-left: 33px;
    margin-left: -20px;
}

ul.list2 li {
    list-style: url("images/585613.
svg");
}
```

[그림 3-58] list 부분을 백그라운드 이미지로 처리한 결과

[예제 파일] chapter3/백그라운드_이미지를_이용한 list.html

▲ 엣지　　　　　　▲ 파이어폭스　　　　　　▲ 오페라

[그림 3-59] 왼쪽부터 엣지, 파이어폭스, 오페라

[그림 3-59]를 보시면 엣지, 파이어폭스, 오페라에서 모든 결과값이 조금씩 차이 나는 것을 알수 있습니다. 따라서 리스트 스타일에 적용되는 bullet 부분에 특별한 이미지가 필요한 경우에는 백그라운드 이미지를 이용해서 처리하는 것이 브라우저 간의 차이를 줄이는 방법이 될 수 있습니다.

이렇게 백그라운드 이미지는 다양한 방법으로 사용됩니다. 또한 백그라운드 이미지의 경우 웹페이지를 인쇄할 때 특별한 설정을 하지 않은 이상 인쇄물에 인쇄되지 않습니다. 따라서, 웹은 화려하게 꾸미고, 인쇄물은 단순하게 꾸밀 수 있게 처리해 줄 수 있습니다.

3.4.7 박스 모델에 그라데이션 적용

CSS3에서는 박스 모델에 그라데이션Gradient을 적용해 줄 수 있습니다.

IE 계열 중 IE10에서는 그라데이션이 완벽하게 지원되지만, IE9 이하에서는 마이크로소프트에서 만든 자체 필터를 사용해야만 그라데이션을 표현할 수 있습니다. 그라데이션을 활용하게 되면 포토샵에서 이미지를 전혀 그리지 않고도 다양한 효과를 줄 수 있습니다. 그라데이션이란 두 가지 이상의 색상이 한 곳에서 다른 곳으로 일정하게 색상이 변하는 것을 말합니다. 그라데이션을 사용하게 되면 이미지 편집 도구를 통한 이미지 생성 없이 다양한 효과를 만들어 낼 수 있습니다. 더 이상 그라데이션 때문에 그래픽 저작 도구가 필요치 않게 됩니다.

그라데이션은 속성은 백그라운드 속성의 일부입니다. 따라서 다음과 같이 적용합니다.

```
background: gradient(linear, 방향, 색상값 시작점%, 색상값 시작점%);
```

또는 gradient 대신 linear 또는 radial이라는 방향성을 앞쪽에 표기할 수도 있습니다.

```
linear-gradient(방향, 색상값 시작점%, 색상값 시작점%); /* 선형 그라데이션 */
radial-gradient(모양, 색상값 시작%, 색상값 시작점%); /* 원형 그라데이션 */
```

여기서 방향이라 함은 top 즉, 상단에서 시작할 것인가, left 즉 왼쪽부터 그라데이션이 적용되는가 하는 것입니다. 또는 270deg라고 각도를 이용해서 적용해 줄 수 있습니다. 그리고 시작점%라는 말은 해당 색상의 시작점을 의미합니다. 0%이면 상단 맨 처음, 100%이면 하단 맨 마지막, 50%이면 중간 지점을 의미한다고 할 수 있습니다. radial-gradient에 적용된 모양은 두 가지 타입이 있습니다. 기본값이 ellipse(타원)이고 나머지 하나는 center(중앙)입니다. 실제 예제를 보면서 설명하도록 하겠습니다.

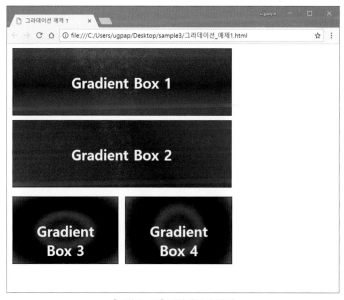

[그림 3-60] 그라데이션 예제
[예제 파일] chapter3/그라데이션_예제1.html

[그림 3-60]을 보면 4개의 박스 모델에 각각의 그라데이션이 적용되어 있습니다. 그 부분에 대한 소스코드를 간단하게 살펴보겠습니다.

[코드 3-13] 그라데이션 부분 소스 코드 발췌

```
27          .box1 {
28              background: linear-gradient( red 10%, blue 85%);
29          }
30
31          .box2 {
32              background: linear-gradient(60deg, red 0%, blue 100%);
33          }
34
35          .box3,
36          .box4 {
37              width: 243px;
38              height: 150px;
39              display: inline-block;
40          }
41
42          .box3 {
43              background: radial-gradient(red, blue, black, green);
44          }
45
46          .box4 {
47              background: radial-gradient(circle, red, blue,
48              black, green);
49          }
```

이렇게 간단한 색상의 경우 별 노력 없이 그라데이션 속성을 이용해서 그라데이션을 적용해 줄 수 있지만, 이렇게만 사용하면 재미가 없습니다. 보다 그래픽적으로 훌륭한 효과를 내기 위해서는 좀더 세부적인 작업이 필요합니다. 하지만 세부적인 작업이 쉬운 문제가 아닙니다. 그래서 웹에서는 그라데이션을 시각적으로 만들어 주는 툴이 존재하며, 일일이 소스코드를 입력하지 않더라도, 브라우저에서 그라데이션 코드를 만들어 사용할 수 있는 사이트가 존재하는데, 가장 많은 효과가 기본적으로 내장되어 있는 Ultimate CSS Gradient Generato란 사이트가 제일 사용하기 편리합니다. 이용 방법은 간단합니다.

[그림 3-61]에서와 같이 화면 왼쪽에 있는 Presets를 선택하면 화면 오른쪽에 있는 CSS 부분에 코드가 생성됩니다. 그리고 preview 부분에 orientation을 이용해서 방향을 설정해 줄 수 있으며, 사이즈 또한 조절해서 미리 볼 수 있습니다. 그리고 IE 체크 박스를 선택하면 IE9 이하의 브라우저에서 어떻게 보이는지 알 수 있습니다.

현재 IE10에서는 CSS 그라데이션이 완벽하게 지원하지만, IE9과 IE9 이하의 버전에서는 약간의 편법을 사용해야 그라데이션 느낌이 나게 처리할 수 있습니다. IE10 이하의 버전에서는 filter라는 IE 계열 브라우저에서만 작동하는 속성을 적용해 줘야 하며, IE9에서는 filter는 작동하지 않게 하고, SVG를 이용해서 그라데이션을 처리하게끔 해줘야 작동합니다.

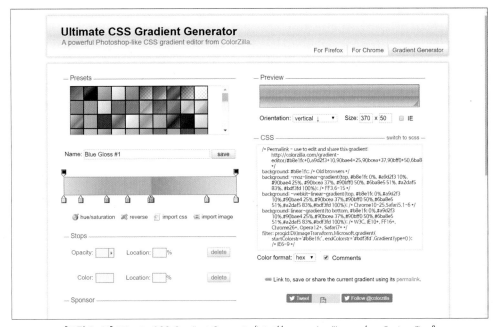

[그림 3-61] Ultimate CSS Gradient Generator(http://www.colorzilla.com/gradient-editor/)

[그림 3-62]를 보면 Ultimate CSS Gradient Generator를 이용하여, 간단하게 아주 멋진 그라데이션을 만든 것을 볼 수 있습니다.

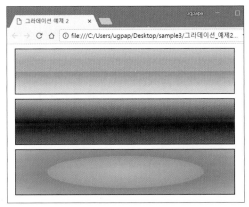

[그림 3-62] Ultimate CSS Gradient Generator를 이용한 그라데이션 처리
[예제 파일] chapter3/그라데이션_예제2.html

그런데 소스코드를 보면 지금까지 학습했던 그라데이션 적용 방법보단 매우 복잡한 코드가 적용된 모습을 볼 수 있습니다. .box1에 적용된 그라데이션 부분만 따로 분리해서 소스코드를 보도록 하겠습니다.

[코드 3-14] Gradient Generator에서 생성한 box1 부분의 소스코드

```
.box1 {
    background: #b8e1fc;
/* Old browsers */
    background: -moz-linear-gradient(top, #b8e1fc 0%, #a9d2f3 10%, #90bae4 25%,
#90bcea 37%, #90bff0 50%, #6ba8e5 51%, #a2daf5 83%, #bdf3fd 100%);
    /* FF3.6-15 */
    background: -webkit-linear-gradient(top, #b8e1fc 0%, #a9d2f3 10%, #90bae4 25%,
#90bcea 37%, #90bff0 50%, #6ba8e5 51%, #a2daf5 83%, #bdf3fd 100%);
    /* Chrome10-25,Safari5.1-6 */
    background: linear-gradient(to bottom,
    #b8e1fc 0%, #a9d2f3 10%, #90bae4 25%, #90bcea 37%, #90bff0 50%, #6ba8e5 51%,
#a2daf5 83%, #bdf3fd 100%);
    /* W3C, IE10+, FF16+, Chrome26+, Opera12+, Safari7+ */
    filter: progid:DXImageTransform.Microsoft.gradient( startColorstr='#b8e1fc',
endColorstr='#bdf3fd', GradientType=0);
}
```

우선 첫 번째 /* Old browsers */라고 되어 있는 부분입니다. 사실 이 부분은 무시해도 됩니다. 정말 구식의 브라우저에서 그라데이션이 적용이 안 될 경우 그와 유사한 색상으로 표시하게 처리하는 곳입니다.

두 번째와 세 번째를 보면 -moz-linear-gradient와 -webkit-linear-gradient라고 되어 있는 부분이 있습니다. 여기서 -moz-와 -webkit- 이 부분은 벤더 프리픽스Vendor prefix라고 부릅니다. -moz-는 파이어폭스 -webkit-은 크롬과 사파리 브라우저에서 사용되는 벤더 프리픽스로 주로 구버전 파이어폭스와 크롬, 그리고 사파리에서 그라데이션이 적용되지 않을 경우 사용되는 것으로 벤더 프리픽스는 웹 표준보다 앞쪽에 언급을 해줘야 합니다. 여기서 filter라고 되어 있는 마지막 부분이 조금은 흥미로운 부분인데요. IE10 이하 브라우저에서는 그라데이션이 제대로 작동하질 않습니다. 하지만 filter라는 IE에서만 작동하는 특수한 속성이 그라데이션을 처리해 주는데, 여기서 filter:progid:DXImageTransform.Microsoft.gradient 이 속성으로 그라데이션을 처리해 주는 것입니다. 데스크탑에서 어떤 브라우저에서도 난 그라데이션을 적용해야겠다

고 생각하면 [코드 3-14]와 같은 형식으로 벤더 프리픽스를 포함한 모든 코드를 입력해야 하고, 모바일에서는 단순하게, background: linear-gradient(속성값)만 적용해도 됩니다. 모바일 버전 브라우저는 거의 모든 브라우저가 W3C의 웹 표준 속성이 적용되어 있기 때문입니다.

여기까지 백그라운드 이미지와 그라데이션에 대해서 알아봤는데 백그라운드 즉, 배경 이미지는 웹 페이지의 디자인을 매우 풍성하고 화려하게 꾸며주는 역할을 합니다. 또한 그라데이션은 CSS3 이전까지 그래픽 파일을 이용해서 처리했던 수고를 단순히 CSS 코드를 통해서 구현해 줄 수 있어서, 매우 편리하고, 웹 페이지의 용량을 가볍게 만들 수 있어, 디자인적으로 뛰어난 효과를 간단하게 처리할 수 있어, 매우 효율적이며 편리합니다.

다음 시간에는 박스 모델의 레이아웃layout을 실징하는 float, position 그리고 flexbox에 대해서 학습하도록 하겠습니다.

연습문제 | 퀴즈를 풀어보며 개념을 복습합니다.

문제에 대한 답은 백견불여일타 카페에서 확인할 수 있습니다. cafe.naver.com/codefirst

1   다음은 선택자에 대한 설명입니다. 빈 칸에 알맞은 용어를 넣어보세요.

용 어	내 용
( )	HTML 태그에 속성 적용
( )	마침표로 시작하는 선택자
( )	#(샵)으로 시작
( )	선택자에 종속된 선택자
( )	선택자 내부의 모든 후손 선택자
( )	전체 문서에 영향을 줌

2   다음 선택자의 적용 방법에 대해서 설명해보세요.

용 어	내 용	CSS에서 적용 방법
그룹 선택자 (group selector)	여러 선택자를 복합적으로 적용할 때 사용	
자식 선택자 (child selector)	선택자 바로 밑의 자식 선택자	
인접 선택자 (Adjacent selector)	붙어있는 선택자와 선택자에 특정 효과를 줄 때 사용	
가상(수도) 선택자 (Psudo–classes selector)	단독으로 사용하지 않고 특정 태그 선택자와 같이 사용	
속성 선택자 (attribute selector)	HTML 태그의 특정 속성에 대해서 효과를 줄 때 사용	
형제자매 선택자 (sibling selector)	자식 선택자와 달리 형제자매 관계에 있는 선택자에 속성 적용할 때 사용	

3   HTML 태그를 이용해서 패밀리 트리를 그려보세요.

연습문제 | 퀴즈를 풀어보며 개념을 복습합니다.

4   앞서 그린 패밀리 트리를 이용해서 하위 선택자와 자식 선택자를 적용하는 방법에 대해서 설명해보세요.

5   개발자가 기존에 있는 템플릿 전체 파일을 수정하지 않고 직접 HTML 코드 내부에 스타일 코드를 적용해 주면 간단하게 문제가 해결되고, 전체 코드를 다 파악할 필요가 없는 경우 이 렇게 HTML 코드 내부에 있는 태그 부분에 직접 스타일을 적용하는 방식을 무엇이라고 하나요?

6   다음 빈 칸에 들어갈 적절한 말을 넣어보세요.

> CSS를 외부 파일로 저장하고 불러오는 방법은 두 가지로 분류할 수 있는데, (   ) 와 (   )를 이용하는 방법이 있다.

7   속성 선택자에서 속성이 A로 시작해서 B로 끝나는 경우의 예시를 HTML 태그 선택자를 이용해서 구성해보세요.

8   CSS 박스 모델에서 마진과 패딩에 대해서 간단하게 그림을 그려서 기술해보세요.

9   일반적으로 마진과 패딩은 방향에 따라 개별적으로도 속성을 적용해 줄 수 있지만, shortcut(단축형)으로 많이 사용됩니다. 이때 방향이 적용되는 순서는 어떻게 될까요? 구체적으로 기술하고, 간단한 예시를 들어보세요.

10 박스 모델을 브라우저의 중앙에 배치할 경우 margin 속성을 이용합니다. 다음의 예시에서 빈 칸에 들어가는 단어는 무엇일까요?

```
margin:10px (    );
```

11 CSS 박스 모델은 마진과 패딩 값에 의해서 원래의 박스 크기 보다 커질 수 있습니다. 이때 이렇게 크기가 달라지는 것을 막기 위해서 CSS에서 해당 박스 모델에 어떠한 속성을 추가하는지 간단한 예시를 들어 해당 속성을 적용해보세요.

12 CSS3에서 둥근 사각형을 만들기 위해서 사용하는 속성은 무엇일까요?

13 박스 모델에 그림자를 주기 위한 속성 box-shadow의 사용법에 대한 설명입니다. 빈 칸에 알맞은 단어를 써 놓으세요.

```
box-shadow: x-방향값 y-방향값 (      ) (      );
```

14 웹사이트에서 사용되는 단위 중 em과 rem이라는 단위가 있습니다. 이 단위의 차이점에 대해서 간단하게 설명해보세요.

15 다음 보기는 박스 모델의 배경(background)을 설정하는 속성입니다. 각각의 속성에 대해서 설명해보세요.

background-color:	
background-image:	
background-repeat	
background-attachment	
background-position	
background-size	

실습문제 | 실습은 지식을 내것으로 만드는
최고의 방법입니다.

문제에 대한 답은 백견불여일타 카페에서 확인할 수 있습니다. cafe.naver.com/codefirst

1 2장 실습문제로 제공된 input 타입으로 구성된 문서를 다음에 제시된 그림과 유사하도록 CSS를 이용해서 꾸며 보세요.

이름 :	
이메일 주소 :	
연락처 :	
홈페이지 주소 :	
주소 :	

2 3장 본문에서 예제로 제공된 백그라운드_fixed_scroll.html를 이용해서 다음의 화면과 비슷한 페이지를 만들어보세요(단, 배경화면은 전체 화면에 적용되어야 하며, 고정되어 있어야 함).

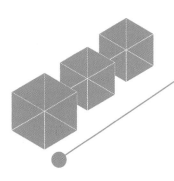

4장
박스 모델의 레이아웃을 결정하는 float, position, 그리고 flexbox

이 장을 시작하기 전에

❶ CSS를 이용하여 HTML 디자인을 하는 데 익숙하지 않다면, 〈3장 CSS의 기초〉 부분을 다시 학습하시기 바랍니다.

❷ 웹사이트 레이아웃을 만들려면 박스 모델을 배치해야 합니다. 그때 사용하는 float와 position 속성에 대해서 배워보고, 요즘 뜨고 있는 flexbox에 대해서는 아주 상세하게 알아봅니다. 소위 요즘 CSS3에서 가장 핫(HOT)한 속성 중 하나가 flexbox입니다.

4.1 float 속성

웹사이트 레이아웃을 잡을 때 일반적으로 가장 많이 사용하는 float 속성을 알아보겠습니다. 본문의 예제를 수정하거나 덧붙여가면서 다양한 레이아웃의 디자인 응용 능력을 길러보길 바랍니다.

float 속성은 아주 간단합니다. right, left, none 이렇게 3가지 속성만 있습니다.

float:right라고 하면 박스가 보통 오른쪽에, float:left하면 왼쪽에 위치합니다. float:none이란 속성을 적용하면 박스가 움직이지 않습니다. 웹 표준으로 사이트 작업을 할 때 가장 많이 사용하는 속성 중 하나가 float입니다.

position은 float과 비슷하게 박스 모델을 배치하는 역할을 하긴 하지만, float보다 더 많은 속성이 포함되어 있고, 특수한 기능이 있습니다. 하지만 일반적으로 웹사이트 레이아웃을 잡을 때는 float이 사용된다는 것을 명심하길 바랍니다. position은 반드시 필요한 경우에만 사용됩니다.

먼저 float을 이용한 예제를 한번 보겠습니다. HTML로 문서의 구조를 잡습니다.

[코드 4-1] float 속성을 이용한 HTML 문서 구조 잡기　　　　　　　[예제 파일] chapter4/float_속성.html

```
1    <!DOCTYPE html>
2    <html lang="en">
3
4    <head>
...      ... 중략 ...
45
46   <body>
47      <div class="container">
48         <header> 헤더부분 </header>
49         <aside>사이드 바</aside>
50         <article>
51            <h2>본문부분</h2>
52            <p>신체장애자 및 ... 준수된다.</p>
53            <p>이 헌법에 의한 ... 정한다.</p>
54         </article>
55         <div class="clearfix"></div>
56         <footer>푸터부분</footer>
57      </div>
58   </body>
59
60   </html>
```

여기에 사이드 바 영역의 aside 태그와 본문 영역의 article 태그에 float 속성을 적용하여 기본적인 웹사이트의 레이아웃을 잡도록 하겠습니다. 여기서 조금 특이한 부분이 <div class="clearfix"></div>라고 되어 있는 부분인데, 이 부분은 따로 설명하겠습니다.

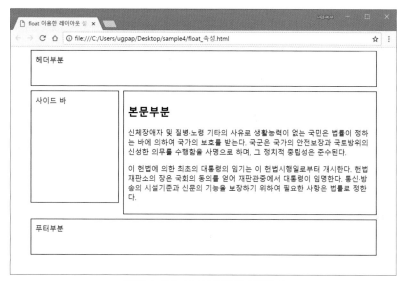

[그림 4-1] float으로 레이아웃 설정하기

여기서 aside와 article에 적용된 CSS 코드만 살펴보겠습니다.

[코드 4-2] float 속성으로 레이아웃 설정하기

```
27          aside {
28              float: left;
29              width: 200px;
30              min-height: 250px;
31          }
32          article {
33              float: right;
34              width: 580px;
35          }
```

aside 부분은 float:left 속성을 주어 왼쪽으로, article 부분은 float:right 속성으로 오른쪽으로 배치했습니다. 여기서 보면 container라는 클래스 선택자의 전체 크기는 800px로 설정했는데, aside의 크기에 article 크기를 더하면 800px보다 작은 수인 780px이 되는데, 이건 박스 모델 사이의 margin값이 5px로 지정되어 있기 때문입니다.

float을 번역하면 부유浮游란 의미로 물이나 공중에 떠다닌다는 의미입니다. 즉 레이아웃 배치를 위해서 박스 모델을 부유해서 오른쪽 또는 왼쪽에 배치한다는 의미로 해석해도 무관합니다. 이 float 속성은 단지 사이트의 전체 레이아웃을 위해 사용되는 것만 아니라 박스 모델의 배치를 위해서 다용도로 사용 가능합니다. [그림 4-1]에서 보이는 헤더 부분에 사이트 로고와 메뉴를 넣어서 배치할 때도 사용됩니다. [코드 4-2]에서는 박스 모델의 크기를 고정했는데, 요즘의 웹사이트는 반응형 웹사이트를 지향하고 있기 때문에 이런 방식의 고정형 크기의 웹사이트는 추후 반응형으로 제작할 때 더 많은 코드를 추가해야 하는 불편함이 따릅니다. 또한 aside의 크기는 고정한 상태로 article 부분만 가변적 크기로 만들 경우, 간단하게 처리할 수 없고 약간의 CSS 트릭을 이용해서 처리해야 하는 단점이 있습니다.

간단하게 생각해서 aside 부분은 width:200px로 고정하고, article 부분에는 width:100% 속성을 주어 처리하면 될 것 같지만, 웹은 그런 방식으로 움직이지 않습니다. 한번 그렇게 적용하면 어떻게 되는지 볼까요? 먼저 container라는 클래스 선택자가 웹사이트의 전체 크기를 800px로 고정하고 있습니다. .container에 적용된 width:800px을 먼저 제거하고, aside와 article 부분에 방금 설명한 대로 200px과 100%를 적용해보겠습니다.

[코드 4-3] .container에 적용된 속성 확인하기

```
.container {
    width: 800px;
    margin: auto;
}
```

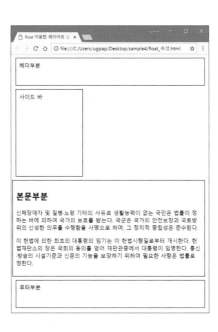

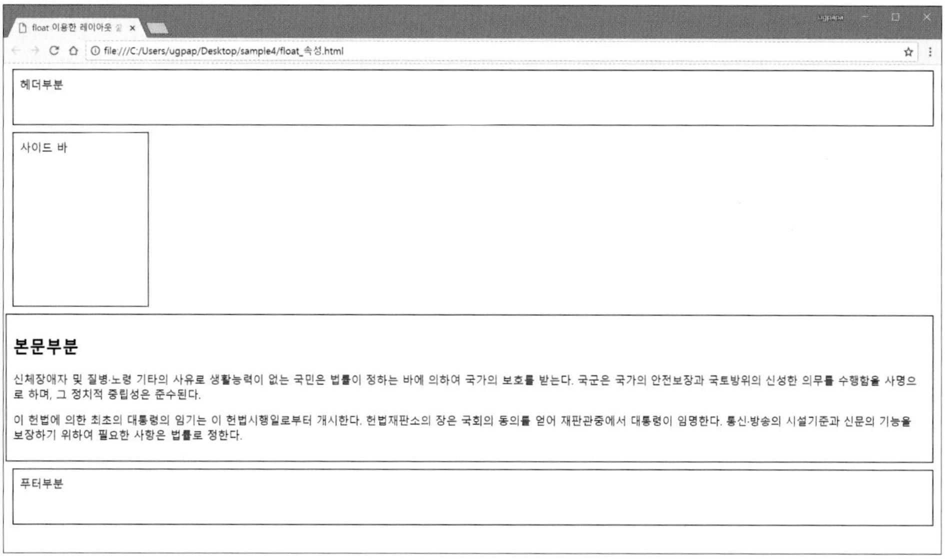

[그림 4-2] 브라우저 크기를 줄였을 때(앞)와 크기를 늘렸을 때(뒤)

[예제 파일] chapter4/float_속성.html

이 부분은 예제 파일을 실행해서 직접 브라우저 크기를 늘이거나 줄여보기 바랍니다. [그림 4-2]를 보면 float가 적용되었지만, 사이드 바 옆에 본문이 있는 것이 아니라, 본문이 사이드 바 밑에 위치해 있습니다. 그럼 간단하게 "aside 부분은 20%로 하고 article 부분은 80%로 처리하면 되지 않을까요?" 라고 생각할 수도 있습니다. 하지만 %(퍼센트) 단위로 처리하게 되면 aside 부분의 크기 또한 가변적으로 변하게 됩니다. 일단 오래된 CSS 트릭으로 처리하는 방법을 소개하겠습니다. aside와 article 부분에 적용된 소스코드를 보겠습니다.

[코드 4-4] aside 부분은 고정형으로, article은 가변형으로 처리할 경우

```
aside {
    float: left;
    width: 200px;
}
article {
    width: 99.2%;
    margin-left: -215px;
    padding-left: 215px;
    float: right;
}
```

[코드 4-4]를 보면 aside 부분은 width:200px로 고정되어 있습니다. article은 width가 99.2% 인데 header 부분과 footer 부분과의 width 크기를 맞추기 위해서 최적의 값을 찾아내다 보니 99.2%라는 값이 나온 것입니다. 여기서 특이한 것이 margin-left 값이 aside 값에 근접한 값 인데 음수로서, -215px이라는 값을 설정했고, padding-left 값은 다시 215px로 지정했다는 것 입니다. 이게 트릭인데, 마진 왼쪽 값을 -215px로 지정하면 article 부분이 aside 부분과 겹치 게 됩니다.

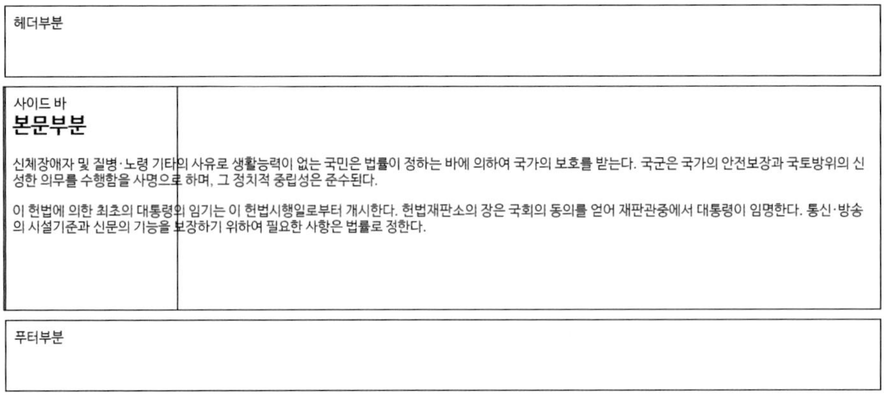

[그림 4-3] margin-left:-215px로 지정했을 경우의 결과값

이제 여기서 padding 값을 이용하여, aside와 마진 공간 만큼 값을 적용해 줍니다. 즉 padding-left:215px를 적용하는 것이죠.

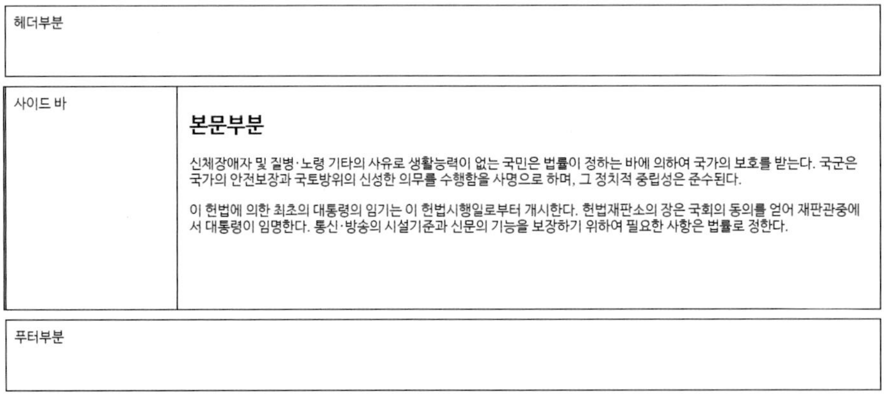

[그림 4-4] padding-left:215px를 적용하여 레이아웃을 마무리한다.
[예제 파일] chapter4/aside부분_고정형_article_가변형.html

[그림 4-4]를 보면 결과를 볼 수 있는데, 브라우저 크기를 늘였다, 줄였다 하더라도, 사이드 바 부분의 크기는 고정된 반면, 나머지 헤더, 본문, 푸터 부분은 길이가 가변적으로 변하게 됩니다. 직접 한번 테스트해 보기 바랍니다. 이 방법은 CSS3의 flex 속성 적용이 안 되는 경우 사용해야 하는 것이고, CSS3의 강력한 flexbox 속성을 알게 되면 이런 트릭이 전혀 필요 없게 됩니다.

4.2 position 속성

flexbox 설명에 들어가기에 앞서 position이라는 속성에 대해서 알아봅니다.

position은 float과 달리 박스 모델을 원하는 장소에 배치하는 것을 목적으로 합니다. 말이 조금 이상한데요. float이 레이아웃 배치에 중점을 둔다면, position은 박스 모델을 다른 박스 모델 위에 배치할 수도 있고, 움직이지 않게 고정할 수도 있습니다. 실제 작동하는 모습을 보면 이해가 빠를 겁니다.

먼저 position은 float과 달리 부속 속성이 많습니다. 부속 속성이라는 것은 position이라는 속성이 있어야만 작동하는 속성을 의미합니다. 부속 속성은 top, left, bottom, right가 있으며, 추가로 z-index라는 속성 또한 존재합니다. position의 속성은 absolute, fixed, relative, static, inherit이 있으며, 자세한 설명은 [표 4-1]를 참조하시기 바랍니다.

[표 4-1] position 속성

속성	설명
absolute*[1]	처음에 위치한 박스 또는 다른 조상 요소를 기준으로 절대 위치를 갖게 된다.
fixed**	다른 조상 요소를 기준으로 위치가 고정된다. 하지만 top, left, bottom, right 속성을 적용하면 절대 위치에 배치되어 완전 고정된다.
relative***	기본 위치에서부터 top, left, bottom, right 속성에 의해서 위치가 결정된다. top, left, bottom, right 속성이 없으면 static과 같은 속성이 된다.
static	position 속성을 적용하지 않으면, 박스 모델은 이 값을 갖게 된다. 따라서 이 속성을 굳이 적용하지 않아도 기본값이다.
inherit	부모 요소로부터 위치 속성을 물려 받는다.

실제 position이 어떻게 동작하는지는 실제 예제를 통해서 살펴보겠습니다.

---

1 [표 4-1] 속성 이름의 * 표시는 사용 빈도를 의미합니다.

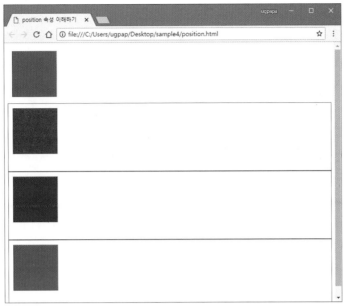

[그림 4-5] position 속성 이해하기
[예제 파일] chapter4/position.html

[그림 4-5]를 보면 box1, box2, box3 이렇게 3개의 박스 모델이 있고, 또 bigbox라는 박스 모델 내부에 box1, box2, box3 이렇게 3개의 박스 모델이 있습니다.

HTML 코드 부분을 한번 보겠습니다.

[코드 4-5] position 속성의 이해 HTML 코드 부분

```
...    ...
43  <div class="box1"></div>
44  <div class="box2"></div>
45  <div class="box3"></div>
46  <div class="bigbox">
47    <div class="box1"></div>
48  </div>
49  <div class="bigbox">
50    <div class="box2"></div>
51  </div>
52  <div class="bigbox">
53    <div class="box3"></div>
54  </div>
...    ...
```

그런데 [그림 4-16]을 보면, .box1은 빨간색, .box2는 파란색, .box3는 초록색 이렇게 별도의 색을 지정했는데, bigbox 내부의 박스 모델을 제외하면, 화면 상단에 초록색 박스 하나만 보일 겁니다. .box1에는 position:absolute; .box2에는 position:fixed; 그리고 .box3에는 position:relative; 이렇게 속성이 적용되어 있는 상태입니다. 여기서 웹 브라우저의 스크롤바를 움직이면 재미있는 현상이 발견됩니다.

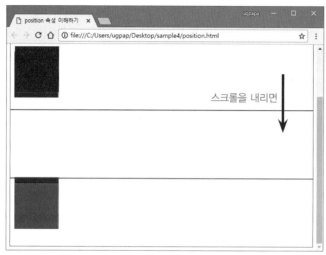

[그림 4-6] position 속성을 사용할 때 스크롤을 내리면 나타나는 현상

[그림 4-6]에서 보면 파란색 박스, 즉 .box2 부분은 스크롤을 내려도 현재 상태에 고정되어 있는 모습을 볼 수 있습니다. position:fixed란 속성이 box를 현재 상태에서 움직이지 않게 고정하는 역할을 하는 것입니다. 이 속성을 이용하면, header 부분이나 footer 부분을 고정해 줄 수 있습니다. 정리하면 내비게이션을 고정된 상태로 디자인이 가능하다는 장점이 있습니다. 요즘 유행하는 싱글 웹 페이지 디자인에서 종종 이런 효과를 볼 수 있죠. 이 예제는 좀 있다가 보여 드리겠습니다. 다시 [그림 4-6]을 보면 첫 번째 bigbox 즉, 빨간색 테두리 부분에는 각각 box1, box2, box3가 보이는데, 첫 번째 박스는 box3만 보입니다. 그 이유는 box1과 box2는 box3 밑에 위치해 있기 때문에 보이지 않는 것입니다. position 속성은 부모 또는 조상 요소의 영향을 받기 때문에 position 속성을 이용할 때는 position 속성이 적용된 박스 모델을 감싸는 새로운 박스 모델을 만들어 주는 것이 편리합니다. 이제 position 속성에 top, right, bottom, left 속성 중 top과 left만 적용해봅니다.

[그림 4-7] position 속성에 top과 left 속성 적용 후 모습
[예제 파일] chapter4/position_속성_top_left.html

[그림 4-7]을 보면 어딘가 좀 이상하다고 느낄 겁니다. 빨간색과 파란색 박스가 하나로 되어 버리고 초록색 박스만 2개 있는데, 상단에 있는 초록색 박스 또한 다른 박스보다 조금 밑에 위치해 있습니다. 여기서 각 박스 모델에서 top 속성만 제거하면 어떤 결과가 나타날까요?

[그림 4-8]과 같이 모든 박스가 다 나타나게 됩니다. 그렇다면 [그림 4-7]과 같은 현상이 일어나는 원인은 absolute와 fixed는 [표 4-1]에서도 설명했듯이 top, right, left, bottom은 조상 요소와 연관되어 위치가 결정되어 버리기 때문입니다. 그렇다면 absolute 속성은 언제 사용할까요? 요즘은 윈도우 팝업을 브라우저에서 자동으로 막아 버리기 때문에, 웹 페이지에서 팝업 레이어를 이용해서 중요한 공지를 띄우는데, 이 팝업 레이어를 생성하는 데 absolute 속성을 사용합니다. fixed 속성은 header 또는 footer를 고정하는 데 사용하거나, 사이드 바 메뉴에서 항상 고정되는 부분에 사용됩니다. 간단한 예제를 통해서 살펴보겠습니다. 이 두 가지 속성과는 상대적으로 relative 속성은 다루기가 매우 쉽고 편리합니다. 그리고 position에서 중요한 속성 중 하나가 z-index입니다. z-index는 박스 모델의 3차원 축 즉, z축을 이용해서 다른 박스 모델 밑에 위치하게 하거나, 위쪽에 배치할 수 있게 해주는 역할을 합니다.

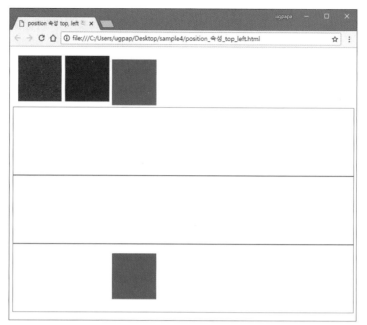

[그림 4-8] position 속성에서 top을 제거하면 나타나는 현상

[그림 4-9] fixed 속성과 absolute 속성 응용 예제
[예제 파일] chapter4/position-fixed_응용_페이지.html

[그림 4-9]를 보면 헤더 부분과 푸터 부분은 position:fixed; 속성을 주었고, 플로팅 박스 부분은 position:absolute; 속성이 적용되어 있습니다. 브라우저의 스크롤바를 이동하더라도, 헤더와 푸터 부분은 고정되어 있습니다. 또한 여기에다 헤더와 푸터에는 z-index:100; 속성을, 플로팅 박스(.divbox)는 z-index:10 속성으로 설정되어 있어, 스크롤을 하면 플로팅 박스 부분은 헤더 밑으로 들어가게 되는 것입니다.

이제 다음 절에서 CSS3 가변 레이아웃을 정말 쉽게 만들 수 있는 flexbox에 대해서 알아보겠습니다. flexbox는 가변 레이아웃뿐만 아니라 반응형 웹사이트를 제작할 때도 매우 편리하게 작업할 수 있게 해주는 CSS3의 신기술 중 하나이며 필자의 이전 책에서는 언급되지 않았던 부분입니다.

4.3 flexbox

flexbox 또는 flex(플렉스: 이 책에서는 플렉스라고 하겠습니다)라고 하는데, CSS3를 전부 지원하는 브라우저에서만 작동합니다. 즉 IE 계열 브라우저는 IE10 이상만 작동한다고 보면 됩니다. flex의 사전적 의미는 '1.(준비 운동으로) 몸을 풀다. 2.(신축성 있는) 전선, 가용선'이라고 네이버 사전에 명시되어 있는데, 이런 의미보단 '가변적'이라는 의미가 더 적절하다고 볼 수 있습니다.

플렉스flex는 컨테이너container와 그 내부에 들어 있는 아이템들items을 효율적으로 배치하고 공간 활용이 자유로우며, 레이아웃을 편리하게 구성할 수 있습니다.

플렉스는 반드시 아이템을 감싸는 박스 모델 즉, 컨테이너와 아이템들 이렇게 적어도 두 개 이상의 박스 모델로 구성되어 있어야만 합니다. 내부 아이템의 크기를 모르거나, 가변적으로 변할 때 기존 방식으로 레이아웃을 구성하기에 많은 CSS 코드가 필요했겠지만, 플렉스를 사용하면 적은 코드로 효율적인 배치가 가능해집니다.

CSS 프레임워크 중에서 전세계적으로 가장 많이 사용하는 부트스트랩 4.0 버전에서부터 기본 레이아웃 속성으로 플렉스가 적용됨으로써, 부트스트랩 4.0은 공식적으로 IE10 이하의 버전을 지원하지 않게 된 것입니다. 플렉스의 가장 기본이 컨테이너와 아이템들이라고 했는데, 그림으로 설명해 드리겠습니다. 컨테이너는 부모 요소가 되고 아이템들은 자식 요소가 되는 것입니다.

[그림 4-10] 플렉스의 기본 컨테이너와 아이템들

4.3.1 플렉스의 컨테이너에 적용되는 속성

여기서 컨테이너 부분에 플렉스 속성을 적용해 주고 아이템 부분에는 플렉스의 하위 속성을 적용해주면 됩니다. 다음과 같이 말이죠.

```
.container {
    display: flex;
    /* 또는 inline-flex */
}
```

그리고 플렉스는 방향을 지정해 줄 수 있습니다.

```
.container {
    flex-direction: row | row-reverse | column | column-reverse;
}
```

여기서 row는 정방향을 의미합니다. 즉, 왼쪽에서 오른쪽 방향을 의미하는 것으로 기본값입니다. 아이템들이 왼쪽에서 오른쪽으로 정렬합니다. row 속성은 적용하지 않아도 기본값이 row이기 때문에 flex-direction:row는 의미가 없습니다. row-reverse는 반대 방향을 의미합니다. 즉 아이템들이 오른쪽에서 왼쪽으로 정렬합니다. column은 세로 방향을 의미하며, 위에서 아래로 정렬합니다. column-reverse는 세로 반대 방향 즉, 아래에서 위로 정렬하겠죠.

플렉스는 설정을 하지 않을 경우 모든 아이템들을 하나의 라인에 배치시켜 버립니다. 따라서 아이템 개수가 많아지면, 해당 아이템들을 다른 라인으로 보내야 하는 경우가 발생합니다. 이 때 사용되는 속성이 flex-wrap이라는 속성입니다.

```
.container {
    flex-wrap: nowrap | wrap | wrap-reverse;
}
```

여기서 기본값은 nowrap입니다. 즉 플렉스의 기본은 하나의 라인에 전부 아이템들을 배치하는 것입니다. wrap은 아이템들을 다른 라인으로 보내는 역할을 합니다. wrap-reverse는 반대로 배치하는 것을 의미합니다. 이 두 가지 flex-direction과 flex-wrap이라는 속성을 flex-flow라는 속성 하나로 합칠 수 있습니다.

```
flex-flow:<'flex-direction'> ||<'flex-wrap'>
/* 즉 다음과 같이 적용 가능합니다. */
flex-flow: column wrap ;
```

플렉스의 아이템들은 정렬 가능합니다. CSS에서 텍스트(text) 속성에 대해서 세 가지 방법으로 정렬 가능한(왼쪽, 오른쪽, 가운데) 것에 비해, 플렉스는 여섯 가지 방법으로 정렬합니다. 텍스트 속성과 달리 플렉스는 내부에 아이템들이 있다고 했죠. 우선 텍스트 정렬 방법과 동일하게 왼쪽, 오른쪽, 가운데와 더불어 아이템들 사이 간격을 정렬하는 방법이 있습니다.

```
.container {
    justify-content: flex-start | flex-end | center | space-between | space-
around | space-evenly;
}
```

위의 코드에서 보듯이 플렉스 정렬은 justify-content를 이용합니다.

왼쪽 정렬은 모든 문서 및 웹 디자인에서 기본 정렬로 플렉스에서는 기본값으로 flex-start라는 속성을 사용합니다. 텍스트는 text-align:left라고 하는 데 반해 플렉스는 flex-start라고 합니다. 어떻게 보면 더 상세한 설명이네요. 오른쪽 정렬은 flex-end라고 합니다. 가운데 정렬은 center라고 하는데, 이 부분은 text-align:center와 동일한 속성입니다. 여기서 세 가지 속성이 더 있는데, space-between, space-around, space-evenly 속성은 그림을 참조하는 것이 이해가 빠를 것 같습니다.

[그림 4-11]을 보면 space-between 속성은 3개의 아이템 중 왼쪽과 오른쪽 아이템을 가장자리로 고정시키는 모습을 볼 수 있습니다. space-around는 아이템 주변으로 공간이 있는 것을 확인할 수 있습니다. space-evenly는 각 아이템 별로 같은 공간이 주어진 모습을 볼 수 있습니다.

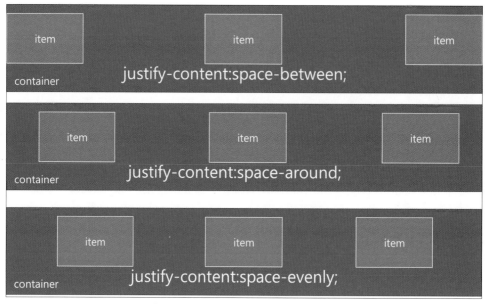

[그림 4-11] 플렉스 justify-content 속성

[그림 4-12]를 보면 실제 justify-content의 사용 예제를 볼 수 있는데, 이 justify-content 속성은 웹사이트 내비게이션 부분을 설계할 때 매우 유용하게 사용할 수 있습니다.

플렉스는 수평으로 정렬하는 방법도 편리하지만, 수직으로 정렬하는 방법도 매우 편리합니다. 플렉스 컨테이너 내부에 있는 아이템을 수직 정렬하는 방법은 align-items와 align-content 이렇게 두 가지 방법이 있는데, 사용 방법이 다릅니다. align-items는 말 그대로 아이템들을 수직 정렬하는 방법이고, align-content는 콘텐트 내부를 정렬하는 방법입니다.

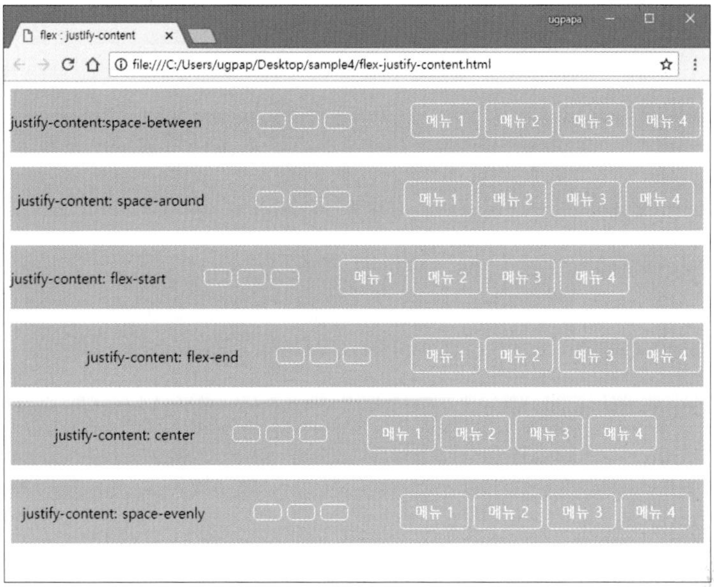

[그림 4-12] 플렉스 justify-content 예제(실제 사용되는 예제처럼 작성)
[예제 파일] chapter4/flex-justify-content.html

우선 **align-items**의 5가지 속성에 대해서 살펴보겠습니다.

```
.container {
    align-items: flex-start | flex-end | center | stretch | baseline;
}
```

위의 코드를 보면 수평 정렬하는 방법과 거의 유사합니다. 다만 **stretch**와 **baseline** 부분이 조금 다른데, 이 부분은 실제 예제를 보면 이해가 빠를 겁니다.

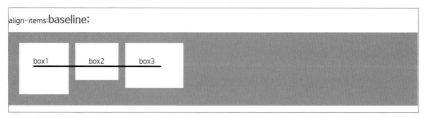

[그림 4-13] align-items 속성 예제
[예제 파일] chapter4/flex-align-items.html

[그림 4-13]을 보면 align-items 속성 예제들을 볼 수 있습니다. flex-start는 세 개의 박스들이 상단 기준선에 정렬되어 있고, flex-end는 하단 기준선에 정렬되어 있으며, center는 중앙에 정렬된 모습을 볼 수 있습니다. stretch 속성은 box1과 box2의 길이는 똑같이 설정되어 있지만, box3는 크기가 다른데, box1과 box3는 height 값을 적용했고, box2에는 height 값이 없습니다. stretch 속성은 box 중 height 값이 설정되지 않는 박스가 가장 높은 height 값을 가진 박스와 똑같이 크기를 늘이는 것을 의미합니다.

마지막으로 baseline은 박스의 정렬이 아니라 박스 내부에 있는 텍스트를 기준선에 맞게 정렬하는 것을 의미합니다. [그림 4-14]를 보면 텍스트 기준으로 박스가 정렬되어 있는 것을 볼 수 있습니다.

[그림 4-14] align-items:baseline 속성 확대 이미지

이제 align-content 부분을 보겠습니다. align-content는 align-items와 달리 콘텐츠 기준으로 내부에 있는 아이템들을 정렬하는 것입니다.

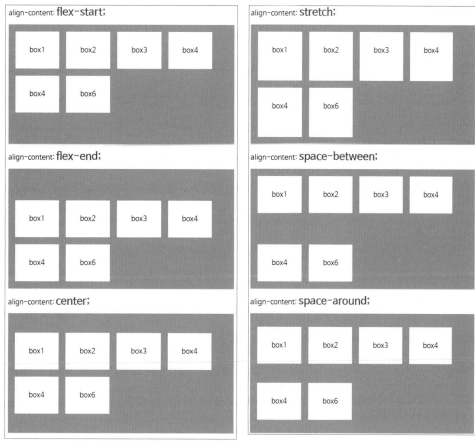

[그림 4-15] align-content 속성 예제
[예제 파일] chapter4/align-content.html

[그림 4-15]를 보면 align-content의 속성에 따른 결과값을 확인 가능합니다. flex-start는 content 박스 내부에서 상단으로 정렬되어 있고, flex-end는 하단에, center는 중앙에 정렬되어 있습니다. stretch는 박스들이 content 내부에 맞게 늘려 있으며, space-between과 space-around는 justify-content와 같게 가장자리에 붙거나, 아니면 주위를 감싸 배치된 모습을 볼 수 있습니다.

여기까지가 플렉스에서 container 부분에 적용되는 속성입니다. 다시 한번 복습해 보겠습니다. 플렉스에서 container 즉, 부모 요소에 적용하는 공통적으로 display:flex가 적용되어야 하며, 수직 또는 수평을 결정짓는 방향은 flex-direction을 속성을, flex-wrap은 내부 아이템들을 한 줄로 배치할 것인지 다중 라인으로 배치할 것인지 결정하고, 수평 정렬은 justify-content, 수직 정렬은 align-items와 align-content 속성을 이용한다라고 이해하면 됩니다.

[코드 4-6] 플렉스 container(부모요소)에 적용되는 속성들

```css
.container {
    display: flex;
    /* 또는 inline-flex */
    flex-direction: row | row-reverse | column | column-reverse;
    /* 플렉스 수평 방향 설정 */
    flex-wrap: nowrap | wrap | wrap-reverse;
    /* 플렉스를 한 줄 또는 여러 줄에 아이템을 배치할 건지 */
    flex-flow: <'flex-direction'> || <'flex-wrap'>;
    /* 여기는 direction과 wrap을 동시에 적용할 때 사용하는 단축 속성 */
    justify-content: flex-start | flex-end | center | space-between | space-around |
    space-evenly;
    /* 내부 아이템 수평 배치를 어떻게 할 건지 */
    align-items: flex-start | flex-end | center | baseline | stretch;
    /* 내부 아이템 수직 배치를 어떻게 할 건지 */
    align-content: flex-start | flex-end | center | space-between | space-around |
    stretch;
    /* 내부 콘텐트를 어떻게 배치할 건지 */
}
```

4.3.2 플렉스의 아이템에 적용되는 속성

이제 플렉스에서 아이템들에게 적용되는 속성에 대해서 배워봅니다. 플렉스의 아이템들은 container 내부에 있는 것이기 때문에 가장 먼저 order 즉, 순서를 정할 수 있습니다. 순서를 정하는 order 속성은 숫자를 이용해서 순서를 정렬할 수 있는데, 음수 값을 가질 수도 있습니다.

```css
.item {
    order: <integer>;
    /* 기본값 0 */
}
```

플렉스 아이템들은 특정 아이템의 크기(넓이)를 늘이거나 줄일 수 있습니다. 따라서 아이템의 크기를 늘이는 속성은 flex-grow란 속성을 사용하고, 줄이는 속성은 flex-shrink 속성을 사용합니다. order와 동일하게 숫자를 이용하여 조절 가능하지만, 음수를 사용할 수는 없습니다. flex-grow는 0을 기본값으로 가지는데, 만약 1의 값을 가지면 모든 아이템들의 크기가 공간의 크기에 비례해서 똑같이 커집니다. 만약 아이템들 중 하나가 2의 값을 가지면 공간의 크기에 비례해서 해당 아이템만 두 배의 크기로 커지게 됩니다.

```css
.item {
    flex-grow: <number>;
    /* 기본값 0 */
}
```

flex-shrink는 flex-grow와 다르게 기본값은 1입니다. 숫자가 높을수록 부피가 줄어들게 됩니다.

```
.item {
    flex-shrink: <number>;
    /* 기본값 1 */
}
```

flex-basis라는 속성은 아이템의 기본 크기를 정하는데 단위로는 px, %, em, rem과 같은 웹에서 사용하는 모든 값을 사용할 수 있습니다. 기본적으로 flex-basis는 flex-shrink의 속성을 가지게 됩니다. flex-basis에서 설정한 넓이보다 더 줄일 경우 flex-shrink 속성에 설정해 준 비율로 줄어들게 됩니다. 여기시 flex-basis를 실정하너라노 flex-grow 값은 자농으로 속성이 부여되지 않습니다. 따라서 flex-basis를 이용하여 각 아이템을 화면에 채우기 위해서는 flex-grow 속성을 반드시 추가해야 합니다.

```
.item {
    flex-basis: <length> | auto;
    /* 기본값 auto */
}
```

flex-grow, flex-shrink, flex-basis는 flex라는 속성으로 통합할 수 있습니다.

```
.item {
    flex: none | [ < 'flex-grow'> < 'flex-shrink'>? || < 'flex-basis'>]
}
```

위의 코드를 보면 flex:none이라는 속성은 해당 아이템에서 flex의 속성을 제거한다는 의미이며, flex: 1 0 200px;이라고 적용하면 아이템에는 다음과 같은 속성이 적용됩니다.

```
flex-grow:1;
flex-shrink:0;
flex-basis:200px;
```

마지막으로 아이템에는 align-self라는 속성이 있습니다. 말 그대로 혼자 정렬한다는 의미인데, 플렉스에서 정렬 속성은 "auto | flex-start | flex-end | center | baseline | stretch"의 값을 가질 수 있습니다.

```
.item {
    align-self: auto | flex-start | flex-end | center | baseline | stretch;
}
```

실제 예제를 통해 아이템들에 적용되는 속성에 대해서 알아보겠습니다.

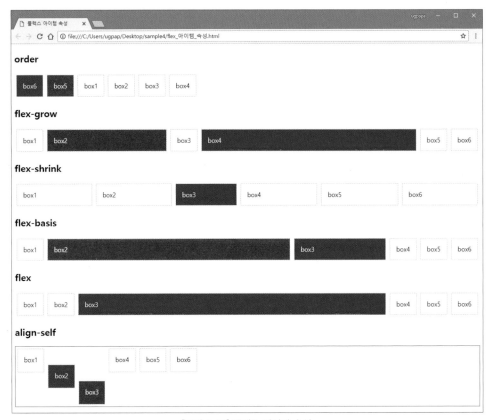

[그림 4-16] 플렉스 아이템 속성
[예제 파일] chapter4/flex_아이템_속성.html

[그림 4-16]에 보이는 순서대로 설명하겠습니다.

모든 박스 모델은 .container, .container1부터 .container5까지 구성되어 있으며 display:flex; 속성이 적용되어 있는 상태입니다.

그리고 내부에 있는 .box는 다음과 같은 속성이 적용되었습니다. 아주 간단한 박스 모델입니다.

```
19    .box {
20        margin: 5px;
21        border: 1px solid #ccc;
22        padding: 1em;
23    }
```

플렉스 속성 : order

이제 첫 번째 order 속성을 보겠습니다.

[그림 4-17] 플렉스 order 속성에 의한 박스의 배치

[그림 4-17]을 보면 box6와 box5가 box1보다 먼저 배치되어 있는 것을 볼 수 있습니다. 해당 박스에 적용된 order 속성은 다음과 같습니다.

```
25  .container .box:nth-child(5) {
26      order: -1;
27      /* 5번째 박스에 order 값을 -1 적용함. */
28      background-color: red;
29      color: white;
30  }
31
32  .container .box:nth-child(6) {
33      order: -2;
34      /* 6번째 박스에 order 값을 -2 적용함. */
35      background-color: blue;
36      color: white;
37  }
```

5번째 박스에는 −1, 6번째 박스에는 −2을 적용했기 때문에, 6번째 박스가 5번째 박스 앞으로, 5번째 박스는 1번 박스 앞에 있을 수 있는 것입니다.

플렉스 속성 : flex-grow

이제 flex-grow에 대한 예제를 보겠습니다.

[그림 4-18] flex-grow 속성

[그림 4-18]을 보면 화면 상단은 브라우저의 폭을 줄인 상태이고, 하단은 브라우저의 폭을 늘린 상태입니다. 여기서 box2에는 flex-grow:1 값을, box4에는 flex-grow:2 값을 적용한 상태입니다. 브라우저의 폭을 넓히면 넓힐수록 box4의 크기는 box2의 2배가 되고, box2의 크기는 브라우저의 크기에 맞게 가변되는 모습을 볼 수 있습니다.

플렉스 속성 : flox-grow

flex-shrink는 flex-grow는 다르게 작동하는데 그림을 먼저 보겠습니다.

[그림 4-19] flex-shrink 작동 모습

[그림 4-19]를 보면 브라우저의 폭이 최소화되었을 때는 모든 박스의 크기가 같지만, 브라우저 크기를 늘렸을 때(현재 box3에는 flex-shrink:2 값을, 나머지 박스에는 flex-grow:1 값을, flex-basis 값은 200px이 적용되었습니다) box3의 크기가 다른 박스에 비해 절반 정도밖에 되지 않습니다. 브라우저의 크기를 최대한 늘이면, box의 크기들이 200px을 넘기 시작하는 시점부터 box3는 flex-shrink의 영향을 벗어나게 됩니다. 따라서 box3 또한 다른 박스들과 동일한 크기로 커지게 됩니다. flex-shrink는 기본적으로 flex-basis와 연동되며, 또한 flex-grow와도 연관이 있다는 것을 알 수 있습니다.

플렉스 속성 : flex-basis

flex-basis는 flex의 기본 크기를 정해주는 역할을 합니다. 바로 앞에서도 flex-basis는 flex-shrink와 연동된다고 했는데 그 의미를 다시 한번 확인해봅니다. flex-basis는 박스 모델의 기본값을 정해주는 역할을 하기 때문에 브라우저의 크기가 특정 크기 이상으로 커지면 해당 박스의 크기는 추가적으로 flex-shrink냐 혹은 flex-grow냐의 속성에 따라 박스의 크기가 유동적으로 변하게 됩니다. flex-basis는 기본적으로 flex-shrink의 속성을 포함하고 있어 별도로 flex-shrink 속성을 적용해 주지 않아도 됩니다. 하지만 flex-grow 속성은 반드시 적용해 줘야만 합니다. 실제 동작 모습을 볼까요?

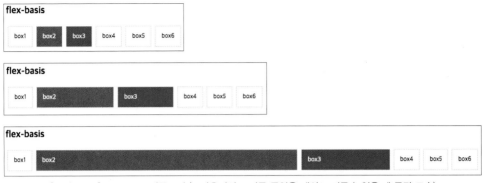

[그림 4-20] flex-basis 작동 모습(브라우저의 크기를 줄였을 때와 크기를 늘였을 때 동작 모습)

[그림 4-20]의 맨 상단의 박스를 보면, 브라우저의 크기를 줄인 상태에서는 모든 박스의 크기가 동일합니다. 중간 박스를 보면 크기를 늘이기 시작할 때 박스의 크기가 변하는 것을 알 수 있으며, 하단의 박스 모델을 보면 box2의 크기는 계속해서 커지는데 반해 box3의 크기는 고정되어있습니다. 소스코드를 보면 box2에는 flex-basis와 flex-grow 속성이, box3에는 flex-basis 속성만 적용되어 있는 것을 알 수 있습니다. flex-basis는 다음과 같이 사용합니다.

```
.item {
    flex-basis: <length> | auto;
    /* 기본값은 auto */
}
```

이렇게 flex-shrink와 flex-grow, 그리고 flex-basis는 서로 연관되어 있기 때문에 하나의 속성으로 합칠 수 있습니다. 단순하게 flex라는 속성만 이용해서 처리 가능합니다. 단 flex는 순서가 있습니다. 순서가 flex-grow, flex-shrink, flex-basis 순으로 입력해야 합니다. 또는 flex:none으로 처리해서 flex 속성을 제거해 줄 수도 있습니다.

```
.item {
    flex: none | [ < 'flex-grow'> < 'flex-shrink'> || < 'flex-basis'>]
}
```

flex의 기본값은 flex: 0 1 auto입니다.

플렉스 속성 : align-self

플렉스의 마지막 속성은 align-self라는 속성입니다. 플렉스는 container와 내부에 위치해 있는 item으로 나뉜다고 했습니다. container에 적용해 주는 속성 중 align-items를 이용해서 내부에 있는 item들에 일괄적으로 속성을 적용해 줄 수도 있지만, 아이템에 직접 align-self를 적용해서 item 개별로도 수직 방향으로 정렬해 줄 수 있습니다.

실제 적용된 예제를 보도록 하겠습니다.

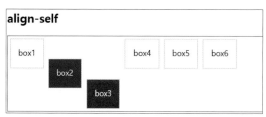

[그림 4-21] 플렉스의 align-self를 이용한 아이템의 정렬

[그림 4-21]을 보면 box2는 가운데 정렬되어 있고, box3는 container 박스의 하단에 배치되어 있는 모습을 볼 수 있습니다. 이렇게 align-self는 container 내부에 있는 아이템들의 개별 배치가 가능합니다. container에 적용된 align-items라는 속성은 container 내부에 있는 모든 아이템의 배치를 설정하고, align-self는 container 내부에 있는 아이템들의 개별 배치를 해줄 수 있기 때문에 웹 디자인을 할 때 매우 편리합니다.

align-self의 속성은 다음과 같습니다.

```
.item {
    align-self: auto | flex-start | flex-end | center | baseline | stretch;
}
```

여기서 flex-start는 기본값이며, [그림 4-19]에서 box3에는 flex-end가, box2에는 center 속성이 적용되어 있습니다. 나머지 속성은 여러분이 직접 적용해보기 바랍니다. 여기서 주의해야 하는 것은 align-self의 경우 float와 clear, vertical-align 속성을 적용해도 해당 값은 적용되지 않습니다.

여기까지 플렉스에 대한 모든 속성을 학습했습니다.

플렉스는 CSS3에서 현재 가장 인기 있는 속성 중 하나입니다. 물론 IE10 이하의 버전에서는 작동하지 않는 단점이 있지만, 그러한 단점을 충분히 상쇄하고도 남을 만한 결과물을 보여줍니다. 플렉스는 특히 반응형(Responsive) 웹을 개발할 때 특화된 부분이 있어, 부트스트랩 4.0에서는 기본 속성으로 적용되었습니다. 이 장의 후반부는 플렉스를 이용한 많은 예제를 보여줍니다. 하지만 해당 예제에 대한 설명은 생략하도록 하겠습니다. 직접 소스 파일을 보면서 여러분이 쉽게 파악할 수 있다고 생각하기 때문에 대략적인 내용에 대해서만 설명하도록 하겠습니다.

4.3.3 플렉스를 적용한 예제

[그림 4-20]을 보면 플렉스 시작하기 바로 전에 이야기했던 [코드 4-4]에서 사이드 바 부분은 고정되고, article 부분만 유동적인 레이아웃 구축을 플렉스를 이용하면 매우 간단하게 처리할 수 있습니다. 단순히 article 부분에는 flex-grow:1 속성을, 사이드 바 부분에는 flex:none; 속성만 주면 article 부분은 브라우저의 크기가 변함에 따라 크기가 변화되고, 사이드 바의 크기는 width의 크기에 고정되어 버립니다.

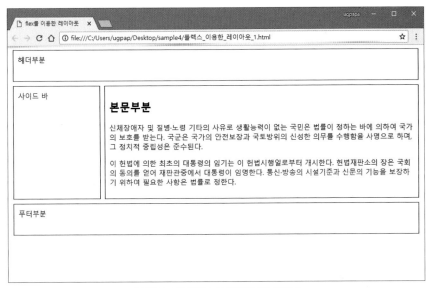

[그림 4-22] 플렉스를 이용한 레이아웃 1
[예제 파일] chapter4/플렉스_이용한_레이아웃_1.html

[그림 4-23]을 보면 이번에는 사이드 바 부분이 양 옆으로 배치되어 있는데, 브라우저의 크기를 변화하더라도, 양쪽 사이드 바의 크기는 고정되어 있고, 본문의 크기만 변하게 됩니다. CSS의 속성을 직접 확인해 보기 바랍니다.

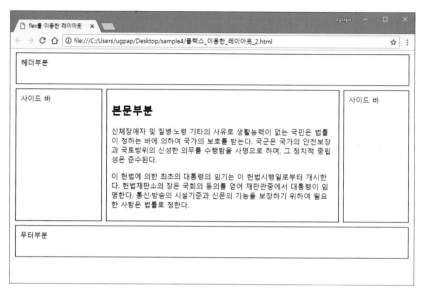

[그림 4-23] 플렉스를 이용한 레이아웃 2
[예제 파일] chapter4/플렉스_이용한_레이아웃_2.html

[그림 4-24]에서 이미지의 크기는 플렉스의 상태에 따라 크기가 가변하게 됩니다. 이미지 부분은 별다른 속성이 없이 `width:100% height:auto` 속성이 적용되어 있는 상태이며, flex 속성과 브라우저의 크기와 연동되어 이미지의 크기가 변환되는 것을 알 수 있습니다.

[그림 4-24] 플렉스를 이용한 반응형 이미지
[예제 파일] chapter4/플렉스_이용한_반응형_페이지.html

[그림 4-25]를 보면 [회원 로그인] 화면이 보이는데, 플렉스를 이용하면 로그인 박스를 브라우저 정중앙에 배치해 줄 수 있습니다. 플렉스를 이용하지 않을 때는 많은 CSS 트릭을 이용해서 작업을 했지만, 플렉스를 이용하면 매우 편리하게 처리 가능합니다. 소스는 직접 확인해보기 바랍니다.

[그림 4-25] 플렉스를 이용한 회원 로그인 페이지 레이아웃 디자인
[예제 파일] chapter4/플렉스_이용한_로그인_페이지.html

[그림 4-26]의 예제는 플렉스의 justify-content와 align-items 속성을 이용해서 버튼 배치를 상하로 나뉘게 처리한 예제입니다. CSS 코드를 직접 확인해 보면 이해가 빠를 것입니다

[그림 4-26] 플렉스 vertical 속성을 이용한 예제
[예제 파일] chapter4/플렉스_이용한_사이드바_페이지.html

[그림 4-27] 플렉스의 flex-reverse를 이용해서 이미지 박스를 편리하게 좌우로 배열해 줄 수 있다.
[예제 파일] chapter4/플렉스_이용한_좌우배열_페이지.html

[그림 4-28]처럼 플렉스만 활용하여 반응형 웹을 만들 수 있습니다. 첫 번째 그림은 데스크탑 PC 모드일 경우이고, 두 번째 그림은 모바일 모드에서 보이는 레이아웃입니다. 직접 브라우저의 크기를 줄였다 늘였다 해보면 그 차이점을 알 수 있습니다.

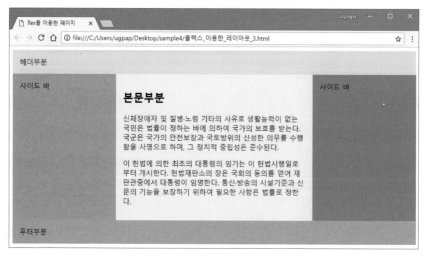

▲ PC 모드일 경우

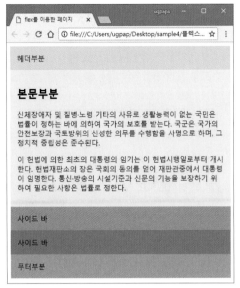

▲ 모바일 모드일 경우

[그림 4-28] 플렉스만 활용한 반응형 웹 디자인

[예제 파일] chapter4/플렉스_이용한_레이아웃_3.html

여기까지 플렉스를 이용한 다양한 레이아웃 만드는 방법을 살펴보았습니다. 플렉스는 현재 진행형인 CSS3의 가장 뜨거운 이슈 중 하나입니다. 많은 디자이너와 개발자들이 플렉스의 속성을 보고 감탄하고 있으며, 많은 CSS3 프레임워크framework들이 플렉스 기반으로 생겨나고 있습니다. 반복해서 얘기하지만, CSS 프레임워크 중 가장 최고 인기인 부트스트랩도 4.0에서는 플렉스 기반으로 레이아웃 구성을 하고 있습니다. 따라서 플렉스에 대한 속성과 사용법에 대해서는 반드시 숙지하길 바랍니다.

다음 시간에는 CSS를 이용한 텍스트와 문장의 구성에 대해서 알아보겠습니다.

연습문제 | 퀴즈를 풀어보며 개념을 복습합니다.

문제에 대한 답은 백견불여일타 카페에서 확인할 수 있습니다. cafe.naver.com/codefirst

1 CSS의 float 속성 3가지를 적어보세요.

2 CSS의 position 속성 중 absolute에 대한 설명으로 틀린 것은 무엇일까요?

가. 박스 모델이 처음 위치한 기준으로 절대위치를 갖는다.

나. 박스 모델의 다른 조상 요소를 기준으로 절대위치를 갖는다.

다. 박스 모델이 position:absolute인 경우 박스 모델은 해당 위치에서 움직이지 않는다.

라. 박스 모델이 다른 조상 요소를 기준으로 위치가 고정된다.

3 position 속성을 적용하지 않더라도 해당 박스 모델은 기본으로 이 값을 갖습니다. 그에 대한 속성은 무엇일까요?

가. static   나. fixed   다. relative   라. inherit

4 다음 중 flex를 지원하지 않는 브라우저를 전부 골라보세요(여기서 IE를 제외한 다른 브라우저는 최신 버전 기준입니다).

가. IE8   나. IE9   다. IE10   라 IE11

마. Edge   바.Chrome   사.Firefox   아.Safari

5 flex-direction은 방향을 지정하는 역할을 합니다. 여기서 세로 방향으로 지정할 경우 어떻게 지정하는지 .sample이라는 클래스 선택자를 기준으로 간단한 예를 들어보세요.

연습문제 | 퀴즈를 풀어보며 개념을 복습합니다.

6   괄호에 들어갈 말을 적어보세요.

> 플렉스는 설정을 하지 않을 경우 모든 아이템들을 하나의 라인에 배치시켜 버립니다. 따라서 아이템 개수가 많아지면, 해당 아이템들을 다른 라인으로 보내야 하는 경우가 발생합니다. 이때 사용되는 속성이 (   )이라는 속성입니다.

7   플렉스 정렬은 justify-content를 이용합니다. 이때 오른쪽 정렬을 하고 싶은 경우 해당 속성값은 어떻게 지정할까요? 간단한 예를 들어보세요.

8   justify-content에서 space-between과 space-around, space-evenly의 차이점을 설명해보세요.

9   빈 칸에 알맞은 말을 채워보세요.

> 플렉스에서 부모 요소에 적용하는 공통적으로 (   )가 적용되어야 하며, 수직 또는 수평을 결정 짓는 방향은 (   )을 속성을, flex-wrap은 내부 아이템들을 한 줄로 배치할 것인지 다중 라인으로 배치할 것인지 결정합니다. 수평 정렬은 justify-content, 수직 정렬은 (   )와 (   ) 속성을 이용합니다.

10   플렉스의 아이템들은 container 내부에 있는 것이기 때문에 순서를 정할 수 있습니다. 순서를 정할 때 사용하는 속성은 무엇일까요?

11   빈 칸에 들어갈 말은 무엇일까요?

> 플렉스 아이템들은 특정 아이템의 크기(넓이)를 늘이거나 줄일 수 있습니다. 따라서 아이템의 크기를 늘이는 속성은 (   )을 줄일 때는 (   ) 속성을 사용합니다.

실습문제 │ 실습은 지식을 내것으로 만드는
최고의 방법입니다.

문제에 대한 답은 백견불여일타 카페에서 확인할 수 있습니다. cafe.naver.com/codefirst

다음 제공된 페이지는 블로그 형식의 레이아웃을 가지는 웹 페이지입니다. 제공된 예제 파일을 기반으로 CSS 속성을 채워서 다음과 같은 결과가 나오도록 만들어보세요.

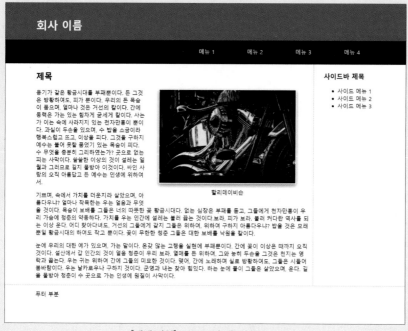

[예제 파일] Exercise/4장_실습.html

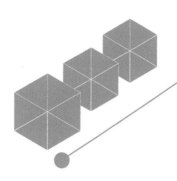

5장
CSS를 이용한 텍스트와
문장 구성

이 장을 시작하기 전에

❶ 웹사이트 정보의 대부분은 이미지보다는 텍스트가 더 많은 비중을 차지합니다. 따라서 텍스트를 보다 효율적으로 사용하고 멋진 웹사이트를 만들기 위해서는 CSS의 텍스트 속성에 대해서 확실하게 파악해야 합니다.

❷ 텍스트와 폰트 부분은 속성이 직관적이기 때문에 어렵지 않습니다. 여러분들이 충분히 따라할 수 있게끔 많은 예제를 중심으로 학습을 진행하겠습니다.

5.1 텍스트와 폰트

폰트(글꼴) 사용에 있어 많은 폰트를 지원하는 영문 웹사이트와는 달리 한국의 웹사이트는 기본 폰트가 네 가지 정도만 지원하고 있어 폰트를 사용할 때 제약이 많았습니다. 하지만 CSS3에서 추가된 웹 폰트를 사용하게 되면 한글 웹사이트도 이전에는 폰트 때문에 이미지로 만들었던 부분을 이제 텍스트로 사용할 수 있게 되어, 사이트의 제작과 수정의 편의성과 더불어 디자인적으로도 많은 도약을 이룰 수 있게 되었습니다. 이번 절에서 배운 내용을 통해 텍스트를 잘 다룰 수 있기를 바랍니다.

5.1.1 가장 많이 사용하는 텍스트 속성

먼저 웹 페이지에서 가장 많이 사용하는 텍스트 속성에는 무엇이 있는지 소개하겠습니다. 텍스트의 속성은 [표 5-1]을 먼저 확인하기 바랍니다.

[표 5-1] 텍스트 관련 속성

속성	설명	비고
font-family	어떤 폰트를 사용할지 설정	
font-size	폰트의 크기를 정함	웹 단위 설정 * [1]
font-style	폰트의 모양이 normal 또는 italic 또는 oblique인지 정함	normal, italic, oblique
font-weight	폰트의 두께 설정	웹 단위 설정 *
font-variant	영문 폰트 모양 조절	normal, small-caps
line-height	텍스트와 텍스트 사이 간격 설정	웹 단위 설정 *
text-transform	영문자를 대문자, 소문자 등으로 변경	capitalize, uppercase, lowercase, none
text-decoration	폰트의 밑줄 등 꾸밈을 설정할 때 사용	underline, overline, line-through, none
word-spacing	단어 간의 간격 설정	웹 단위 설정 *
letter-spacing	글자 간의 간격 설정	웹 단위 설정 *
vertical-align	세로 정렬 설정	baseline, sub, super, top, text-top, middle, bottom, text-bottom, inherit
text-align	왼쪽, 중앙, 오른쪽 정렬 설정	left, right, center, justify
text-indent	들여쓰기 또는 내어쓰기 설정	음수값 조절 가능

---

1 * 웹 단위는 ":3장 3.4.5 웹사이트에서 사용되는 단위"를 참조하세요

텍스트 속성 : font-family

웹 페이지에서 폰트와 관련된 속성은 'font-'로 시작합니다. 여기서 font-family라는 속성에 대해서 먼저 학습을 하겠습니다. font-family는 한글로 하면 '글꼴-가족'이라고 할 수 있는데, font-family라는 속성을 설정하는 이유는 윈도우와 맥, 리눅스 등 사용하는 컴퓨터의 기본 폰트에서 차이가 나기 때문입니다.

특히 한글 윈도우와 맥킨토시(이하 맥) 운영체제에서 사용하는 기본 폰트는 완전히 다른 폰트를 사용합니다(최근에 한국에서도 맥을 사용하는 인구가 늘어나 맥에 대한 배려가 필요한 상황입니다). 한글 윈도우에서는 워드프로세서를 설치하지 않은 경우 '굴림, 돋움, 궁서, 바탕' 이렇게 네 개의 기본 폰트와 윈노우 비스타부터 적용된 '맑은 고딕'이라는 폰트, 이렇게 5개의 폰트만 사용합니다. 이에 반해 맥의 경우 '애플고딕, 애플명조, PC 명조, 필기체'와 MacOS 10.8부터 추가된 '애플 SD, 산돌고딕, Neo, 나눔고딕체'가 사용됩니다.

이렇게 윈도우와 맥에서는 사용하는 폰트가 다르다 보니, 웹 페이지를 만들 때도 하나의 시스템에서만 사용하는 폰트를 적용하는 것보단 조금이나마 그 차이를 줄일 수 있는 방법을 찾아야 합니다.

폰트의 분류

일반적으로 폰트는 산 세리프와 세리프로 나눕니다. 먼저 [그림 5-1]을 확인해 보기 바랍니다. 폰트가 일반적으로 끝 부분에 삐침이 없는 폰트를 산 세리프sans-serif라고 하며, 끝 부분에 장식 삐침이 있으면 세리프serif라고 합니다.

산 세리프는 '세리프(serif)가 없다(sans)'라는 뜻에서 온 스타일입니다. 글자 획의 굵기가 변하지 않고 가로획과 세로획이 거의 일정하여 획의 끝에 삐침이 없는 것이 특징입니다. 폰트의 인상이 강하고 직설적인 느낌이어서 제목이나 간판 등에 널리 사용됩니다. 세리프는 글자 획의 끝에 삐침이 있습니다. 절제된 양식으로 인한 품격이 있으며 한 글자 안에서도 획의 굵기가 변해서 생동감이 있습니다. 그리고 삐침이 시선을 유도하여 비교적 작은 글씨로 쓰여 있거나 길이가 긴 문서에 적합합니다. 간단히 설명하면 한글의 고딕체는 산 세리프, 명조체는 세리프입니다.

AaBbCc —— 산 세리프

AaBbCc —— 세리프

AaBbCc —— 산 세리프와 세리프의 차이점은 빨간색 부분

[그림 5-1] 산 세리프와 세리프체의 구분

쉽게 말해서 윈도우에서 일반적으로 사용하는 굴림, 돋움체는 산 세리프 계열 폰트이고, 바탕과 궁서체는 세리프 계열이라고 보면 됩니다. 맥에서 기본적으로 사용하는 애플고딕은 산 세리프, 애플 명조는 세리프 계열이 되겠습니다.

> ✳ **여기서 잠깐**
>
> **특정 폰트를 웹에서 사용하려면 어떻게 해야 하나요?**
>
> PC에 워드프로세서 즉, 한글 또는 워드 프로그램을 설치하면, 추가적으로 해당 워드프로세서뿐만 아니라, 다른 응용프로그램에서도 사용할 수 있는 폰트들이 설치됩니다. 하지만, 해당 폰트들은 웹에서 사용할 순 없습니다. 왜냐하면, 해당 폰트가 없는 PC가 있을 수 있으며, 그 경우 해당 폰트는 제대로 표현이 안 됩니다. 또한 해당 폰트들을 웹에서 사용하기 위해선 저작권에 대한 허락을 받아야 합니다. 따라서 윈도우 시스템과 맥에서 사용하는 기본 폰트 이외의 폰트를 사용할 때는 저작권 관계를 확실히 체크해야 하며, 또한 웹 표준 방식으로 사용하기 위해선 해당 폰트를 웹 폰트로 변환해 줘야 합니다. 웹 폰트 변환 방법은 따로 설명하겠습니다.

산 세리프와 세리프체에 대한 소개를 한 이유는 이 두 개의 폰트에 대한 내용을 이해해야 한글 웹 페이지를 만들 때 윈도우와 맥에서 똑같지는 않지만 비슷한 모양을 낼 수 있기 때문입니다. 아래의 폰트 속성을 한번 보기 바랍니다.

```
font-family: "돋움", dotum, AppleGothic, sans-serif;
```

'웹 페이지에서 해당 선택자에 폰트는 돋움을 기본 폰트로 적용하는데, 시스템에 없을 경우 AppleGothic을 사용하고, AppleGothic마저 없을 경우 시스템에 있는 sans-serif 폰트를 사용하라' 라는 의미입니다. 여기서 '돋움'과 'dotum'을 두 번 적용했는데, 그 이유는 한글 윈도우 시스템은 '돋움'을 인식하지만, 영문 시스템은 한글을 인식하지 못하기 때문에 'dotum'이라고 추가해 주는 것입니다.

[그림 5-2]를 보면 폰트 관련 여러 속성을 적용한 예제가 있습니다. 굵은 글씨로 되어 있는 부분이 적용된 속성입니다. 그림에서 보면 알겠지만, 두 번째와 세 번째 그림은 같습니다. 윈도우에서 산 세리프만 적용할 경우에는 가장 기본 폰트인 굴림체 또는 윈도우 버전(윈도우 비스타 이후 버전)에 따라서 맑은 고딕 폰트가 적용되기 때문입니다. 그 외의 폰트는 따로 지정해 줘야 합니다.

[그림 5-2] 윈도우 크롬에서 산 세리프로 처리한 후 보이는 화면
[예제 파일] chapter5/텍스트와폰트.html

이 화면은 크롬 이외의 브라우저에서도 윈도우 상에서는 거의 비슷한 모습으로 보이게 됩니다. 이제 이 화면을 맥에서 살펴보면 [그림 5-3]과 같은 모습이 됩니다.

[그림 5-3] 맥 크롬에서 세리프를 이용해서 처리한 후 보이는 화면

[그림 5-3]을 보면 맥에서는 윈도우와는 조금 다른 결과가 나오는 것을 알 수 있습니다. 이유는 한글 윈도우와 한글 맥 OS는 서로 다른 시스템 폰트를 사용하기 때문입니다.

[그림 5-4]의 처음 그룹을 보면 font-family는 돋움을 적용했지만, 맥에서는 돋움이라는 폰트가 없기 때문에 애플고딕AppleGohtic이 적용된 것입니다. 앞서도 얘기했지만 font-family에서 여러 폰트를 지정해 주면 처음 폰트가 없으면 다음 폰트가 적용됩니다. 맨 마지막 그림은 font-family를 AppleGohtic만 적용해 준 결과입니다. 맨 처음 그림과 마지막 그림이 같음을 알 수 있습니다.

그리고 두 번째 그룹은 산 세리프만 적용했을 때의 결과인데, 현재 필자가 사용하는 맥OS는 10.10 버전입니다. 10.8 이전 버전에서는 AppleGothic이 시스템 기본 폰트였는데. 10.8 이후부터 '애플 SD 산돌고딕 Neo'라는 폰트를 사용하고 있어, AppleGothic 폰트와는 다른 결과를 보여줍니다.

마지막으로 세 번째 그룹을 보면, 굴림만 적용한 경우, 맥에서는 단순한 명조체로 표시하는 것을 알 수 있습니다.

[그림 5-4] 윈도우에서 표시되는 영문 시스템 기본 폰트 패밀리
[예제 파일] chapter5/시스템영문폰트.html

이렇게 서로 다른 시스템에서 거의 같은 폰트를 표현하는 것은 불가능하기도 합니다. 하지만, CSS3에서는 웹 폰트를 적용할 수 있기 때문에, 이런 시스템 간의 차이점을 해결할 수 있는 방법이 있습니다. 웹 폰트와 관련된 내용은 따로 정리하도록 하겠습니다.

한글의 경우 이렇게 윈도우와 맥 시스템 간의 차이가 많이 발생하지만, 영문은 거의 모든 폰트를 공유하기 때문에 비슷한 font-family로 웹 페이지를 만들 수 있습니다.

[그림 5-4]와 [그림 5-5]를 보면 거의 대부분의 폰트(마지막 Comic Sans MS 제외)가 똑같이 보입니다. 이것은 영문 윈도우와 영문 맥의 경우 기본 시스템 폰트로 해당 폰트를 제공하기 때문입니다. 따라서 영문으로 웹사이트를 제작할 때는 한글 웹사이트와 달리 기본 폰트 시스템만 사용하더라도 문제 없이 같은 웹 페이지를 만들 수 있습니다.

[그림 5-5] 맥에서 표시되는 영문 시스템 기본 폰트 패밀리

한글 윈도우 및 맥에서 사용할 수 있는 시스템 폰트를 브라우저에서 표시하면 [그림 5-5]와 같습니다. 한글 윈도우는 XP 이하 버전을 제외하고 '맑은 고딕'이라는 폰트가 추가되었고 맥에서도 '애플 산돌고딕 Neo'라는 폰트가 추가되어, 웹 페이지를 만들 때 폰트 사용에서 조금은 더 융통성이 생겼습니다.

[그림 5-6] 기본적인 윈도우 한글 시스템 폰트

[예제 파일] chapter5/시스템한글폰트.html

[그림 5-7] 기본적인 맥 OS 한글 시스템 폰트

[그림 5-6]과 [그림 5-7]을 비교해 보면 윈도우에서 사용하는 폰트는 윈도우에서는 해당 폰트가 제대로 표현되지만, 맥에서는 바탕체로만 표현되고, 윈도우에서도 맥에서 사용하는 폰트는 굴림체로만 표현되는 것을 알 수 있습니다. 한글 웹사이트는 맥 사용자가 전체 PC 사용자의 5% 미만으로 추정되기 때문에 사실 윈도우 전용으로 웹 페이지를 만들어도 상관이 없기는 합니다. 하지만 방법이 없어서 못하는 것과 방법이 있는데도 안 하는 것은 차이가 있기 때문에, 되도록 이 두 시스템 간의 차이점도 해소하는 것이 올바른 웹 표준 사이트라고 할 수 있습니다.

> **참고** 이렇게 시스템 간의 차이점을 해결하는 방법 중 하나가 웹 폰트의 사용입니다. 관련된 내용은 웹 폰트의 속성을 학습할 때 다시 한 번 다루도록 하겠습니다.

텍스트 속성 : font-size

`font-family`가 웹 브라우저에서 보는 폰트 모양을 결정하는 것이라면, `font-size`는 폰트의 크기를 결정해 주는 것입니다. 웹 폰트의 사이즈는 고정형과 가변형이 있습니다. 고정형이라고 하는 것은 웹 폰트의 사이즈를 지정해 주면 웹 브라우저에서 폰트를 크게 하더라도 폰트 사이즈가 고정되는 것에 반해, 가변형은 웹 브라우저에서 폰트를 크게 하거나 작게 하면 폰트 사이즈도 같이 바뀌는 것을 말합니다.

웹에서 사용하는 단위 중 rem, em, %, ex는 가변형이고 나머지는 고정형 단위입니다. 일반적으로 웹 페이지에서 가장 많이 사용되는 단위는 px, %, em, rem 정도만 알아도 문제 없이 모든 사이트를 만들 수 있습니다. 폰트를 설정할 때는 가끔 pt 단위도 사용됩니다. 먼저 px는 가장 흔하게 사용되는 단위입니다. 모니터의 한 점을 픽셀이라고 하며, 웹에서 그 단위를 px로 표기하는 것입니다.

혹시 여러분들은 브라우저의 기본 폰트 사이즈가 어떻게 되는지 아시나요? 브라우저의 기본 폰트 사이즈는 16px 사이즈입니다. 이제 [그림 5-8]을 한번 보겠습니다.

[그림 5-8] 폰트 사이즈 확인하기

[예제 파일] chapter5/시스템폰트사이즈확인.html

[그림 5-8]을 보면 제일 위의 '시스템 기본 폰트 사이즈'는 아무런 속성도 적용되지 않는 기본 폰트가 적용된 상태입니다. 이제 `<p class="t1">` 부분은 CSS에서는 `font-size:16px;` 속성이 적용되어 있습니다. 즉 폰트 크기가 16px로 고정되어 있다는 것입니다. 그와 같은 방식으로 t2 에는 1em, t3에는 1rem이 적용되어 있습니다.

다시 [그림 5-8]을 보면 빨간 박스 상단에 있는 폰트 크기는 같습니다. 브라우저 기본 폰트가 16px이기 때문에 1em×16px=16px이고 1rem 또한 16px로 설정되는 것입니다. 이제 빨간 박스 부분을 볼까요? 빨간 박스 내부에는 `font-size:24px;` 속성으로 설정되어 있는 상태로 폰트 크기가 어떻게 변하는지 보겠습니다.

상단부터 아무런 속성을 적용하지 않는 폰트, 그리고 1em으로 설정한 폰트의 크기가 바뀐 것을 알 수 있습니다. CSS는 상속의 개념이 탑다운 방식이기 때문에, 박스 내부의 폰트 사이즈를 24px로 설정해서 속성이 적용되지 않은 '시스템 기본 폰트 사이즈'는 24px 크기로, 그리고 1em 또한 1em×24=24px로 변한 것입니다. 그리고 16px로 크기가 고정된 폰트는 크기가 고정되어 있습니다.

그런데 말이죠, 1rem으로 설정한 폰트의 크기도 16px로 되어 있습니다. 이건 왜 이런 현상이 벌어지는 것일까요? em은 element(단위)의 약자이며, rem이라는 단위는 em의 root라는 의미입니다. 즉 rem의 크기는 root에서 변화를 시켜줘야 변경되는 것을 의미합니다. 이 rem의 값을 변경하려면 다음과 같이 html 속성의 값을 변경해야 합니다.

```
html {
    font-size: 20px;
}
```

위와 같이 CSS 코드를 적용하면, 1rem의 크기는 20px이 되는 것입니다. 아니 그렇다면 왜 이런 식으로 폰트 크기를 정하는 건지 의문도 생길 수 있는데, 이유는 반응형(responsive) 웹사이트 제작을 위해서 이런 방식을 사용하는 것입니다. 요즘 추세가 하나의 웹 페이지를 이용해서 PC용와 모바일 동시에 작동하는 반응형 웹사이트를 사용합니다. 하지만 PC에 비해서 모바일의 경우 화면 크기가 작기 때문에 상대적으로 글자는 PC보다 조금 크거나, 작게 설정해야 하기도 하는데, 이럴 때 상대 크기를 조절할 수 있는 em, rem 단위를 사용하면 매우 편리합니다.

 브라우저의 기본 폰트 크기가 16px이라고 했는데, 그럼 폰트 크기를 14px로 만들려면 em의 크기는 얼마나 될까요? 그리고 rem 단위로 했을 때의 크기는 얼마일까요? 정답은 0.875em, 0.875rem 입니다.

텍스트 속성 : text-decoration, word-spacing, text-align

텍스트 속성에서 `line-height`와 `text-indent` 그리고 `vertical-align` 속성을 제외한 나머지 속성은 어떤 효과가 있는지 확인해 보겠습니다. 한글일 경우에는 필요 없는 속성이 있긴 하지만, 여러분이 한글 웹사이트만 만들 것은 아니기 때문에 각 속성이 어떤 역할을 하는지는 파악해야 합니다.

이제 텍스트 속성에 대해서 적용하면 전체적으로 어떤 모습이 되는지 확인해보겠습니다.

[그림 5-9]를 보면 각 텍스트 속성에 따른 결과를 알 수 있습니다. `font-weight`는 일반적으로 `bold`와 `normal` 이외에는 큰 차이를 느낄 수 없지만, 폰트의 크기가 아주 큰 경우 `weight` 값에 따라 미세한 차이가 발생합니다.

[그림 5-9] 텍스트 속성 이해
[예제 파일] chapter5/텍스트속성에따른결과.html

`font-variant`와 `text-transform`은 한글로만 구성된 웹사이트에서는 전혀 사용할 필요가 없지만, 영문으로 구성된 웹사이트에는 아주 유용하게 사용할 수 있는 속성입니다. 문장 첫 글자만 대문자로 처리하거나 전체 문장을 작은 대문자로 처리하는 경우, 또는 전체 문장을 대문자로 처리할 때 `text-transform`과 `font-variant`를 적절하게 이용하면, 웹사이트를 아주 멋있게 꾸밀 수 있습니다.

text-decoration인 경우 수도 선택자 :hover와 같이 하이퍼링크에 사용해 주면 링크가 걸린 부분에 마우스 포인터가 다가가면 효과를 줄 수 있게 처리해 줍니다. 또는 특정 문장을 수정할 경우나 한 문장을 강조해 줄 때 사용되기도 합니다.

word-spacing은 단어와 단어 사이의 간격을 설정해 줄 수 있습니다. letter-spacing은 한 글자 사이의 간격을 설정합니다.

text-align은 문장을 정렬해 주는 역할을 하는데, 문장뿐만 아니라 인라인 태그인 이미지까지 정렬할 수 있습니다.

텍스트 속성 : line-height

텍스트 속성 중 line-height는 문단과 문단 사이의 간격을 조절하는 데 사용되는 속성입니다. 여기서 line-height를 따로 다루는 이유는 font-size와도 관계가 있습니다. font-size는 고정형과 가변형이 있다고 배웠습니다. line-height의 경우에도 고정형과 가변형 속성 둘 다 적용 가능하지만, 필자는 되도록 line-height의 경우 가변형을 적용하라고 권합니다. 이유는 font-size에서와 같이 텍스트 크기의 변화에 따른 문단의 겹침 현상을 방지하기 위함입니다.

우선 그림을 보면서 설명하겠습니다.

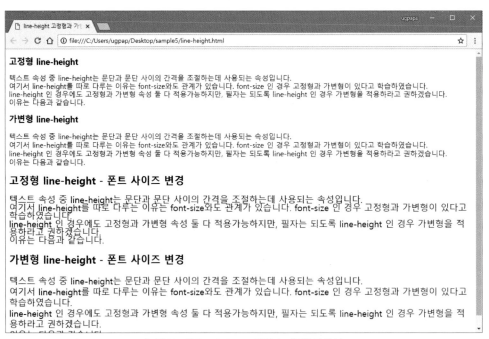

[그림 5-10] line-height 고정형과 가변형의 차이
[예제 파일] chapter5/line-height.html

[그림 5-10]을 보면 고정형 `line-height`는 상단은 18px을, 가변형은 1.2em을 사용했습니다. 웹 브라우저의 기본 폰트 크기를 사용하는 경우에는 전혀 문제가 되지 않는데 하단에서와 같이 폰트 크기를 변경하게 되면 즉, `line-height`의 크기보다 큰 폰트 사이즈의 경우 고정형 `line-height`는 글자들이 겹쳐버리는 현상이 발생하게 됩니다. 하지만 가변형 `line-height`의 경우에는 전혀 겹치는 현상이 없습니다. 이유는 폰트의 크기에 비례해서 `line-height`의 크기도 변화하기 때문입니다. `line-height`가 1.2em은 사용된 폰트 20px×1.2em=24px의 크기로 바뀝니다.

텍스트 속성 : text-indent

`text-indent`라는 속성은 들여쓰기를 하기 위해서 만든 속성입니다. 아주 간단하게 예를 들면, 문장의 첫 글자는 원래 들여 쓰는 것이 맞습니다. 요즘 웹사이트는 이를 지키는 경우가 드물죠. 하지만 `text-indent`는 들여쓰기 기능 이외에도 약간의 트릭으로 재미있는 예제를 만들 수 있습니다. [그림 5-11]을 보면 문장의 첫 글자가 들여쓰기가 적용된 것을 알 수 있습니다. 예제에서는 p 태그 선택자에 p `{text-indent:1.5em;}`을 적용했기 때문에 p 태그가 적용된 모든 문장에는 `text-indent`가 적용됩니다. `text-indent`는 이렇게 들여쓰기를 위한 태그이긴 하지만 웹 표준에서는 다른 방식으로 사용할 수도 있습니다. `text-indent`는 들여쓰기도 가능하지만, 음수 값을 적용해서 별도의 효과를 줄 수도 있습니다. 단어를 보이지 않게 하는 효과를 줄 수 있다는 것입니다.

이런 효과는 메뉴를 만들 때 사용하게 되는데, 메뉴를 만들 때, 웹 표준 방식에 의거하여 리스트 태그를 이용하여 메뉴를 구성합니다.

[그림 5-11] text-indent를 이용한 예제

[예제 파일] chapter5/text-indent.html

[그림 5-11]에 있는 메뉴1을 보면 아주 일반적인 웹 표준 방식의 메뉴를 볼 수 있습니다. 모든 메뉴가 수정 가능한 텍스트로 구성되어 있습니다. 지금까지의 내용을 잘 따라왔다면 이 정도 메뉴를 만드는 것은 별로 어렵지 않습니다. 전부 다 배운 내용입니다. 이제 하단에 있는 메뉴 2를 보면 메뉴 1에 있는 텍스트는 사라지고 이미지로 대체되어 있는 모습을 볼 수 있습니다. [그림 5-10]에 있는 CSS 코드를 보면 하단에 다음과 같은 코드가 있습니다.

```
47  ul.menu2 li a {
48      background: no-repeat center center;
49      background-size: 20px 20px;
50      display: block;
51      text-indent: -9999px;
52  }
```

여기서 text-indent:-9999px; 부분이 텍스트를 사라지게 하는 역할을 합니다. 숫자가 마이너스로 되어 있고 값은 9999px인 이유는 현재까지 아무리 초고해상도 모니터일지라도 9,999픽셀의 지닌 모니터는 세상에 존재하지 않습니다. 현재 초고해상도 모니터인 4K 모니터로 가로 4,096픽셀의 해상도입니다. 따라서 9999px로 지정하면 해당 텍스트는 보일 수가 없게 되는 것입니다.

텍스트 속성 : vertical-align

텍스트 속성의 마지막으로 vertical-align에 대해서 알아봅니다. vertical-align은 속성이 아주 많지만, 사실 사용할 수 있는 속성은 몇 개 없습니다. [그림 5-12]를 보면 거의 모든 속성이 비슷하다는 것을 알 수 있는데, 가장 많이 사용할 때가 수학 공식을 표현할 때 사용합니다. 그림에서와 같이 vertical-align:sub와 vertical-align:super를 이용하면 수식을 웹사이트에서 표시할 수 있게 됩니다. [그림 5-12]를 보면 수학 수식을 vertical-align을 이용하여 정확하게 표현한 것을 보실 수 있습니다. 이런 속성을 모르면 이런 수식을 이미지로 만들어 사용하는 경우를 봤는데, 그렇게 되면 수식이 변경될 때마다 이미지를 만들어야 하는 어려움이 있습니다. CSS 속성을 자세히 보면 워드프로세서가 표현할 수 있는 모든 표현을 웹 페이지에서도 동일하게 구현할 수 있게 처리하는 것입니다.

[그림 5-12] vetical-align 속성

[예제 파일] chapter5/vertical-align.html

5.2 웹 폰트

웹 폰트web font란 폰트 파일을 서버에 탑재해 클라이언트 즉, 웹 브라우저로 보내주는 방식의 기술입니다. 우리가 보통 사용하는 윈도우나 맥 시스템에서 기본적으로 제공되지 않는 특수 폰트를 사용하게 해주는 기술인데요, 해당 글꼴이 설치되지 않은 기기에서도 해당 폰트를 볼 수 있습니다. 이전에 컴퓨터에 기본적으로 설치된 폰트만으로 웹 페이지를 구성한 것에 비하면 웹 디자이너에게는 정말 반가운 발전이 아닐 수 없습니다. 폰트를 어떻게 활용하느냐에 따라 정보 전달력이 달라지기도 합니다.

웹 폰트는 사실 IE에서는 IE 4.0부터 지원되었습니다. 하지만 다른 브라우저에서는 해당 웹 폰트를 사용할 수 없었는데, 그 이유는 해당 웹 폰트 규격이 표준이 아닌 독자 기술이었기 때문이었습니다. CSS3에서는 웹 표준 규격이 생겨 모든 브라우저에서 웹 폰트를 적용해 줄 수 있게 되었습니다. 하지만 웹 표준 규격이라고 할지라도, 브라우저마다 지원하는 웹 폰트가 다르다 보니 모든 브라우저에서 웹 폰트를 적용하기 위해선 해당 브라우저가 지원하는 웹 폰트를 사용해야 합니다. IE8 이하의 버전은 eot 파일을, IE9 이상과 파이어폭스는 woff 파일 포맷을, 그 외의 브라우저는 ttf 파일 포맷을 사용합니다.

5.2.1 웹 폰트 속성 : @font-face

웹 폰트는 @font-face라는 속성을 사용하며, 사용 방법은 다음과 같습니다.

```
@font-face {
font-family: 'Nanum';
    /* 여기서 폰트의 이름을 지정합니다(임의로 지정해도 됩니다). */
    src:url(PATH/nanum.eot);
    /* 여기는 IE에서 사용하는 eot 파일의 경로를 지정합니다. */
    src: url(PATH /nanum.woff) format("woff"), url(PATH/nanum.ttf)
format("truetype");
    /* 여기서는 woff 파일 포맷과 ttf 파일 포맷을 지정합니다. */
}
```

@font-face를 적용하려면 최소한 두 가지의 폰트 포맷을 지정해 줘야 합니다. 최소한 두 가지 포맷은 eot와 ttf 파일 포맷입니다.

eot_{embedded open type}는 MS가 특허권을 소유하고 있어 IE8 이하의 브라우저에서만 작동합니다. woff 파일 포맷은 Web Open Font Format의 약자로 2009년에 개발되었으며, W3C에서 권장하는 폰트 포맷입니다. 제일 먼저 파이어폭스 3.6 버전에서 채택되었으며, IE9 또한 woff 파일 포맷을 지원하고 있습니다. 향후 웹 표준으로서의 폰트 포맷으로는 woff가 유력하다고 예상됩니다.

ttf_{True Type Font}는 PC에서 사용하는 폰트 파일입니다. 따라서 PC에서 사용하는 폰트 파일을 그대로 사용해도 괜찮습니다만, 한글의 경우 ttf 파일 크기가 생각보다 꽤 크기 때문에 약간의 변형이 있어야 합니다. 즉 한글 폰트는 특수문자들이 많이 내장되어 있는데, 그런 특수 문자들을 제거해 주면 폰트 파일 크기가 줄어 들게 됩니다.

5.2.2 웹 폰트 적용하기

웹 폰트를 적용해 주는 방법은 크게 직접 폰트 파일을 변환하는 방법과 만들어진 웹 폰트를 다운받아서 적용하는 방법, 그리고 웹 서비스를 사용하는 방법 이렇게 세 가지 방법이 있습니다.

웹 폰트 직접 변환하여 사용하기

웹 폰트를 제작하는 가장 최신의 방법은 'Web Font Generator'라는 사이트를 이용하는 방법입니다. 해당 사이트의 URL은 https://www.web-font-generator.com/입니다. 먼저 해당 사이트에 접속한 후 [그림 5-13]과 같이 〈파일 선택〉 버튼을 누르고 해당 폰트(여기서는 JejuHallasan.ttf)를 선택한 후 하단의 체크박스 두 곳에 체크하고 〈Generate web font〉 버튼을 누르기만 하면 됩니다. 현재까지 일반 폰트를 웹 폰트로 변환하기 가장 편한 방법입니다.

[그림 5-13] 웹 폰트로 변환하는 방법

[그림 5-14]를 보면 일반 폰트가 웹 폰트로 변환되어 테스트해 볼 수 있는 페이지까지 제공되기 때문에 매우 편리합니다. 이제 [그림 5-14]에서 보이는 〈Download Package〉 버튼을 누르면 해당 웹 폰트 파일들과 CSS 파일까지 포함된 압축 파일이 제공되는 것을 알 수 있습니다.

[그림 5-14] 웹 폰트로 변환 후 테스트해 볼 수 있는 페이지

이렇게 변환된 웹 폰트는 로컬 PC 또는 본인의 서버에서만 작동합니다. 즉 html 파일과 폰트 파일들이 같은 PC 또는 동일한 서버에 있어야 한다는 것입니다. 다른 PC 또는 별도의 스크립트 처리가 되지 않는 서버에 있는 웹 폰트는 동작하지 않기도 합니다. 간단한 예제를 보겠습니다.

[코드 5-1] 웹 폰트 사용을 위한 HTML 코드	[예제 파일] chapter5/웹폰트.html

```
1   <!DOCTYPE html>
2   <html lang="en">
3   <head>
4       <meta charset="UTF-8">
5       <title>웹 폰트 테스트</title>
6       <style type="text/css">
7           @font-face {
8               font-family: 'JejuHallasan';
9               src: url("fonts/JejuHallasan.eot");
10              src: url("fonts/JejuHallasan.woff") format("woff"),
                    url("fonts/JejuHallasan.ttf") format("truetype");         }
11
```

```
12          h1 {
13              font-family: JejuHallasan;
14          }
15      </style>
16  </head>
17
18  <body>
19      <h1>제주한라산 테스트 </h1>
20      <p>일반 테스트 </p>
21  </body>
22
23  </html>
```

[코드 5-1]을 보면 방금 변환된 웹 폰트 파일 중 3개의 파일을 fonts라는 디렉토리 내부에 넣어두고 CSS에서 경로를 지정했습니다. 그리고 h1 태그에만 font-family를 지정했습니다. [그림 5-15]의 결과 화면과 같이 h1 태그에만 웹 폰트가 지정되었습니다.

[그림 5-15] 지정된 웹 폰트 실행 결과 화면

이렇게 직접 웹 폰트를 제작하는 경우에 가장 유의해야 할 점은 해당 폰트의 라이선스 문제입니다. 상용 폰트의 경우 함부로 웹 폰트로 제작하여 사용하면 절대 안 됩니다. 현재 예제에서 사용된 제주 한라산체는 제주특별자치도에서 개발한 폰트로 웹 폰트로 제작해도 전혀 문제가 되지 않는 폰트 중 하나입니다.

만들어진 웹 폰트를 다운로드하여 사용하기

웹 폰트를 사용하는 두 번째 방법은 미리 제작된 웹 폰트를 내려 받아 사용하는 것입니다. [그림 5-16]을 보면 font-squirrel이라는 사이트가 있는데 이 사이트는 최신 무료 폰트의 경우 webfont kit 형태로 파일을 제공하고 있습니다. 이 사이트에서도 웹 폰트 생성기(webfont generator)란 메뉴가 있고, 폰트 크기가 작은 경우 사이트에서 직접 웹 폰트를 제작할 수도 있습니다. 하지만 한글 폰트의 경우 파일 사이즈가 너무 커서 해당 사이트의 font-generator로는 웹 폰트를 만들 수 없습니다.

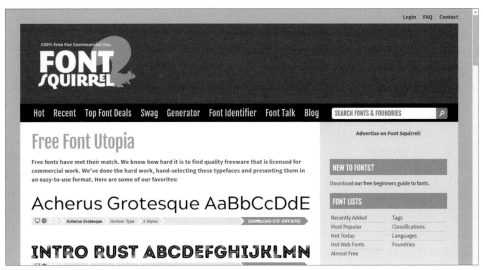

[그림 5-16] 영문 무료 폰트 제공 사이트: http://www.fontsquirrel.com/

구글 웹 폰트 서비스 이용하기

마지막으로 필자가 가장 추천하는 방법은 구글 웹 폰트 서비스를 이용하는 것입니다. 이 방법을 추천하는 이유는 가장 편리하게 웹 폰트를 구현할 수 있기 때문입니다. 2017년까지도 한글 웹 폰트가 완벽하게 지원하지 않고 얼리 액세스early access란 개념의 일종의 베타 버전처럼 제공했는데, 2018년부터는 한글 폰트도 완벽하게 지원되고 있습니다.

[그림 5-17]을 보면 '나눔고딕'이 포함되어 있는 것을 볼 수 있습니다. 사용 방법은 아주 간단합니다. 폰트 이름 옆에 있는 빨간색 ⊕ 표시를 클릭하면 해당 폰트를 선택할 수 있습니다.

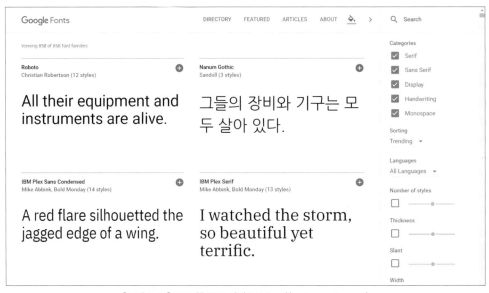

[그림 5-17] 구글 웹 폰트 서비스: https://fonts.google.com/

[그림 5-18]에서와 같이 CSS 파일을 적용하는 두 가지 방법 중 하나를 선택한 후 해당 폰트 이름을 지정해 주기만 하면 됩니다. 매우 편리하고, 저작권에 대한 고민도 할 필요가 없습니다. 단점을 꼽자면 중국에서는 구글이 차단되어 있기 때문에 중국 쪽 비즈니스를 생각하고 있으시면, 이 방법은 이용하기가 어렵습니다.

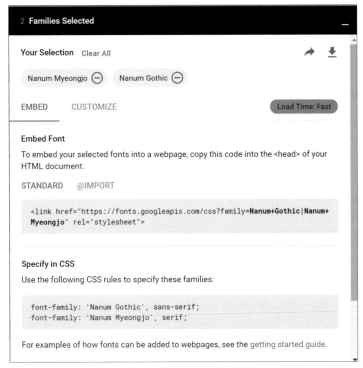

[그림 5-18] 선택된 웹 폰트 사용 방법 안내

5.3 text-shadow와 멀티 컬럼

5.3.1 text-shadow 속성

이제 텍스트와 관련하여 거의 마지막까지 왔습니다. text-shadow는 box-shadow와 더불어 CSS3에서 추가된 그래픽 요소입니다. 글자에 그림자를 넣어주는 역할을 하는 속성입니다. 이 속성인 경우 IE에서는 IE9까지는 지원되지 않았다가, IE10부터는 본격적으로 지원되고 있습니다. 사용법은 box-shadow 적용 방법과 같습니다.

```
text-shdow:5px 5px 2px #ccc; /* X축 거리 Y축 거리, blur값 색상 */
```

[그림 5-19]를 보면 text-shadow 속성이 적용된 모습을 볼 수 있습니다.

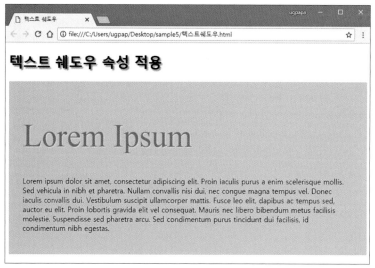

[그림 5-19] 텍스트 쉐도우 효과
[예제 파일] chapter5/텍스트쉐도우.html

[그림 5-19] 하단 박스에 있는 텍스트들은 text-shadow 속성을 이용하여 입체감을 더한 모습을 볼 수 있습니다. 이렇게 text-shadow를 이용하면, 이전에는 포토샵으로 처리했던 효과들을 단순히 CSS만으로도 동일한 효과를 낼 수 있음으로써, 제작, 편집 및 수정이 아주 간단하게 처리할 수 있게 된 것입니다.

5.3.2 멀티 컬럼 속성

멀티 컬럼은 신문 또는 잡지 지면과 같이 다중으로 텍스트를 구성하는 것을 말합니다. 멀티 컬럼은 이전에는 IE 계열의 브라우저에선 지원하지 않았지만, 현재는 IE10에서도 멀티 컬럼 속성이 지원되고 있습니다.

속성은 다음과 같이 적용합니다.

```
-moz-column-count:3;        /* Firefox */
-webkit-column-count:3;     /* Safari and Chrome */
column-count:3;             /* 웹 표준 */
```

column-count는 컬럼이 생성되는 숫자를 의미합니다.

```
-moz-column-gap:30px;       /* Firefox */
-webkit-column-gap:30px;    /* Safari and Chrome */
column-gap:30px;            /* 웹 표준 */
```

column-gap은 컬럼과 컬럼 사이의 간격을 의미합니다. column-gap을 지정하지 않더라도 기본적으로 갭이 생성됩니다만, 갭 값을 적용해 줌으로써 보다 세밀한 디자인이 가능해집니다.

```
-moz-column-rule:1px dotted #666;       /* Firefox */
-webkit-column-rule:1px dotted #666;    /* Safari and Chrome */
column-rule:1px dotted #666;
```

column-rule은 나눠진 컬럼 사이에 선을 그어주는 역할을 합니다. 두께와 선 모양, 그리고 선 색상을 지정해 줄 수 있습니다. 위의 속성을 지정해준 결과는 [그림 5-20]에서 확인할 수 있습니다.

[그림 5-20] 멀티 컬럼 적용 예제
[예제 파일] chapter5/멀티컬럼.html

제목 다음에 멀티 컬럼이 적용되었으며, 다음 문단에서는 멀티 컬럼이 적용되지 않았습니다. 그림에서는 3단이 적용되었으며, 구분선은 점선으로 처리되었습니다. 이전에는 이런 멀티 컬럼을 웹사이트에서 구현하려면, 여러 개의 박스 모델을 가지고 작업했습니다. 하지만 단순히 텍스트에 컬럼을 적용하는 경우 멀티 컬럼을 이용하면 쉽게 신문과 같은 멀티 컬럼이 생성되기 때문에 이 속성은 신문사 또는 웹진에서 많이 사용될 수 있는 속성이라고 할 수 있습니다.

텍스트와 관련된 속성은 여기까지입니다.

텍스트는 웹사이트에서 가장 많이 사용되는 요소입니다. 사실 웹 페이지의 대부분은 텍스트로 구성되어 있다고 해도 과언이 아닙니다. 따라서 CSS3에서도 텍스트와 관련된 속성은 많이 추가되지 않았으며, 웹 폰트와 텍스트 쉐도우, 멀티 컬럼과 같이 주로 그래픽적인 효과를 극대화하는데 치중되었습니다. 웹 페이지를 만들 때는 CSS3 속성이 많이 사용되지 않을 수도 있지만, CSS3에서 추가된 속성을 사용하게 되면, 별도의 이미지 편집 프로그램이 없더라도 거의 동일한 효과를 CSS 코드만 이용해서 구현할 수 있다는 장점이 있습니다.

5.4 웹 컬러

텍스트 못지 않게 색상 또한 웹사이트를 구성하는 요소 중 빼놓을 수 없는 중요한 부분입니다. 웹에서 사용하는 컬러는 표현 방법이 복잡하지 않기 때문에 간략하게 알아보도록 하겠습니다.

5.4.1 웹 컬러 표현 방식

웹 컬러는 말 그대로 웹에서 사용하는 컬러를 말합니다. 웹 컬러를 표현하는 방식은 세 가지 방식이 있습니다.

❶ RGB – Red, Green, Blue 이렇게 색의 3원색으로 표현하는 방식입니다.
❷ HSL– Hue, Saturation, lightness 이렇게 색조, 채조, 명조로 표현하는 방식입니다.
❸ HEX – 색을 16진수로 표현하는 방식입니다.

이렇게 세 가지 전통적인 방식 외에 CSS3에서 하나 더 추가되어 지금은 네 가지 방식인데요, A 값이 추가되었는데 A라는 값으로 Alpha(투명도)를 지정할 수 있게 되었습니다.

웹에서는 하나의 색상을 표현하기 위해 각기 다른 세 가지 표현법을 사용합니다. 웹에서 가장 많이 사용하는 방법은 HEX와 RGB 이렇게 두 가지 방식이 많이 사용됩니다.

HEX는 흰색의 경우 ffffff, 검은색은 000000, 이렇게 표시되며, 빨간색(RED)은 ff0000, 초록색(Green)은 00ff00, 파란색(Blue)은 0000ff로 표시합니다. HEX 컬러의 경우 코드가 두 번 반복되면 축약형 여섯 자리가 아닌 세 자리로 표시할 수 있습니다. 예를 들어 #ffffff는 ff 값이 두 번 중복되었기 때문에 #fff 이렇게 표현할 수 있습니다. 또한 #ffcc00 이런 색상도 #fc0 이렇게 표시할 수 있습니다.

RGB는 흰색은 255, 255, 255 검은색은 0, 0, 0 이렇게 표시되며, 빨간색(RED)은 255, 0, 0 초록색(Green)은 0, 255, 0, 파란색(Blue)은 0, 0, 255로 표시됩니다.

HSL은 흰색의 경우 120, 0, 100 검은색은 120, 100, 0으로 표시되며, 빨간색(RED)은 0, 100, 100, 초록색(Green)은 120, 100, 100, 파란색(Blue)은 240, 100, 100 이렇게 표시됩니다. 실제 웹에서 사용할 때는 HEX는 #ffffff, RGB는 rgb(255,255,255), HSL은 hsl(120,0,100) 이렇게 표시됩니다. 하지만 이런 값을 어떻게 알 수 있는지 잘 모를 때는 이미지 편집 프로그램 중 하나인 포토샵을 이용합니다. 포토샵 프로그램이 없다면 http://www.colorpicker.com/ 을 이용하거나, 만약 크롬 브라우저를 사용한다면 크롬 확장 관리 프로그램 중 하나인 Eye Dropper를 사용하면 편리하게 웹 컬러를 알아낼 수 있습니다. 현재 필자가 사용하는 버전은 0.5.2 버전입니다. 사용법은 매우 간단하기 때문에 설명은 생략하겠습니다.

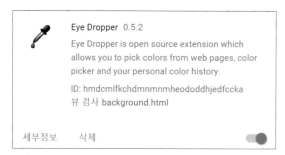

[그림 5-21] 크롬 확장 프로그램 중 웹 컬러 색상을 알아낼 수 있는 Eye Dropper

CSS3에서는 이런 웹 색상 이외에 alpha 채널 즉 투명도를 지정해 줄 수 있는데, 0은 완전 투명, 1은 불투명입니다. 그리고 0.5는 반투명으로 소수점 단위를 이용해서 값을 지정해 줄 수 있습니다. 예를 들어 RGB는 rgb(255,0,0)이라는 색상이 있다면, 반투명 상태를 표시할 때는 rgba(255,0,0,0.3) 이라고 합니다. 반드시 a와 해당 값을 추가합니다.

alpha 값을 적용하기 위해서는 RGB 색상 또는 HSL 색상값을 사용해야 합니다. 투명도는 박스 모델 및 텍스트에 적용됩니다.

[그림 5-22] 웹 컬러 예제
[예제 파일] chapter5/웹컬러-알파채널.html

[그림 5-22]를 보면 처음 박스는 불투명 박스입니다. 이 부분은 단순하게 RGB 컬러를 적용했으며, 바로 하단 박스는 RGBA를 적용한 상태입니다. alpha 값은 0.2입니다. 또한 하단에 있는 텍스트에도 알파 값이 적용되어 있는 상태입니다. 다음 코드를 참고하세요.

```
27  .in-box1 {
28      background-color: red;
29  }
30
31  .in-box2 {
32      background-color: rgba(255, 0, 0, 0.2);
33  }
34
35  h1 {
36      padding: 1em;
37      font-size: 3em;
38      color: rgba(0, 255, 0, 0.2)
39  }
```

알파 값과 유사한 CSS 속성이 opacity 속성입니다. opacity 속성은 앞서 박스 모델을 학습할 때 한번 나온 적이 있습니다. opacity는 박스 모델 자체를 투명하게 만드는 것이고, rgba 또는 hsla에서의 a, 즉 alpha 값은 색상에 대해서 투명도를 지정하는 것입니다. alpha 값은 색상 이외에는 투명도를 지정할 수 없지만, opacity는 박스 모델, 이미지, 색상 등 모든 속성에 투명도를 지정합니다.

5.5 텍스트와 문장 구성 관련 속성

웹사이트에 어떻게 정보를 보여줄 것인가를 고민하다 보면, 다양한 상황을 만나게 됩니다. 텍스트를 일부만 보여주고 싶다거나 특정 영역에 스크롤을 만들어 넣고 싶다든지 등 여러 가지 인데요. 이럴 때 다양하게 표현할 수 있는 CSS 속성이 텍스트와 문장 구성 관련 속성입니다.

5.5.1 overflow 속성

overflow는 박스 모델과 연관된 속성 중 하나인데, 특별히 기타 속성으로 빼낸 이유는 자주 사용하진 않고 특수한 경우에만 사용되기 때문입니다.

웹사이트에서 회원가입 부분을 보면 약관 및 개인정보 보호 부분이 있는데, 그 부분은 하나의 박스로 되어 있으며 내부에 스크롤이 되어 있습니다([그림 5-23] 참조).

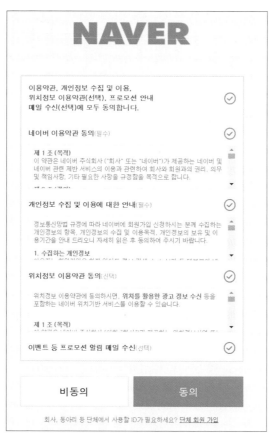

[그림 5-23] 포털 사이트 네이버의 회원가입 부분

이렇게 내부 스크롤이 있는 문서를 만드는 방법은 두 가지가 있는데, 하나는 HTML 태그에서 `iframe`을 이용하여 `iframe` 내부에 다른 HTML 문서를 호출하는 방법이 있고, 다른 하나는 하나의 HTML 파일 내부에 BOX 모델을 이용하여 CSS의 overflow 속성을 이용하는 방법입니다.

overflow 속성은 다음과 같이 설정합니다

[표 5-2] overflow 속성

속성	설명
visible	오버플로우된 항목을 잘라내지 않는다(기본값).
hidden	오버플로우된 부분을 감춘다.
scroll	오버플로우 속성에 강제로 스크롤 바를 생성한다
auto	오버플로우되면 자동적으로 스크롤 바가 생성된다
inherit	속성이 상속된다

[그림 5-24]과 [그림 5-25]를 보면 결과는 거의 유사합니다. 하지만 하나는 CSS 속성을 이용했으며, 하나는 `iframe`을 이용했습니다. overflow 속성은 이렇게 콘텐츠의 일부 또는 전부를 박스 모델 범위 안에서 보여줄 때 사용하는 속성입니다. overflow 속성은 다양한 방식으로 사용 가능합니다. 특히 보여주기 싫은 콘텐츠나, 텍스트의 일부를 감출 때 사용하기도 합니다. 하지만 텍스트의 일부를 감출 경우에는 text-overflow라는 속성이 별도로 있습니다. 이 부분은 잠시 후에 따로 설명하겠습니다.

[그림 5-24] overflow 속성을 이용해서 만든 약관 페이지

[예제 파일] chapter5/overflow.html

[그림 5-25] iframe 속성을 이용해서 만든 약관 페이지

[예제 파일] chapter5/iframe.html

[그림 5-26]을 보면 같은 그림이 있는데, 상단에 있는 이미지는 하단에 있는 이미지와 비교할 경우 그림의 일부만 보입니다.

[그림 5-26] overflow 속성을 이용해서 그림의 일부를 감추었다.

[예제 파일] chapter5/overflow-2.html

[그림 5-26]의 이미지에 overflow 속성이 적용된 코드는 다음과 같습니다.

```
10   .box-img {
11       width: 500px;
12       height: 500px;
13       overflow: hidden;
14   }
15
16   .box-img img {
17       position: relative;
18       top: -25%;
19       left: -25%;
20   }
```

이렇게 overflow 속성은 지정된 사이즈 외에 불필요한 요소를 감추는 아주 편리한 속성 중 하나입니다. 이전에는 텍스트에 overflow를 이용하여, 불필요한 부분을 감추는 방법을 사용했었는데, 텍스트에서는 overflow 속성과 함께 text-overflow를 이용하여 처리하게 되면 별도의 프로그래밍 없이 마치 프로그래밍으로 글자를 단축한 효과를 낼 수 있습니다.

text-overflow 속성

text-overflow 속성에서는 반드시 width가 지정되어야 하며 다음의 속성이 추가적으로 되어야만 제대로 작동합니다.

```
overflow: hidden;
white-space: nowrap;
```

[그림 5-27]을 보면 필자가 고의로 빨간 박스를 각 텍스트에 적용했습니다.

[그림 5-27] text-overflow 효과

[예제 파일] chapter5/overflow와text-overflow.html

상단을 보면 글자가 강제로 잘려 있는 모습이 보일 겁니다. '위'라는 글자가 잘려 있습니다. 바로 하단을 보면 박스 크기를 넘어선 글자들에는 '…' 이라고 표시되어 있는데, 이 부분에 다음과 같은 속성을 적용하였습니다.

```
text-overflow: ellipsis;
```

소스를 열어 확인해보면 세 번째 박스에 text-overflow:clip;란 속성이 적용되어 있는데, 첫 번째 박스와 같은 모습을 볼 수 있습니다. 그리고 마지막 박스에는 텍스트들이 감춰져 있지 않고 박스 내부에 전부 보이게 되는데, 이 부분은 white-space:initial;로 지정되어 있고, 나머지 부분은 white-space:nowrap;로 되어 있기 때문입니다. 먼저 white-space라는 CSS 속성은 빈 여백을 처리해 주는 역할을 합니다. 여기서 no-wrap라는 값을 주면 길어도 다음 라인으로 보내지 말라고 하는 것이고, initial은 기본값을 의미합니다.

여기서 잠깐, text-overflow의 속성값에 대해서 자세히 알아보겠습니다.

[표 5-3] text-overflow 속성

속성	설명
clip	기본값으로서, 단순하게 텍스트를 자르는 역할을 한다.
ellipsis	잘린 부분에 "…" 표시를 하게끔 처리한다.
string	잘린 부분에 별도의 표시를 해주게 처리한다. [예] text-overflow:"///";라고 하면 잘린 부분에 "///"라는 표시가 되는데, 문제는 현재 이 속성을 지원하는 브라우저가 없다는 것이다.

5.5.2 word-wrap

word-wrap은 한글에선 영향이 없고 주로 영문 페이지에서 단어 하나의 길이가 길 때 크기가 정해진 박스 모델에서 단어 길이로 인해 텍스트를 정렬할 수 없을 경우, 강제적으로 단어를 분리하여 다음 행으로 보내는 역할을 하는 속성입니다.

[표 5-4] word-wrap 속성

속성	설명
normal	단어를 쪼개지 않는다.
break-word	길이가 긴 단어를 강제로 다음 행으로 보낸다.

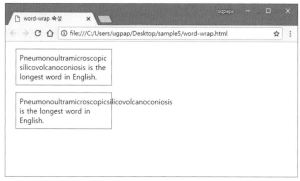

[그림 5-28] word-wrap 속성
[예제 파일] chapter5/word-wrap.html

[그림 5-28]을 보면 엄청난 길이의 영문 단어가 있는데, word-wrap 속성을 적용하지 않으면 하단 박스와 같이 단어가 박스에 넘쳐 보이게 됩니다. 한글 사이트를 만들 때는 이런 문제가 전혀 발생하지 않습니다. 단지 이런 경우가 있다는 것만 알아두세요.

5.5.3 visibility와 display

visibility 속성은 HTML 요소들을 감출 수 있게 해 줍니다. 하지만 감춰진 부분에 대한 공간은 여전히 존재합니다. 이와 유사한 속성이 display:none이라는 속성인데, display:none은 공간 부분 또한 없어져 버립니다. visibility 바로 다음에 display 속성에 대해서 설명하겠습니다.

visibility 속성

[그림 5-29] visibility 속성과 display 속성 비교
[예제 파일] chapter5/visibility&display속성.html

[그림 5-29]를 보면 BOX2와 BOX3가 보이지 않습니다. 그런데 BOX1과 BOX4 사이에는 BOX2와 BOX3의 공간이 있어야 하지만, 박스 하나의 공간만 있는 것을 알 수 있습니다. 박스 하나의 공간은 BOX3가 차지하고 있는 것입니다. 여기서 BOX2는 display 속성을, BOX3는 visibility 속성이 적용된 상태입니다. visibility:hidden의 경우에는 해당 박스에 대한 공간이 남아 있는 데 반해 display:none은 그 공간까지도 없애 버리는 차이점이 있습니다. [그림 5-27]에 있는 〈박스3 보이기〉 버튼을 눌러 보면 박스 3가 나타나는데, 공간 이동 없이 바로 그 장소에서 나타납니다. 〈박스2 컨트롤〉 버튼을 누르면 그 차이를 명확하게 알 수 있습니다.

[표 5-5] visibility **속성**

속성	설명
visible	기본적인 속성입니다. 요소들이 보이도록 해준다.
hidden	요소들을 감춥니다. 다만 그 요소가 있는 공간은 비어 있다.
collapse	테이블 태그에만 적용할 수 있는 속성입니다. 테이블을 감추게 해준다.
inherit	부모로부터 속성을 상속한다.

display 속성

display 속성은 박스 모델 중 블록 요소를 inline으로 변경하거나, 인라인 요소를 블록으로 바꾸려 할 때, 또한 박스 모델을 없애 버리려는 경우 사용됩니다.

[표 5-6] display 속성

속성	설명
none	HTML 요소를 감춘다.
block	HTML 요소를 블록 처리해 버린다.
inline	HTML 요소를 인라인 처리해 버린다.
list-item	HTML 요소를 리스트와 동일하게 처리하여, 해당 요소 앞쪽에 불릿이 생긴다.
inline-block	HTML 요소를 인라인 블록 처리해 버린다.

HTML 속성에서 인라인 태그와 블록 태그가 있다는 것을 앞에서 배웠습니다. 보통 인라인 태그는 img, string, b 그리고 하이퍼링크를 거는 a 태그처럼 텍스트와 같이 한 줄에 표기하는 태그를 말합니다. 하지만 display 속성을 이용하면 이런 인라인 태그 또한 블록 태그로 변경할 수 있으며, 반대의 경우도 가능합니다.

> **용어**
>
> 불릿(bullet)
> 주의를 끌기 위해 텍스트 앞에 붙이는 특수 문자를 의미한다. 예를 들어, 검은 네모나 별표, 사각형 등의 장식 무늬를 가리킨다.

[그림 5-30]의 li 태그는 원래 블록 태그입니다. 하단에 있는 li에는 display:inline-block; 속성을 적용해서 수직으로 배치된 li 부분을 수평으로 만든 모습을 볼 수 있습니다.

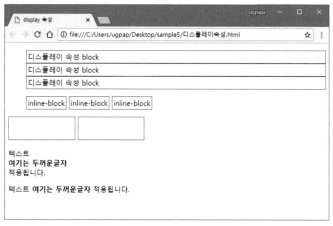

[그림 5-30] display 속성을 이용하여 블록 태그와 인라인 태그의 속성 변경
[예제 파일] chapter5/디스플레이속성.html

```
15  .inline1 li {
16      border: 1px solid red;
17      padding: 3px;
18  }
19
20  .inline1 li {
21      display: inline-block;
22  }
23
24  .box1,
25  .box2 {
26      width: 150px;
27      height: 50px;
28      border: 1px solid red;
29      display: inline-block;
30  }
31
32  p.blocktext strong {
33      display: block;
34  }
```

div 태그 또한 블록 태그이지만 같은 방법으로 inline-block을 적용했고, 하단에 있는 텍스트를 보면 strong 태그는 인라인 태그인데 display:block을 적용하여 블록 태그로 변환된 모습을 볼 수 있습니다.

여기까지 CSS의 일반 속성에 대해서 학습을 했습니다.

CSS는 크게 선택자, 박스 모델, 텍스트 속성 이렇게 세 가지로 나눌 수 있으며, 현재까지 학습한 내용만으로도 웹사이트를 제작하는 데 아무런 문제가 없습니다. 실제 사이트를 만들면서 해당 속성이 어떻게 적용되는지 머리와 손이 자동으로 반응할 수 있도록 연습에 연습을 거듭하기만 하면 됩니다.

다음 장에서는 CSS3에서만 작동하는 2D & 3D transition과 transform 그리고 animation 속성에 대해서 익혀봅니다.

연습문제 | 퀴즈를 풀어보며 개념을 복습합니다.

문제에 대한 답은 백견불여일타 카페에서 확인할 수 있습니다. cafe.naver.com/codefirst

1 다음의 표를 보고 설명에 해당하는 텍스트 속성의 이름을 적어보세요.

속성	설명
( )	어떤 폰트를 사용할지 설정
( )	폰트의 크기를 정함
( )	폰트의 모양이 normal 또는 italic 또는 oblique인지 정함
( )	폰트의 두께 설정
font-variant	영문 폰트 모양 조절
( )	텍스트와 텍스트 사이 행간 설정
text-transform	영문자를 대문자, 소문자 등으로 변경
( )	폰트의 밑줄 등 꾸밈을 설정할 때 사용
( )	단어 간의 간격 설정
( )	글자 간의 간격 설정
vertical-align	세로 정렬 설정
( )	왼쪽, 중앙, 오른쪽 정렬 설정
( )	들여쓰기 또는 내어쓰기 설정

2 다음 두 가지의 폰트를 보고 빈 칸에 알맞은 말을 채워 넣어 보세요.

일반적으로 폰트는 ( )와 ( )로 나뉩니다. 폰트가 일반적으로 획의 끝 부분에 삐침이 없는 폰트를 ( )라고 하며, 끝 부분에 삐침이 있는 경우 ( )라고 합니다.

AaBbCc AaBbCc

연습문제 | 퀴즈를 풀어보며 개념을 복습합니다.

3 괄호 안에 들어갈 말은 무엇일까요?

> 웹에서 사용하는 단위 중 rem, em, %, ex는 (   ) 이고 나머지는 고정형 단위입니다.

4 괄호 안에 들어갈 말을 채워보세요.

> 브라우저의 기본 폰트 사이즈는 (   ) 사이즈입니다.

5 다음의 코드가 의미하는 바를 설명해보세요..

```
html {
    font-size: 20px;
}
```

6 뚫린 부분에 맞는 단어를 적어보세요.

> word-spacing은 (   )와 (   ) 사이의 간격을 설정해 줄 수 있습니다. letter-spacing은
> (   ) 사이의 간격 설정을 담당합니다.

7 CSS3에서는 웹 표준 규격이 생겨 모든 브라우저에서 웹 폰트를 적용해 줄 수 있게 되었습
니다. 하지만 웹 표준 규격이라고 할지라도, 브라우저마다 지원하는 웹 폰트가 다르다 보니
모든 브라우저에서 웹 폰트를 적용하기 위해선 해당 브라우저가 지원하는 웹 폰트를 사용해
야 합니다. 이때 웹 폰트를 적용하기 위해서 사용되는 속성과 사용 방법에 대해서 간단하게
서술해보세요.

연습문제 | 퀴즈를 풀어보며 개념을 복습합니다.

8 웹 폰트에서 사용하는 파일 포맷이 아닌 것은 무엇인가요?

가. eot

나. woff

다. ttf

라. jpg

마. gif

9 웹 컬러 표현 방식에 대한 설명을 틀린 것은 무엇인가요?

가. RGB - Red, Green, Blue 이렇게 색의 3원색으로 표현하는 방식입니다.

나. HSL - Hue, Saturation, lightness 이렇게 색조, 채조, 명조로 표현하는 방식입니다.

다. HEX - 색을 32진수로 표현하는 방식입니다.

실습문제

실습은 지식을 내것으로 만드는
최고의 방법입니다.

문제에 대한 답은 백견불여일타 카페에서 확인할 수 있습니다. cafe.naver.com/codefirst

다음 그림과 같은 결과를 얻을 수 있도록 주어진 HTML 파일 내부에 있는 <style>...</style>
내부에 있는 CSS의 선택자와 속성을 채워보세요.

[예제 파일] Exercise/5장_실습.html

6장
CSS3를 이용한
특수효과

이 장을 시작하기 전에

❶ CSS3는 선택자와 박스 모델 및 텍스트에서도 많은 효과가 도입되었지만, CSS3만으로 특수효과가 가능하다는 것이 가장 큰 특징 중 하나입니다. 그 특징들이란 트랜지션, 2D & 3D Transform, 그리고 애니메이션 효과라고 할 수 있습니다.

❷ 2D Transform이란 2차원적으로 박스 모델을 변형하는 것을 말하며, 3D Transform은 3차원 변형을 의미합니다. 트랜지션 효과란 플래시 애니메이션처럼 하나의 모습에서 다른 모습으로 바뀌도록 하며, 애니메이션은 CSS만으로 애니메이션 효과를 주는 것을 의미합니다.

❸ 6장을 읽기 전 주의사항!
6장부터는 IE 계열 브라우저는 IE10 및 그 이하 브라우저에서는 제대로 작동되지 않는 경우가 많습니다. 반드시 크롬 또는 파이어폭스 최신 버전의 브라우저를 사용하시기 바랍니다.

6.1 트랜지션 효과

트랜지션, 즉 transition은 사전적 의미로 '전이' 또는 '이행'이라고 합니다. 이 말은 한 포인트에서 다른 포인트로 움직이는 것을 의미합니다. transition 속성에는 어떤 것이 있는지 간략하게 표로 정리했습니다.

[표 6-1] transition 속성 정리

속성	설명
transition	트랜지션 shotcut(복합적인 속성을 한 줄로 표시할 때)
transition-property	어떤 트랜지션을 사용할지 설정한다.
transition-duration	트랜지션이 적용되는 시간
transition-timing-function	트랜지션 타임 기능으로 ease-in ease-out 등 부가 설정을 할 수 있다.
transition-delay	트랜지션 효과를 약간 딜레이 시킬 수 있게 설정한다.

실제 예제를 통해 transition 속성이 어떻게 쓰이는지 살펴보겠습니다.

transition 속성은 IE10에서 웹 표준으로 지원합니다. [그림 6-1]을 보면 3개의 박스가 있는데 각각의 박스에 마우스를 호버hover하면 첫 번째는 아무런 반응이 없는데, 두 번째와 세 번째는 박스의 크기가 변하는 것을 알 수 있습니다. 근데 박스의 크기가 변하는 동작이 두 번째와 세 번째가 다릅니다. 두 번째는 박스의 크기가 변하고, 세 번째는 transition 효과가 적용되어 아주 부드럽게 크기가 변하는 것을 알 수 있습니다.

[그림 6-1] 단순한 transition 효과
[예제 파일] chapter6/transition_효과.html

[그림 6-1]의 파일을 열어보면 22행~24행의 코드가 transition을 적용하는 효과입니다.

```
22   .box3 {
23   transition: width 0.5s linear 0.2s;
24   }
```

[표 6-1]에 있는 transition 효과에서 transition-timing-function에 대해서 좀더 알아봅니다. transition-timing-function에는 linear, ease-in, ease-out, ease-in-out, cubic-bezier(n,n,n,n)이란 값이 존재합니다. transition-timing-function에 어떠한 값을 적용하지 않을 때 기본값은 ease입니다. ease, ease-in과 같은 값은 애니메이션의 시작과 끝의 속도를 지정하는 값입니다. 해당 값의 차이는 다음 [표 6-2]와 같습니다.

[표 6-2] transition-timing-function 값 설명

값	설명
linear	트랜지션이 시작되는 처음과 끝의 속도가 같다.
ease	트랜지션이 시작점은 느리다가 빨라지고 다시 느려진다.
ease-in	트랜지션 시작만 느려진다.
ease-out	트랜지션 끝 부분만 느려진다.
ease-in-out	트랜지션의 시작과 끝이 느려진다.
cubic-bezier(n,n,n,n)	사각 베지어 곡선값을 지정하여 속도를 지정할 수 있다.

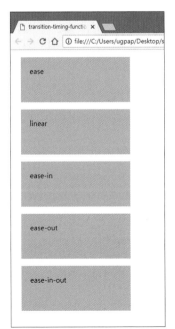

```
24   .box1 {
25       transition-timing-function: ease;
26   }
27   .box2 {
28       transition-timing-function: linear;
29   }
30   .box3 {
31       transition-timing-function: ease-in;
32   }
33   .box4 {
34       transition-timing-function: ease-out;
35   }
36   .box5 {
37       transition-timing-function: ease-in-out;
38   }
```

[그림 6-2] transition-timing-function 차이 확인

[예제 파일] chapter6/transition-timing-function.html

[그림 6-2]의 예제를 실행해서 그 차이점을 확인해 보기 바랍니다.

[표 6-2]에 있는 `cubic-bezier(n,n,n,n)`의 경우 베지어 곡선을 이용해서 속도를 조정한다고 했는데, 이 부분도 수학적인 계산이 들어가야 하는 곳입니다. 하지만 인터넷 상에서 직접 값을 지정해 줄 수 있는 사이트가 있습니다. [그림 6-3]에서와 같이 여러분이 웹 상에서 곡선에 있는 두 개의 점을 이동하여 베지어 곡선 값을 설정한 후 그 값을 `transition-timing-function`의 값으로 지정하면 됩니다.

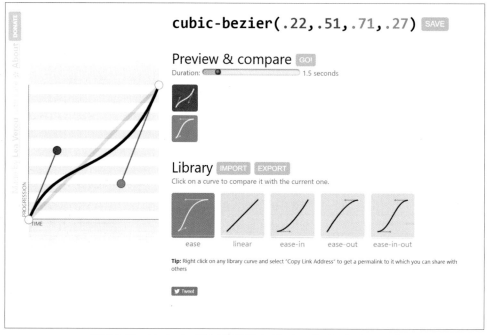

[그림 6-3] cubic-bezier 값을 설정해 줄 수 있는 http://cubic-bezier.com/

[그림 6-3]에서 보면 http://cubic-bezier.com/에서 값을 임의로 설정한 후 해당 transition 효과를 설정하였습니다. 직접 예제를 실행해서 어떤 결과가 나오는지 확인해 보기 바랍니다

6.2 2D Transform

2D transform은 간단하게 말하면 2차원적으로 움직이는 변화를 의미합니다. 웹 브라우저에서 어떤 물체(도형과 같은)가 여러 가지 좌표로 움직임을 구사할 필요가 있을 때 활용할 수 있습니다.

포토샵을 해보았다면 이 효과는 한 번쯤은 사용해 본 적이 있을 겁니다. 포토샵 메뉴에서 [Free transform tool (자유 변형 도구)]를 누르거나 윈도우에서 단축키로 ⟨Ctrl⟩+⟨T⟩, 맥에서는 ⟨Command⟩+⟨T⟩키를 누르면 나오는 효과와 같은 효과를 줄 수 있습니다.

[그림 6-4] 포토샵에서 사용하는 Free Transform

transform 효과는 다음과 같이 적용합니다.

```
transform: translate(100px, 100px);
```

[표 6-3]에서 transform에 줄 수 있는 효과와 설명을 정리해놓았습니다.

[표 6-3] CSS3의 2D transform 효과

효과	설명
translate(x,y)	박스를 X와 Y축 기반으로 움직이는 것을 의미한다.
translateX(n)	박스를 X축 기반으로 움직이는 것을 의미한다.
translateY(n)	박스를 Y축 기반으로 움직이는 것을 의미한다.
scale(x,y)	박스를 X와 Y축으로 늘이거나 줄이는 것을 의미한다.
scaleX(n)	박스를 X축으로 늘이거나 줄이는 것을 의미한다.
scaleY(n)	박스를 Y축으로 늘이거나 줄이는 것을 의미한다.

효과	설명
rotate(angle)	박스를 주어진 각도만큼 회전시킨다.
skew(x-angle,y-angle)	X와 Y축 기반으로 기울이기를 적용한다.
skewX(angle)	X축 기반으로 기울이기를 적용한다.
skewY(angle)	Y축 기반으로 기울이기를 적용한다.
matrix(n,n,n,n,n,n)	수학에서의 행렬처럼 6개의 값으로 박스를 변형하는 것을 의미한다.

표에서 설명된 효과들은 웹 표준으로 적용했을 경우 작동되지 않을 경우도 있습니다. 이때는 해당 브라우저에서 사용하는 prefix를 적용해주면 작동됩니다. 특히 5장에서 설명하는 모든 속성들을 prefix를 적용해주는 것이 좋습니다.

다시 한번 복습하는 의미에서 다시 한번 표기법을 정리해보겠습니다.

- -ms-   /* IE 계열 브라우저 */
- -moz-   /* 모질라 파이어폭스 */
- -webkit-   /* 웹킷을 사용하는 사파리, 크롬 */
- -o-   /* 오페라 브라우저 */

이제 2D transform 효과들을 예제를 통해서 하나씩 살펴보겠습니다.

transform:translate 속성

[그림 6-5]를 보면 '박스1'이 있고, 하단에 버튼이 두 개가 있습니다. 〈움직여라〉라는 버튼을 누르면 jQuery를 이용해서 '.move'라는 클래스 선택자를 '박스1'에 추가하는 역할을 합니다. .move라는 클래스 선택자에는 transform:translate(220px, 200px);이라는 속성만 있습니다.

---

jQuery

자바스크립트는 사용자가 브라우저에서 버튼을 누르거나 드래그를 하는 등의 여러 조작을 통해 HTML과 CSS를 변화시켜 동적인 웹사이트로 만들어줍니다. 이때 필요한 기능들을 모아서 라이브러리 제공해주어 편리하게 사용할 수 있는 것이 jQuery입니다. jQuery는 별도의 책의 학습이 필요할 만큼 방대한 내용입니다.

```
.move {
  transform: translate(220px, 200px);
}

/* 소스파일의 CSS 부분에서 위의 .move 선택자를 적용함으로써,
움직이게 되는 것입니다. */
```

[그림 6-5] 2D transform:translate 예제: 소스에서 제공된 jQuery 구문에 의하여 박스가 움직이게 된다.
[예제 파일] chapter6/2D-transform-translate.html

여러분들이 직접 이 예제의 버튼을 클릭해 보기 바랍니다.

transform:rate 속성

transform:rotate(각도) 속성은 각도 만큼 박스를 회전시키는 속성입니다. 각도는 175deg라는 형식으로 사용합니다. deg는 degree(각도)의 준말입니다.

```
.rotate {
transform: rotate(175deg);
}
/* 소스 파일의 CSS 부분에서 위의 .rotate 선택자를 적용함으로
써, 박스가 돌아가게 되는 것입니다. */
```

[그림 6-6] transform:rotate : 소스에서 제공된 jQuery 구문에 의하여 박스가 돌아간다.
[예제 파일] chapter6/transform-rotate.html

transform-origin 속성

[그림 6-6]을 보면 〈돌려라〉라는 버튼을 누르면 박스 정중앙을 기점으로 175도 회전한 것을 알 수 있습니다. 그렇다면 모든 박스는 박스의 중앙을 기준으로 회전해야만 하는 것일까요? 그건 아닙니다. 이와 같은 문제를 해결하는 속성이 하나 더 있는데 그 속성은 `transform-origin`이라고 하는 속성입니다. 즉 회전이나 기타 박스를 변형할 때 기준점을 설정해 줄 수 있는 속성입니다.

`transform-origin`의 기본값 즉, `transform-origin`을 적용하지 않으면, 박스 전체의 크기를 상하 100%, 좌우 100%라고 할 때 박스의 정중앙점은 50%, 50%가 되는 위치입니다. 상하 50%, 좌우 50%를 의미하는 것입니다. [그림 6-7]을 보면 좌측 상단이 0, 0이고(0인 경우 % 생략 가능) 우측 하단이 100%, 100% 입니다.

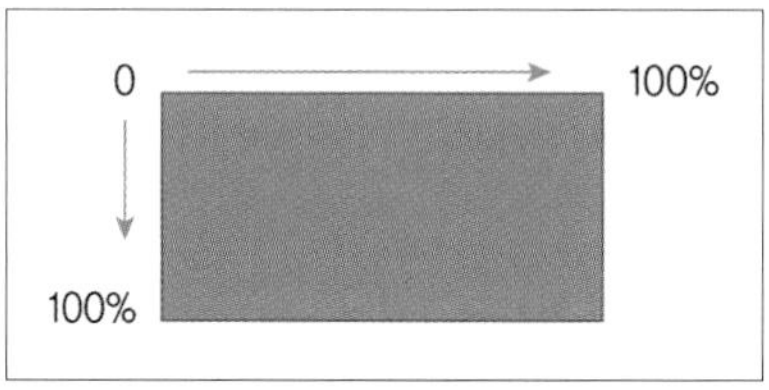

[그림 6-7] 박스 모델의 기준점 설명

그러면 해당 박스를 기준점을 이동하면서 어떻게 회전하는지 한번 살펴보겠습니다.
웹 표준 기준으로만 해당 박스의 `transform-origin`이 어떻게 적용되었는지 확인해볼까요?.

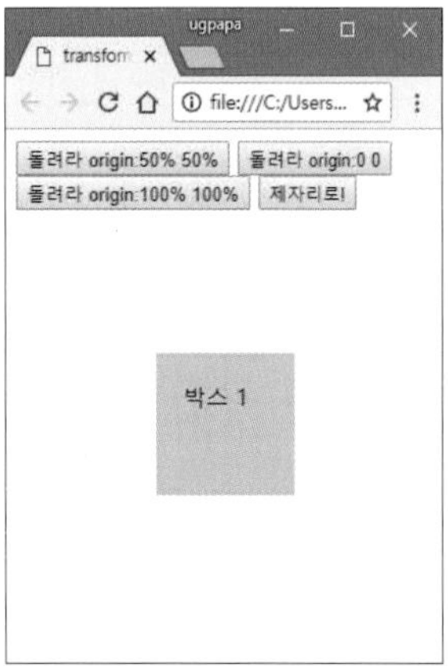


```
.rotate1 {
   transform: rotate(45deg);
   transform-origin: 50% 50%;
}

.rotate2 {
    transform: rotate(45deg);
    transform-origin: 0 0;
}

.rotate3 {
    transform: rotate(45deg);
    transform-origin: 100% 100%;
}
```

[그림 6-8] `transform-origin` : jQuery를 이용해서 각 버튼에 해당 클래스 선택자가 적용되도록 했다.
그에 따른 기준점이 각기 다르게 설정되어 있는데, 버튼을 눌러서 그 차이점들을 확인해보자.
[예제 파일] chapter6/transform-origin.html

[그림 6-8]을 보면 상단에 4개의 버튼 중 3개의 버튼이 '박스1'을 돌리는 역할을 합니다. 각기 다른 transform-origin 값이 적용되어 있기 때문에 버튼을 한번 누르고 나서 반드시 〈제자리로!〉라는 버튼을 눌러 초기화한 후 다른 버튼을 눌러 보기 바랍니다. 그러면 transform-origin 값이 달라지는 경우 박스가 어떻게 회전하는지 알 수 있습니다.

skew 속성

skew는 박스를 기울게 만드는 속성입니다. 이 속성에 대해서 알아보기 전에, 먼저 예제의 결과부터 확인해보겠습니다. [그림 6-9]를 보면 각 3개의 버튼이 있는데 각 버튼에는 skew에 대한 속성이 적용되어 있습니다. skew 또한 transform-origin을 이용해서 기준점을 잡을 수 있습니다. 포토샵에도 동일한 효과를 주는 기능이 있습니다.

```css
.rotate1 {
    transform: skew(45deg);
    transform-origin: 50% 50%;
}

.rotate2 {
    transform: skew(32deg);
    transform-origin: 0 0;
}

.rotate3 {
    transform: skew(-45deg);
    transform-origin: 100% 100%;
}
```

[그림 6-9] skew 속성
[예제 파일] chapter6/skew.html

참고 마지막으로 transform에서 matrix라는 속성이 있는데, 수학의 행렬을 활용하여 scale, skew, rotate 효과를 한 번에 적용해 줄 수 있는 속성입니다. 이 속성은 아래 사이트를 참고하기 바랍니다.

http://www.useragentman.com/blog/2011/01/07/css3-matrix-transform-for-the-mathematically-challenged/ (단축 URL은 goo.gl/ERZfW 입니다.)

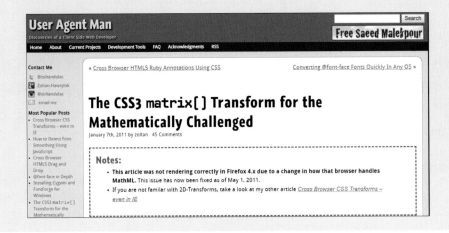

여기까지 2D transform에 대해 설명했습니다. 사실 크게 어려운 부분은 없습니다. 박스 모델을 CSS를 이용해서 변형시키는 것인데, 해당 속성을 단독으로 사용하면 별 의미가 없고, 나중에 학습하게 될 transition과 animation을 같이 사용하게 되면 자바스크립트나 플래시 없이, CSS만으로 굉장한 효과를 줄 수 있습니다.

6.3 3D Transform

2D transform이 X축과 Y축으로 박스 모델을 변형하는 것이라면 3D transform은 2D transform에 Z축을 하나 더 추가함으로써, 3D 변형을 할 수 있는 것입니다.

가장 최신 브라우저는 모든 3D 효과를 지원합니다. IE10을 포함해서 그 이하의 브라우저에서는 3D 효과가 구현되지 않습니다.

[표 6-4] 3D transform 효과 정리

효과	설명
translate3d(x, y, z)	박스를 X와 Y축 Z축 기반으로 움직이는 것을 의미한다.
translateZ(n)	박스를 Z축 기반으로 움직이는 것을 의미한다.
scale3d(x, y, z)	박스를 X와 Y축으로 늘이거나 줄이는 것을 의미한다.
scaleZ(n)	박스를 Z축으로 늘이거나 줄이는 것을 의미한다.
rotate3d(x, y, z, angle)	3d 기반으로 박스를 회전시킨다.
rotateZ(angle)	Z축으로 회전한다.
perspective(n)	n 값으로 원근감을 적용하는 것으로 사용하지 않는다.
matrix3d(n,n,n,n,n,n,n,n,n,n,n,n,n,n,n,,n)	수학의 4X4 행렬 기반. 16개 값으로 박스를 변형하는 것을 의미한다.

[표 6-4]를 보면 효과에서 Z축이 포함되어 있는 것을 확인할 수 있으며, X, Y, Z 축으로 한 번에 값을 적용할 경우 translate3d(X, Y, Z) 3d가 포함되어 있는 것을 알 수 있습니다. 또한 3D transform에는 skew가 없어지고, 대신 perspective가 들어가 있습니다. perspective는 원근감을 설정하는 것입니다. perspective는 원근감을 지정하는 속성이며, 단독으로는 사용되지 않습니다.

[그림 6-10]을 보면 translate 3d와 관련된 효과를 볼 수 있습니다. 상단에 있는 버튼을 한 번씩 눌러 어떻게 작동하는지 보고, 화면 왼쪽에 있는 CSS 코드도 살펴보면 이해가 빠를 것입니다.

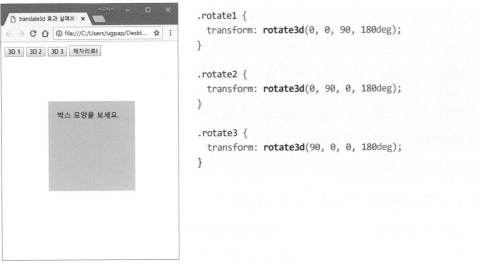

```css
.rotate1 {
  transform: rotate3d(0, 0, 90, 180deg);
}

.rotate2 {
  transform: rotate3d(0, 90, 0, 180deg);
}

.rotate3 {
  transform: rotate3d(90, 0, 0, 180deg);
}
```

[그림 6-10] translate 3d 효과
[예제 파일] chapter6/translate3d.html

[그림 6-11]을 보면 CSS에서 '.effect1' 속성에 perspective:150을 적용하고 '.effect2'에는 transform:rotateY(45deg);를 적용했고, '.effect3'에는 transform: rotateX(45deg);가 적용되어 있음을 알 수 있습니다.

```css
.effect1 {
    perspective: 150;
    -webkit-perspective: 150;
    perspective-origin: 50% 50%;
}

.effect2 {
    -webkit-transform-style: preserve-3d;
    -webkit-transform: rotateY(45deg);
    transform-style: preserve-3d;
    transform: rotateY(45deg);
}

.effect3 {
    -webkit-transform-style: preserve-3d;
    -webkit-transform: rotateX(45deg);
    transform-style: preserve-3d;
    transform: rotateX(45deg);
}
```

[그림 6-11] perspective 효과
[예제 파일] chapter6/perspective_효과.html

[그림 6-11]에서 〈원근감 Y〉 또는 〈원근감 X〉 버튼을 눌러 보면 원근감 효과를 확인할 수 있습니다. 소스코드를 보면 #box1이라는 박스 내부에 .boxp라는 박스가 하나 더 있는데, 그 이유는 CSS의 position 속성 중 absolute라는 속성 때문입니다. #box1이 없는 상태에서 '.boxp'에 'position:absolute;'를 적용해 버리면 '.boxp'의 위치를 잡을 때 상당히 골치 아프게 됩니다. 이 경우 .boxp에 다른 박스로 하나 감싼 후 해당 박스에는 position:relative;를 적용해 주면 일반 박스 모델과 동일하게 제어가 가능하게 되는 것입니다. 특히 perspective 속성은 박스에 원근감을 주는 역할을 하기 때문에 반드시 해당 박스에는 position:absolute 속성이 적용되어 있어야 합니다.

3D transform 또한 matrix 속성을 이용해서 모든 효과를 한꺼번에 적용할 수 있는데, 3d에서는 16개 행렬을 이용해서 속성을 적용한다는 것만 알아두면 됩니다. 3d는 2d보다 더 복잡합니다.

6.4 애니메이션

CSS3의 특수효과의 마지막인 애니메이션 효과입니다. 애니메이션 효과는 이전에 사용하던 플래시 애니메이션 또는 자바스크립트를 이용한 애니메이션을 완전히 대체할 수 있는 효과 중 하나입니다.

CSS3의 애니매이션은 사용법이 약간은 복잡하기도 합니다. 최근 CSS 애니메이션을 간편하게 만들 수 있는 다양한 도구들이 나오고 있긴 합니다만, CSS에서 애니메이션을 어떻게 처리하는 지에 대한 기본 지식은 반드시 필요합니다. 이 책에서는 간단하게 어떤 방식으로 애니메이션을 처리하는지 그에 따른 간단한 예제를 통해 학습해 보도록 하겠습니다.

애니메이션에서 가장 중요한 속성은 @keyframe 속성입니다. @keyframe 속성은 @font-face처럼 단독으로 지정한 후 해당 속성을 선택자에 적용해 주면 됩니다. @keyframe 속성은 애니메이션을 설정해주는 역할을 합니다.

사용법은 다음과 같습니다.

```
@keyframe 애니메이션명 {
    from {위치 또는 색상값 등}
    to {위치 또는 색상값 등}
}
```

또는,

```
@keyframe 애니메이션명 {
    0% {위치 또는 색상값 등}
    100% {위치 또는 색상값 등}
}
```

% 단위일 경우엔 다음과 같이 세분화할 수 있습니다

```
@keyframe 애니메이션명 {
    0% {위치 또는 색상값 등}
    25% {위치 또는 색상값 등}
    50% {위치 또는 색상값 등}
    75% {위치 또는 색상값 등}
    100% {위치 또는 색상값 등}
}
```

애니메이션은 @keyframe만으로는 작동하지 않고 선택자 부분에 해당 속성을 지정해 줘야 작동합니다. [표 6-5]를 보면 animation 속성에 대한 값을 확인할 수 있습니다.

이 책에서는 애니메이션에 대한 간단한 예제만 소개하도록 하겠습니다.

[표 6-5] 애니메이션 속성

값	설명
animation	애니메이션 속성 shortcut을 표현한다.
animation-name	@keyframe에서 지정한 애니메이션 이름
animation-duration	몇 초 동안 애니메이션이 작동할 건지 설정한다.
animation-timing-function	애니메이션이 작동할 때 어떻게 움직이는지 설정한다(ease, linear 등).
animation-delay	애니메이션이 몇 초 후 시작하는지 설정한다(기본 0).
animation-iteration-count	애니메이션이 몇 번 작동하는지 설정한다(기본 1).
animation-direction	애니메이션의 방향을 설정한다(역방향 순방향 등). normal, alternative
animation-play-state	애니메이션의 작동 시작(running) 또는 멈춤(paused)을 설정한다.

[그림 6-12]를 보면 간단한 애니메이션 효과를 볼 수 있습니다. '애니메이션!!!'이라고 쓰인 회색 박스를 클릭하면 애니메이션이 실행되는 모습을 볼 수 있습니다. 애니메이션이 적용된 CSS 코드는 굉장히 간단하기 때문에 생략하도록 하겠습니다.

[그림 6-12] 간단한 애니메이션 예제
[예제 파일] chapter6/animation1.html

```css
.animate {
    animation: changecolor 5s;
}

@keyframes changecolor {
    0% {
        background-color: #FC0;
        top: 0px;
        left: 0px;
        color: white
    }
    25% {
        background-color: #3CF;
        top: 100px;
        left: 100px;
        color: red
    }
    50% {
        background-color: #C96;
        top: 200px;
        left: 100px;
        color: blue
    }
    75% {
        background-color: #0CF;
        top: 300px;
        left: 50px;
        color: pink
    }
    100% {
        background-color: #666;
        top: 0px;
        left: 0px;
        color: white
    }
}
```

[그림 6-13]의 예제를 실행하면 또 다른 애니메이션 예제가 나오는데, 먼저 사각형 박스가 원형으로 변형되고, 공이 튀면서 다시 원래 위치와 모양으로 변경되는 예제입니다. 예제에 있는 〈GO〉 버튼을 클릭해 보세요.

[그림 6-13] 공이 튀는 애니메이션 효과
[예제 파일] chapter6/animation2.html

```css
.animate {
    animation-name: jump;
    /* 설정된 애니메이션 이름 */
    animation-duration: 5s;
    /* 3초 동안 애니메이션 실행(이 숫자가 짧으면 애니메이션이 빨라짐
       반대로 숫자가 크면 애니메이션이 느려짐 */
    animation-play-state: running;
    /* 애니메이션 자동 실행 */
    animation-iteration-count: infinite;
    /* 애니메이션 무한 반복 */
    animation-timing-function: cubic-bezier(.43, .49, .48, .49);
    /* 베지어 곡선을 이용한 애니메이션 효과 */
    */
}

.box1:hover {
    animation-play-state: paused;
    /* 마우스 호버 시 애니메이션 중지 */
}

/* 아래의 값은 %에 따른 효과 적용 */

@keyframes jump {
    0% {
        transform: translateY(0px);
    }
    25% {
        transform: translateY(150px);
        border-radius: 25%;
        background-color: pink;
    }
```

```
    50% {
        transform: translateY(300px);
        border-radius: 50%;
        background-color: blue;
    }
    75% {
        transform: translateY(150px);
        border-radius: 25%;
    }
    100% {
        transform: translateY(0px);
    }
}
```

플래시가 애플의 아이폰이나 아이패드에서 작동을 하지 않기 때문에, 플래시로 만든 광고들은 더 이상 효과를 보지 못하고 있습니다. 하지만 CSS3를 이용한 애니메이션은 아이폰이나 아이패드 등 모든 스마트폰에서 작동하기 때문에, 앞으로 CSS3을 이용한 애니메이션 광고는 자주 보일 겁니다.

여기까지 CSS3를 이용한 특수효과에 대해서 배워봤습니다. 이 책에서는 아주 기본적인 내용만 다뤘지만, 다른 내용을 기반으로 다양하게 응용할 수 있을 것입니다. 현재 IE10에서는 3D transform은 제대로 동작하진 않지만, 모바일 브라우저에서는 문제 없이 작동합니다. 특히 요즘은 모바일 웹이 대세이기 때문에 IE10 이하의 브라우저는 과감히 포기할 줄도 알아야 합니다.

3장에서 6장까지 CSS에 대한 많은 내용을 살펴보았습니다. 선택자, 박스 모델, 텍스트와 폰트, 기타 속성들, 마지막으로 CSS3의 특수효과까지 많은 내용이 있었는데요, 사실 CSS만큼 쉬운 언어는 없습니다. 프로그래밍 언어라고 할 순 없지만, CSS는 웹 페이지를 디자인하는 아주 강력한 기능이 있고, CSS를 모르면 더 이상 웹 사이트를 개발할 수 없게 됩니다.

다음에는 데스크탑 웹과 모바일 웹을 동시에 구현하는 반응형 웹(Responsive Web) 개발과 그리드(Grid) 시스템에 대해서 공부하도록 하겠습니다.

연습문제 | 퀴즈를 풀어보며 개념을 복습합니다.

문제에 대한 답은 백견불여일타 카페에서 확인할 수 있습니다. cafe.naver.com/codefirst

1 빈 칸에 들어갈 말을 채워 넣어보세요.

> (　　　)은 사전적 의미로 전이 또는 이행이라고 합니다. 이 말은 한 포인트에서 다른 포인트로 움직이는 것을 의미합니다.

2 다음은 transition-timing-function 값에 대한 설명입니다. 틀린 것은 무엇인가요?

가. linear : 트랜지션이 시작되는 처음과 끝의 속도가 같습니다.

나. ease : 트랜지션이 시작점은 느리다가 빨라지고 다시 느려집니다.

다. ease-in : 트랜지션 끝 부분만 느려집니다.

라. cubic-bezier(n,n,n,n) : 사각 베지어 곡선 값을 지정하여 속도를 지정할 수 있습니다.

3 이것은 간단하게 말하면 2차원적으로 움직이는 변화를 의미합니다. 이것은 무엇인가요?

4 괄호 안에 들어갈 말은 각각 무엇인가요?

> (　　　)은 X축과 Y축으로 박스 모델을 변형하는 것이라면 (　　　)은 (　　　)에 Z축을 하나 더 추가함으로써, 3D 변형을 할 수 있는 것입니다.

5 애니메이션에서 가장 중요한 속성은 괄호 안의 이 속성입니다. 이 속성은 @font-face처럼 단독으로 지정한 후 해당 속성을 선택자에 적용해 주면 됩니다. 이 속성은 애니메이션을 설정해 주는 역할을 합니다. 이 속성이 가리키는 것은 무엇인가요?

```
(     ) 애니메이션명 {
    (from) {위치 또는 색상값 등}
    (o) {위치 또는 색상값 등}
}
```

문제에 대한 답은 백견불여일타 카페에서 확인할 수 있습니다. cafe.naver.com/codefirst

5장에서 배운 flex의 속성과 6장에서 학습한 특수효과로 다음과 같은 메뉴를 만들었습니다. 그림과 똑같이 동작하게끔 CSS 속성의 일부분을 채워보세요.

[예제 파일] Exercise/6장_실습.html

 제시된 예제를 보면 회사로고에 호버를 하면 색상이 계속해서 바뀌며, 메뉴 부분에 호버를 하면 메뉴의 모양이 바뀝니다.

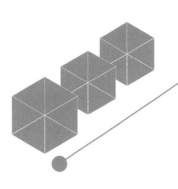

7장
반응형 웹 디자인과 그리드 시스템

이 장을 시작하기 전에

❶ HTML로 구조를 잡고 CSS로 디자인하는 방법에 대해서 아직 익숙하지 않다면, 앞장의 내용을 다시 한번 살펴보세요.

❷ 스마트폰이나 태블릿 등의 다양한 기기에 적합한 웹 페이지를 만들고 싶거나 데스크탑 콘텐츠를 모바일에서도 거의 동일하게 보이도록 만들고 싶다면 즉, 그리드 시스템을 이해하고 싶다면, 이 장을 반드시 숙지해야 합니다.

7.1 반응형 웹 디자인

7.1.1 반응형 웹 디자인을 위한 메타 코드 설정하기

반응형 웹 디자인responsive web designe이란 하나의 웹사이트에서 PC, 스마트폰, 태블릿 PC 등 접속하는 디스플레이의 종류에 따라 화면의 크기가 자동으로 변하도록 만든 웹 페이지 접근 기법을 말합니다.

반응형 웹 디자인은 대세입니다. PC보다 스마트폰에서 많은 정보 및 웹사이트를 검색하기 때문입니다. 따라서 웹 개발을 할 때 스마트폰 즉, 모바일 환경을 최우선으로 하고, PC에서도 동일한 포맷으로 디자인을 해야 합니다. CSS는 반응형 웹 디자인의 모든 것을 이루어낼 수 있습니다.

반응형 웹 디자인을 체크할 수 있는 가장 쉬운 방법은 크롬 브라우저를 사용하는 것입니다. 크롬 브라우저는 웹 디자인 및 개발의 필수 도구 중 하나입니다. 이 책을 읽고 있는 독자는 크롬 브라우저를 잘 활용할 줄 알아야 합니다.

크롬 브라우저 실행 후 〈F12〉 키를 누르면 [그림 7-1]과 같은 화면이 나옵니다.

[그림 7-1] 크롬 브라우저 실행 후 〈F12〉 키를 누르면 나타나는 화면

[그림 7-1]에서 오른쪽 상단을 보면 [그림 7-2]와 같은 아이콘을 보실 수 있습니다.

[그림 7-2] 모바일 또는 PC 화면을 토글(toggle)하면서 확인 가능한 버튼

[그림 7-2]의 버튼을 눌러서 확인해 보면 화면 크기가 변하는 것을 알 수 있습니다.

반응형 웹 디자인을 적용하기 위해 가장 먼저 설정해야 할 것은 HTML 파일 내부에서 <head>...</head> 태그 내부에 다음과 같이 설정해주는 것입니다.

```
<meta name="viewport" content="width=device-width, initial-scale=1">
```

위의 코드가 제일 중요합니다. 위 코드는 모바일 브라우저의 뷰를 실제 크기인 1로 설정하는 것을 의미합니다. 위의 meta 코드를 설정해 주지 않게 되면, 모바일 브라우저에서 나오는 글자가 정말 작게 표시되어 읽을 수 없을 정도의 크기로 표시될 것입니다.

▲ 메타 코드를 적용하지 않은 상태

[예제 파일] chapter7/meta코드미적용.html

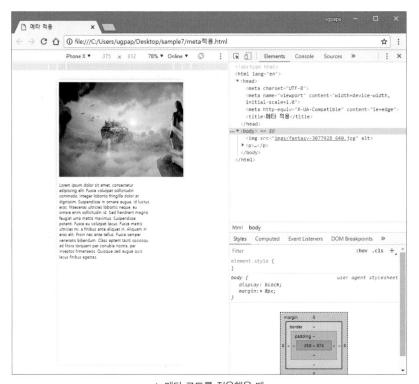

▲ 메타 코드를 적용했을 때

[그림 7-3] 메타 코드를 적용하기 전과 후

[예제 파일] chapter7/meta적용.html

완벽히 웹 표준으로 만들어진 사이트라면 반응형 웹사이트로의 변환이 어렵지 않습니다. 이 방법은 미디어 쿼리Media Query라는 방법을 사용하는 것으로 CSS만으로 제어하는 것을 말합니다. 이 방법은 시간 및 비용을 엄청나게 줄일 수 있다는 장점이 있습니다. 단점도 거의 존재하지 않습니다. 다만 스마트 기기에 따른 해상도의 차이 밖에는 없습니다.

그렇다면 미디어 쿼리로 어떻게 사이트를 변환하는지에 대해서 자세히 살펴보겠습니다

7.1.2 미디어 쿼리 설정하기

미디어 쿼리Media Query는 CSS를 이용해서 미디어마다 별도의 속성을 적용해 주는 것을 의미합니다. 여기서 미디어는 크게 screen과 print로 나뉘는데, screen은 일반적으로 모니터를 의미합니다. 여기서 모니터라 함은 PC의 모니터뿐만 아니라 태블릿 PC 및 스마트 폰과 같은 모든 기기의 모니터를 총칭하는 것입니다. 또한 print라는 것은 말 그대로 만들어진 웹사이트를 프린트 기기를 이용해서 프린트하는 것을 의미합니다.

미디어 쿼리를 이용할 경우 각 기기에 맞는 CSS 속성을 적용해 줄 수 있기 때문에 PC를 사용하면 PC 해상도에 맞는 CSS를, 스마트폰의 경우 스마트폰에 맞는 CSS를, 또한 웹사이트를 프린트할 경우 프린트에 필요한 내용만 CSS를 이용해서 처리할 수 있게 합니다.

미디어 쿼리는 링크를 이용하는 방법과 @import를 이용하는 방법, CSS 파일 내부에 각 미디어별로 적용하는 방법이 있습니다.

링크로 미디어 쿼리 적용하기

먼저 링크를 이용할 경우에는 다음과 같은 방식으로 처리합니다.

```
<link rel="stylesheet" type="text/css" media="screen" href="cssscreen.css">
<link rel="stylesheet" type="text/css" media="print" href="cssprint.css">
```

처음 링크에 적용되는 cssscreen.css 파일은 모니터를 통해서 볼 때만 적용되는 CSS 파일이며, cssprint.css 파일은 해당 웹사이트를 프린트할 경우 처리하는 CSS 파일입니다.

@import로 미디어 쿼리 적용하기

```
@import url(cssscreen.css) screen;
@import url(cssprint.css) print;
```

@media로 미디어 쿼리 적용하기

@media를 이용해서 CSS 파일 내부에 미디어 쿼리를 정의하는 것도 가능합니다.

```
@media screen { CSS 속성 }
```

여기서 미디어 타입을 스크린과 프린트 등 모든 속성에 똑같이 적용하고 싶다면 media="all" 또는 media 부분을 생략하면 됩니다. 여기서 link와 import 및 @media 등에서 해상도별로 미디어 타입을 설정해 줄 때는 다음과 같이 link 또는 import, 그리고 CSS 파일 내부에 @media 방식으로 사용합니다.

```
<link rel="stylesheet" media="only screen and (min-width:200px) and (max-width:480px) href="main.css">

@import url("main.css") only screen and (min-width:200px) and (max-width:480px);

@media only screen and (min-width:200px) and (max-width:480px) { CSS 속성 }
```

코드를 보면 (min-width:200px) and (max-width:480px)라는 부분이 있는데, 미디어 쿼리를 사용하게 되면 해상도에 따른 CSS 파일을 따로 지정해 줄 수 있습니다.

앞의 방법은 최근에는 잘 사용하지는 않습니다. 미디어 쿼리가 처음 나왔을 때는 스마트폰이 현재와 같이 보급되지 않은 상태라 앞서의 방법으로 사용했었는데요, 현재는 웹사이트 기획 단계에서부터 스마트폰 즉, 모바일을 우선으로 하고 데스크탑을 처리합니다. 따라서 최근에는 별도의 미디어 쿼리를 적용한 CSS 파일을 만들지 않고 1개의 스타일 시트에 모든 속성을 다 넣고 해당 속성에 모바일 부분만 별도로 지정합니다.

필자는 현재 1개의 스타일시트에 미디어 쿼리와 관련된 내용을 전부 넣고 사용하는데, 그렇게 되면 CSS 파일의 복잡도가 높아집니다. Sass라는 CSS 프리컴파일러를 사용하면 모듈화 처리가 가능하여 매우 편리하게 작업이 가능하기 때문에 저는 Sass를 사용합니다.

7.1.3 반응형 웹 페이지 만들기 위한 기초 단계

이미지 크기 조절하기

먼저 반응형 웹 페이지 제작에 들어가기에 앞서 반응형 웹 페이지에서 이미지를 처리하는 방법을 확인해보겠습니다. 반응형으로 웹 페이지를 만들다 보면, 기존 웹 페이지에서 사용하던 이미지 크기 때문에 모바일 화면에 이미지가 잘려 보이거나, 제대로 나타나지 않을 때가 많습니다.

모바일 기기의 가로 사이즈는 최대 768px입니다. 만약 이미지의 가로 크기가 1,000px이라면 이미지는 반드시 잘려 보일 것입니다. 이 경우 이미지 부분에 별도의 클래스 선택자를 부여해서 다음과 같은 속성을 적용하면, 어떤 크기의 이미지라도 모바일에서 정확하게 보입니다.

```
.img-responsive {
    width: 100%;
    height: auto;
}
```

여기서 클래스 선택자 이름은 다른 것으로 해도 무방합니다만, 현재 사용된 선택자는 부트스트랩 3.5.X 버전에서 사용되는 클래스 선택자 이름이기 때문에 이 이름을 사용했습니다.

> **참고** 부트스트랩과 관련한 내용은 뒤이어 소개하겠습니다.

[그림 7-4]를 보면 브라우저의 크기를 작게 했을 때, 하단 이미지는 브라우저의 크기에 비례해서 축소되는데, 상단 이미지의 크기는 고정되어 있습니다. 이렇게 반응형 웹 페이지를 만들 때 가장 중요한 요소 중 하나인 이미지를 먼저 반응형으로 처리하면 매우 편리합니다.

[그림 7-4] 반응형 이미지 크기 조절
[예제 파일] chapter7/반응형이미지.html

반응형 웹 페이지는 기존 웹 페이지를 최대한 유지하거나, 같은 형태로 만드는 것이 목적입니다. 하지만 기존 웹 페이지의 가로 크기가 고정되어 있다면, 반응형으로 만들 경우 매우 곤란한 상황이 벌어질 수도 있습니다. 이때 '가로 크기가 고정된다면'이란 조건을 달았는데, 그렇다면, 이런 조건을 해제하는 방법은 없을까요? 방법은 단순합니다. CSS에서 박스의 크기를 max-width와 min-width를 이용하여 처리하는 것입니다. 이 부분은 앞에 CSS의 박스 모델에서도 설명했습니다만, 반복 학습을 통해서 더 확실히 알아보겠습니다.

CSS에서 max-width와 min-width에 대해서 간단하게 설명을 하면 다음과 같습니다. 우선 max-width는 박스의 크기를 최대치로 설정해 주는 것을 의미합니다. CSS에서 박스 속성을 width:500px이라고 하면 박스의 크기는 500px로 고정되지만, max-width:500px이라고 지정하면 이 박스 크기의 최대치는 500px로 지정되는 것입니다. 그리고 min-width:500px로 지정하면 박스의 최소 크기가 500px로 지정되는 것을 의미합니다. 브라우저의 크기의 변화에 의해서 max-width는 최대 크기가 500px를 넘지 않는데, 브라우저의 크기가 작아지면 박스의 크기도 작아집니다. 하지만 min-width:500px는 박스의 크기가 최소 500px로 브라우저의 크기가 크면 큰 만큼 늘어나지만, 브라우저의 크기를 줄였을 때는 500px 이하로는 줄어들지 않습니다. 다음 예제를 직접 실행하여, 브라우저 크기를 조절해 보시기 바랍니다.

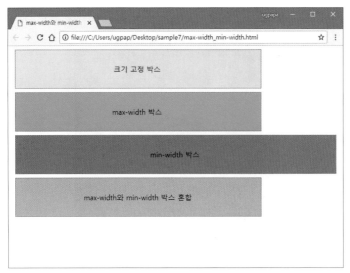

[그림 7-5] max-width와 min-width 차이점
[예제 파일] chapter7/max-width_min-width.html

[그림 7-5]를 보면 상단부터 하단까지 '크기 고정', 'max-width', 'min-width' 그리고 'max-width와 min-width 박스 혼합' 박스 모델이 있습니다. [그림 7-5]의 네 번째 박스의 'max-width와 min-width 박스 혼합' 모델을 주목해 주기 바랍니다.

우리가 반응형 웹 페이지에서 필요한 부분이 바로 이 부분입니다. 하지만 반응형 웹 페이지에서 무조건 이 방식을 사용할 수 없습니다. 왜냐하면 반응형 웹 페이지로 만들다 보면 알겠지만, 모바일 환경이 굉장히 작은 공간에 데스크탑 버전에 있는 내용을 전부 넣어야 하기 때문에 공간적인 문제가 있을 수밖에 없습니다. 따라서 반응형 웹 페이지에서 가장 중요한 부분이 데스크탑 버전에 있는 콘텐츠를 어떻게 모바일에서도 모두 배치할 것인지가 중요한 것입니다. 이 부분은 차후에 설명하겠지만, 그리드 시스템을 이용해서 처리하면 편리하게 처리 가능합니다.

미디어 쿼리로 웹 페이지 처리하기

다시 반응형 웹 페이지로 돌아와서 반응형 웹 페이지는 미디어 쿼리를 이용해서 처리한다고 앞서 설명했는데, 실제 어떻게 처리하는지 알아보겠습니다.

미디어 쿼리는 실제 적용하는 기기device에 맞게끔 CSS 내부에 별도의 처리를 해 주는 것을 의미합니다. 미디어 쿼리를 적용하는 기기들은 스마트폰, 태블릿, 그리고 데스크탑 이렇게 세 종류라고 보면 됩니다. 여기서 스마트폰과 태블릿의 경우에는 기본적으로 세로로 화면을 보고, 태블릿은 때에 따라서 가로로 눕혀서 사용하기도 합니다. 그리고 데스크탑은 기본으로 가로가 세로보다 넓습니다. 그래서 스마트폰은 세로 해상도를 기본으로, 태블릿은 세로를 기본으로 가로를 추가하고, 데스크탑은 가로를 기본으로 해상도를 지정합니다.

스마트폰의 경우 세로로 사용할 때 가로 크기는 최대 768px로 설정합니다.

태블릿은 세로 화면의 경우 최소 768px, 최대 992px로 설정합니다. 그리고 태블릿을 가로 화면으로 설정하면 최소 992px, 최대 1200px로 설정하며, 데스크탑은 최소 1200px로 설정하는 것을 기본으로 합니다.

따라서 기본 미디어 쿼리를 다음과 같이 설정합니다.

```
@media (max-width: 767px) {
    /* 여기는 모바일 ... */
}

@media (min-width: 768px) and (max-width: 991px) {
    /* 여기는 태블릿 세로 ... */
}

@media (min-width: 992px) and (max-width: 1199px) {
    /* 태블릿 가로 또는 데스크탑 저해상도 ... */
}

@media (min-width: 1200px) {
    /* 데스크탑 일반 ... */
}
```

위의 미디어 쿼리는 별도의 CSS 파일로 만들어서 해당 웹 페이지에 추가를 해주거나, 단일 CSS 파일 내부에 위의 미디어 쿼리를 추가해서 해당 스타일에 대한 값을 변경해 주면 됩니다. 이해가 안 되면 실제 간단한 예제를 들어 설명해 보겠습니다. 이 예제는 이전에 플렉스 박스를 설명하면서 만들어 놓은 예제를 미디어 쿼리를 이용하여, 데스크탑 버전과 모바일 버전 이렇게 두 가지 방법으로 처리해 보도록 하겠습니다.

[그림 7-6]을 보면 플렉스 박스를 이용한 예제가 보일 겁니다. 이 예제를 실행하면, 데스크탑 버전용이라는 것을 알 수 있는데, 그 근거는 브라우저의 크기를 늘렸다 줄이더라도, 내부 박스의 크기가 고정되어 있는 것을 알 수 있습니다. 이 예제를 미디어 쿼리를 이용하여 모바일에 맞는 방식으로 수정해보겠습니다.

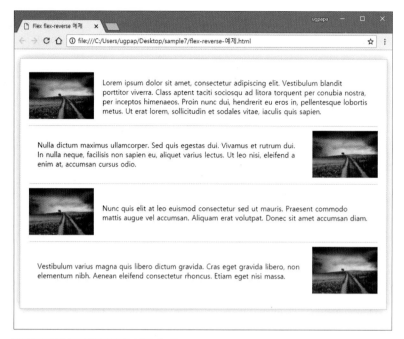

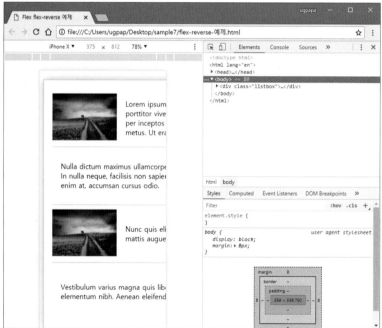

[그림 7-6] flex-reverse 예제: 모바일에서 보기로 설정하면 하단 이미지에서는 스크롤이 나타나는 것을 알 수 있다.
[예제 파일] chapter7/flex-reverse-예제.html

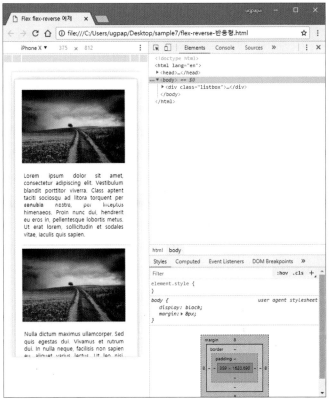

[그림 7-7] 미디어 쿼리를 이용해서 수정한 상태: 미디어 쿼리가 적용된 후 모바일 보기로 하면
모바일 환경에 맞게끔 콘텐츠의 레이아웃이 바뀐다.
[예제 파일] chapter7/flex-reverse-반응형.html

[그림 7-7]을 보면 가장 먼저 `.listbox`의 크기를 `width:800px`이 아니라 `max-width:800px`로
고정한 모습이 보일 겁니다. 그리고 CSS 부분을 보면 별도의 미디어 쿼리를 적용한 코드를 볼
수 있습니다. 간단하게 코드를 살펴볼까요?

```
43  @media (max-width: 767px) {
44      .boxitem {
45          display: block;
46          }
47      .imgpart img {
48          width: 95%;
49          }
50      .txtbox {
51          padding: 20px 20px 10px 5px;
52          text-align: justify;
53          }
54  }
```

앞의 코드를 보면 세 개의 클래스 선택자 부분에 속성을 적용해 줌으로써 [그림 7-7]의 하단과 같은 방식으로 변하는 것을 알 수 있습니다. 매우 간단하게 CSS만으로 별도의 모바일 페이지를 만들지 않고, 기존에 있던 데스크탑용 페이지를 모바일로 전환할 수 있는 것입니다.

반응형 웹 페이지는 사실 어렵지 않습니다. 별도의 프로그래밍 언어가 들어가는 것이 아니라, 기존에 있던 페이지를 기반으로 미디어 쿼리를 적용해서 처리하는 것이기 때문입니다.

하지만, 이러한 미디어 쿼리를 일일이 만드는 일은 사실 굉장히 번거롭고 손이 많이 가는 작업입니다. 이때 그리드 시스템이라는 것을 활용하는데요. 그리드 시스템은 일일이 수작업으로 하려면 힘들기 때문에 CSS 프레임워크를 활용합니다. 그 중에서 이 책에서는 가장 많은 사용자를 가지고 있는 부트스트랩으로 그리드 시스템을 활용한 반응형 웹 디자인을 알아볼 예정입니다.

> ✱ 여기서 잠깐
>
> **CSS 프레임워크가 뭐죠?**
>
> CSS 프레임워크는 일종의 라이브러리 개념이라고도 볼 수 있는데, CSS 선택자 및 웹에서 가장 많이 사용되는 자바스크립트 효과들의 집합이라고 할 수 있습니다. 내부에는 수많은 선택자들이 미리 설정되어 있고, 이 부분에 대해서 미디어 쿼리가 매우 정교하게 적용되어 있습니다. 따라서 CSS 프레임워크를 사용하게 되면(CSS의 원리만 알면) 별도의 CSS 파일을 만들지 않고도 웹 페이지를 디자인할 수 있으며, 심지어 모바일에 최적화된 페이지를 만들어 낼 수 있습니다. 하지만 이런 원리는 지금 이 책에서 배우는 HTML5와 CSS3의 기초가 없으면 만들 수 없습니다. 다른 모든 기술과 동일하게 웹 또한 기초가 없으면, 멋진, 그리고 기능적으로 훌륭한 사이트를 만드는 것은 절대 불가능합니다. 특히 CSS의 기초도 없이 CSS 프레임워크를 사용한다는 것은 모래성을 쌓는 일인 셈인데요. 단순히 CSS 프레임워크만 있다고 웹을 만들 수는 없습니다. CSS 프레임워크 + 자신만의 CSS 파일이 합쳐져야만 정말 원하는 웹사이트가 탄생하는 것입니다. 또한 CSS 프레임워크의 내부 구조와 어떻게 작동하는지 알려면 반드시 CSS가 어떻게 작동하는지에 대한 기초 지식이 있어야만 가능한 것입니다.

7.1.4 부트스트랩

그리드 시스템을 알아보기 전에 부트스트랩에 대해 간단하게 살펴보겠습니다.

부트스트랩Bootstrap은 2010년 중반에 트위터 개발자 중 트위터 아이디 @mdo와 @fat을 사용하는 개발자가 만든 오픈소스 프레임워크framework입니다. 프레임워크란 '짜여 있는 작업'이라는 뜻으로, 부트스트랩은 HTML, CSS, 자바스크립트 및 다양한 UI 컴포넌트로 구성되어 있습니다. 즉 효율적인 웹 디자인을 하기 위해 '미리 필요한 부분을 작업해 놓은 것'이라고 생각하면 쉽습니다

현재 부트스트랩은 최신 버전이 4.x 입니다. 하지만 한국의 이상한 웹 환경에서는 아직도 4.x를 쓰기 애매모호한 경우가 있습니다. 왜냐하면 4.x 버전은 IE10 이상 사실상 IE11 이상에서 제대로 작동하기 때문입니다. 필자가 테스트해 본 결과 IE10에서도 약간의 호환성 문제가 있다고 판단이 듭니다. IE11 이상 버전에서는 완벽하게 작동합니다. 하지만 여러분도 알다시피

한국에서 특히, 관공서나 병원 같은 경우 지금도 윈도우 7 기반에서 IE9을 사용하는 사용자가 아직도 많습니다. 그래도 점차 이 비율이 줄어들고 있다는 사실이 반가울 따름입니다.

하지만 여러분들의 고객이 관공서나 병원인 경우, 거기에 있는 클라이언트가 볼 수 있는 환경에 맞게 개발을 해야 한다면 부트스트랩 4 버전은 쓰기가 애매할 것입니다. 부트스트랩 버전 3과 버전 4의 가장 큰 차이점은 플렉스박스flexbox 지원 여부입니다. 부트스트랩 4부터는 레이아웃 디자인을 플렉스박스 기반으로 전환해 버려서 디자이너가 개발자에게는 엄청난 이득을 주겠지만, IE9 같은 브라우저에서는 플렉스박스가 지원되지 않기 때문에 클라이언트의 상황을 고려하지 않고 개발했다가 난감한 일이 생기기도 합니다. 따라서 여러분들이 향후 작업을 진행할 때 클라이언트의 현재 상황을 정확하게 파악하고 작업을 하는 것이 가장 좋습니다. 모바일 기기에서만 보이는 사이트는 무조건 부트스트랩 4을, 데스크탑과 모바일 동시에 보여주는 사이트인 경우 부트스트랩 3 또는 4에 대해서 클라이언트와 상의 후 작업할 것을 권해 드립니다.

부트스트랩 사이트에서 지금은 한국어 사이트가 상당히 잘 되어 있어서 한국어 사이트에서 관련된 정보를 잘 얻을 수 있습니다. 버전 3은 http://bootstrapk.com/에서, 버전 4는 http://bootstrap4.kr/를 참조하시기 바랍니다. 이 책에서는 버전 3을 기준으로 약간 설명하겠습니다.

[그림 7-8] 부트스트랩 다운로드 페이지 http://bootstrapk.com/getting-started/#download

가장 일반적인 부트스트랩이 [그림 7-8]에서 왼쪽에 보이는 것입니다. 이것을 다운로드하면 css, js, fonts란 폴더만 있으며, 다음과 같은 구조로 되어 있습니다.

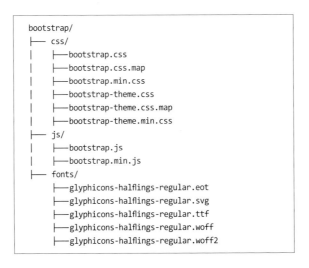

거창하게 보이지만 사실 살펴보면 별로 특이한 것은 없어 보입니다. 파일 크기도 작고, css 폴더에는 4개의 css 파일과 js 폴더(자바스크립트 파일을 모아둔 폴더)에는 2개의 파일, 그리고 fonts 폴더에는 4개의 파일이 있습니다. fonts 폴더에 있는 4개의 파일은 모두 역할은 같은데, 다양한 브라우저에서 사용할 수 있게 여러 파일로 만들어진 것입니다.

또한 파일들 중에서 .min이라고 되어 있는 것은 기본 파일을 압축한 형태이기 때문에 사실 css 파일 2개, js 파일 1개, 폰트 파일 1개로 구성되어 있다고 보면 됩니다. 이렇게 단순하게 구성되어 있지만, 이 파일만으로도 웹에서 사용하는 거의 모든 형태의 디자인을 할 수 있습니다. 부트스트랩은 내려 받지 않고 CDN을 이용해서 사용하는 방법도 있다고 서두에서 언급을 했는데, 사용 방법은 간단합니다. 다음의 코드를 HTML 문서의 상단에 넣어주기만 하면 됩니다.

```html
<!-- Latest compiled and minified CSS -->
<link rel="stylesheet" href="//netdna.bootstrapcdn.com/bootstrap/3.1.1/css/bootstrap.min.css">
<!-- Optional theme -->
<link rel="stylesheet" href="//netdna.bootstrapcdn.com/bootstrap/3.1.1/css/bootstrap-theme.min.css">
<!-- Latest compiled and minified JavaScript -->
<script src="//netdna.bootstrapcdn.com/bootstrap/3.1.1/js/bootstrap.min.js">
</script>
```

이 코드를 넣어주면 부트스트랩을 다운로드하지 않고 사용할 수 있기 때문에 편리하기는 하지만, 간혹 CDN에 문제가 생기거나 네트워크에 문제가 있으면 해당 CSS 파일과 JS파일을 불러오지 못하게 되어 웹 페이지가 이상하게 보일 수 있다는 문제점도 있습니다. 방식의 선택은 자유지만, 필자는 해당 파일을 직접 내려 받아서 적용하는 것을 제일 선호합니다. 이제 본격적으로 그리드 시스템을 알아보겠습니다.

7.2 그리드 시스템

7.2.1 그리드 시스템의 기본 구조

그리드 시스템을 활용하면 편리하게 페이지 레이아웃을 만들 수 있으며, 특히 반응형 웹 페이지를 효율적으로 만들고 운영할 수 있게 해줍니다.

그리드 시스템은 웹 페이지의 콘텐츠를 효율적으로 배치하기 위해 사용하는 일련의 수평 및 수직선을 포함하는 구조입니다. 개발자 또는 디자이너가 콘텐츠를 보다 쉽게 관리할 수 있는 방식으로 콘텐츠와 이미지를 구조화하고 표현할 수 있는 시스템을 제공하는 한 가지 방법이라고 할 수 있습니다.

[그림 7-9]를 보면 일반적으로 웹에서 사용하는 12그리드 시스템을 볼 수 있습니다. 즉 콘텐츠 기본 넓이를 정하고 그 넓이를 기준으로 12개의 구획으로 나눈 것을 의미합니다. 가장 기본적으로 많이 사용하는 그리드 시스템으로 개발자가 지정한 기본 넓이에 따라서 콘텐츠 부분과 거터 부분의 크기가 다르게 됩니다. 여기서 거터gutter는 [그림 7-9]에서 파란색 콘텐츠와 콘텐츠 사이 공간을 의미하며, 원래 의미도 '(도로의) 배수로'란 의미입니다. 그냥 여기서는 거터라는 용어로 사용하도록 하겠습니다.

[**그림 7-9**] 그리드 시스템의 기본 구조인 12그리드 시스템

이러한 그리드 시스템은 최신 CSS 프레임워크에서는 기본적으로 채택되어 있습니다. 이 책에서 부트스트랩 기준으로 설명해 보겠습니다.

그리드(격자)grid는 총 12열로 구성되어 있으며, 웹사이트의 레이아웃에 따라 구성을 변경해 줄 수 있습니다. 그리드 시스템은 부트스트랩의 핵심 레이아웃 시스템입니다. 잠시 후 다룰 예제에서도 그리드 시스템이 많이 나오며 부트스트랩의 CSS에서 가장 중요한 부분입니다.

그리드 시스템은 클래스 선택자를 기반으로 화면의 레이아웃을 잡아주는 역할을 합니다. [그림 7-10]을 보면 각각의 클래스 선택자에 따라 화면이 나뉘는 것을 볼 수 있는데, 제공된 예제 파일의 소스코드를 보면 쉽게 이해할 수 있을 것입니다.

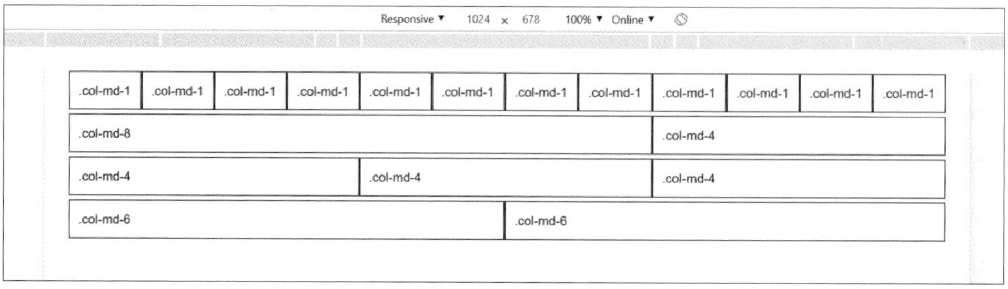

[그림 7-10] 그리드 시스템을 이용한 레이아웃 : 모니터 해상도 1024×768에서 보이는 모습
[예제 파일] chapter7/grid.html

> **참고**
>
> [그림 7-10]은 크롬에서 〈F12〉키를 누르면 다음 그림과 같은 메뉴가 나옵니다. 여기서 [Toggle device toolbar]를 누릅니다. 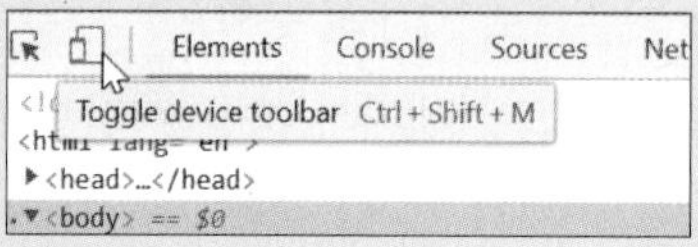
>
>
> 아래 그림과 같은 곳이 나오며 해상도를 조절하면서 웹 페이지의 결과물을 볼 수 있습니다.
>

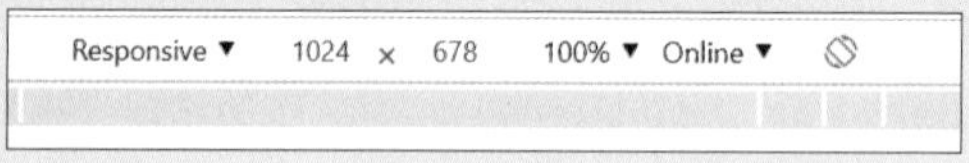

[그림 7-10]을 보면 모니터 해상도가 1024×768 픽셀일 때의 그리드 시스템 구조입니다. [그림 7-11]를 보면 모니터의 해상도를 360×640로 변경했을 때 그리드 시스템 레이아웃이 변경된 것을 볼 수 있습니다.

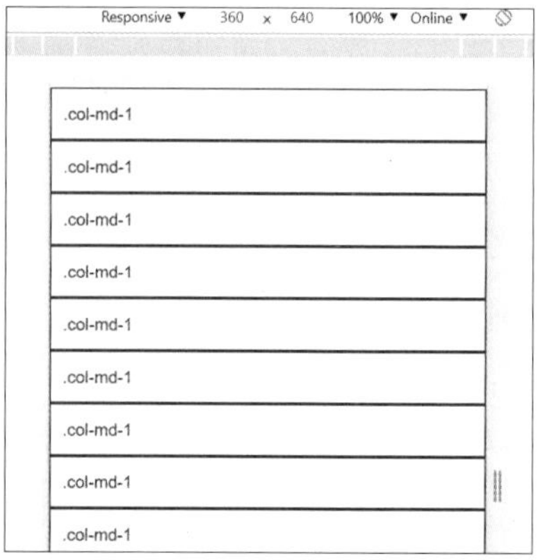

[그림 7-11] 그리드 시스템을 이용한 레이아웃 : 모니터 해상도 360×640에서 보이는 모습

부트스트랩은 기본적으로 반응형 기반으로 만들어졌기 때문에 화면 해상도가 변경될 때마다 레이아웃은 그에 맞게 바뀌게 되어 있습니다. 그림에서는 .col-md-1로 12개의 그리드를 구성한 부분과 .col-md-8과 .col-md-4를 이용한 그리드 시스템 그리고 col-md-4 3개로 구성된 그리드 시스템, 마지막으로 col-md-6 2개로 구성된 그리드 시스템을 볼 수 있습니다.

그리드 옵션

예제를 살펴보기 전에 그리드 옵션에 대해서 먼저 확인하겠습니다. [표 7-1]을 보면 모바일폰은 화면 해상도가 가로로 768픽셀 이하인 그리드 시스템은 항상 작동하고, 태블릿은 768픽셀보다 작거나 같으면 작동하며, 데스크탑은 992픽셀보다 작거나 같은 경우, 또한 1200픽셀보다 작거나 같을 때 작동한다는 것을 알 수 있습니다. container 클래스의 최대 너비는 모바일, 태블릿, 데스크탑의 해상도에 맞춰서 크기가 30픽셀에서 22픽셀, 18픽셀 정도 작게 설정된 것을 알 수 있습니다. 여기서 container 클래스 선택자가 하는 역할은 전체 레이아웃을 감싸고 중앙 정렬해주는 역할을 합니다.

[표 7-1] 그리드 옵션 : 기기별 해상도에 따른 클래스 접두사

	모바일폰 (〈768px)	태블릿 (≥768px)	데스크탑 (≥992px)	데스크탑 (≥1200px)
그리드 적용	항상	분기점보다 크면 적용		
container 클래스 최대 너비	None (auto)	750px	970px	1170px
클래스 접두사	.col-xs-	.col-sm-	.col-md-	.col-lg-
컬럼 수	12			
컬럼 최대 너비	auto	60px	78px	95px
사이 너비	30px(컬럼의 양쪽에 15px씩)			
중첩	예			
오프셋	없음	예		
컬럼 순서	없음	예		

실제 각각의 해상도에 따라 그리드 시스템이 어떻게 변하는지 그림으로 확인해 보겠습니다.

화면 해상도가 1,200픽셀인 경우에 보이는 그리드 시스템

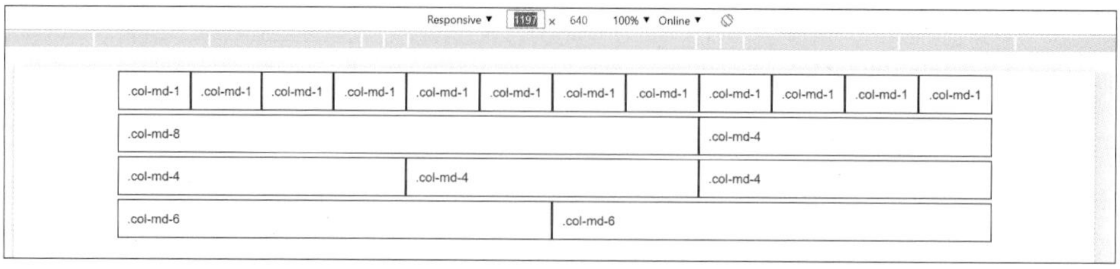

화면 해상도를 1,197픽셀로 변경했을 때 보이는 그리드 시스템

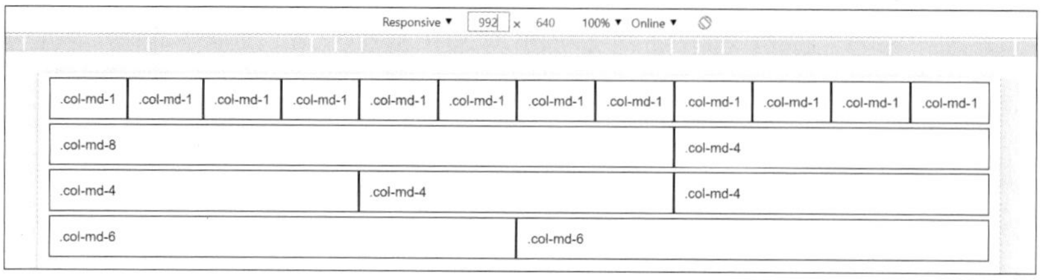

화면 해상도가 992픽셀일 때 보이는 그리드 시스템

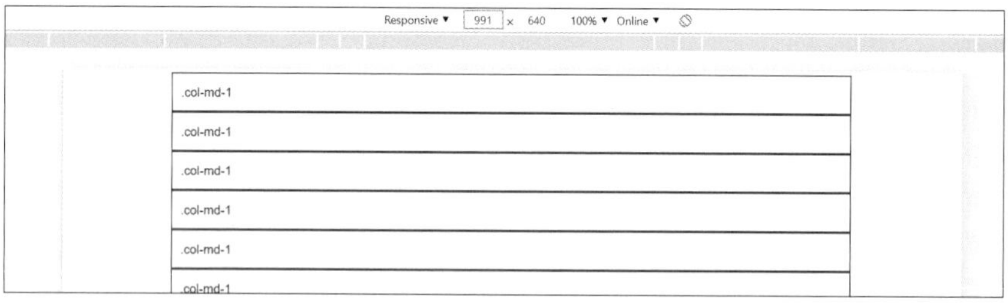

화면 해상도를 991픽셀로 변경했을 때 보여지는 그리드 시스템

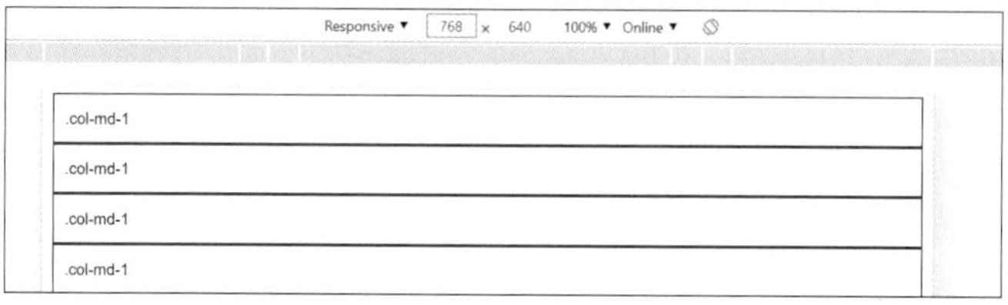

화면 해상도가 768픽셀일 때 보이는 그리드 시스템

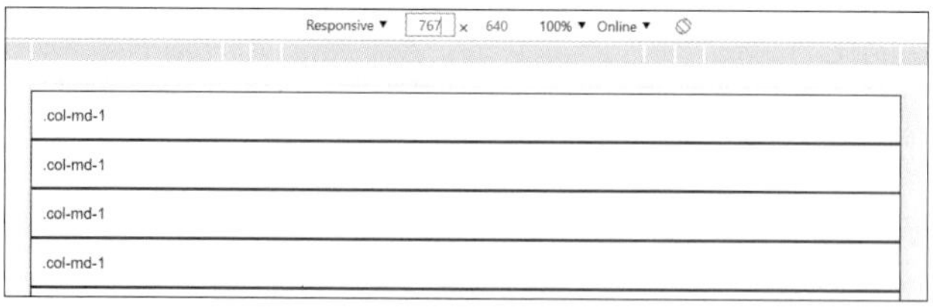

화면 해상도를 767픽셀로 변경했을 때 보이는 그리드 시스템

[그림 7-12] 화면 해상도에 따른 그리드의 모습

[그림 7-12]의 맨 위쪽에 있는 그림을 보면 화면 해상도가 1,200픽셀인 경우 부트스트랩에서 설정된 container 선택자는 자동적으로 1,170픽셀로 변경되며, 해상도가 1,200픽셀보다 작게 되면 container는 970픽셀로 작아지는 것을 알 수 있습니다. 또한 태블릿 해상도의 최소 폭인 768픽셀보다 작거나 같으면 그리드의 모양이 완전히 변하는 것을 알 수 있습니다.

container 선택자는 [표 7-1]에서와 같이 최대 해상도에 따라서 해상도의 길이를 지정하지만, container 선택자 대신에 container-fluid 클래스 선택자를 사용하게 되면 전체 화면을 전부 사용할 수 있습니다. [그림 7-13]은 .container 대신 .containerfluid를 사용할 때의 모습입니다.

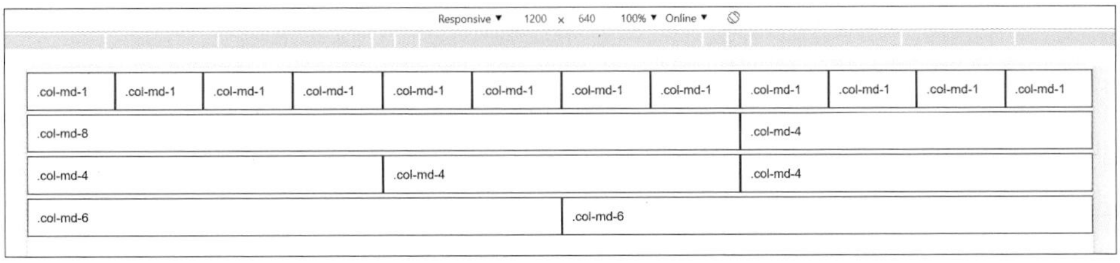

화면 해상도가 1,200픽셀인 경우

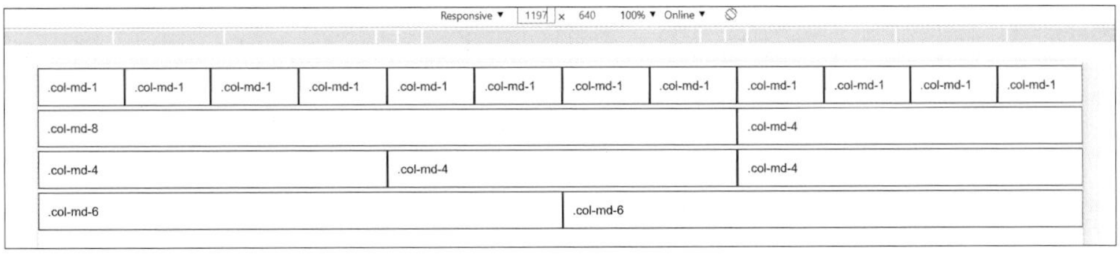

화면 해상도가 1,197픽셀인 경우

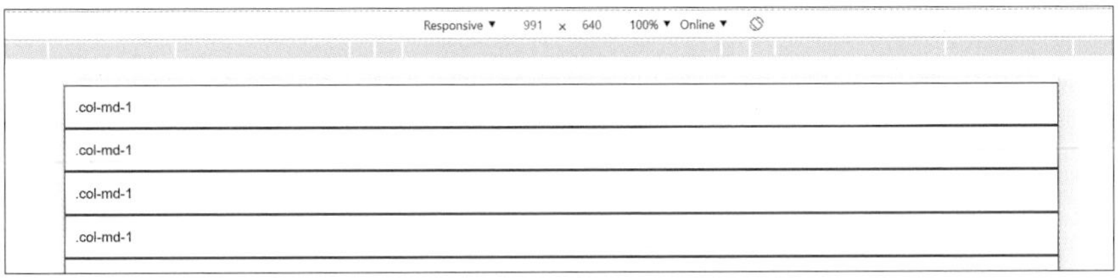

화면 해상도가 991픽셀인 경우

[그림 7-13] container-fluid 선택자를 사용한 경우의 모습
[예제 파일] chapter7/grid-fluid.html

현재 그림들에서는 클래스 접두사명이 .col-md-*라고 표기되어 있는데, [표 7-1]에서 알 수 있는 것은 .col-md-는 화면 해상도가 1,200픽셀 이하이면서 992픽셀 이상인 데스크탑에서 사용하는 클래스 접두사인 것을 알 수 있습니다(container-fluid인 경우도 해당됨). 이 경우 클래스에 적용된 컬럼의 최대 너비는 78픽셀이라는 것을 의미하며 각 컬럼들 사이의 너비는 좌우로 15픽셀의 패딩 값을 가집니다.

모든 그리드는 중첩될 수 있는데, 중첩이 된다는 말은 그리드를 겹쳐서 사용할 수 있음을 의미합니다. 즉 하나의 그리드 내부에 또 하나의 그리드를 만들 수 있습니다. 내부에 만들어진 그리드는 또 다시 12개의 그리드가 생성됩니다. [그림 7-14]를 보면 클래스 선택자 col-md-8과 col-md-4로 구성된 그리드 내부에 또 다른 그리드가 있는 것을 확인할 수 있습니다.

[그림 7-14] 그리드 내부에 또 다른 그리드를 만들 수 있다.
[예제 파일] chapter7/grid2.html

이외에 부트스트랩에서는 보다 많은 그리드에 대한 옵션을 제공합니다. 그에 대한 옵션까지 여기서 설명하는 것은 이 책의 범위를 벗어나므로 여기서는 부트스트랩의 핵심적인 그리드에 대한 설명까지만 하겠습니다.

그리드 시스템으로 웹사이트 레이아웃 디자인하기

그리드를 이용하면 레이아웃을 쉽게 만들 수 있다고 하는데 실제 어떻게 적용하는지 예제를 통해 확인해 보겠습니다.

[그림 7-15]를 보면 menu1~menu4까지 들어간 부분과 Lorem ipsum~이라고 되어 있는 부분이 그리드를 이용해서 레이아웃을 구성했습니다.

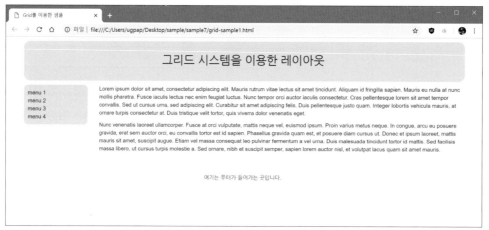

[그림 7-15] 그리드 시스템을 이용하여 실제 웹사이트 레이아웃 디자인 예제_1
[예제 파일] chapter7/grid-chapter1.htm

여기서 menu1이 들어가 있는 부분은 클래스 선택자 col-md-2를 적용했으며, Lorem ipsum~으로 되어 있는 부분은 col-md-10을 적용하였습니다. 제공되는 소스파일을 분석해 보면 이해가 빠를 것입니다. 또한 여러분이 직접 그리드로 구성된 부분의 숫자를 변경해서 어떻게 레이아웃이 바뀌는지 연습을 해보는 것도 학습에 도움이 될 것입니다. [그림 7-16]은 [그림 7-15]를 변형하여 구성한 레이아웃입니다.

[그림 7-16] 레이아웃 디자인 예제_1을 변형해서 3단 그리드 시스템으로 구성한 모습
[예제 파일] chapter7/grid-layout2.html

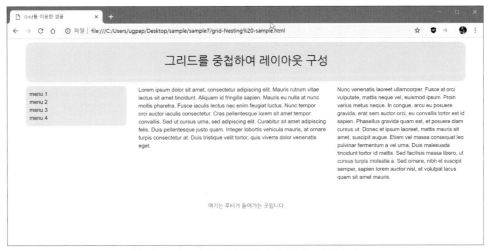

[그림 7-17] 그리드를 중첩하여 레이아웃을 구성한 모습
[예제 파일] chapter7/grid-Nesting-chapter.html

여러분이 직접 예제를 실행해보고 소스코드를 확인하면 지금까지 학습한 내용을 쉽게 이해할 수 있을 것입니다.

여기까지 그리드 시스템에 대한 핵심 정리를 부트스트랩 3 버전을 기반으로 설명하였습니다. 미디어 쿼리와 그리드 시스템은 반응형 웹 페이지를 만드는 핵심적인 요소입니다. 따라서 미디어 쿼리와 그리드 시스템에 대한 기초 지식이 없으면, 반응형 웹 디자인을 만드는데 많은 애로 사항이 따를 수밖에 없습니다.

요즘에는 반응형 웹 디자인을 위한 많은 CSS 프레임워크들이 개발되어 개발자나 디자이너들이 별 다른 고생을 하지 않고 사이트를 개발할 수 있게 되었습니다. 지금까지 설명한 그리드 시스템도 필자가 별도로 소스코드를 만들 순 있지만, 그에 따른 노력이 부트스트랩을 빌어 설명하는 것 보단 못할 수 있습니다. 이에 부트스트랩을 기반으로 그리드 시스템을 설명한 것입니다.

여기까지 간단하게나마 반응형 웹 디자인에 대해 배워보았습니다. 반응형 웹 디자인은 전혀 새로운 게 아니라 기존에 있는 CSS 코드를 모바일 또는 프린트 등 별도의 환경에 맞춰서 CSS 코드를 추가하고 변형하는 일입니다. 특히 그리드 시스템은 반응형 웹 페이지 디자인을 위한 최적의 레이아웃을 손쉽게 구현해 줍니다. 그리드 시스템은 여러분 스스로 개발해서 라이브러리화 하여 사용해도 좋지만, 아무래도 현재 개발되어 있는 CSS 프레임워크를 이용해서 처리하면 보다 편리하고 빠르게 개발할 수 있기 때문에 여러분들도 여러분에게 맞는 CSS 프레임워크를 찾아서 멋진 웹사이트를 만들어 보면 좋겠습니다.

연습문제 | 퀴즈를 풀어보며 개념을 복습합니다.

문제에 대한 답은 백견불여일타 카페에서 확인할 수 있습니다. cafe.naver.com/codefirst

1 다음의 코드에서 숫자 1이 의미하는 것은 무엇일까요?

```
<meta name="viewport" content="width=device-width, initial-scale=1">
```

가. 브라우저의 뷰의 실제 크기

나. 사용하는 디바이스의 실제 값

다. 현재 메타 태그를 최우선으로 처리

라. 실제 글자 크기를 1로 처리

2 하나의 웹사이트를 모바일과 PC로 인쇄할 때 각각 다르게 처리하는 방법은?

가. Viewport

나. Media query

다. Screen

라. Stylesheet

3 다음의 코드는 반응형 웹 페이지를 만들 때 이미지의 크기를 자동으로 처리하게 해주는 CSS 속성인데요, (   )에 알맞은 값을 적어보세요.

```
.img-responsive {
    width: (    );
    height: (     );
}
```

연습문제 | 퀴즈를 풀어보며 개념을 복습합니다.

4 빈 칸에 알맞은 말을 각각 적어 넣으세요.

> CSS에서 어떤 박스 모델의 크기를 min−width:500px로 지정할 경우 해당 박스 보델의 크기는
> 최소 (　　)로 고정되며 브라우저의 크기를 늘이게 되면 해당 박스의 크기는 브라우저 크기와
> (　　)하여 늘어납니다.

5 박스 모델에서 `min-width`와 `max-width`를 사용하는 이유를 설명해보세요.

6 미디어 쿼리를 이용해서 CSS를 설정할 경우 다음의 코드 내부에 CSS 속성을 적용해 주면
어떤 디바이스에 최적화될까요?

```
@media (min-width: 992px) and (max-width: 1199px)
```

가. 모바일

나. 태블릿 세로

다. 태블릿 가로 및 데스크탑 저해상도

라. 데스크탑 일반

실습문제 | *실습은 지식을 내것으로 만드는
최고의 방법입니다.*

문제에 대한 답은 백견불여일타 카페에서 확인할 수 있습니다. cafe.naver.com/codefirst

6장에서 사용된 실습 예제를 이용해서 해당 CSS 파일을 7장 실습문제와 결합하여, 다음의 결과와

유사하게 CSS 속성을 정의해보세요. 또한 미디어 쿼리를 이용하여 두 번째 이미지와 유사하게 나

올 수 있게 처리해보세요.

[예제 파일] Exercise/7장_실습.html

수백 번 볼 분을 한번 만들어봄만 하라!

百見不如一打

백견불여일타

HTML5
& CSS3

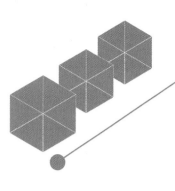

8장

필요한 만큼 배워보는 자바스크립트

이 장을 공부할 때 특별한 사전지식이 필요하지 않습니다.

다만, 자바스크립트를 배우는 이유에 대해 아래와 같은 정도는 숙지합시다.

❶ 버튼을 누르면(보통 '이벤트'라고 함) 결과를 보여주기 위해
❷ 계산 처리를 바로 하기 위해
❸ HTML과 CSS를 활용하여 디자인에 변화를 주고 싶을 때

자바스크립트도 프로그래밍 언어입니다. 하지만, 다른 언어보다는 접근성이 쉬우니 겁먹지 말고 우선은 웹사이트를 만들 때 필요한 만큼만 배워봅시다.

8.1 HTML 문서와 상호작용하는 자바스크립트

자바스크립트는 HTML 문서와 연동하여 웹사이트에 동적 상호작용성을 제공하는 프로그래밍 언어입니다. 자바스크립트는 그 자체만으로도 책 한 권의 분량이 나오기 때문에, 여기서는 자바스크립트의 기본 개념 원리만 소개하도록 하겠습니다.

용어

동적 상호작용성

웹 페이지 안에서 사용자가 클릭하거나 드래그하거나 값을 입력하거나 하는 등의 행위(이벤트)를 하였을 때 그 결과를 바로바로 보여주는 것을 의미합니다. HTML 페이지만으로는 텍스트나 이미지만 보여주는 정적인 역할 밖에 하지 못합니다.

8.1.1 자바스크립트의 개념

자바스크립트는 기본적으로 스크립트 언어입니다. 일반적인 프로그래밍은 컴파일 과정을 거친 후 프로그램이 실행되지만, 자바스크립트는 웹 브라우저에서만 작동됩니다. 하지만 최근에는 웹앱이라는 새로운 트렌드가 생겨 자바스크립트 기반의 많은 앱들과 프로그램들이 나타나고 있습니다. 대표적인 것이 협업 위주의 채팅 도구인 슬랙Slack이 자바스크립트 기반으로 만들어 졌습니다. 또한 최근에는 Node.js라는 자바스크립트 엔진으로 만들어진 자바스크립트 런타임이 있습니다. Node.js를 사용하게 되면 웹 브라우저를 사용하지 않고도 자바스크립트를 사용할 수 있게 됩니다. 특히 Node.js는 백 엔드Back-end 처리에 탁월한 기능을 수행하여 확장성 있는 네트워크 애플리케이션을 만들 수 있습니다.

용어

웹 앱

애플리케이션(줄여서 "앱")은 특정 OS에서 작동하는 프로그램을 의미하지만, 웹 앱은 OS에 상관없이 모든 컨텐츠를 볼 수 있게 해주는 앱을 의미합니다. HTML5 기반으로 작성되며 자바스크립트를 활용하여 프로그래밍을 하는 것이 특징입니다.

자바스크립트 엔진

자바스크립트 코드를 실행하는 프로그램 또는 인터프리터

자바스크립트 런타임

프로그래밍 언어가 구동되고 있는 환경을 의미합니다.

자바스크립트 자체는 매우 작지만 유연합니다. 특히 HTML5 API들은 전부 자바스크립트 기반으로 구성되어 있어, HTML5 API를 처리하기 위해선 자바스크립트에 대한 이해가 필수적입니다.

8.1.2 HTML 문서에서의 자바스크립트의 위치

실제 웹사이트를 개발할 때는 자바스크립트 코드는 문서의 가장 마지막에 위치해야 합니다.

[코드 8-1] 자바스크립트의 위치 확인하기

```
1   <!DOCTYPE html>
2   <html lang="en">
3
4   <head>
5       <meta charset="UTF-8">
6       <meta name="viewport" content="width=device-width, initial-scale=1.0">
7       <meta http-equiv="X-UA-Compatible" content="ie=edge">
8       <title>자바스크립트 위치</title>
9   </head>
10
11  <body>
12      <script>
13          var message = "WOW! Fantastic!"
14          for (var i = 0; i < 5; i++) {
15              document.writeln(message + "<br>");
16          };
17      </script>
18  </body>
```

[코드 8-1]과 같이 자바스크립트의 위치는 HTML 문서의 가장 아래쪽에 위치해야 합니다. 그 이유는 자바스크립트는 DOM_{Document Object Model} 또는 BOM_{Browser Object Model}을 컨트롤 하는

데, 자바스크립트 내부에 있는 코드가 HTML 문서 내부에 있는 DOM 보다 먼저 실행이 되면, 오류가 발생할 수 있기 때문입니다.

> **용어**
>
> **DOM과 BOM**
>
> HTML이나 XML 문서를 처리하기 위한 API라고 생각하면 됩니다. 자바스크립트와 같은 스크립트 언어로 DOM을 활용하여 문서를 수정하거나 디자인을 바꿀 수 있습니다. [코드 8-1]의 15행과 같은 형식으로 사용됩니다. BOM은 웹 브라우저에 내장된 API입니다. 이를 이용해 브라우저의 창을 열거나 닫을 수 있고 현재 창 크기도 조절할 수 있습니다.

웹 브라우저는 HTML 코드 내부를 하향식 즉, 탑다운Top Down 방식으로 해석합니다. 코드를 한꺼번에 해석하는 게 아니라, 상단에서부터 하단까지 쓰여진 코드 순서대로 해석을 하는데, 상단에 자바스크립트가 있으면, 먼저 자바스크립트를 수행하고 다음 코드를 읽어버리는데, 자바스크립트에 있는 특정 코드가 HTML 코드보다 먼저 수행하면 원하는 동작을 못할 수도 있기 때문입니다. 그래서 자바스크립트 코드는 HTML 문서의 가장 마지막에 위치한다고 알고 있으면 됩니다.

가끔 자바스크립트 라이브러리가 <head>...</head> 태그에 위치해 있는데 이 부분은 라이브러리이기 때문에 그곳에 위치해도 되는 것입니다. 라이브러리는 실행 파일이 아니기 때문에 PC의 메모리에 미리 상주해 있다가 하단부에 있는 자바스크립트 실행 파일에 의해서 라이브러리가 작동하게 하면 되는 것이기 때문입니다.

8.2 자바스크립트 주요 문법

8.2.1 변수

프로그래밍에서 가장 중요한 요소가 정보의 저장과 변형이라고 할 수 있습니다. 즉 값을 입력받거나, 미리 설정된 값을 계산해서 보여주는 역할을 하는 요소가 필요합니다. 이때 이 역할을 하는 요소 즉 데이터를 저장해 둘 수 있는 그 무엇을 **변수**Variable라고 합니다. 값이 변한다고 해서 변수라고 하는 것입니다.

그렇다면 값이 고정되어 있다면 무엇이라고 할까요? 그건 **상수**라고 합니다. 여러분들이 자바스크립트 코드를 보면 가장 많이 보게 되는 값이 변수 값들입니다.

변수 사용법

변수 사용 방법은 다음과 같습니다. var는 variable의 약자이고, 변수를 선언해 주는 역할을 합니다.

```
var message;
```

여기서 message는 변수명이 되는 것입니다. 그리고 자바스크립트 명령문은 항상 세미콜론(;)으로 끝나야 합니다. 이렇게 해두면 message라는 변수가 생성된 것이고 이 message라는 변수에는 값을 추가할 수도 있습니다. 이 message에 값을 추가하는 방법은 다음과 같습니다.

```
message = "WOW! Fantastic!"
```

이렇게 해주면 message라는 변수에는 WOW! Fantastic! 이라는 문자열이 들어가는데, 여기서 따옴표로 문자열을 감싼 모습을 볼 수 있습니다. 문자는 반드시 따옴표로 감싸야 합니다. 하지만 숫자의 경우 따옴표로 감싸 버리면 해당 숫자는 문자열이 됩니다. 그리고 변수는 방금 설명한 것과 같이 변수명을 선언해 주고 값을 넣어주는 방법도 있지만, 변수명을 선언해 주면서 바로 값을 대입하는 방법도 있습니다.

```
var message = "WOW! Fantastic!"
```

이 방법은 어떻게 보면 더 직관적이고 훨씬 보기 좋은 방법일 수 있습니다. 하지만 미리 변수를 선언하고 값은 나중에 변할 수 있으니, 변수 선언 방법은 그때마다 다를 수 있다는 것을 미리 알려드리겠습니다.

변수의 데이터 타입

변수에는 데이터 타입이 존재합니다. 데이터 타입에는 숫자, 문자열, 그리고 불리언 타입 이렇게 크게 세 가지 종류가 있습니다. 여기서 불리언 타입은 True 또는 False라는 두 개의 값을 의미합니다. 1+1=2은 True입니다. 1+1=3은 False입니다. 이 불리언 값은 조건문에서 가장 많이 사용됩니다. 다음과 같은 방식이죠.

```
if (여기 조건이 참인 경우) {
    여기 있는 값 출력
} else {
    아니면 여기 값 출력
};
```

변수 지정 조건

변수를 지정하기 위한 조건은 다음과 같이 여섯 가지가 있습니다.

❶ 변수의 이름은 반드시 문자 또는 $ 기호 또는 _(언더스코어)로 시작해야 하며, 절대로 숫자를 사용해선 안 됩니다.

❷ 변수 이름은 -(대시)나 마침표(.) 같은 기호는 사용해선 안 됩니다. 변수 이름은 _(언더스코어)를 이용해서 만들 수도 있습니다. First_name과 같은 방식이죠. 하지만 대시(-)는 사용하면 안 됩니다. First-name 변수명은 잘못된 방식입니다.

❸ 키워드(keyword)나 예약어(reserved word)는 변수 이름으로 사용할 수 없습니다. 이 키워드나 예약어는 자바스크립트에서 사용하는 특별한 단어로서 이것을 변수명으로 사용하면 에러가 발생합니다. 변수를 선언할 때 선언문으로 var를 사용했는데, 이런 var 같은 문자를 변수명으로 사용하면 안 된다는 것입니다.

❹ 변수는 대문자와 소문자를 구분합니다. Number와 number는 다른 변수입니다. 따라서 변수 변수를 작성할 때 대문자와 소문자가 구분되기 때문에 이렇게 헷갈리는 경우 소문자로만 사용하는 것이 편리합니다.

❺ 자바스크립트의 변수는 보통 카멜(Camel) 표기 방식을 사용합니다. firstName, lastName과 같은 변수명은 가운데 대문자가 들어가 있는데, 낙타의 혹과 같이 중간이 튀어나와 있는 것이 낙타의 혹과 비슷하다고 해서 나온 명칭입니다.

❻ 변수를 저장할 경우 변수 명칭에 대해서 신경 써야 합니다. 5번 항목과 같이 firstName을 fName이라고 명명하는 경우 개발자 본인은 이 변수가 뭔지 바로 알 수 있지만, 직관적이지 않고 다른 개발자가 코드를 봤을 때 확실하지가 않습니다. 따라서 변수명에는 애매모호한 명칭을 사용하지 않고 카멜 표기 방식으로 확실하게 표기를 해주는 것이 최상의 방법입니다.

8.2.2 배열

자바스크립트 변수에는 여러 개의 값을 한꺼번에 넣어줄 수 있습니다. 이런 방식을 배열Array이라고 합니다. 사실 변수를 많이 만드는 것보다 변수에 여러 개의 값을 한꺼번에 넣어두고, 필요한 값만 필요할 때 꺼내 쓸 수 있으면, 매우 편리하겠죠.

다음의 코드를 한번 보겠습니다. 자바스크립트이 배열은 무조건 [ ](브라켓)이 들어가 있습니다.

```
var color =['blue', 'white', 'black'];
```

변수명 다음에 [⋯](브라켓)을 사용해서 값을 나열했습니다. 그러면 color라는 변수에는 blue, white, black이라는 세 개의 값이 늘어가 있습니다.

여기서 원하는 값을 호출하는 방법은 먼저 blue는 color[0]이고, white는 color[1]이며, black은 color[2]입니다. 여기서 보면 color[1]이 blue가 아닌가 하는 의문이 들텐데, 프로그래밍에서 처음 시작 값은 0부터입니다. 그래서 맨 처음 값을 호출할 때는 color[0]과 같이 사용해야만 합니다. 그리고 변수 내부에 있는 배열의 개수는 변수명.length를 통해서 알 수 있습니다.

다음 예제에서는 color.length라고 하면 3이라는 값을 알 수 있을 것입니다. 여기까지 설명한 부분을 예제를 통해서 살펴보겠습니다.

```javascript
// 변수 설정
var price = 5;
var num1 = 14;
var total = price * num1;
var elem = document.getElementById("number");
elem.textContent = total;
var minus = price - num1;
var plus = price + num1;
var elem1 = document.getElementById("number1");
if (price == num1) {
    elem1.textContent = minus;
} else {
    elem1.textContent = plus;
}
var color = ['red', 'white', 'black'];
var colorName = document.getElementById("color");
colorName.textContent = color[0];
var colors = color.length;
var colorLength = document.getElementById("colors");
colorLength.textContent = colors;
```

[그림 8-1] 변수와 배열에 대한 예제
[예제 파일] chapter8/변수와배열.html

실제 자바스크립트 코드를 간단하게 설명해 보겠습니다.

[코드 8-2] 변수 설정하기

```javascript
// 변수 설정
var price = 5;
var num1 = 14;   // 이 부분은 다음과 같이 설정할 수 있다.
var price, num1 ; price =5; num1 =14;
// total이라는 변수에 price와 num1의 값을 곱한 값을 넣어 준다.
var total = price * num1;
// HTML 문서 내부에서 id="number"로 지정된 부분을 elem이라는 변수에 넣어준다.
var elem = document.getElementById("number");
// elem이란 변수 값에 total에서 생성된 값을 넣어서 화면에 출력한다.
elem.textContent = total;
```

[코드 8-3] 불리언 값과 조건문에 따른 결과값 보여주기

```javascript
// 여기는 불리언 값에 따른 조건문
// price 값과 num1 값을 뺀 결과값을 minus라는 변수에 할당한다.
var minus = price - num1;
// price 값과 num1 값을 더한 결과값을 plus라는 변수에 할당한다.
var plus = price + num1;
var elem1 = document.getElementById("number1");
// 조건문을 이용한다. 만약 price 값이 num1 값과 같다면 miuns 값을 출력한다.
if (price == num1) {
    elem1.textContent = minus;
} else {
    // 아니면 plus 값을 출력한다
    elem1.textContent = plus;
}
```

[코드 8-4] 배열과 배열 내부 값을 출력하기

```javascript
// 여기는 배열 설명
var color = ['red', 'white', 'black'];
var colorName = document.getElementById("color");
colorName.textContent = color[0];   // 첫 번째 컬러 값을 출력한다.
var colors = color.length;
var colorLength = document.getElementById("colors");
colorLength.textContent = colors; // 색상값 총 개수를 출력한다.
```

8.2.3 연산자

모든 프로그래밍 언어들이 그러하듯이 프로그래밍의 목적은 계산을 하기 위함입니다. 자바스크 립트 또한 일상적인 연산자를 사용합니다. 일상적인 연산이란 먼저 산술 연산자를 의미합니다. 산술 연산자에는 다음과 같은 것이 있습니다.

[표 8-1] 산술 연산자

이름	연산자	설명
덧셈	+	더하기
뺄셈	-	빼기
곱셈	*	곱하기
나눗셈	/	나누기
증가	++	현재 숫자에 1을 더함
감소	--	현재 숫자에 1씩 감소
나머지	%	두 값을 나눈 나머지 값

[표 8-1]을 보면 덧셈, 뺄셈, 곱셈, 나눗셈과 같이 일반적으로 사용되는 연산자는 자바스크립 트에서도 똑같이 사용됩니다. 여기서 증가와 감소라는 것이 있는데, 이 증가와 감소는 프로그 래밍을 공부한 분들이라면 아마 한 번씩 본 적이 있을 겁니다. 예를 들어볼까요?

```
var i = 10 ; i++ ;
```

위 코드의 의미는 i=i+1이란 의미입니다. 따라서 여기서 i 값은 11이 되는 것입니다. 마찬가지 인데요,

```
var i = 10; i-;
```

위 코드는 i=i −1이란 의미로 값은 9가 됩니다.

나머지 연산의 예는 다음과 같습니다. 몫이 아닌 나머지 값이 i에 할당 됩니다. 값은 1이겠죠.

```
var i = 10%3;
```

여기서 더하기 연산자는 단순하게 두 숫자의 값을 더하는 역할도 하지만 문자열을 합하는 역할 도 합니다. 아래의 코드는 message라는 변수에는 "나는 디자이너입니다"라는 문자열이 할당됩 니다.

```
var message = "나는" +" 디자이너" +" 입니다";
```

변수를 사용하여 다음과 같이 처리할 수도 있습니다.

```
var feeling =" 행복";
var message ="나는 " + feeling + "합니다";
```

8.2.4 조건문

조건문은 변수와 배열에서 아주 간단하게 다뤘습니다. '만약 ~한다면 ~해라'라는 조건식에 맞춘 구문입니다. 이를 간단하게 표현해 볼까요?

```
if (조건) {
    명령문;
}
```

위의 구문을 보면 괄호( ) 안에 조건이라는 항목이 들어가 있는 것을 알 수 있습니다. 조건문은 불리언 값을 통해서 처리한다고 했죠. 즉 괄호 내부에 있는 조건이 참(true)인 경우에만 해당 명령문이 동작하는 것이고, 만약 거짓(false)이면 해당 명령문은 동작하지 않습니다. 따라서 거짓일 때도 다른 명령문을 추가해 주면 참일 때 명령문, 거짓일 때 다른 명령문, 이렇게 동작하게 되는 것입니다. 형식은 다음과 같습니다.

```
if (조건) {
    명령문;
} else {
    다른 명령문
}
```

8.2.5 비교 연산자

그렇다면 이러한 조건이 맞는지 아닌지 알 수 있는 방법은 조건의 경우를 비교해 봐야 합니다. 이런 경우 비교 연산자를 통해서 조건을 비교해 볼 수 있습니다. 크기 비교는 수학 기호와 같습니다. 크다(>), 작다(<), 크거나 같다(>=) 작거나 같다(<=)가 있습니다.
여기서 주의해야 하는 기호가 있는데 두 개의 값이 같은 경우 일반 수학식에서는 '=' 기호를 사용합니다만, 프로그래밍에서는 '==' 기호를 사용합니다. 프로그래밍에서 '='는 값을 지정할 때 사용하고, 값의 비교는 '==' 기호를 사용합니다.

```
var num1 = 10;
var num2 = 20;
if (num1 == num2) {
    mum1 - num2;
}
```

위의 코드에서 num1에는 10이라는 수를, num2에는 20이라는 수를 대입했는데 조건문에서 num1이 num2와 값의 크기가 같다면 num1에서 num2를 빼라고 했는데, num1과 num2의 크기가 다르기 때문에 이 조건문은 결코 실행되지 않을 것입니다.

만약 다음과 같은 경우에는 조건이 성립되기 때문에 명령문이 실행되겠죠.

```
if (num1 != num2)
```

여기서 != 기호는 '같지 않다'라는 의미입니다.

8.2.6 논리 연산자

조건문에서는 조건을 단 한 가지만 국한하지 않고 연산 조건을 합치는 것이 가능합니다. 예를 들어 num이라는 조건이 10과 100 사이의 값을 가지고 있다고 하면 어떻게 처리해야 할까요? 수학적으로 생각하면 다음과 같이 간단하게 표현할 수 있죠.

```
if (10 <=num <=100){ … }
```

그런데 이렇게 하면 프로그래밍 언어는 이해하지 못합니다. 다음과 같이 표현을 해야 이해할 수 있습니다. 두 개의 조건을 논리 연산자로 합하는 것입니다. 여기서 &&이라는 논리 연산자의 의미는 두 개의 조건이 true인 논리곱(and)를 의미합니다.

```
if (num >=10 && num <=100 ){…}
```

즉 두 개의 조건이 true에서만 명령문이 실행되는 것입니다.

그렇다면 두 개의 조건 중 하나만 참인 경우에도 실행되게 하려면 어떤 연산자를 사용하나요? 이 경우에는 논리합(or) 연산자를 사용합니다. 논리합 연산자는 '||' 기호를 사용합니다. 논리합 연산자는 두 개의 조건 중 하나만 참(true)이어도 참이 됩니다. 물론 두 개의 조건이 거짓(false)인 경우, 거짓이 되는 거죠. 비교 연산자에서도 아주 살짝 나왔었는데, 두 개의 값이 같지 않으면 이 기호 '!='를 사용해서 부정을 나타냈습니다. '!' 기호는 부정의 의미를 나타내는 기호입니다. 이 ! 기호는 논리 연산자에서도 사용 가능합니다.

```
if(!(10>20)) {...}
```

위의 조건문을 보면 10이 20보다 '크다'의 반대 즉, '작다'라는 의미이기 때문에 명령어는 실행됩니다. 보통 부정 연산자는 한 개의 조건식에서만 사용합니다. 가끔 모든 조건문의 결과값을 바꾸기 위해서 부정 연산자를 사용하기도 합니다.

이 부정 연산자는 별로 사용하지 않을 것 같이 보이는데, 실제 코딩에선 흔하게 사용되는 연산자입니다. 따라서 '!' 기호는 부정 연산자이고 현재 조건에 대한 반대의 의미라는 것을 확실하게 알아 두시기 바랍니다.

8.2.7 반복문

조건문이 무엇인지는 여러분들은 아실 겁니다. 프로그래밍에서 가장 많이 사용되는 구문입니다. 하지만 조건문은 반복 작업에서는 사용할 수 없습니다. if 다음에 나오는 중괄호 {} 영역에 있는 코드는 한 번만 실행됩니다. 따라서 같은 코드를 여러 번 실행하고 싶은 경우에는 반복문을 사용해야 합니다. 대표적인 반복문은 while문과 for문이 있습니다.

while문

while문의 구성은 if문과 매우 유사합니다.

```
while (반복조건) {
    명령문;
}
```

다른 점은 반복 조건이 참인 경우 중괄호 내부에 있는 명령문이 계속 반복된다는 것입니다. 실제 코드를 한번 보면 [그림 8-2]와 같습니다.

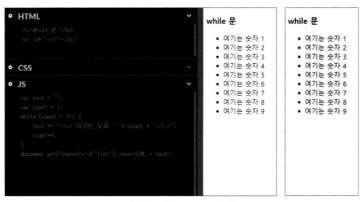

[그림 8-2] while 문 예제

♦ HTML 구문
```
<h3>while문 </h3>
<ul id="list"></ul>
```

♦ JS 구문
```
var text = "";
var count = 1;
while (count < 10) {
    text += "<li> 여기는 숫자  " + count + "</li>";
    count++;
}
```

[그림 8-2]를 보면 count에는 1의 값이 설정되어 있고, while 반복조건에서 count가 10보다 작은 경우 while문 중괄호 내부에 있는 명령어를 실행하라고 처리한 것입니다. 따라서 화면 오른쪽에 결과가 나오는데, 숫자 1부터 9까지 표시된 것을 알 수 있습니다.

여기서 while 반복문 안에서 조건에 변화를 주는 무언가를 넣는 것은 상당히 중요합니다. 예제에선 count++라고 count 숫자를 하나씩 증가시키는 것을 넣었는데, 만약 여기서 count++가 없다면 while문은 무한 루프에 빠져버리게 됩니다. 무한 루프에 빠지게 되면 브라우저가 작동하지 않습니다. 주의해야 합니다.

for문

for문은 반복문을 사용하는 데 가장 많이 사용되는 구문입니다. 많은 프로그래밍 언어에서도 for문을 많이 사용합니다. 기본적인 형식은 while문과 비슷하지만, for문은 조건을 매우 체계적으로 만들 수 있습니다. 다음의 코드를 한 번 볼까요?

```
for (초기조건; 조건식; 조건변경) {
    명령문;
}
```

while 반복문이랑 거의 비슷하지만 조건식을 괄호 내부에서 전부 처리할 수 있다는 장점이 있습니다. [그림 8-2]의 while문을 for문으로 변경하면 다음과 같은 코드가 됩니다.

```
for (var count = 1; count < 6; count++) {
    text1 += "<li> 여기는 숫자  " + count + "</li>";
}
document.getElementById("list1").innerHTML = text1;
```

for문을 사용하는 가장 일반적인 형태는 배열에 있는 요소를 꺼낼 때 사용하는 것입니다. 배열의 개수는 array.length를 통해서 배열 요소를 표시할 수 있는 것이죠. 그럼 배열에 있는 값들을 나열하는 for문을 한번 보겠습니다.

```
var text2 = "";
var phones = ['iPhoneX', 'Galaxy S9', 'LG G7'];
for (var i = 0; i < phones.length; i++) {
    text2 += "<li>" +
        phones[i] + "</li>";
}
document.getElementById("list2").innerHTML = text2;
```

phones라는 배열에는 'iPhoneX', 'Galaxy S9', 'LG G7' 세 개의 값이 들어가 있고 for문에서 phones.length를 이용하여 배열 안에 있는 값들을 순차적으로 보여주는 코드를 만들었습니다.

반복문에 대한 예제는 제공되는 예제 파일의 코드를 직접 살펴보고, 값들을 한 번씩 변경해보
기 바랍니다.

```javascript
var text = "";
var count = 1;
while (count < 10) {
    text += "<li> 여기는 숫자  " + count + "</li>";
    count++;
}
document.getElementById("list").innerHTML = text;
var text1 = "";
for (var count = 1; count < 6; count++) {
    text1 += "<li> 여기는 숫자  " + count + "</li>";
}
document.getElementById("list1").innerHTML = text1;
var text2 = "";
var phones = ['iPhoneX', 'Galaxy S9', 'LG G7'];
for (var i = 0; i < phones.length; i++) {
    text2 += "<li>" + phones[i] + "</li>";
}
document.getElementById("list2").innerHTML = text2;
```

[그림 8-3] 반복문 예제

[예제 파일] chapter8/반복문.html

8.2.8 함수

함수란 '어떤 기능을 가진 코드 묶음'이라고 할 수 있습니다. 함수를 한번 만들어 두면, 언제든
지 해당 함수를 불러서 재사용할 수 있습니다. 아마 자바스크립트에서 가장 많이 보이는 코드
가 함수일 것입니다. 함수는 function 함수이름()이라고 선언을 해주는 것에서부터 시작합니다.

```javascript
function 함수이름(인수) {
    명령문;
}
```

여기서 함수이름 다음에 인수 부분이 보이는데, 인수에는 별도의 값을 넣어서 결과를 도출해
낼 수도 있습니다. 자바스크립트에는 미리 만들어진 함수들이 엄청 많습니다. 그래서 필자가
자바스크립트 코드에서 가장 많이 보이는 코드가 함수라고 한 것입니다.

```javascript
var text = "";

function callBook() {
    var books = ['홍길동전', '심청전', '장화홍련전', '별주부전'];
```

```
    for (var i = 0; i < books.length; i++) {
        text += "<li>" + books[i] + "</li>";
    }
    document.getElementById("list").innerHTML = t ext;
}
```

만약 위와 같은 함수를 만들었다고 하면, 결과값은 화면상에 나타나지 않습니다. 반드시 callBook();이라는 함수를 호출하면 그때 함수가 실행됩니다. HTML 코드에서 버튼 부분에 다음과 같은 코드를 넣고 〈고전 소설은?〉이란 버튼을 누르면 callBook()이라는 함수가 누를 때마다 실행하게 됩니다.

```
<button onClick="callBook();">고전 소설은?</button>
```

이제 인수를 넣은 함수를 한번 보겠습니다.

```
function multiply(num1, num2) {
    var total = num1 * num2;
    var result = document.getElementById("result");
    result.textContent = total;
}
```

코드를 보면 multiply라는 함수 내부에 num1과 num2라는 인수를 넣었으며, 그 인수들의 곱은 total이라는 변수에 값이 들어가는 것을 알 수 있습니다. 여기서 함수의 결과값을 바로 보여주는 것보다 함수를 부를 때 별도의 방식으로 그 값을 받아올 수 있다면 더 유용하기도 합니다. 이것은 결과값을 반환(return)하면 되는 것입니다. 여기서는 return total; 이렇게 처리하면 total이라는 변수에 해당 값을 반환하는데요, 실제 return을 이용한 예제를 보겠습니다.

```
function multiply(num1, num2) {
    return num1 * num2;
}
var x = multiply(10, 100);
document.getElementById("result1").innerHTML = x;
```

위의 코드를 보면 multiply의 값을 return을 이용해서 반환했고, 해당 값을 변수 x에 함수와 그에 따른 인수를 넣어 줌으로써 화면에 표시해 주게 되는 것입니다. 여러분이 직접 코드를 작성해서 실행해보기 바랍니다. 여기서 HTML 코드 내부에는 반드시 다음의 코드가 있어서 화면상에 나타나게 됩니다.

```
<div id="result1"></div>
```

```
var text = "";

function callBook() {
    var books = ["홍길동전", "심청전", "장화홍련전", "별주부
전"];
    for (var i = 0; i < books.length; i++) {
        text += "<li>" + books[i] + "</li>";
    }
    document.getElementById("list").innerHTML = text;
}

function multiply(num1, num2) {
    var total = num1 * num2;
    var result = document.getElementById("result");
    result.textContent = total;
}
```

[그림 8-4] 함수 예제

[예제 파일] chapter8/함수.html

8.2.9 객체

함수라는 개념과 마찬가지로 객체라는 용어도 사실은 현실 세계를 코드로 표현하는 방법 중의 하나입니다. 앞에서 함수는 '기능을 모아놓은 코드이며 호출하여 사용할 수 있구나' 정도로 이해할 수 있었을 겁니다. 객체 또한 기능을 모아놓은 것은 맞지만 함수와는 구조가 다릅니다. 데이터도 포함되어 있고 함수와 비슷한 역할을 하는 메소드라는 것도 포함하고 있습니다. 일종의 자료구조나 함수 같은 성격을 함께 갖고 있습니다.

자바스크립트 객체는 여러분이 만들어 쓸 수도 있지만, 처음에는 자바스크립트 언어 자체나 브라우저 등에서 API 형태로 제공되는 것을 잘 활용할 줄 알면 됩니다. 명령어를 잘 익혀 필요할 때마다 적재적소에 명령어의 형식에 맞게 명령을 잘 내리면 된다는 것이죠.

자바스크립트 객체의 종류는 크게 크게 네 가지로 분류할 수 있습니다.

- 자바스크립트 내장 객체
- BOM~Browser Object Model~ 객체
- DOM~Document Object Model~ 객체
- 개발자가 만든 사용자 정의 객체

자바스크립트는 엔진과는 상관없이 언어에 종속됩니다. 따라서 브라우저만 있으면, 데스크탑 PC에서든 모바일 환경에서든 객체를 사용할 수 있습니다. 객체를 좀더 세련되게 얘기하면 자체적으로 데이터를 포함하고 있는 조합을 의미합니다. 여기서 데이터란 속성~property~과 메소드~method~라는 두 개의 형식을 갖는 형태입니다.

- 자바스크립트에서 속성 즉, 프로퍼티는 객체에 속한 변수를 의미합니다.
- 메소드는 객체에서 읽을 수 있는 함수function을 의미합니다.

이 프로퍼티와 메소드는 객체를 이루는 하나의 엔티티(Entity, 사전적 의미는 독립체를 의미하지만 마땅한 말이 없어 엔티티로 하겠습니다)가 됩니다. 프로퍼티와 메소드는 마침표(.)를 이용해서 만들 수 있습니다. 나중에 여러분들이 자바스크립트 코드를 보면 마침표를 이용해서 만들어진 코드를 많이 볼 수 있을 것입니다. 표현하면 다음과 같이 처리합니다.

```
객체.프로퍼티명
객체.메소드면()
```

지금까지 설명한 예제 코드에서 많이 본 모양입니다. 다음과 같은 코드를 의미합니다.

```
document.getElementById();
```

document는 DOM의 객체 즉 문서를 의미하는 것이고, getElementById()는 문서(document) 안의 특정 아이디 값을 가지고 온다는 의미입니다.

```
document.getElementById("result1").innerHTML = x;
```

위의 코드는 문서 안에서 **result1**이라고 설정된 아이디 선택자 부분에 내부 HTML 코드에 x 라는 값을 대입한다 라는 의미입니다. 여기서 x는 변수로 따로 설정해 주어야 합니다.

여기서 나오는 document, getElementByID, innerHTML 이런 것은 미리 만들어진 객체들입니다. 이런 객체들은 네이티브 객체native object라고 합니다. 네이티브 객체는 개발자가 만드는 것이 아니라 자바스크립트 내부에 이미 만들어져 있습니다.

지금까지 필요한 만큼만 배워보는 자바스크립트였습니다. 자바스크립트는 전문 프로그래밍 영역이기 때문에 별도의 책을 구입해서 집중적으로 학습하기를 권합니다. 이 장에서 학습한 자바스크립트는 다음에 배울 HTML5 API에 대한 학습을 위한 아주 기초적인 내용만 소개했습니다. 최근 자바스크립트는 단순 자바스크립트를 넘어서 자바스크립트 라이브러리인 jQuery를 필두로 앵귤러Angluar, 리액트React, Vue.js 등 전문 애플리케이션 개발을 위한 많은 종류의 프레임워크들이 탄생하여, 웹 개발에서는 반드시 자바스크립트를 알아야만 할 수 있는 시대가 도래하게 되었습니다. 웹 디자이너분들도 자바스크립트는 좀더 깊게 공부를 하기를 추천합니다.

연습문제 | 퀴즈를 풀어보며 개념을 복습합니다.

문제에 대한 답은 백견불여일타 카페에서 확인할 수 있습니다. cafe.naver.com/codefirst

OX 문제입니다. 다음의 글을 읽고 맞으면 O 틀리면 X 기호를 채우세요.

1 자바스크립트의 위치는 반드시 HTML 문서의 가장 하단부에 위치해야 합니다.(   )

2 웹 브라우저는 HTML 코드 내부를 한꺼번에 해석해서 화면에 뿌려줍니다.(   )

3 자바스크립트에서 var는 variable의 약자이고, 변수를 선언해 주는 역할을 합니다.(   )

4 변수의 이름은 반드시 문자 또는 $ 기호 또는 _(언더스코어)로 시작해야 하며, 숫자를 사용해도 무방합니다.(   )

5 키워드(keyword)나 예약어(reserved word)는 변수 이름으로 사용할 수 없습니다.(   )

6 변수는 대문자와 소문자를 구분합니다.(   )

7 자바스크립트이 배열은 무조건 [ ](브라켓)이 들어가 있습니다.(   )

8 프로그래밍에서 ==는 값을 지정할 때 사용하고, 값의 비교는 = 기호를 사용합니다.(   )

9 &&이라는 논리 연산자의 의미는 두개의 조건이 true인 논리곱(and)를 의미합니다.(   )

10 for문은 다음과 같은 형식으로 사용합니다.(   )

```
for (초기조건; 조건식; 조건변경) {
    명령문;
}
```

연습문제 | 퀴즈를 풀어보며 개념을 복습합니다.

11 자바스크립트의 연산자 중에서 현재 숫자를 하나씩 더하는 연산자는 무엇인가요?

　가. +

　나. ++

　다. +++

　라. +-

12 반복문이 아닌 것을 모두 고르세요.

　가. while

　나. for

　다. if

　라. array

　마. Const

실습문제 | 실습은 지식을 내것으로 만드는 최고의 방법입니다.

문제에 대한 답은 백견불여일타 카페에서 확인할 수 있습니다. cafe.naver.com/codefirst

자바스크립트를 이용하여 다음과 같은 결과가 나오도록 스크립트를 작성해보세요.

10씩 증가하는 값

10 / 20 / 30 / 40 / 50

[예제 파일] Exercise/8장_실습.html

9장
HTML5의 API

이 장을 시작하기 전에

❶ 자바스크립트 기초 지식이 없다면,
〈8장. 필요한 만큼 배워보는 자바스크립트〉를 먼저 살펴보세요.

❷ 직접 HTML 문서에 CSS 디자인을 입히는 능력이 부족하다면,
해당 장을 먼저 읽기 바랍니다.

❸ 이 장에서 배울 내용을 소개하면,
드래그 앤 드롭, 지오로케이션, 웹 스토리지, 앱 캐시, 웹 워커입니다.

9.1 API 기초 개념

이번 장에서는 HTML5의 가장 특징적인 API~Application Programming Interface~에 대해서 알아봅니다. 자바스크립트 기초가 없으면 HTML5 API는 이해하기가 힘듭니다. HTML5 이전에는 XML 또는 DOM 스크립트를 사용해서 웹사이트의 필요한 기능들을 추가했지만, HTML5에서는 특정 기능에 대한 API가 정의되어 있어, 정의되어 있는 API를 기반으로 프로그래밍을 하면 됩니다.

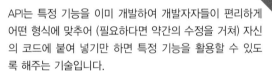

> **API**
>
> API는 특정 기능을 이미 개발하여 개발자들이 편리하게 어떤 형식에 맞추어 (필요하다면 약간의 수정을 거쳐) 자신의 코드에 붙여 넣기만 하면 특정 기능을 활용할 수 있도록 해주는 기술입니다.

HTML5의 가장 특징적인 API는 드래그 앤 드롭~Drag & Drop~, 지오로케이션~Geolocation~, 웹 스토리지~Web Storage~, 앱 캐시~App Cache~ 그리고 웹 워커~Web Workers~가 있습니다.

드래그 앤 드롭

먼저 드래그 앤 드롭에 대해 알아볼까요? 드래그 앤 드롭~Drag & Drop~은 번역하면 '끌어다 놓기'라고 표시할 수 있는데, 이전에 윈도우가 나오기 전에는 도스~DOS~라고 해서 PC는 모든 기능을 키보드를 이용해서 파일을 복사, 삭제 또는 이동하는 명령어를 입력하여 작업을 처리했습니다. 하지만 윈도우가 출현하면서, 하나의 파일을 이동, 복사, 삭제를 마우스로 아이콘을 클릭한 후 끌어다 놓는 방식으로 진화되었습니다. HTML5의 드래그 앤 드롭도 같습니다.

웹 페이지에서 하나의 선택자(박스 모델)의 위치를 이동하거나, 삭제할 때, 또는 브라우저 외부에 있는 파일 또는 이미지를 해당 박스에 넣는 작업을 드래그 앤 드롭 방식으로 처리합니다.

지오로케이션

지오로케이션~Geolocation~은 현재 자기가 있는 위치를 GPS를 이용하여 표시해 줍니다. 따라서 현재 사용되고 있는 지도 서비스(구글 맵, 다음 지도, 네이버 지도)와 연동하게 되면 현재 위치를 지도상에서 간단하게 표시할 수 있으며 모바일 환경에서 아주 유용하게 사용할 수 있습니다.

웹 스토리지

웹 스토리지Web Storage는 사용자의 브라우저를 이용해서 웹에서 작업한 내용을 현재 사용하고 있는 PC에 저장하는 것을 말합니다. HTML5 이전에는 이런 일을 쿠키Cookie가 담당했지만, 사실 쿠키는 사용자의 아이디, 비밀번호, 방문기록, 사용했던 페이지의 데이터만 저장했지만, 웹 스토리지는 쿠키보다 빠르고 안전하게 데이터를 저장할 수 있습니다.

앱 캐시

앱 캐시App Cache은 사용자가 인터넷 연결 없이도, 해당 웹 서비스를 계속하여 이용할 수 있게 하기 위한 개념입니다. 즉 사용자가 인터넷의 연결이 없는 곳에 있더라도, 이전에 인터넷을 연결해서 사용했던 웹사이트를 이용하거나, 방금 전에 설명했던, 웹 오피스 제품을 인터넷 연결 없이 사용할 수 있게 하는 것을 말합니다.

웹 워커

웹 워커Web Workers는 브라우저를 이용하여 업무를 처리할 때 멀티태스킹 즉, 다중 작업을 할 수 있게 처리하는 개념을 말합니다. 브라우저를 이용하여 계산을 하는 웹 서비스가 있는데, 그 계산이 끝나기 전에 브라우저가 사용하는 프로세서를 다른 브라우저에게 넘겨주지 않으면, 브라우저의 실행 속도는 엄청 느리게 되어, 다른 작업을 할 수 없게 됩니다. 그런 경우 백그라운드에서 연산을 실행하게 하기 위해서 사용하는 API가 웹 워커입니다.

HTML5의 API들은 본격적으로 웹 기반의 애플리케이션 개발을 위해서 나온 것이라고 할 수 있습니다. 특히 모바일 환경이 데스크탑 환경보다 사용도가 높아짐에 따라 거의 모든 앱들이 웹 앱Web App이라고 하는 환경으로 변화하는 가운데 HTML5 API를 이용하게 되면, 개발자들이 한결 편리하게 앱 및 기타 애플리케이션 개발을 할 수 있게 되는 것입니다.

9.2 드래그 앤 드롭

9.2.1 HTML5에서의 드래그 앤 드롭

앞에서도 설명했듯이 드래그 앤 드롭Drag & Drop은 컴퓨터를 사용하다 보면 자주 사용되는 개념 중 하나입니다. 특히 윈도우 사용자 치고 드래그 앤 드롭을 모르는 사용자는 없을 것입니다. 현재 많은 웹 페이지에서도 드래그 앤 드롭이 사용되고 있습니다. 하지만 현재 사용된 기술들은 HTML5의 표준 기술은 아니고, ActiveX를 이용했거나, 플래시 기반의 웹 프로그램으로 처리된 부분입니다.

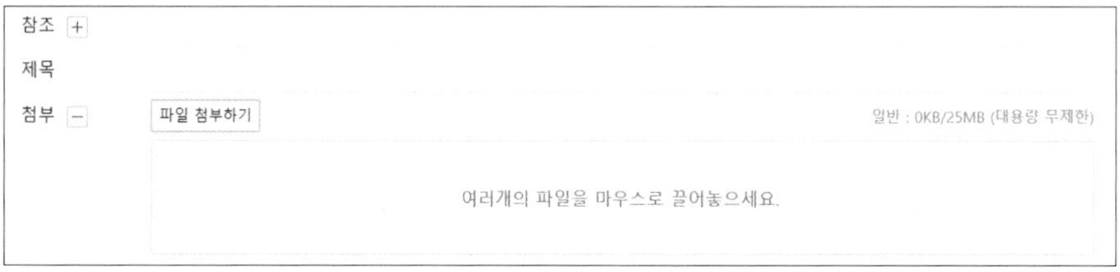

[그림 9-1] 다음 메일 또는 구글 메일에서 드래그 앤 드롭 방식으로 첨부된다.

[그림 9-1]을 보면 다음Daum 메일에서 파일을 첨부할 때 드래그 앤 드롭 방식을 사용하는 것을 알 수 있습니다. 하지만 이 기술은 HTML5의 드래그 앤 드롭을 사용한 것은 아닙니다. 현재 모든 사용자들이 HTML5를 완벽하게 지원하는 구글 크롬과 같은 브라우저를 사용한다면, 다음 메일에서 사용하는 드래그 앤 드롭 또한 HTML5의 Drag & Drop API를 사용하면 되겠지만, 많은 사용자들이 아직까진 완벽하게 HTML5를 지원하지 않는 브라우저를 사용하고 있기 때문에 HTML5 기반으로 개발하기에는 약간의 애로 사항이 있습니다. 하지만 모바일 브라우저에서는 HTML5 API가 완벽하게 동작되기 때문에 모바일 위주로 개발하는 경우에는 HTML5 드래그앤 드롭을 사용해도 무방합니다.

실제 어떻게 사용하는지 한 번 보겠습니다.

```
<div class="box">박스 1</div>
<div class="box" draggable="true">박스 2</div>
<div class="box" draggable="true">박스 3</div>
```

이렇게 HTML에 세 개의 박스에서 두 개의 박스에 draggable="true"을 적용하면 박스 1을 제외한 두 개의 박스는 드래그가 가능한 오브젝트가 됩니다.

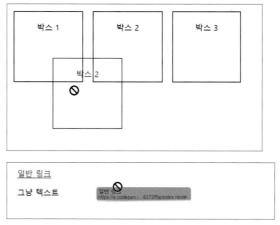

[그림 9-2] [예제 파일] chapter9/드래그앤드롭.html

[그림 9-2] 박스 2와 3의 경우 마우스를 클릭하고 끌어 당기면 박스가 움직이는 것 알 수 있는데요, 링크와 일반 텍스트로 선택 후 드래그하면 드래그가 됩니다. 하지만 모든 오브젝트에 드래그 앤 드롭을 위해서 이런 속성을 적용할 필요가 있을까요? 아닙니다. 사실 HTML에서 사용되는 이미지, a href 속성이 적용된 부분, 선택 문자들일 때는 드래그가 됩니다. 따라서 이런 속성을 제외한 오브젝트를 드래그할 때는 해당 태그에 draggable="true"을 적용하면 드래그 앤 드롭의 속성을 적용할 수 있게 되는 것입니다.

9.2.1 API 이벤트와 메소드 처리 방법

먼저 드래그 앤 드롭의 API 이벤트와 메소드(처리 방법)에 대해서 알아봅니다. 드래그 앤 드롭은 7개의 이벤트와 4개의 메소드method로 구성되어 있습니다.

[표 9-1] 드래그 앤 드롭 API 이벤트(7개)

이벤트	발생 조건
dragstart	드래그가 시작될 때 발생-드래그 요소에서 정의
drag	드래그 중 드롭 요소에서 정의
dragenter	이동할 요소를 마우스로 끌어서 드롭하는 요소에 들어오는 순간 발생(드롭 요소에서 정의)
dragover	이동할 요소를 마우스로 끌어서 드롭하는 요소에 올려 놓는 동안에 발생 (드롭 요소에서 정의)
dragleave	이동할 요소를 마우스로 끌어서 드롭하는 요소에서 나갈 때 발생(드롭 요소에서 정의)
drop	마우스로 끌어서 놓는 순간 발생하는 이벤트(드롭 요소에서 정의)
dragend	드롭이 성공 또는 실패 시 발생(드래그 요소에서 정의)

[표 9–2] 드래그 앤 드롭 API 메소드(4가지)

메소드	매개변수	설명
setData	type : text/plain 또는 text/html과 같은 일반적인 데이터 타입 data : data sent	dragstart가 시작될 때 데이터를 전송할 준비를 한다.
getData	type : data type	drop 이벤트가 시작될 때 사용한다.
clearData	type : data type	특정한 데이터 타입이 있을 경우 데이터 삭제한다.
setDragImage	요소(element) : a ⟨img⟩ element x : x-value of a point y : y-value of a poin	마우스 포인터 위치를 기준으로, 지정된 ⟨img⟩ 요소를 x, y축상에 썸네일로 표시한다.

간단하게 드래그 앤 드롭과 관련한 예제를 통해 어떻게 동작하는지 확인해 보겠습니다.

[코드 9–1] 드래드 앤 드롭을 이용한 예제	[예제 파일] chapter9/드래그앤드롭예제.html

```
1   <!doctype html>
2   <html lang="en">
3
4   <head>
5       <meta charset="UTF-8">
6       <title>D&D 예제 2</title>
7       <style type="text/css">
8           #drop_box {
9               width: 300px;
10              height: 100px;
11              display: block;
12              border: 3px solid #ff0000;
13          }
14
15          #box1 {
16              display: block;
17              margin: 20px 0;
18          }
19
20          #box2 {
21              display: block;
22              width: 280px;
23              height: 80px;
24              border: 1px solid #000;
25              padding: 10px;
26          }
27      </style>
28  </head>
29
```

```
30  <body>
31      <div id="drop_box">여기에 이미지 또는 텍스트를 끌어다 놓으세요.</div> — ❶
32      <span id="box1">
33          <img src="http://css3.zerois.net/images/drag.png" alt=""> — ❷
34      </span>
35      <div id="box2" draggable="true">이 박스를 드래그해서 상단 빨간 박스에 넣어 보세요.
36  </div> — ❸
37      <script>
38          window.addEventListener("load", onload, false);
39
40          function onload() {
41              bx1 = document.getElementById("box1");
42              bx2 = document.getElementById("box2");            ⎤ ❹
43              dbox = document.getElementById("drop_box");       ⎦
44              bx1.addEventListener("dragstart", dragstart, false); ⎤ ❺
45              bx2.addEventListener("dragstart", dragstart, false); ⎦
46              dbox.addEventListener("dragenter", function (e) {
47                  e.preventDefault();
48              }, false);
49              dbox.addEventListener(
50                  "dragover",
51                  function (e) {
52                      e.preventDefault();
53                  }, false);
54              dbox.addEventListener("drop", dropped, false); — ❺
55          }
56
57          function dragstart(e) {
58              var value = e.currentTarget.innerHTML; — ❻
59              e.dataTransfer.setData("text", value); — ❼
60          }
61
62          function dropped(e) {
63              e.preventDefault();
64              e.currentTarget.innerHTML = e.dataTransfer.getData("text");
65          }
66      </script>
67  </body>
68
69  </html>
```

❶ 요소(element)가 드롭되는 부분을 dropbox라는 아이디 선택자로 지정합니다.

❷ 이미지이기 때문에 별 다른 태그를 추가하지 않지만 ❸은 텍스트 박스이기 때문에 draggable="true"을 적용하여 드래그 가능한 요소로 변경해 줍니다.

❹ getElementById는 말 그대로 '아이디 선택자를 요소로 가지고 온다'라는 의미입니다. 즉 특정 아이디 선택자를 하나의 요소로 가지고 와서 문서에서 객체로 변환을 해주게 되는 것입니다.

❺ addEventListener는 하나의 이벤트나 객체에 다수의 이벤트 핸들링을 등록하는 역할을 합니다. addEvent Listener는 다음과 같이 사용합니다.

```
object.addEventListener('event', function, boolean);
```

예제에서 보면 getElementById를 통해 객체로 변환된 bx1, bx2 등이 드래그 앤 드롭의 이벤트 dragstart와 function은 dragstart 그리고 불리언 값 false가 적용된 것을 알 수 있습니다.
여기서 dragenter와 dragover인 경우에는 e.preventDefault()라는 함수가 들어가 있는데 이 부분은 대상을 클릭했을 때 발생하는 이벤트를 방지하기 위함입니다. 즉, 드래그해서 요소를 이동시킬 때 내부에 있는 링크 또는 텍스트가 선택되는 것을 방지하는 역할을 합니다.

❻ HTML 문서 내부의 순수 이벤트를 호출한 값을 value에 적용합니다.

❼ dataTransfer 속성은 드래그 앤 드롭의 모든 동작의 핵심입니다. 이 속성은 드래그 조작으로 전송된 데이터가 저장됩니다. dataTransfer는 dragstart 이벤트에 설정되어 drop 이벤트 읽기 및 처리가 이루어집니다. e.dataTransfer.setData(format, data)를 호출하면 객체의 내용이 MIME 타입으로 설정되고 데이터 페이로드가 인수로 전달됩니다.

이상 간단하게 드래그 앤 드롭의 실제 예제를 한번 살펴봤습니다. 자바스크립트 코드 내부에 있는 대부분의 속성은 바로 이전 자바스크립트 시간에 설명했던 네이티브 객체를 기반으로 작동하는 모습을 확인할 수 있습니다. 이렇게 HTML5의 드래그 앤 드롭은 자바스크립트를 기반으로 작동하며 관련 이벤트와 메소드의 조합으로 여러분만의 드래그 앤 드롭을 완성할 수 있을 것입니다.

9.3 지오로케이션

HTML5의 지오로케이션Geolocation은 사용자의 현재 위치를 표시하는 역할을 합니다. 물론 사용자의 현재 위치를 표시하기 위해선 먼저 사용자의 동의가 필요합니다. 왜냐하면, 위치 정보라는 것이 상당히 민감한 개인정보가 될 수도 있기 때문입니다. 휴대폰 같은 기기에서 현재 자기 위치를 알기 위해 사용하거나, 응용 프로그램에서 사진을 찍었는데 그 사진이 찍힌 위치 정보가 기록되게 하는 것도 개인 정보 보호 차원에선 문제가 될 수 있기 때문에 이 부분은 반드시 사용자의 동의가 필요합니다.

HTML5의 지오로케이션은 아주 간단하게 구현할 수 있습니다. 먼저 getCurrentPosition()를 사용하면 간단하게 사용자의 위치를 알 수 있습니다.

[코드 9-2] geolocation 예제   [예제 파일] chapter9/geolocation.html

```
1   <!DOCTYPE html>
2   <html>
3
4   <head>
5       <title>Geolocation Demo</title>
6       <meta http-equiv="Content-Type" content="text/html; charset=utf-8">
7   </head>
8
9   <body>
10      <h1>Geolocation Demo</h1>
11      <p> 현재 위치 (위도, 경도):
12          <br/>
13          <span id="currentLat"></span>&deg;,
14          <span id="currentLon"></span>&deg; </p>
15      <script>
16          window.onload = function () {
17              if (navigator.geolocation) {
18                  navigator.geolocation.getCurrentPosition
                                  (function (position) { — ❶
19                      document.getElementById("currentLat").innerHTML =
    position.coords.latitude; — ❷
20                      document.getElementById("currentLon").innerHTML =
    position.coords.longitude; — ❸
21                  }, function (error) {
22                      alert("Error occurred. Error code: " + error.code);
```

```
23                    // error.code는 다음을 의미함:
24                    //    0: 알 수 없는 오류
25                    //    1: 권한 거부
26                    //    2: 위치를 사용할 수 없음 (이 오류는 위치 정보 공급자가 응답)
27                    //    3: 시간 초과
28                });
29            }
30        };
31    </script>
32 </body>
33
34 </html>
```

사실 지오로케이션 API는 HTML5 API 중 가장 간단한 API입니다.

❶ 여기가 핵심인데 getCurrentPosition만 사용하면 현재 사용자의 위치를 알 수 있습니다.

❷와 ❸ 아이디 선택자로 지정된 부분에 대해서 위도와 경도를 화면에 보여주는 역할을 합니다

> **참고** 사용된 소스코드는 http://html5.firejune.com/demo/geolocation.html를 참조했습니다.

해당 소스코드를 로컬 PC에서 실행할 경우 브라우저에 따라 실행되지 않는 경우가 있습니다. 이렇게 HTML5의 지오로케이션을 이용하면 현재 사용자의 위치 정보를 알 수 있는데, 기본 API를 가지고 실제 구글 맵 또는 여러 포털 사이트의 지도 서비스와 결합하면 지도 상에서 현재 사용자의 위치 정보를 나타나게 할 수 있습니다.

실제 예제 파일을 실행하면 현재 자신의 위치를 알 수 있습니다.

9.4 웹 스토리지

HTML5가 지원되지 않는 브라우저에서도 쿠키Cookie를 이용하면 웹 스토리지Web Storage와 같은 일을 처리합니다. 하지만 HTML5의 웹 스토리지는 이전에 쿠키가 하던 일보다 더 빠르고 안전하게 처리할 수 있게 합니다.

간단하게 쿠키와 웹 스토리지를 비교하면 쿠키는 브라우저마다 저장되는 용량에서 차이가 있긴 하지만 4KB 내외로 아주 작습니다. 또한 탭을 이용해서 같은 사이트를 열었을 때, 각각의 사이트에 대한 트랜잭션 추적에 어려움이 있습니다. 하지만 웹 스토리지는 크기가 쿠키에 비해서 상대적으로(도메인당 5MB) 큽니다. 또한 저장된 데이터는 기본적으로 서버로 보내지 않습니다. 또한 쿠키와 달리 웹 스토리지는 유효기간이 없습니다.

웹 스토리지는 세션 스토리지session storage와 로컬 스토리지local storage로 나눌 수 있습니다. 세션 스토리지session storage는 브라우저당 하나의 세션에 대해서만 저장합니다. 따라서 브라우저를 종료하고 다시 시작하면 새로운 세션에 데이터가 저장됩니다. 하지만 로컬 스토리지local storage는 데이터가 영구적으로 보존되기 때문에, 브라우저를 종료했다가 다시 시작해도 해당 데이터는 만료되지 않습니다.

먼저 웹 스토리지를 사용하기 전에 브라우저에서 로컬 스토리지 또는 세션 스토리지가 작동되는지 확인해야 합니다. 확인 방법은 다음과 같습니다.

```
if (typeof (Storage) == undefined) { // 현재 브라우저에서는 web storage가 작동하지 않습니다.
라는 메시지 출력 } else { // 여기에 local storage 또는 session
    storage 관련 내용 입력
}
```

로컬 스토리지 또는 세션 스토리지가 제공하는 메소드는 다음과 같습니다.

```
localStorage.setItem("sText", ""sample text"); // sText라는 키 값에 sample text 값을 저장
```

저장하는 방법은 다음과 같이 사용해도 동일합니다.

```
localStorage.sText = "sample text";
localStorage["sText"] = "sample text";
```

해당 키의 아이템을 가지고 오는 방법은 다음과 같습니다.

```
localStorage.getItem("sText"); // sText의 아이템을 가져온다.
```

또한 다음과 같이 해당 키의 아이템을 가지고 올 수도 있습니다.

```
var sText = localStorage.sText;
var sText = localStorage["sText"];
```

해당 키의 아이템을 삭제하는 방법은 다음과 같습니다.

```
localStorage.removeItem ( "sText" ) // sText의 아이템을 삭제한다.
```

삭제하는 방법은 다음과 같이 사용할 수 있습니다.

```
delete localStorage.sText;
delete localStorage["sText"];
```

간단하게 예제를 통해 알아보겠습니다. 만약 현재 사용자 아이디(userid)를 저장해야 한다면 다음과 같이 사용할 수 있습니다.

```
localStorage.setItem( 'userid' , 'admin') ;
```

이렇게 하면 사용자 아이디 admin을 저장해 줄 수 있는 것입니다. 그렇다면 저장된 사용자 아이디를 호출할 때는 어떻게 처리할까요? 간단합니다.

```
localStorage.getItem( 'userid');
```

라고 처리해 주면 저장된 user id인 admin을 불러 오게 되는 것입니다.

보통 localStorage가 에러를 발생하는 경우는 없지만, 아주 드물게 에러가 발생하는데, 에러를 발생하는 이유는 서두에서 밝힌 것처럼 5MB의 크기를 넘었을 때 발생하게 되는 것입니다. 따라서 이 경우에는 다음과 같이 처리합니다.

```
try {
    localStorage.setItem('userid', 'admin');
} catch (e) {
    if (e == QUOTA_EXCEEDED_ERR) {
        alert('저장 공간이 초과되었습니다!');
    }
}
```

로컬 스토리지가 실제 어떻게 작동하는지 예제를 통해서 확인해보겠습니다.

[코드 9-3] 로컬 스토리지 예제　　　　　　　　　　　　　　　　[예제 파일] chapter9/로컬 스토리지.html

```html
1   <!doctype html>
2   <html lang="ko-kr">
3
4   <head>
5       <meta charset="UTF-8">
6       <title>localStorage Demo</title>
7   </head>
8   <style>
9       body {
10          width: 700px;
11          margin: 150px auto;
12          font-family: '맑은 고딕' sans-serif;
13          font-size: 0.75em;
14          background-color: #e8e8e8;
15      }
16
17      h1 {
18          font-size: 4em
19      }
20
21      textarea {
22          font-size: 12px;
23          line-height: 130%;
24          margin-top: 7px;
25          width: 700px;
26          height: 200px;
27          padding: 10px;
28          rows: 15;
29          cols: 80;
30      }
31  </style>
32
33  <body>
34      <h1>localStorage Demo</h1>
35      <span id="idCaveat"></span>
36      <textarea id="idTextarea"></textarea> ── ❶
37      <p>로컬 스토리지를 사용한 예제입니다.
38          <br>이 곳에 텍스트가 입력되면, 브라우저를 새로고침하거나, 브라우저를 끄고 켜도
39              텍스트는 남게 됩니다.</p>
40      글자 수 :
```

```
41      <span id="idCharCount"></span>
42      <script>
43          function savetext() {  — ❷
44              var s = document.getElementById("idTextarea").value;
45              if (s != localStorage.savedtext) {
46                  localStorage.savedtext = s;
47              }
48              document.getElementById("idCharCount").innerHTML = s.length;
49          }
50
51          function startup() {  — ❸
52              if (typeof (Storage) == undefined) {
53                  document.getElementById("idCaveat").innerHTML = "현재 사용하고
                    있는 브라우저에서는 로컬 스토리지 기능을 사용할 수 없습니다.";  — ❹
54              } else {
55                  if (localStorage.savedtext == undefined) {
56                      localStorage.savedtext = "";
57                  }
58                  document.getElementById("idTextarea").value =
59                  localStorage.savedtext;
60                  self.setInterval(function () {
61                      savetext()
62                  }, 1000); // call every second
63              }
64          }
65          startup();  — ❺
66
67      </script>
68  </body>
69
70  </html>
```

❶ 텍스트가 저장되는 공간입니다.

❷ 실제 텍스트가 저장되는 역할을 하는 함수를 정의하는 곳입니다.

❸ startup()이라는 함수를 정의하는데, 이 부분이 localStorage를 정의합니다.

❹ 여기는 서두에서 설명한 조건문을 처리하는데, localStorage가 지원하지 않을 경우 해당 메시지를 출력하고 기능이 동작하지 않습니다. 나머지 부분은 localStorage를 처리하는 부분입니다.

❺ 여기에서 해당 HTML을 브라우저에서 불러왔을 때 함수로 정의된 startup을 호출합니다.

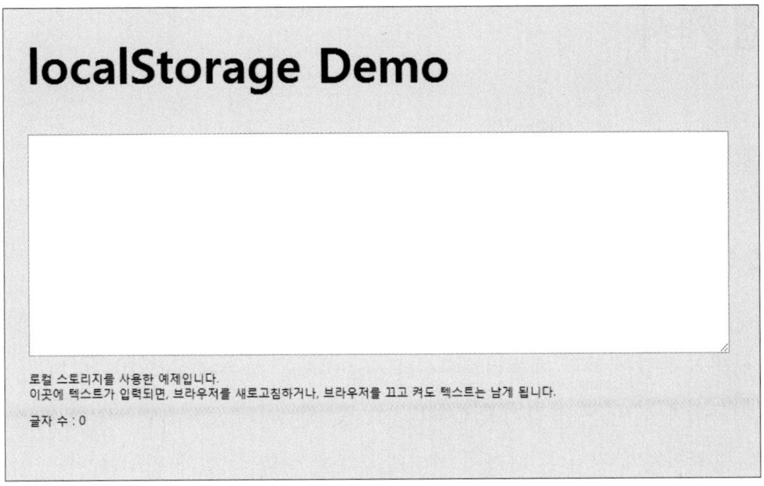

localStorage Demo

로컬 스토리지를 사용한 예제입니다.
이곳에 텍스트가 입력되면, 브라우저를 새로고침하거나, 브라우저를 끄고 켜도 텍스트는 남게 됩니다.

글자 수 : 0

▲ 로컬 스토리지에 텍스트 입력 전 화면

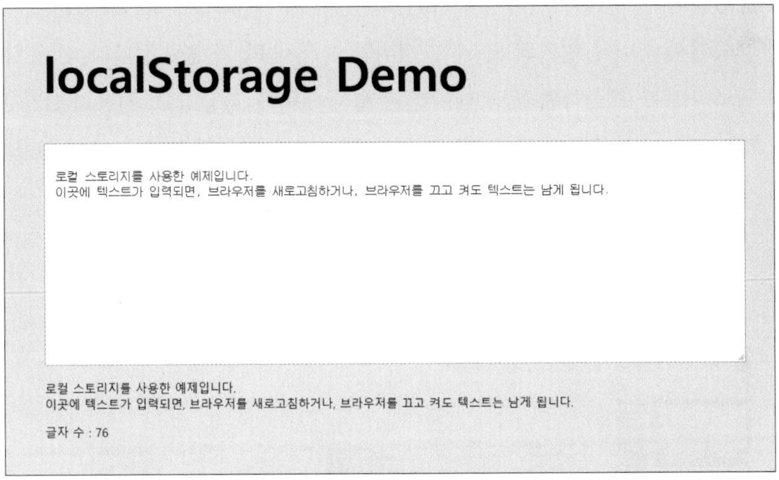

localStorage Demo

로컬 스토리지를 사용한 예제입니다.
이곳에 텍스트가 입력되면, 브라우저를 새로고침하거나, 브라우저를 끄고 켜도 텍스트는 남게 됩니다.

로컬 스토리지를 사용한 예제입니다.
이곳에 텍스트가 입력되면, 브라우저를 새로고침하거나, 브라우저를 끄고 켜도 텍스트는 남게 됩니다.

글자 수 : 76

▲ 로컬 스토리지에 텍스트 입력 후 화면

[그림 9-3] 로컬 스토리지 데모 텍스트 입력 후 브라우저를 새로 고치거나
해당 HTML 파일을 다시 실행하더라도 입력한 텍스트는 지워지지 않는다.

9.5 앱 캐시

9.5.1 앱 캐시의 특징

앱 캐시App Cache 또는 Application Cache는 웹 애플리케이션이 캐시로 저장되어 오프라인 상태에서도 온라인 상태와 똑같이 해당 애플리케이션을 사용하게끔 하는 것을 의미합니다.

앱 캐시를 사용하게 되면 큰 장점이 있습니다. 그 장점은 먼저 오프라인 브라우징이 가능해 며 인터넷 속도가 빨라지게 됩니다. 따라서 서버의 부하를 줄일 수 있게 됩니다.

오래 전에 인터넷이 느렸던 시대에는 캐시 서버(프록시 서버라고도 함)를 이용하여 인터넷 속도를 높이곤 했습니다. 현재도 인터넷이 느린 국가에서는 캐시 서버가 사용되는데, 캐시 서버는 인터넷망과 캐시 서버가 연결되고, 캐시 서버와 사용자 PC가 연결됩니다. 사용자 A의 PC에서 특정 웹 사이트를 호출하면 해당 데이터는 캐시 서버에 저장되고, 사용자 B가 동일한 웹 사이트를 호출하면, 캐시 서버에서는 저장되었던 데이터를 사용자 B에게 보여줍니다. 그렇게 되면 실제 사용자 B는 인터넷망에서 데이터를 가지고 오는 것이 아니라 캐시 서버에서 데이터를 가지고 오기 때문에 아주 빠른 속도로 인터넷을 사용하는 느낌을 받게 됩니다. 이를 도식화하면 다음과 같습니다.

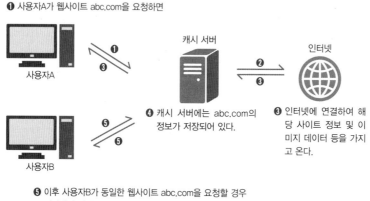

❶ 사용자A가 웹사이트 abc.com을 요청하면

사용자A

캐시 서버

인터넷

❹ 캐시 서버에는 abc.com의 정보가 저장되어 있다.

❸ 인터넷에 연결하여 해당 사이트 정보 및 이미지 데이터 등을 가지고 온다.

사용자B

❺ 이후 사용자B가 동일한 웹사이트 abc.com을 요청할 경우 인터넷에 연결하지 않고, 캐시 서버에 저장된 사이트를 보여준다.

[그림 9-4] 캐시 서버

캐시 서버가 작동하는 방법이 앱 캐시가 작동하는 방법과 유사하다고 할 수 있습니다.

앱 캐시는 특별한 자바스크립트가 필요한 것이 아닙니다. CSS를 외부에서 호출할 때 .css 파일을 만들어서 호출하는 것과 동일하게 외부에 manifest라는 파일을 만들어 호출하면 됩니다. 여기서 manifest라는 파일의 확장자는 어떤 확장자를 사용해도 무관합니다. 하지만 만들어진 확장자는 웹 서버에서 MIME TYPE을 설정해 줘야 합니다. 예를 들어 manifest.appcache라는 파일로 확장자를 .appcache라고 사용할 예정이면 아파치 서버인 경우 .htaccess 파일에 다음과 같이 MIME TYPE을 설정합니다.

```
AddType text /cache-manifest .appcache
```

확장자를 .manifest라고 설정했다면 다음과 같이 설정하면 됩니다.

```
AddType text /cache-manifest .manifest
```

즉, 앱 캐시의 확장자는 여러분이 설정해 줄 수 있는 것입니다.

앱 캐시는 단순한 텍스트 파일이며, 내부에는 다음과 같이 설정합니다.

```
CACHE MANIFEST
# 여기는 주석 처리
CACHE:
/css/screen.css
/css/offline.css
/js/screen.js
/img/logo.png
http://example.com/css/styles.css
NETWORK:
joain.php
FALLBACK:
imgs/logo.png
imgs/backup_logo.png
```

[그림 9-5] manifest 파일 내용

[그림 9-5]를 보면 파일 내용을 확인할 수 있는데요, 첫째 줄에 있는 CACHE MANIFEST 는 반드시 있어야 해당 파일이 앱 캐시로 인식합니다. 그리고 나머지 요소 CACHE; NETWORK; FALLBACK; 이렇게 세 부분으로 구분되는데 각 요소는 다음과 같은 일을 처리 합니다.

```
CACHE:
```

여기에 지정된 파일들은 브라우저에 로딩이 된 후 캐시에 저장됩니다. 따라서 여기서 저장된 파일은 오프라인으로 전환되더라도 캐시에 있는 파일을 사용 가능하게 됩니다.

```
NETWORK:
```

여기에 지정된 파일들은 무조건 네트워크에서만 불러옵니다. 즉 오프라인 상태에서는 사용할 수 없는 부분입니다. 즉 서버와 연결되어야만 하는 부분은 여기에 해당 파일을 지정해야 합니다.

```
FALLBACK:
```

이 부분은 해당 파일들이 브라우저에 로딩에 실패할 경우 백업 파일을 보여주게 처리하는 부분입니다. [그림 9-5]에서 FALLBACK; 부분에 imgs/logo.png imgs/backup_logo.png로 되어 있는 부분입니다. 여기서 logo.png 파일 크기가 너무 크거나 또는 다른 이유로 인해 로딩이 실패하게 되면 브라우저는 backup_logo.png를 자동적으로 로딩하게 됩니다. 따라서 캐시에는 backup_logo.png 파일이 저장되어 오프라인 모드에서는 backup_logo.png 파일이 캐시에서 읽히게 되는 것입니다.

FALLBACK은 또한 폴더 전체를 적용해 줄 수도 있습니다. 사진 동호회 사이트에서는 사진들이 실시간으로 올라오는데, 여기서 사진이 저장된 폴더, 가령 /photos라는 폴더가 있는 경우 오프라인 모드에서는 모든 사진을 불러 올 수도, 또한 실시간으로 업데이트되는 사진을 볼 수 없게 됩니다. 이 경우 해당 폴더를 대체할 수 있는 다른 이미지로 적용해 줄 수 있습니다.

```
FALLBACK:
/photos  offimage.jpg
```

이렇게 지정하면 /photos에 있는 모든 이미지들은 offimage.jpg 파일로 대체되는 것입니다.
앱 캐시는 HTML 파일 내부에서 다음과 같이 설정하면 됩니다.
여기서는 앱 캐시 파일 이름이 manifest.appcache라고 지정한 경우입니다.

```
<!DOCTYPE html>
<html manifest="/manifest.appcache">
// 여기부터 일반적인 HTML 코드
</html>
```

다시 한번 강조하지만 반드시 서버의 MIME TYPE을 해당 확장자를 포함하여 다음과 같이 설정해야 작동합니다. 아파치 서버라면 .htaccess 파일에 다음과 같이 적용해야 합니다.

```
AddType text/cache-manifest .appcache
```

하지만 웹 호스팅을 할 경우에는 서버의 MIME TYPE을 정할 수 없을 때가 있습니다. 이때는 웹 프로그래밍에서 동적으로 헤더를 지정해 주면 됩니다. 가령, php에서는 다음과 같이 header 함수를 이용해서 처리 가능합니다.

```php
<!--?PHP
header("Content-type: text/cache-manifest");
// Manifest 내용
?-->
```

앱 캐시는 사용자가 브라우저의 캐시를 삭제하거나, manifest 파일이 수정되거나, 앱 캐시가 프로그램을 이용해서 자동 업데이트가 되지 전까지는 항상 유지됩니다.

하지만 일반적으로 사용자가 브라우저의 캐시를 삭제하는 경우는 드뭅니다. 그리고 manifest 파일 내부에 파일 이름은 같지만, 이미지나 CSS 파일이 변경되거나, 자바스크립트가 업데이트되었다고, 캐시 내용이 변경되진 않습니다. 왜냐하면 동일한 파일 이름을 사용하게 되면 해당 파일은 동일한 파일로 인식합니다. 따라서 manifest 파일을 업데이트하는 가장 간단한 방법은 주석 부분에 해당 manifest 생성 날짜를 입력하고 그 날짜를 파일 업데이트 시기에 맞춰 변경하는 것입니다

[그림 9-6] manifest 업데이트 방법

이렇게 해당 파일을 변경했는데, 파일 이름은 동일한 경우 캐시를 업데이트 하는 가장 손쉬운 방법은 주석에 해당 캐시 파일을 설정한 날짜를 입력한 후 그 날짜를 변경해 주면 캐시가 자동으로 업데이트되는 것입니다.

9.6 웹 워커

9.6.1 웹 워커의 특징

웹 워커Web Workers는 브라우저를 이용해서 멀티 스레드thread를 가능하게 해주는 역할을 합니다. 웹 워커가 도입됨으로써 이제 브라우저는 단순하게 웹 문서를 표현만 해 주는 것이 아니라, 브라우저를 이용하여 응용 프로그램 처리까지 할 수 있게 되었습니다. 이전에는 브라우저를 이용해서 응용 프로그램을 처리하게 되면 브라우저는 해당 응용 프로그램이 끝날 때까지 프로세서를 잡고 있기 때문에, 사용자는 다른 작업을 할 수 없었습니다. 하지만 웹 워커가 도입됨에 따라 해당 응용 프로그램은 백그라운드에서 처리하고, 사용자는 브라우저를 이용해서 다른 작업을 할 수 있게 된 것입니다.

웹 워커를 이용하게 되면 브라우저를 이용해서 복잡한 수학 계산을 하거나, 그래픽 프로그램의 렌더링 작업과 같은 시간이 많이 걸리는 작업 등 오랜 시간이 걸리는 작업을 백그라운드에서 처리하게 됩니다.

사실 이런 문제의 근본 원인은 자바스크립트입니다. 자바스크립트가 C 언어와 같은 정교한 프로그래밍 언어가 아니라 말 그대로 스크립트 언어이며, 단일 스레드 환경에 적합한 언어이기 때문에 여러 개의 스크립트를 동시에 실행할 수 없기 때문입니다.

웹 워커는 멀티스레드를 위해서 만들어졌으며, 자바스크립트의 모든 기능을 사용할 수 있는 것이 아니고, 아래에 나열된 기능만 사용 가능합니다.

- navigator 객체
- location 객체(읽기 전용)
- XMLHttpRequest
- setTimeout() / clearTimeout() 및 setInterval() / clearInterval()
- 응용 프로그램 캐시
- importScripts() 메서드를 사용하여 외부 스크립트 가져오기
- 다른 웹 작업자의 생성

웹 워커는 자바스크립트의 다음 기능에 대해서는 액세스 할 수 없습니다.

- DOM
- window 객체
- document 개체
- parent 개체

웹 워커는 별도의 스레드에서 실행되기 때문에 웹 워커에 의한 작업은 별도의 파일 즉 .js 파일을 호출해서 사용하게 됩니다. 따라서 해당 .js 파일을 정의하는 것으로 시작합니다.

```
var worker =  new Worker('sample.js');
```

이렇게 정의된 sample.js 파일이 작업이 이루어지게 되면 postMessage()를 이용하여 HTML 문서와 sample.js 파일 간의 통신이 이루어집니다. 또한 데이터를 수신할 때는 onMessage()를 사용하여 이벤트를 전달 받게 됩니다. 예제를 파일을 이용해 실제 웹 워커의 작동 모습을 확인해보겠습니다. 그 전에 현재 사용하고 있는 브라우저가 웹 워커 지원 여부를 체크하는 것이 중요합니다. 웹 워커는 IE10 이상 다른 모든 브라우저에서 지원합니다. 하지만 IE10 이하의 브라우저에서는 웹 워커를 지원하지 않습니다.

웹 워커 지원 여부는 다음과 같이 처리합니다.

```
if (typeof (Worker) == "undefined") {  // 현재 사용하는 브라우저는 웹 워커가 작동하지 않는다는
메시지 보냄.
} else {
    // 여기는 웹 워커와 관련된 코드 입력
}
```

9.6.2 웹 워커 동작 모습

간단하게 예제를 통해 웹 워커가 작동하는 모습을 살펴보겠습니다.

해당 예제는 http://afshinm.github.io/50k/를 참조했으며, 해당 파일은 누구나 사용 가능한 오픈소스 파일이며 https://github.com/afshinm/50k에서 다운로드할 수 있습니다.

 웹 워커 예제 파일은 반드시 웹 서버에서 작동해야 정상적으로 동작합니다. 현재 PC에 WAMP 또는 XAMPP 서버가 설치되어 있다면, WWW 폴더에 worker라는 폴더를 넣고 해당 파일을 넣고 실행해 주시기 바랍니다.

먼저 결과 화면부터 확인해봅니다. [그림 9–7]은 웹 워커의 초기 화면입니다.

[그림 9–7] 웹 워커 데모 화면

여기 두 개의 버튼을 누르면 자바스크립트가 동작하게 되는데, 자바스크립트의 소스 파일은 동일합니다.

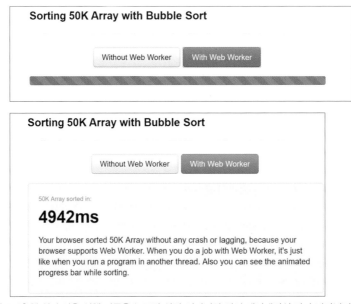

[그림 9-8] 웹 워커 이용 실행 버튼을 누르면 상단 이미지와 같이 애니메이션 바가 나타남과 동시에
작업이 진행되고, 작업이 끝나면 메시지를 보낸다.

[그림 9-9] 웹 워커 없이 실행을 누른 후 결과 5,057ms 동안 아무런 작업도 하지 못 한다.
[예제 파일] chapter9/50k-master/index.html

[그림 9-9]은 웹 워커 없이 단독으로 자바스크립트를 실행할 때의 모습입니다. 자바스크립트가 실행되는 동안에는 아무런 작업을 할 수 없으며, 자바스크립트 동작이 끝나면 메시지를 보여줍니다.

[그림 9-8]의 상단 이미지를 보면 웹 워커를 이용해서 작업을 처리할 경우 나타나는 화면입니다. 자바스크립트는 백그라운드로 처리되고 있으며, 동시에 작업이 진행되면서 애니메이션 바가 작동하고 있습니다. 즉 두 개의 스레드가 동시에 작동하는 것을 알 수 있습니다. 웹 워커를

이용한 결과 또한 작업이 끝나면 메시지를 통해 작업이 끝남을 알려 주게 되는 것입니다.

예제 소스 파일에서 웹 워커 부분만 따로 확인해 보겠습니다.

[코드 9-4] 웹 워커가 작동하는 부분에 대한 스크립트 처리

```
109 function withWebWorker() {
110
111     preStart(); - ❶
112     var worker = new Worker("worker.js"); - ❸
113
114     worker.onmessage = function(e) { - ❹
115       afterStop(e.data, true);
116     };
117
118     worker.postMessage("start"); - ❺
119 }
120
121 function preStart() { - ❷
122   $("#resultBox").hide(500);
123   $("#withWW").hide();
124   $("#withoutWW").hide()
125   $("#progressbar").show(500);
126 }
```

먼저 〈Web Worker 이용 실행〉이라는 버튼을 누르면 function withWebWorker()가 작동합니다.
여기서 ❶은 동시에 처리하게 되는 자바스크립트 부분(❷)입니다.

❸은 worker.js 파일을 웹 워커를 이용해서 처리하는 부분입니다. ❹번은 onmessage를 이용해
서 HTML 파일이 ❺번 postMessage를 전달받게 됩니다.

이렇게 간단하게 웹 워커를 이용하여 두 개의 스레드를 동시에 처리할 수 있는 것입니다. 또한
❸번과 같이 많은 시간이 소요되는 자바스크립트를 따로 처리해서, 작업이 끝나면 해당 작업이
끝났다는 메시지를 보여 줄 수 도 있습니다.

예제에서 사용된 worker.js 파일은 예제 소스를 보면 function nonWebWorker() 부분에 동일한
소스파일이 적용된 것을 알 수 있습니다.

 참고   보다 더 많은 예제들은 다음에서 찾아 볼 수 있습니다.

- http://slides.html5rocks.com/#web-workers
- http://people.mozilla.com/~prouget/demos/worker_and_simulatedannealing/index.xhtml
- http://html5demos.com/worker
- http://htmlfive.appspot.com/static/tracker1.html

여기까지 HTML5의 API들에 대해서 간단하게 살펴봤습니다. 사실 HTML5의 API들을 자세히 알기 위해서는 이 책에서 다룬 내용보다 더 자세하고 많은 내용이 필요합니다. 이 책은 각 API들에 대해서 기초적인 지식과 HTML5가 단순히 표현(디자인)을 위해서 존재하는 것이 아니라, HTML5를 이용해서 실제 많은 작업을 처리할 수 있다는 것을 알려드리는 데 있습니다. 실제 외국에서는 각 API별로 전문 서적이 출간되고 있으며, 국내에서도 관련 서적들이 출간되고 있습니다. 따라서 이 책을 읽고 해당 API에 대해서 더 많은 학습을 원하는 분은 관련 서적을 구입하거나, 인터넷을 통하여 관련 내용을 학습하는 것도 하나의 방법입니다.

아직까지는 HTML5의 API를 바로 적용하기에는 많은 어려움이 있습니다만, 가까운 미래에는 HTML5의 API를 이용한 서비스들이 많이 나올 것으로 예상되며, 특히 한국 정부까지 기존 Active-X 기반 사이트들을 HTML5 API를 이용하여 대체하려는 움직임이 있기 때문에, 여러분들께서는 HTML5의 강력한 기능과 API들에 대해서 학습해 둘 필요는 있다고 봅니다.

연습문제 | 퀴즈를 풀어보며 개념을 복습합니다.

문제에 대한 답은 백견불여일타 카페에서 확인할 수 있습니다. cafe.naver.com/codefirst

1 HTML5의 API가 아닌 것은 무엇인가요?

　가. Drag & Drop

　나. Animation

　다. Web Storage

　라. Web Workers

2 다음 중 HTML5의 API 중 사용자의 현재 위치를 표시하는 역할을 하는 API는?

　가. Drag & Drop

　나. Geolocation

　다. Web Storage

　라. APP Cache

3 HTML5의 API중 현재 브라우저의 쿠키를 대체하는 용도로 사용하는 API는?

　가. Drag & Drop

　나. Geolocation

　다. Web Storage

　라. APP Cache

4 웹 애플리케이션이 캐시로 저장되어 오프라인 상태에서도 온라인 상태와 동일하게 해당 애플리케이션을 사용하게끔 처리하는 API는 무엇인가요?

　가. Drag & Drop

　나. Geolocation

　다. Web Storage

　라. APP Cache

수백 번 본들 한번 만들어봄만 하리!
百見不如一打
백견불여일타

HTML5
& CSS3

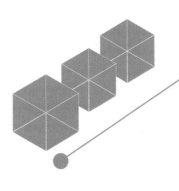

10장
이것이 실제다!
상용 웹사이트 만들기

이 장을 시작하기 전에

❶ 최근 유행하는 싱글 페이지 웹사이트 개발 및 템플릿 베이스로 사이트를 구성하는 방법에 대해서 학습하게 됩니다.

❷ 지금까지 이 책을 잘 따라왔다면 이 장을 따라하며 학습하는 데 무리가 없을 겁니다.

❸ HTML 코드에 CSS 디자인을 입히는 능력이 부족하다면, 해당 장을 먼저 읽기 바랍니다.

10.1 싱글 페이지 기반의 웹사이트 만들기

1장에서 간단한 예제로 웹사이트를 만들면서 HTML5와 CSS3에 대한 내용을 먼저 파악했습니다. 이후 좀더 세부적으로 HTML5와 CSS3의 기초 개념을 실습하며 알아보았는데요, 이런 순서가 낯설 수 있지만 처음부터 무언가를 만들어봄으로써 학습 욕구를 극대화하기 위함이었습니다.

1장의 웹사이트는 아주 간단한 예제였는데요, 마지막 장에서는 2장부터 9장에 이르기까지의 내용을 망라한 더 정교한 기술들을 접목시킨 웹사이트를 제작해봅니다. 이 장의 예제는 두 가지입니다. 하나는 요즘 유행하는 싱글 페이지 기반의 웹사이트로서 10.1~10.7절까지 관련 내용을 다룹니다. 다른 하나는 멀티 페이지 기반의 웹사이트로 기업용이나 쇼핑몰에 많이 쓰이는 형태를 다룹니다. 10.8절에서 다룹니다. 멀티 페이지 기반의 웹사이트 예제는 부록B의 웹 서버 설정이 먼저 되어 있어야 합니다.

실전 예제 사이트는 소스파일로도 제공될 예정입니다. 필자가 제시하는 방법 그대로 따라 오면 사이트 하나가 만들어지도록 구성하였습니다. 천천히 하나씩 순서대로 실습해보기 바랍니다.

10.1.1 폴더 구조

1   실습에 앞서 [바탕화면]에 폴더를 하나 만듭니다. 폴더 이름은 임의로 만들어도 좋습니다.

2   생성한 폴더 안에 imgs, js, css 이렇게 세 개의 폴더를 만들어 놓습니다.

3   에디터인 비주얼 스튜디오 코드(Visual Studio Code_이하 에디터)를 실행합니다. 메뉴에서 [파일]-[새 파일]를 클릭하면 'Untitled-1'이라는 파일이 나옵니다. 메뉴에서 [파일]-[저장]을 눌러서 'index.html'이라고 저장합니다.

[그림 10-1] 실습 예제에 필요한 폴더 구성 및 파일

 실습 전에 미리 완성된 싱글 웹 페이지 예제를 실행해보고자 한다면 책에서 제공되는 예제 소스의 chapter10/sample-site1/index.html 을 참고하기 바랍니다. 싱글 웹 페이지는 웹 서버 설정이 따로 필요하지 않습니다.

10.1.2 기본 템플릿 생성 및 CSS 파일 설정하기

1 다음과 같이 에디터에 '!'을 입력하고 〈Enter〉키를 누르면 HTML5의 기본 템플릿이 생성됩니다.

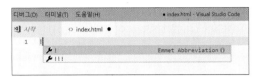

[그림 10-2] 에디터에서 기본 템플릿 생성하기

2 HTML5의 기본 템플릿은 [코드 10-1]과 같습니다.

[코드 10-1] 기본 HTML5 템플릿 생성하기

```
 1  <!DOCTYPE html>
 2  <html lang="en">
 3  <head>
 4      <meta charset="UTF-8">
 5      <meta name="viewport" content="width=device-width, initial-scale=1.0">
 6      <meta http-equiv="X-UA-Compatible" content="ie=edge">
 7      <title>Document</title>
 8  </head>
 9  <body>
10
11  </body>
12  </html>
```

3 에디터에서 새로운 파일을 하나 더 만듭니다. 해당 파일은 style.css라는 파일로 css 폴더에 저장합니다.

4 [코드 10-1]의 index.html 파일로 돌아와서 다음과 같이 해당 CSS 파일을 호출합니다.

[코드 10-2] style.css 파일 위치 설정하기

```
<meta http-equiv="X-UA-Compatible" content="ie=edge">
<link rel="stylesheet" href="css/style.css">
<title>Document</title>
```

이렇게만 하면 일단 기본적인 웹 페이지를 제작할 모든 준비가 되었습니다. [그림 10-2]는 우리가 만들고자 하는 웹사이트의 모습입니다. 이 페이지는 어떤 크기로 사이트의 크기를 조절해도 각 페이지들은 100%의 크기를 유지한다는 점이 특징입니다. 물론 이 사이트는 반응형 웹사이트가 적용되지 않아 모바일에선 완벽하게 동작하지 않습니다. 하지만 반응형 요소는 별도로 처리할 예정입니다. 우선 HTML과 CSS를 이용하여 사이트가 어떻게 제작되는지 알아보겠습니다.

[그림 10-3] 만들고자 하는 샘플 웹 페이지

10.1.3 CSS 파일에 속성 적용하기

가장 먼저 style.css 파일에 들어가서 몇 개의 클래스를 미리 정의해 두겠습니다. 클래스 이름은 누가 봐도 알기 쉽게 만드는 것이 가장 좋습니다.

style.css 파일 내부에 [코드 10-3]과 같이 입력합니다.

[코드 10-3] 가장 기본이 되는 클래스 선택자 만들고 속성 적용하기

```
1   body,
2   html * {
3       margin: 0;
4       padding: 0;
5       box-sizing: border-box;
6   }
7
8   .full-width {
9       width: 100%;
10  }
11
12  .wrap {
13      max-width: 1000px;
14      margin: 0 auto;
15  }
```

1~6행: body와 html 태그 선택자에 마진과 패딩 값 2개에 0이라는 값을 적용했으며, CSS3에서 도입된 box-sizing을 border-box라는 속성을 적용했습니다. 해당 속성에 마진과 패딩의 값을 0으로 처리한 이유는 마진과 패딩 값으로 인해 박스 모델이 브라우저마다 상이하게 변하는 현상을 방지하기도 하고, 모든 속성의 마진과 패딩을 초기화하는 역할도 합니다. 그리고 box-sizing을 border-box로 처리한 이유는 박스 모델 내부의 패딩 값에 의해서 박스 모델의 크기가 변하는 CSS 에러를 잡기 위함이죠.

8~10행: .full-width라는 클래스 선택자는 박스 모델의 가로 길이를 100% 크기로 지정하는 선택자입니다.

12~15행: .wrap이라는 선택자는 말 그대로 무엇을 감싼다는 의미인데, 실제 웹 페이지에서 감싼다는 의미보다는, 크기를 고정한다는 의미로 쓰이는 것이 맞을 듯합니다. .wrap이라는 선택자에는 최대 크기를 1,000px, 그리고 마진은 0 auto 값을 적용했는데, 여기서 마진 값에 auto가 들어가면 가로 방향으로 해당 박스 모델이 중간에 위치하게 됩니다.

10.2 내비게이션 만들기

이제 내비게이션 부분부터 차례대로 작업해 보겠습니다.

내비게이션을 구성하는 태그는 <nav>...</nav> 태그입니다. HTML5에서 새롭게 추가된 태그죠. 먼저 [그림 10-4]를 보면 내비게이션 부분에는 로고 부분과 메뉴 부분 이렇게 두 개로 나뉘어 있는데, 일단 간단하게 HTML 태그를 이용해서 구성해보겠습니다.

로고   내비게이션

[그림 10-4] 로고와 메뉴로 구성된 내비게이션 구성

[코드 10-4] 내비게이션 부분 기본 작업하기

```
...    ...
9    </head>
10   <body>
11       <nav>
12           <a href="#" class=" logo">
13               <img src="./imgs/logo-white.png" alt="">
14           </a>
15           <ul>
16               <li>
17                   <a href="#first">홈으로</a>
18               </li>
19               <li>
20                   <a href="#second">회사소개</a>
21               </li>
22                   ... 중간 생략 ...
23           </ul>
24       </nav>
25   </body>
26   </html>
```

<nav> 태그를 이용해서 가장 기본적인 내비게이션을 구성합니다.

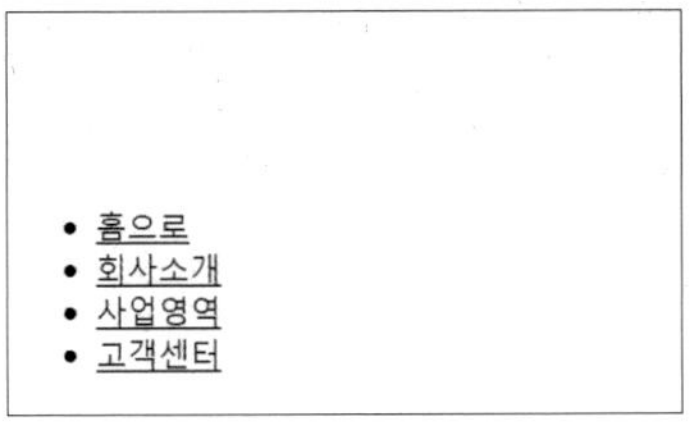

[그림 10-5] nav 태그와 img 태그 그리고 ul, li 태그로 구성된 내비게이션 부분

[그림 10 4]를 보면 내비게이션 부분을 HTML 태그로만 구성했습니다. 그런데 여기서 로고가 흰색이라 현재 보이지는 않습니다. 보통 내비게이션 부분은 ul과 li 태그만으로 구성되며, 현재 작업하는 페이지에서 링크 부분이 #first … 이런 식으로 되어 있는데, 이렇게 # 기호와 알파벳 구성은 싱글(single) 페이지 웹에서 페이지 내부에 있는 링크를 설정할 때 적용하는 방식입니다. 이 부분은 실제 작업을 하면서 결과를 보여드리겠습니다.

이제 nav 태그 부분에 대한 CSS 속성을 설정하도록 하겠습니다.

[코드 10-5] 가장 기본이 되는 CSS 코드 작업하기

```
...   ...
17  a.logo img {
18      width: 180px;
19      margin-top: 15px;
20  }
21
22  nav {
23      width: 100%;
24      background-color:#000;
25  }
26
27  nav ul {
28      list-style: none;
29  }
30  nav ul li a {
31      text-decoration: none;
32  }
```

여기까지 결과물을 한번 볼까요? 여기서 로고 부분에 대한 속성을 보면 [그림 10-5]에서 보이는 로고 크기보다 원래 로고 크기가 큽니다. 이 부분을 CSS를 통해서 크기를 조정하는 것이 좋습니다. 이유는 반응형 웹 페이지에서 모바일에서 로고 크기를 변형할 때 매우 유용하기 때문입니다.

[그림 10-6] nav 태그와 CSS 속성에 따른 결과물

이제 본격적으로 디자인을 입혀보도록 하겠습니다.

[코드 10-6] nav 부분에 디자인 속성 정의하기

```
...  ...
34  nav {
35      width: 100%;
36      height: 70px;
37      position: relative;
38      z-index: 1000;
39      background-color:#000;
40
41  }
42
43  nav ul {
44      list-style: none;
45      display: flex;
46      align-items: center;
47  }
48
49  nav ul li {
50      margin: 0 3px;
51      padding: 8px 15px;
52    align-items: center;
53  }
54
55  nav ul li a {
56      text-decoration: none;
57      color: #fff;
58      transition: all 0.25s;
59  }
60
61  nav ul li a:hover {
62      color: orange;
63      padding-bottom: 3px;
64      border-bottom: 1px solid orange;
65  }
66
```

```
67   .nav-wrap {
68       display: flex;
69       justify-content: space-between;
70   }
...   ...
```

[코드 10-6]에서 .nav-wrap이라는 속성이 추가된 부분을 눈 여겨 봐야 합니다. 그리고 HTML 코드에도 [코드 10-7]과 같이 nav 태그 내부에 다음과 같이 코드가 추가되었습니다.

```
<div class="wrap nav-wrap">
```

먼저 wrap이라는 클래스 선택자 속성은 이 예제의 시작부터 설정된 상태입니다. 여기에 wrap이라는 선택자에 속성을 추가해 주는 것도 좋지만, 이 wrap이라는 클래스 선택자는 다시 사용하기 위해서 크기만 정해주는 선택자로 남겨두고 nav-wrap이라는 별도의 클래스 선택자를 만들어서 추가해 주는 것이 매우 좋은 선택자 사용 방법입니다.

[코드 10-7] nav 태그 부분에 추가된 wrap nav-wrap 클래스 선택자

```
11       <nav>
12           <div class="wrap nav-wrap">
13               <a href="#" class="logo">
14                   <img src="./imgs/logo-white.png" alt="">
15               </a>
16               <ul>
17                   <li>
18                       <a href="#first">회사소개</a>
19                   </li>
20                   <li>
21                       <a href="#second">서비스이용안내</a>
22                   </li>
23                   <li>
24                       <a href="#third">상품가격</a>
25                   </li>
26                   <li>
27                       <a href="#forth">고객센터</a>
28                   </li>
29               </ul>
30           </div>
31       </nav>
```

> **참고**
>
> **비주얼 스튜디오 코드 꿀팁!**
>
> 비주얼 스튜디오 코드에서 중간중간 소스코드에 새로운 라인을 추가할 때, 라인 인덴트(들여쓰기)가 안
> 맞을 때, ⟨Ctrl⟩+⟨K⟩+⟨F⟩ 명령을 하면 코드의 라인이 정렬됩니다.

```
10    <body>
11        <nav>
12  <div class="wrap nav-wrap">
13                <a href="#" class="logo">
14                    <img src="./imgs/logo-white.png" alt="">
15                </a>
16                <ul>
```

```
10    <body>
11        <nav>
12            <div class="wrap nav-wrap">
13                <a href="#" class="logo">
14                    <img src="./imgs/logo-white.png" alt="">
15                </a>
16                <ul>
17                    <li>
18                        <a href="#first">회사소개</a>
19                    </li>
20                    <li>
21                        <a href="#second">서비스이용안내</a>
22                    </li>
23                    <li>
24                        <a href="#third">상품가격</a>
25                    </li>
26                    <li>
27                        <a href="#forth">고객센터</a>
28                    </li>
29                </ul>
30            </div>
31        </nav>
```

클래스 선택자는 HTML 코드 내부에서 재사용이 가능하기 때문에 클래스 선택자를 작은 단위
로 쪼개서 몇 개의 선택자와 같이 사용하는 것이 웹 디자인 및 개발 때 매우 유용한 방법입니다.
[코드 10-7]에 대한 설명은 생략하도록 하겠습니다.

[그림 10-7] CSS 속성 적용 후 내비게이션 부분

[그림 10-6]을 보면 CSS 속성이 적용된 이후의 모습을 볼 수 있습니다. 메뉴 즉, nav 부분에
flexbox 속성을 적용했기 때문에 브라우저 사이즈 크기를 줄이면 메뉴 부분이 반응형 사이트처
럼 작동한다는 것을 알 수 있습니다. 하지만 현재 상황에서는 모바일에서는 완벽하게 작동하지
않습니다.

10.3 프론트 페이지 만들기

이제 프론트 페이지 부분을 처리해 보겠습니다.

[그림 10-8] 프론트 페이지

먼저 HTML 코드를 추가합니다.

[코드 10-8] 프론트 페이지 HTML 코드 구성

```
1    <div class="full-width back-image1 full-page page" id="first">
2        <div class="wrap">
3            <h1>HTML5 & CSS3 SAMPLE</h1>
4        </div>
5    </div>
```

[코드 10-8]을 보면 페이지 구성은 아주 간단합니다.

div 태그 두 개가 적용되어 있고, 내부에 h1 태그 하나로 구성되어 있습니다. 그리고 바깥 부분에는 4개의 클래스 선택자가 적용되었고, 하나의 아이디 선택자가 적용되어 있습니다.

HTML 코드만으로는 단지 h1 태그 내부에 있는 글자들만 보이게 됩니다.

[그림 10-10] h1 부분 HTML 코드로만 구성된 상태

[그림 10-9]에서처럼 HTML 코드는 구조만 잡은 상태입니다. 다시 [코드 10-8]로 돌아가서 4개의 선택자 중 full-width라는 선택자에는 초기부터 속성이 적용되어 있었습니다. 여기서 나머지 3개의 클래스 선택자에 대한 속성을 적용해보겠습니다.

[코드 10-9] 프론트 페이지 나머지 CSS 속성

```
72    .full-page {
73        height: 100vh;
74    }
75
76    .back-image1 {
77        background-size: cover;
78        background-repeat: no-repeat;
79        overflow: hidden;
80        background-position: center;
81        background-image: url("../imgs/image-back.jpg");
82    }
83
84    .page {
85        padding-top: 70px;
86    }
87
88    .page h1 {
89        padding: 0.5em;
90        color: #fff;
91        text-shadow: 0 2px 7px rgba(0, 0, 0, .55);
92    }
```

[코드 10-9]를 보면 실제는 3개의 클래스 선택자에 대한 속성을 적용한 모습을 볼 수 있습니다. 먼저 .full-page에는 height로 100vh라는 속성이 적용되어 있는데, vh에 대한 속성은 CSS 편에서 설명했기 때문에 추가로 설명하지는 않겠습니다.

그리고 .back-image1이라는 클래스 속성에는 배경화면 특히 페이지 전체에 적용되는 배경에 대한 속성이 적용되었습니다. 실제 웹 디자인 작업에서 이런 패턴으로 작업한다는 것을 알면 됩니다.

.page라는 선택자는 현재는 필요 없지만, 나중에 header 파일을 상단에 고정시키게 되면, nav 속성에 적용된 height:70px, 이 값이 모든 페이지마다 적용되어 상단에 70px 정도의 여백이 반드시 필요하게 됩니다. 그리고 하위 선택자인 .page h1은 색상이랑 패딩 값 정도만 설정한 상태입니다.

10.4 추가 메뉴 페이지 만들기

[그림 10-10]을 보면 전체 페이지에 배경화면이 설정되어 있고, h1 태그로 구성된 글자 하나만 있습니다.

[그림 10-11] 내비게이션과 프론트 페이지까지 작업을 마친 상태

10.4.1 [회사소개] 페이지와 [사업영역] 페이지 HTML 코딩하기

일단 여기까지 놔두고 메뉴에 있는 [회사소개]와 [사업영역] 페이지를 만들어보겠습니다.

[코드 10-10] 회사소개 페이지와 사업영역 페이지 HTML 코드

```
36    <div class="full-width back-image2 full-page page" id="second">
37      <div class="wrap">
38        <h1>회사소개</h1>
39        <div class="inner">
40          <h2>회사소개</h2>
```

```
41                         <p>Lorem ipsum dolor sit amet, consectetur adipiscing elit.
42                             Ut eleifend vitae est non faucibus. …
43                         </p>
44
45                     </div>
46                 </div>
47             </div>
48             <div class="full-width back-image3 full-page page" id="third">
49                 <div class="wrap">
50                     <h1>사업영역</h1>
51                     <div class="inner">
52                         <h2>사업영역 사업영역</h2>
53                         <p>Lorem ipsum dolor sit amet, consectetur adipiscing elit.
54                             Ut eleifend vitae est non faucibus. …
55                         </p>
56                     </div>
57                 </div>
58             </div>
```

[코드 10-10]과 [코드 10-8]을 비교해 보면 큰 차이점은 없습니다. 다만 wrap 클래스 선택자 내부에 inner라는 선택자가 하나 더 들어가 있는 상태입니다. 배경화면을 설정하는 부분이 back-image2, back-image3로 되어 있는 모습을 볼 수 있으며, 아이디 선택자가 다른 부분 이외에는 큰 차이점이 없습니다. 그리고 내부에 텍스트와 이미지를 배치했는데요, 이 부분에 대한 CSS 속성을 처리해보겠습니다.

먼저 back-image1, back-image2, back-image3 등에 대한 속성은 배경 이미지 URL 빼고는 같은 속성을 가지고 있습니다. 또한 inner라는 클래스 선택자가 추가되어 있는데 이 부분은 배경 이미지로 인하여 텍스트 가독성을 높이기 위해서 처리하는 부분입니다.

[코드 10-11] 다른 페이지에 대한 배경과 텍스트 가독성을 높이기 위해 inner 선택자 속성 추가

```
94   .back-image1,
95   .back-image2,
96   .back-image3,
97   .back-image4 {
98       background-size: cover;
99       background-repeat: no-repeat;
100      overflow: hidden;
101      background-position: center;
102  }
103
```

```
104  .back-image1 {
105      background-image: url("../imgs/image-back.jpg");
106  }
107
108  .back-image2 {
109      background-image: url("../imgs/image-back2.jpg");
110  }
111
112  .back-image3 {
113      background-image: url("../imgs/image-back3.jpg");
114  }
115
116  .back-image4 {
117      background-image: url("../imgs/image-back4.jpg");
118  }
119  .page .inner {
120      min-height: 70vh;
121      background-color: rgba(255, 255, 255, .95);
122      padding: 1em 2em;
123      color: #000;
124  }
```

[코드 10-11]에 대한 설명은 생략하도록 하겠습니다.

10.4.2 상단 내비게이션 부분 고정시키기

[그림 10-11]을 보면 웹 페이지 상단 부분의 공간이 많이 비어 있는 상태입니다. 여기는 내비게이션 부분, 정확하게 말하면 nav 태그로 구성된 부분이 위치할 곳입니다. 특히 이런 싱글 웹 페이지의 경우 내비게이션 부분은 상단 내비게이션 부분이 고정되어 있어야 각 페이지로 이동이 수월합니다.

[그림 10-12] nav 부분에 fixed-top 클래스 선택자를 적용하기 전의 상태 : 상단 부분이 빈 상태

CSS에서 박스 모델을 고정하는 속성은 position:fixed;라는 속성을 사용하면 됩니다.

[코드 10-12] position: fixed; 속성을 .fixed-top 선택자에 적용하기

```
126  .fixed-top {
127      position: fixed;
128      top: 0;
129      overflow: hidden;
130      width: 100%;
131  }
```

HTML 코드에는 nav 태그 선택자에 해당 선택자를 적용하면 됩니다.

[코드 10-13] HTML의 nav 태그 부분에 fixed-top 클래스 선택자 적용

```
11   <nav class="fixed-top">
...  ...
31   </nav>
```

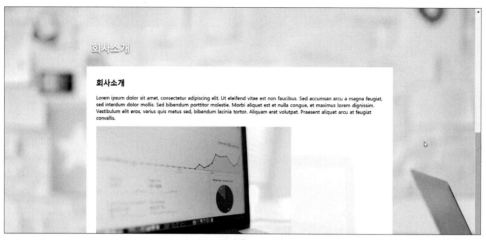

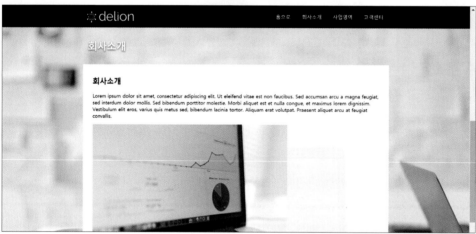

[그림 10-13] nav 부분에 fixed-top 클래스 선택자 적용 전(상단) 후(하단) 비교

이제 내비게이션 부분에서 [회사소개] 및 [사업영역]을 클릭하면 해당 페이지로 바로 이동하게 됩니다. 물론 각 페이지는 전체화면으로 보이게 되는 것이죠.

10.4.3 [회사소개] 및 [사업영역] 이미지 크기와 위치 조정하기

[회사소개] 및 [사업영역]에 있는 이미지의 크기가 너무 크고 위치가 애매한 상태여서 이 부분에 대한 디자인을 적용해보겠습니다.

[코드 10-14] 이미지 정렬과 관련된 CSS 속성 적용하기

```
133  .img-left {
134      padding: 0.2em 1em;
135      float: left;
136      padding-left: 0;
```

```
137 }
138
139 .img-right {
140     padding: 0.2em 1em;
141     float: right;
142     padding-right: 0;
143 }
144
145 .img-50 {
146     width: 50%;
147 }
```

[코드 10-14]를 보면 이미지 정렬 및 이미지 크기 조정을 위한 CSS 속성을 볼 수 있습니다. 여기서 img-50이라는 클래스는 이미지의 크기를 50%로 줄여주는 역할을 하고, 나머지는 오른쪽 또는 왼쪽으로 이미지를 배치하는 역할을 합니다. HTML 코드에는 다음과 같이 적용하면 됩니다.

[코드 10-15] HTML 코드 내부에 이미지 정렬 및 이미지 크기 관련 클래스 선택자 적용하기

```
<img src="./imgs/computer-767776_640.jpg" class="img-50 img-left">
```

[그림 10-14] 완성된 [회사소개] 페이지

[그림 10-15] 완성된 [사업영역] 페이지

10.5 입력 폼이 있는 [고객센터] 페이지 만들기

이제 [고객센터] 부분을 만들어봅니다. 여기는 앞서 작업한 [회사소개]와 [사업영역] 페이지와 같지만, 입력할 수 있는 폼이 들어 있어 form에 대한 CSS 속성을 넣는 것을 연습해보겠습니다.

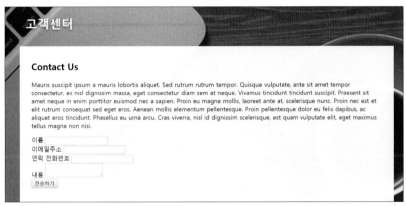

[그림 10-16] 고객센터 부분 HTML 코드만 입력한 상태

[코드 10-16] [고객센터] 페이지 부분 HTML 코딩하기

```
60   <div class="full-width back-image4 full-page page" id="fourth">
61       <div class="wrap">
62           <h1>고객센터</h1>
63           <div class="inner customer">
64               <h2>Contact Us</h2>
65               <p>Mauris …p>
66               <form class="basic-form">
67                   <label>이름</label>
68                   <input type="text">
69                   <br>
70                   <label>이메일주소</label>
71                   <input type="email">
72                   <br>
73                   <label>연락 전화번호</label>
74                   <input type="tel">
75                   <br>
76                   <label>내용</label>
77                   <textarea></textarea>
78                   <br>
```

```
79                    <button>전송하기</button>
80                </form>
81
82            </div>
83        </div>
84    </div>
```

[코드 10-16]을 보면 앞서 작업한 페이지와 전체적인 구성은 같은데 다만 form 양식이 들어 있는 것이 다릅니다.

최종 결과물은 [그림 10-16]과 같게끔 작업해야 합니다. [그림 10-15]과 [그림 10-16]을 비교해 보면 form 부분과 텍스트가 들어가는 부분에서 많은 차이가 나는 것을 알 수 있습니다.

[그림 10-17] [고객센터] 페이지 최종 결과물

이제 CSS를 이용해서 form에 대한 디자인을 입혀 보겠습니다.

[코드 10-17] form 부분에 대해 디자인 설정하기

```
149 form.basic-form {
150     margin: 0 auto; /* 폼을 가운데 정렬 */
151     width: 70%;     /* 폼 크기 설정 */
152 }
153
```

```
154 form.basic-form label {
155     width: 120px;              /* label 부분 크기 설정 */
156     display: inline-block;  /* inline-block을 이용해서 input 왼쪽에 위치하게끔   */
157     padding: 0.5em 0;         /* 내부 패딩 설정 */
158     vertical-align: top;      /* input 박스와 비슷한 높이로 설정 */
159 }
160
161 form.basic-form input {
162     border-radius: 5px;         /* input 박스 테두리 둥글게 처리 */
163     border: 1px solid #ccc;   /* 테두리 설정 */
164     padding: 7px;
165     width: 50%;                 /* input 박스 크기 설정 */
166 }
167
168 form.basic-form input:focus {   /* :focus는 해당 input 박스에 입력 커서가 위치할 때 */
169     outline: none;
170     border: 1px solid red;
171 }
172
173 form.basic-form textarea {      /* 텍스트 입력 부분에 대한 설정 */
174     border-radius: 4px;
175     border: 1px solid #ccc;
176     width: 70%;
177     padding: 5px;
178     height: 200px;
179     margin: 10px 0;
180 }
181
182 form.basic-form button {          /* 버튼에 대한 디자인 설정 */
183     margin-left: 130px;
184     padding: 0.8em 3em;
185     border: 1px solid #fff;
186     border-radius: 5px;
187     background-color: orange;
188     color: white;
189 }
190
191 form.basic-form button:active {   /* :active는 버튼을 클릭했을 때 효과 */
192     border-radius: 10px;
193     background-color: red;
194     outline: none;
195 }
```

마지막으로 텍스트와 form 부분을 분리하기 위해서 다음과 같은 속성을 추가합니다.

[코드 10-18] form과 텍스트를 구분하기

```
197  .customer p {
198      margin: auto;
199      width: 70%;
200      border-bottom: 1px solid #ccc;
201      padding-bottom: 1em;
202      margin-bottom: 3em;
203      box-shadow: 0 1px 1px #fff;
204  }
```

10.6 푸터 페이지 만들기

10.6.1 푸터 만들기

마지막으로 footer 부분에 대해서 설정합니다.

[그림 10-18] 푸터 페이지 만들기

HTML 코드는 다음과 같습니다.

[코드 10-19] footer 부분 HTML 코딩하기

```
85    <footer class="fixed-bottom">
86        <div class="wrap">
87            All content copyright delion co, ltd.
88        </div>
89    </footer>
```

특별한 것은 없고 footer 태그 부분에 fixed-bottom이라는 클래스 선택자를 적용한 것이 보입니다. footer 부분도 nav와 똑같이 웹 페이지 하단에 고정되게끔 처리하는 것입니다.

[코드 10-20] footer에 CSS 속성 적용하기

```
206  footer {                          /* footer 부분에 대한 디자인 적용 */
207      padding: .75em;
208      background-color: black;
209      color: white;
210      font-size: 0.75rem;
211      text-align: center;
212  }
213
214  .fixed-bottom {                    /* footer 부분을 하단에 고정하는 역할 */
215      position: fixed;
216      bottom: 0;
217      overflow: hidden;
218      width: 100%;
219  }
```

10.6.2 프론트 페이지에 메인 텍스트 입력 및 효과 적용하기

이제 다시 프론트 페이지로 돌아가서 "HTML5 & CSS3 SAMPLE"이라는 텍스트에 대한 효과를 적용해 보겠습니다.

```
33          <div class="wrap">
34              <h1>HTML5 & CSS3 SAMPLE</h1>
35          </div>
```

우선 프론트 페이지에서 위와 같이 되어 있던 부분을 다음과 같이 변경합니다.

[코드 10-21] 프론트 페이지 텍스트에 대한 추가 클래스 선택자 적용하기

```
33          <div class="wrap">
34              <div class="first-part">
35                  <h1>HTML5 & CSS3 SAMPLE</h1>
36              </div>
37          </div>
```

[코드 10-22] 프론트 페이지의 텍스트에 대한 크기 조정 및 애니메이션 추가하기

```
221  .first-part {
222      min-height: 500px;
223      display: flex;
224      flex-direction: column;
225      justify-content: center;
226      align-items: center;
227  }
228  .first-part h1 {   /* 첫 번째 페이지에 있는 텍스트 부분 설정 */
229      text-align: center;
230      font-size: 5em;
231      transition: width 0.5s linear 0.2s;
232      position: relative;
233      animation: fadetop 3s;
234  }
235  @keyframes fadetop {      /* 상단에서 하단으로 내려오는 애니메이션 */
236      0% {
237          opacity: 0;
238          top: -150px;
239      }
240      100% {
241          top: 0;
242          opacity: 1;
243      }
244  }
```

[그림 10-19] 1차 완성된 페이지

[그림 10-19]를 보면 1차로 완성된 페이지를 볼 수 있습니다. 하지만 여기서 [회사소개]나 [사업영역], [고객센터]를 클릭하면 바로 해당 페이지가 나타나서 조금은 재미가 없습니다.

10.6.3 페이지 이동을 위해 스크롤 애니메이션 효과 적용하기

여기에 해당 페이지에 대한 링크를 클릭하면 애니메이션되는 스크롤 효과를 적용해 보겠습니다. 이건 직접 만드는 것보다는 해당 깃헙github 등에 있는 오픈소스 코드를 적용하면 좋습니다. 이 책에서는 smooth-scroll.polyfills.min.js라는 코드를 사용하겠습니다. 해당 소스코드는 https://github.com/cferdinandi/smooth-scroll에서 찾을 수 있습니다.

footer 하단 부분에 다음과 같이 추가해 줍니다.

[코드 10-23] 스크롤 애니메이션 효과 적용하기 위한 자바스크립트 코드 추가하기

```
92      <script src="js/smooth-scroll.polyfills.min.js"></script>
93      <script>
94          var scroll = new SmoothScroll('a[href*="#"]');
95      </script>
96
```

[코드 10-23]을 보시면 간단한 자바스크립트 코드가 보이는데 smooth-scroll.polyfills.min.js 이 파일은 실제 애니메이션 스크롤을 담당하는 코드입니다. 단순히 해당 코드만 넣는다고 작동하지는 않습니다. 하단에 보이는 var scroll = new SmoothScroll('a[href*="#"]'); 부분을 적용해 줘야 작동하게 됩니다.

이 코드에서 대해서 간단하게 설명을 하자면, scroll이라는 변수를 지정하고 a[href*="#"]은 anchor 즉, a 태그에서 #이 포함된 모든 것에 SmoothScroll을 적용한다는 의미입니다. 여기서 SmoothScroll은 smooth-scoll.plyfills.min.js라는 파일 내부에 설정되어 있습니다.

여기까지 작업을 마치면 반응형을 제외한 모든 코드가 완성이 됩니다.

10.7 반응형 웹 페이지로 제작하기

지금까지 만든 웹 페이지를 반응형으로 제작해보겠습니다. 일반적으로 반응형이라고 하면 모바일 웹 페이지를 의미하는 것이기 때문에 이번 예제에서는 모바일 부분만 간단하게 처리하는 방법을 살펴봅니다. 물론 실무에서 모든 기기에 맞는 반응형 페이지를 만들어야 한다면, 모바일, 태블릿, PC에 맞는 해상도를 별도로 설정해서 처리해야 합니다. 또한 가로일 때, 세로일 때도 별도로 처리해 줘야 합니다. 이 부분은 7장 반응형 웹 페이지 부분에서 설명했기 때문에 생략하겠습니다.

모바일 웹 페이지에서 가장 중요한 부분 중 하나가 내비게이션 부분(여기서는 nav 태그 부분)이며, 내비게이션 처리만 잘하면 30% 정도는 성공한 것이나 다름없습니다.

시중에는 내비게이션 부분을 모바일에서 처리하는 방법이 다양합니다. 하지만 이 예제에서는 매우 기초적인 방법으로 그와 유사한 효과를 어떻게 구현하는지에 대해서 설명하겠습니다. 현재 페이지도 지금까지의 속성들이 거의 대부분 반응형으로 제작되어 있어서 브라우저의 크기를 줄여도 많은 요소들이 그에 따라 줄어듭니다. 하지만 메뉴 부분은 모바일에서 보게 되면 아주 이상하게 보이게 됩니다.

10.7.1 네비게이션을 반응형으로 만들기

우선 해당 예제를 PC에서 작업을 했다면, 크롬 브라우저에서 해당 웹 페이지를 열고 〈F12〉키를 누른 후 〈Ctrl〉+〈Shift〉+〈M〉키를 누르면 [그림 10-20]과 같은 화면으로 바뀝니다.

[그림 10-20] 모바일에서 보이는 페이지 모습

여기서 보면 내비게이션 부분이 이상하게 변한 것을 알 수 있는데, 이 부분에 대한 처리를 해보
겠습니다.

먼저 모바일에서 내비게이션의 메뉴를 대체할 수 있는 일명 햄버거 메뉴(모습이 햄버거와 같다
고 해서 ︶︶)를 생성합니다. button 태그를 이용해서 처리해 보겠습니다.

[코드 10-24] 내비게이션 메뉴를 대체할 수 있는 햄버거 메뉴 추가하기

```
1          <div class="wrap nav-wrap">
2            <a href="#" class="logo">
3              <img src="./imgs/logo-white.png" alt="">
4            </a>
5            <button class="mobile">
6                =
7            </button>
8            <ul>
```

[코드 10-24]를 보면 로고와 ul 태그 사이에 button 태그를 삽입했고, 기호 =를 추가했습니다.

▲ PC에서 본 모습

▲ 모바일에서 본 모습

[그림 10-21] button 태그 추가 후 모습

보통 웹사이트의 크기가 크면 반응형 CSS를 별도의 파일로 처리하지만, 여기서는 아주 간단한
페이지이기 때문에 style.css 파일 내부에 넣도록 하겠습니다.

```
@media (max-width: 768px) {
    여기에 필요한 CSS 속성을 추가합니다.
}
```

다음과 같이 CSS 속성을 정의합니다.

[코드 10-25] 미디어 쿼리를 이용하여 버튼과 내비게이션을 반응형으로 처리하기

```
245 @media (max-width: 768px) {
246     body {      /* 모바일 상태일 때 전체 글자 크기를 조정 */
247         font-size: 0.85rem;
248     }
249
250     button.mobile {      /* 버튼에 대한 속성을 정의 */
251         display: block;
252         width: 100px;
253         font-size: 2em;
254         background-color: transparent;
255         border: none;
256         color: white;
257         position: relative;
258         top: 3px;
259         float: right;   /* 위치는 오른쪽으로 */
260         cursor: pointer;   /* 버튼에 마우스 호버 시 커서 모양 변경 */
261     }
262     button.mobile:focus { /* focus는 버튼을 클릭했을 때 효과인데 여기선 아웃라인을 제거하는
                                역할 */
263         outline: none;
264     }
265     nav ul {      /* 여기서 보면 display:flex 속성을 inline으로 변경 */
266         list-style: none;
267         display: inline;
268         position: absolute; /* position으로 위치를 고정 */
269         top: 60px;   /* 위치는 상단 60px 부분에 위치하게 만듦 */
270         left: 0;
271         border-top:1px solid rgba(255,255,255, 0.5);
272         width:100%;
273     }
274     nav ul li {
275         margin-left:-30px;
276
277     }
278     .mobile-nav {   /* 이 선택자는 나중에 설명 예정 */
279         height: 220px;
280         transition: all 0.25s;
281     }
282     .first-part h1 {   /* 첫 페이지 h1 글자 크기 조절 */
283         font-size: 4.5rem;
284     }
285     .customer p { */  기타 고객센터 텍스트를 감추는 역할 */
286         display: none;
287     }
288 }
```

[코드 10-25]와 같이 CSS 속성을 추가하게 되면 [그림 10-22]와 같은 모습이 됩니다.

[그림 10-22] 모바일 상태에서 내비게이션 부분

[그림 10-22]와 같은 상황에서 햄버거 메뉴 부분을 클릭해도 아무런 효과가 없습니다. 따라서 이 부분은 자바스크립트를 이용해서 처리해 줘야 합니다. 특히 jQuery를 이용하게 되면 아주 편리하게 처리 가능합니다. 별도의 스크립트 파일 script.js란 파일을 하나 만든 후 js 폴더에 넣어 줍니다. 그리고 index.html 파일 내부에 있는 footer 하단에 jQuery를 적용하고 jQuery 하단에 다음과 같은 코드를 [코드 10-26]과 같이 입력해 줍니다.

[코드 10-26] 메뉴 부분을 클릭할 때 내비게이션 메뉴 보이게 처리하기

```
1    $('button.mobile').click(function () {
2        $('nav').toggleClass('mobile-nav');
3    });
```

[코드 10-26]을 해석하면, button.mobile 선택자를 클릭하면 nav 태그에 mobile-nav라는 선택자를 클릭할 때마다 추가했다가 제거하라는 의미입니다. 여기까지 결과를 한번 보겠습니다.

[그림 10-23] 메뉴를 클릭할 때 나타나는 내비게이션 메뉴

[그림 10-23]에서 브라우저의 해상도에 따라서 앞쪽으로 몰려서 감춰지는 경우도 있을 수 있습니다.

 이 부분에 대해서도 여러분이 연습문제로 여러분이 해결해 보시고, 답은 로드북 사이트에 올려 두겠습니다(웹 개발에 정답은 없습니다. 문제를 해결하는 유사한 답이 있을 뿐입니다).

여기서 보면 mobile-nav라는 선택자는 무슨 역할을 하는지 궁금할 듯한데, [코드 10-27]을 보면 해당 내용이 나옵니다.

[코드 10-27] 모바일 상태에서 메뉴가 보이도록 속성 처리하기

```
277  .mobile-nav {   /* 이 선택자는 나중에 설명하겠습니다. */
278        height: 220px;
279        transition: all 0.25s;
280    }
```

즉, 내비게이션의 위치는 nav 태그의 기본 높이 70px에 의해서 가려져 있는데, 메뉴를 클릭할 때마다 해당 선택자가 추가되었다가 제거되었다가 하게 됩니다. 추가되면 nav 태그의 높이가 220px이 되어서 메뉴들이 보이고, 제거되면 메뉴 부분이 보이지 않게 되는 것입니다.

[그림 10-22]에서 해당 메뉴를 누르면 해당 페이지로 이동은 하는데, 메뉴가 고정되어 해당 콘텐츠가 가려지는 버그가 있습니다. 이 버그는 간단하게 제거할 수 있습니다. script.js 파일을 다음과 같이 수정하면 됩니다.

[코드 10-28] 메뉴가 가려지는 버그 처리하기

```
1    $('button.mobile, ul li a').click(function () {
2        $('nav').toggleClass('mobile-nav');
3    });
```

[코드 10-28]은 jQuery를 이용해서 만든 코드입니다. 이 코드가 작동하려면 jQuery가 반드시 있어야 하므로 footer 하단부의 코드는 다음과 같이 설정되어야 합니다.

[코드 10-29] 자바스크립트 부분 요약

```
130  <script src="js/jquery.js "></script>
131  <script src="js/smooth-scroll.polyfills.min.js"></script>
132  <script src="js/script.js"></script>
133    <script>
134        var scroll = new SmoothScroll('a[href*="#"]');
135    </script>
```

지금까지 배운 내용을 기초로 간단하게 웹 페이지를 하나 만들어 봤습니다.

> 참고
> 독자의 몫으로 [고객센터] 페이지는 남겨두었습니다. 이 부분은 연습문제로 직접 해보세요. 답은 로드북 사이트에 올려두겠습니다.

10.8 멀티 페이지 기반의 웹사이트 만들기

이제 다른 예제를 하나 더 만들어 보겠습니다.

이번 예제는 기업용 사이트 또는 쇼핑몰 사이트와 같이 멀티 페이지 기반의 예제를 한번 만들어봅니다. 대세는 싱글 페이지라지만, 싱글 페이지 사이트는 개인의 포트폴리오나, 소규모 기업의 홍보용 사이트 용도 이외에는 범용성 부분에서 보면 많이 부족한 경우가 많습니다.

싱글 페이지는 HTML 파일을 하나만 사용하는 것을 의미합니다. 대체로 작가 포트폴리오 사이트나 홍보용 사이트 등에 적합합니다. 멀티 페이지는 페이지가 여러 개로 구성된 사이트를 의미합니다. 일반적인 홈페이지들이 멀티 페이지 사이트라고 할 수 있습니다. 메뉴를 클릭하면 완전히 다른 페이지로 넘어가는 것을 의미합니다. 그에 반해 싱글 페이지는 앞에서 작업한 페이지와 동일하게 페이지 내부에서 이동하는 것을 의미합니다.

10.8.1 프론트 페이지 레이아웃 구성하기

원래 웹사이트 작업을 하게 되면, 일반적으로 웹 디자이너가 포토샵이나 기타 다른 도구들을 이용해서 전체 레이아웃을 구성하게 됩니다. 이렇게 구성된 레이아웃은 기획회의를 통해서 최종안이 만들어지는 것입니다.

[그림 10-24] 멀티 페이지의 기본이 되는 사이트 프론트 페이지 디자인 레이아웃

[그림 10-24]와 같은 페이지를 만들 예정인데요, 이 페이지와 연계해서 [회사소개] 페이지까지 간단한 형태를 만들어봅니다. 이렇게 페이지 두 개 정도만 만들어 봐도, 멀티 사이트의 경우 어떻게 사이트를 제작하는지 감이 잡힙니다.

이런 멀티 사이트를 만들기 위해서는 PC에 웹 서버가 설치되어 있거나, 본인이 사용하는 웹 호스팅 서비스 또는 웹 서버가 있어야 합니다. 필자는 XAMPP 또는 WAMP를 이용해서 사이트를 필자 PC에서 개발 후 실제 서비스가 작동되는 웹 서버에 FTP를 이용해서 전송하여 완성합니다. 먼저 부록 B를 참고하여 WAMP나 XAMPP를 설치하도록 하기 바랍니다.

우선 프론트 페이지를 만드는 방법은 기존 싱글 페이지와 똑같이 작업합니다.

폴더 구성 및 기본 템플릿 생성하기

XAMPP를 설치하였다면 htdocs라는 폴더에 WAMP를 설치하였다면 www라는 폴더에 임의의 이름을 가진 프로젝트 폴더를 만들어주세요. 그리고 내부에 css, imgs, js라는 폴더를 만들기 바랍니다. 이 책의 완성된 예제는 chapter10/sample-site2에서 확인해볼 수 있습니다. 완성된 예제를 실행해보려면 sample-site2 디렉터리를 htdocs나 www 폴더에 옮겨놓고 웹 서버를 실행한 후에 테스트해볼 수 있습니다. 이 책의 기본 에디터인 VC를 실행하고, 새로운 파일을 하나 만들고 나서 index.html이라는 이름으로 저장합니다.

'!'을 입력하고 〈Tap〉키를 누르면 [코드 10-30]과 같은 HTML5의 기본 템플릿이 생성됩니다.

[코드 10-30] VC에서 생성되는 기본 템플릿 페이지

```
1   <!DOCTYPE html>
2   <html lang="en">
3   <head>
4       <meta charset="UTF-8">
5       <meta name="viewport" content="width=device-width, initial-scale=1.0">
6       <meta http-equiv="X-UA-Compatible" content="ie=edge">
7       <title>Document</title>
8   </head>
9   <body>
10
11  </body>
12  </html>
```

2행: 브라우저에 '이 페이지는 한글 페이지다'라고 알려줘야 한다면, lang 값에 en 대신에 ko-kr을 넣어야 합니다. 만약 en 값으로 그냥 놔두면 페이지 내부에 영문이 있는 경우 크롬 브라우저에서는 영어로 된 부분을 번역하려고 할 것입니다.

7행: 타이틀에 있는 Document의 이름을 변경하고, 하단에 다음과 같은 코드를 추가합니다.

```html
<link rel="stylesheet" href="css/style.css">
```

그리고 반드시 css 폴더에 style.css란 파일을 만들어 둡니다. 여기서 style.css란 파일 이름은 임의로 변경해도 상관 없습니다.

다시 [그림 10-25]로 돌아가서 이 페이지의 구조를 보면 다음과 같습니다.

[그림 10-25] 프론트 페이지 구조

[그림 10-25]를 보면 사이트의 전체적인 구조를 태그 선택자와 클래스 선택자로 구분해 놓았는데, 이 구조 그대로 사이트의 HTML 구문으로 만들면 됩니다.

[코드 10-31] [그림 10-25]의 레이아웃에 따른 HTML 코딩하기

```html
1   <!DOCTYPE html>
2   <html lang="ko-kr">
3
4   <head>
5       <meta charset="UTF-8">
6       <meta name="viewport" content="width=device-width, initial-scale=1.0">
7       <meta http-equiv="X-UA-Compatible" content="ie=edge">
8       <title>PlaceShare</title>
9   <link rel="stylesheet" href="css/style.css">
10  </head>
11
```

```
12   <body>
13       <header>
14           <nav>
15           </nav>
16           <div class="copy-text">
17           </div>
18       </header>
19       <div class="container">
20           <div class="notice-box">
21           </div>
22           <div class="time-box">
23           </div>
24       </div>
25   <footer>
26   </footer>
27   </body>
28
29   </html>
```

[코드 10–31]을 보면 [그림 10–25]의 구조에 의한 HTML을 구성한 모습을 볼 수 있습니다. 이제 이 코드를 기반으로 사이트를 완성해 나가면 됩니다.

10.8.2 [프론트 페이지] – header

HTML로 구조잡기

우선 header 부분부터 시작하겠습니다. header에는 nav 태그 선택자에 의한 메뉴가 구성되어 있으며, 사이트 로고 또한 위치해 있습니다. 보통 nav 태그의 메뉴에는 ul과 li 태그로 구성됩니다. 다음과 같이 코드를 구성해 봅니다.

[코드 10-32] nav 부분을 HTML 코딩하기

```
14           <nav>
15               <div class="logo">
16                   <a href="./">
17                       <img src="./imgs/logo.png" alt="PlaceShare">
18                   </a>
19               </div>
20               <ul>
21                   <li>
22                       <a href="#">회사소개</a>
23                   </li>
24                   <li>
```

```
25                          <a href="#">서비스이용안내</a>
26                      </li>
27                      <li>
28                          <a href="#">상품가격</a>
29                      </li>
30                      <li>
31                          <a href="#">고객센터</a>
32                      </li>
33                  </ul>
34              </nav>
```

그리고 header 부분에 copy-text로 구성된 문구를 추가해서 header 부분을 마무리합니다. [코드 10-31]에서 16~17행을 아래와 같이 수정합니다.

[코드 10-33] 완성된 header 부분 코드

```
1   <div class="copy-text container">
2   <h1>호흡이 맞는 팀들과 함께 작업해 보세요.</h1>
3   </div>
```

여기까지 HTML 코드 구성을 마무리하고, CSS로 디자인을 구성해 보도록 하겠습니다.

CSS로 디자인 입히기

먼저 [그림 10-25] 프론트 페이지 구조를 보면 전체에 배경화면이 적용되어 있습니다. 페이지 전체에 배경화면이 적용되어 있다는 것은 body 태그에 배경화면을 적용해야 한다는 의미입니다. 하지만 여기서 유의해야 할 것은 이 사이트는 '멀티 페이지'를 적용해야 하는 사이트입니다. 그래서 프론트 페이지에 배경이 적용되긴 하지만, 그 후속 페이지에도 동일한 배경화면이 적용된다는 보장은 없습니다. 물론 같은 배경화면을 사이트의 처음부터 끝까지 적용해 줄 수도 있습니다. 여기서는 프론트 페이지에만 적용하겠습니다. 우선 HTML 태그에서도 약간의 수정을 해야 합니다.

body 태그에 다음과 같이 클래스 선택자를 추가해보겠습니다.

```
12  <body class="front">
```

이제 CSS 부분에 들어가서 기초적인 속성을 적용해 줍니다.

[코드 10-34] style.css 초기 작업

```
1   body {
2       margin: 0;
3       padding: 0;
4       box-sizing: border-box;
5       font-family: sans-serif;
6       min-height: 100vh;
7   }
8
9   body.front {
10      background-image: url(../imgs/front-back.jpg);
11      background-repeat: no-repeat;
12      background-position: center;
13      background-size: cover;
14  }
15
16  .container-full {
17      width: 100%;
18  }
19
20  .container {
21      width: 1190px;
22      margin: auto;
23  }
```

[코드 10-34]을 보면 body 태그에는 가장 일반적인 속성이 적용되어 있습니다. 마진과 패딩 값을 0을 적용해서 초기화해 버리고, box-sizing은 border-box로 지정하여 padding 값에 따라 박스 모델의 크기가 변하는 것을 막아주고 있으며, font-family는 sans-serif로 지정하여 PC 또는 Mac의 기본 시스템 폰트를 적용해 주고 있습니다.

body 태그에 front라는 클래스를 적용해 준 이유는 프론트 페이지 부분에만 전체 배경을 지정해 주기 위함입니다. 이에 따른 CSS 속성은 이전 예제에서도 비슷한 내용을 다뤘기 때문에 생략하겠습니다. 그리고 .container-full과 .container 속성은 브라우저의 전체 폭을 다 사용할 것인지, 또는 특정 크기로 고정할 것인지 지정해 주는 속성입니다. 이 내용들은 계속 다룬 내용이라 생략합니다.

[그림 10-25]를 보면 header 부분 높이가 copy-text 부분까지 포함되어 있는 것을 알 수 있습니다. 그리고 프론트 페이지뿐만 아니라 서브 페이지의 header 또한 유사한 패턴으로 진행할 예정입니다. 우선 서브 페이지의 디자인도 한번 보도록 하겠습니다.

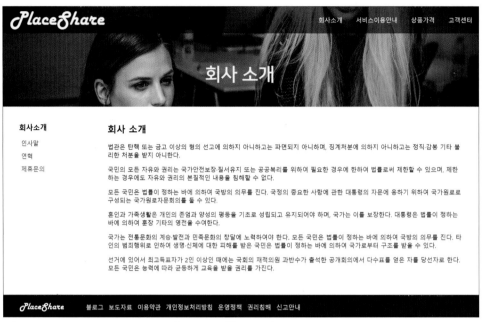

[그림 10-26] [회사소개] 페이지

[그림 10-26]을 보면 [회사소개] 페이지에 대한 디자인 레이아웃이 있습니다. 큰 틀에서는 프론트 페이지와 많은 차이가 없지만, 회사 소개에 대한 내용이 들어가고 서브 메뉴가 화면 왼쪽에 있는 모습을 볼 수 있습니다.

'회사 소개'라고 되어 있는 부분은 프론트 페이지의 header 크기와 같거나 높이가 작을 수 있습니다. 그렇다면 이 header 부분을 어떻게 처리하면 좋을까요? 우리는 CSS 속성 중에서 min-height라는 속성을 학습한 적이 있습니다. 따라서 header 부분은 다음과 같이 처리합니다.

```
25  header {
26      min-height: 200px;
27  }
```

그리고 다시 프론트 페이지로 돌아와서 nav 태그가 되어 있는 부분에 대한 CSS 속성을 적용해 보겠습니다.

[코드 10-35] nav 태그 및 로고가 들어가는 부분 속성 적용하기

```
28  nav {
29      display: flex;
30      justify-content: space-between;
31      background-color: rgba(0, 0, 0, .5);
32      position: relative;
33      z-index: 200;
34  }
35
36  nav ul {
37      list-style: none;
38      display: flex;
39      align-items: center;
40  }
41
42  nav li {
43      margin: 0 3px;
44      padding: 8px 15px;
45      box-sizing: border-box;
46      align-items: center;
47  }
48
49  nav li a {
50      color: #fff;
51      text-decoration: none;
52  }
53
54  nav li a:hover {
55      color: orange;
56      border-bottom: 1px dotted orangered;
57      padding-bottom: 0.25em;
58  }
59
60  .logo {
61      margin: 12px 0 0 20px;
62  }
```

[코드 10-35]에 대한 별도의 설명은 생략하겠습니다. 이 책에서는 사이트 메뉴를 만드는 방법에 대해서 세 번에 걸쳐서 설명했습니다. 그리고 [코드 10-35] 또한 앞에서 설명한 메뉴 만드는 방법과 거의 같은 방법입니다. 로고가 들어가는 부분에는 로고의 위치를 적당히 잡아주기 위해서 마진 값을 적용했습니다.

10.8.3 [프론트 페이지] – 메인 카피 부분 만들기

프론트 페이지의 .copy-text 부분에 대한 코드를 확인해 보겠습니다.

[코드 10-36] copy-text 부분에 CSS 속성 적용하기

```
65   .copy-text {
66       padding-bottom: 5em;
67       border-bottom: 1px solid rgba(255, 255, 255, 0.55);
68       margin-bottom: 1em;
69       font-family: 'NanumSquare', sans-serif;
70   }
71
72   .copy-text h1 {
73       color: #fff;
74       margin-top: 180px;
75       text-align: center;
76       font-size: 2.5rem;
77       font-weight: 400;
78   }
```

여기서 .copy-text 부분에 별도의 font-family가 적용되어 있습니다. 네이버에서 만든 '나눔 스퀘어'라는 폰트인데, 이는 상당히 가독성이 뛰어난 폰트 중 하나입니다. 하지만 해상도가 낮은 모니터에서 폰트의 크기가 작은 경우 가독성이 안 좋아지는 단점이 있어서, 예제와 같이 글자 크기가 큰 경우 사용하는 것이 좋습니다.

이렇게 별도의 웹 폰트를 적용하는 경우 @import 방식과 link 방식 둘 중 어떤 것을 사용하라고 했는지 기억이 나나요? 다음의 코드와 같이 link 방식을 사용하는 것이 좋다고 했습니다. 아래의 코드를 HTML 문서의 style.css보다 먼저 적용해 주시기 바랍니다.

```
9    <link rel="stylesheet" type="text/css" href="https://cdn.rawgit.com/
     moonspam/NanumSquare/master/nanumsquare.css">
```

지금까지의 작업 결과물을 한번 볼까요? [그림 10-27]은 지금까지 작업한 결과 화면입니다.

[그림 10-27] 현재까지 작업된 결과물

10.8.4 [프론트 페이지] – '공지사항', '상담 시간 안내' 만들기

이제 프론트 페이지 부분에 있는 notice-box 부분과 time-box에 대한 HTML 코드를 추가로 입력해봅니다.

[코드 10-37] notice-box와 time-box 부분 HTML 코딩하기

```
40       <article class="container">
41           <div class="notice-box">
42               <h3>공지사항</h3>
43               <ul>
44                   <li>
45                       <a href="#"> 국가의 세입·세출의 결산, 국가 및 법률이 정한 단체의</a>
46                   </li>
47                   <li>
...                      ... 중간 생략 ...
55                   </li>
56               </ul>
57
```

```
58              </div>
59              <div class="time-box">
60                  <img src="./imgs/tele.png" class="tele-icon">
61                  <h3>상담시간안내</h3>
62                  <h3>평일 AM 9:00 ~ PM 6:00</h3>
63              </div>
64          </article>
```

[코드 10-37]를 실행하면 [그림 10-28]이 나옵니다.

[그림 10-28] notice-box와 time-box 현재 CSS 적용 전 HTML 코드만 입력된 모습

그렇다면 [그림 10-28]에서 notice-box 부분과 time-box 부분에 대한 CSS 코드 설정을 어떻게 해야 할까요?

우선 notice-box와 time-box 부분에 대한 정렬이 필요합니다. 또한 두 개 박스를 잡아 줄 박스 모델이 필요합니다. 먼저 두 개의 박스를 잡아주는 박스 모델은 article이라는 태그 선택자로 지정된 것을 [코드 10-37]에서 확인할 수 있습니다. 그리고 두 개의 박스는 포토샵으로 작업된 모습을 보면 nav 부분과 비슷하게 반투명의 박스로 되어 있는 모습을 볼 수 있습니다.

이제 두 개의 박스에 대한 CSS 코드를 작성해보겠습니다.

[코드 10-38] notice-box와 time-box 현재 CSS 적용하기

```
80   .notice-box,
81   .time-box {
82       background-color: rgba(0, 0, 0, .65);
83       padding: 1em;
84       color: white;
85       height: 250px;
86   }
87
88   .notice-box {
89       width: 61%;
90       float: left;
91   }
92
93   .notice-box h3 {
94       font-size: 1.6rem;
95       font-family: 'NanumSquare', sans-serif;
96       padding-left: 0.75em;
97   }
98
99   .notice-box ul {
100      list-style: none;
101      margin-left: -0.5em;
102  }
103
104  .notice-box li {
105      line-height: 1.75em;
106  }
107
108  .notice-box li a {
109      color: white;
110      text-decoration: none;
111  }
112
113  .notice-box li a:hover {
114      color: orange;
115      border-bottom: 1px dotted orangered;
116      padding-bottom: 0.15em;
117  }
118
119  .time-box {
120      width: 32%;
121      float: right;
122      text-align: center;
123      font-family: 'NanumSquare', sans-serif;
```

```
124  }
125
126  .time-box h3 {
127      font-weight: 300;
128      font-size: 1.5rem;
129  }
130
131  img.tele-icon {
132      width: 50px;
133      margin-top: 40px;
134      margin-bottom: -20px;
135  }
```

[코드 10-38]을 보면 notice-box 부분은 float:left 처리하고, time-box는 float:right를 적용해서 위치를 잡은 것을 볼 수 있습니다. 그리고 코드를 보면 notice-box의 width는 61%, time-box의 width는 32%로 정했습니다. 두 박스의 크기의 합이 100%가 아닌 이유는 두 박스 사이의 공간이 있기도 하지만, 두 박스의 크기의 합이 100%로 되면 어떤 결과가 되는지 직접 한번 확인해봅니다. CSS의 버그의 일종으로 박스 모델 간의 값의 간섭에 의해서 동일 선상에 위치하지 못하게 되는 것입니다.

여기까지의 결과물 중 notice-box와 time-box 부분만 따로 분리해서 보면 [그림 10-29]에서 확인 가능합니다.

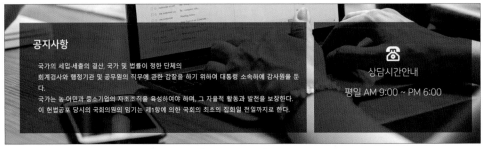

[그림 10-29] notice-box와 time-box 부분

[그림 10-29]에서 살펴봐야 하는 사항에서 글자 수가 일정 부분을 넘어가면 다음 칸으로 넘어가는 것을 볼 수 있습니다. 이전에는 이렇게 글자가 다음 칸으로 넘어가는 부분에 대해서는 프로그래밍적으로 해결하거나 CSS에서 일정 글자 이상이 나오는 부분을 가리거나 하는 방법을 사용했었습니다. 하지만 CSS3에서는 더 이상 그럴 필요 없이 text-overflow:ellipsis라는 속성을 이용해서 처리 가능합니다. [코드 10-39]에서 보면 text-overflow:ellipsis를 추가했으며, 그 속성과 연계된 다른 CSS 속성도 추가된 모습을 볼 수 있습니다.

[코드 10-39] .notice-box li a 부분에 text-overflow:ellipsis 및 그와 연관된 속성 추가하기

```
137  .notice-box li a {
138      color: white;
139      text-decoration: none;
140      overflow: hidden;
141      text-overflow: ellipsis;
142      width: 600px;
143      display: inline-block;
144      white-space: nowrap;
145  }
```

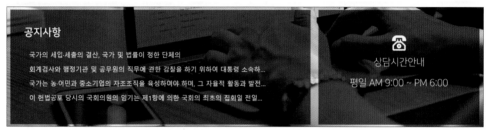

[그림 10-30] notice-box와 time-box 부분에 text-overflow:ellipsis 추가한 후 모습

10.8.5 [프론트 페이지] – 푸터 만들기

마지막으로 푸터 부분에 대한 속성을 알아보겠습니다.

보통 푸터의 경우 웹 페이지의 마지막 부분에 위치합니다. 근데 문제는 콘텐츠의 양이 많지 않으면 푸터가 들어가 있는 공간 다음에도 빈 공간이 상당히 많이 남게 되는 문제가 있습니다. 물론 이런 빈 공간에 대해서 별로 신경을 안 쓰는 분도 있기는 하지만 디자이너들의 입장에서는 이런 빈 공간을 별로 달가워하지 않기도 합니다. 특히 예제와 같이 전체 화면에 대해서 배경화면이 적용되는 경우에는 푸터 부분은 하단에 고정되어 있어야 보기가 좋습니다. 하단에 고정된 푸터 부분은 나중에 생각하기로 하고 먼저 푸터 부분에 대한 HTML 코드를 작성해보겠습니다.

[코드 10-40] footer 부분 HTML 코딩하기

```
71  <footer>
72      <div class="container">
73          <div class="foot-logo">
74              <img src="./imgs/logo.png" alt="PlaceShare">
75          </div>
76          <ul>
77              <li>
```

```
78                          <a href="#">블로그</a>
79                      </li>
80                      <li>
81                          <a href="#">보도자료</a>
82                      </li>
83                      <li>
84                          <a href="#">이용약관</a>
85                      </li>
86                      <li>
87                          <a href="#">개인정보처리방침</a>
88                      </li>
89                      <li>
90                          <a href="#">운영정책</a>
91                      </li>
92                      <li>
93                          <a href="#">권리침해</a>
94                      </li>
95                      <li>
96                          <a href="#">신고안내</a>
97                      </li>
98                  </ul>
99              </div>
100         </div>
101     </footer>
```

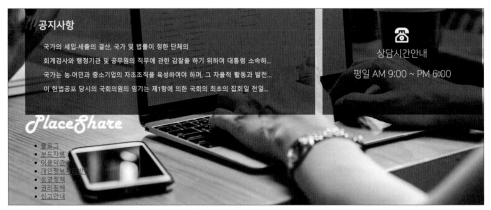

[그림 10-31] HTML 코드만 적용한 경우 결과 화면

[코드 10-41] footer 부분 기본 CSS 속성 적용하기

```
147 footer {
148     color: white;
149     width: 100%;
150 padding-top: 5px;
151     background-color: #1b1b1b;
152 }
153
154 .foot-logo img {
155     width: 120px;
156     float: left;
157     margin-right: 50px;
158 }
159
160 footer ul {
161     list-style: none;
162 }
163
164 footer ul li {
165     display: inline-block;
166 }
167
168 footer ul li a {
169     color: white;
170     padding-left: 0.5em;
171     text-decoration: none;
172 }
```

[코드 10-41]을 보면 푸터 부분에 적용된 기본 CSS 속성을 볼 수 있습니다. 여기까지는 일반적인 코드이기 때문에 여러분들도 이 정도는 이제 작성할 줄 알아야 합니다.

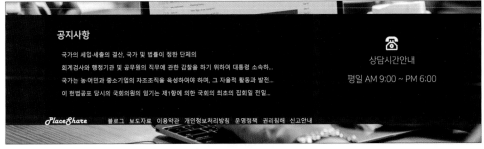

[그림 10-32] [코드 10-41]을 적용하면 나오는 화면

여기서 [그림 10-32]를 보면 '공지사항' 부분, 즉 notice-box 부분과 footer 부분이 겹쳐 있는 모습을 볼 수 있습니다. 이럴 때는 어떻게 처리한다고 했는지 기억나시나요?

이 부분에 대한 결과 화면은 [그림 10-33]과 유사하게 나와야 합니다.

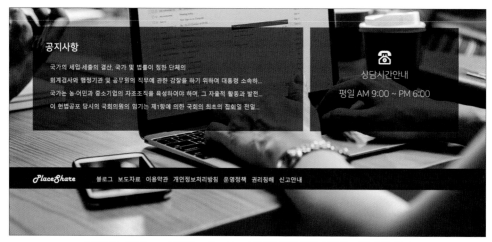

[그림 10-33] footer 부분과 notice-box 부분이 겹친 것을 CSS를 이용해서 해결

정답은 이렇습니다~!

푸터 부분에 다음의 CSS 속성을 추가해 주시면 해결됩니다. 박스 모델끼리 겹치는 부분에 대한 해결책은 해당 박스에 overflow:hidden 속성을 적용하면 해결됩니다. 잊지마세요.

```
footer {
    …
    overflow:hidden;
    margin-top:400px;
}
```

[그림 10-32]에서 보는 것과 같이 푸터 부분이 전체 화면의 하단에 위치해 있긴 하지만 비율이 약간 어색한 모습입니다. 따라서 이 푸터 부분을 화면 하단에 고정시키겠습니다. 푸터 부분을 화면 하단에 고정하는 방법은 몇 가지 방법이 있습니다. 하지만 이 책에서는 가장 최신의 기법과 화면 하단에 푸터가 고정되어 있더라도 콘텐츠가 있는 부분에 푸터가 겹치지 않는 방법을 사용하겠습니다.

가장 일반적으로 어떤 박스 모델을 화면 하단이나 상단 또는 왼쪽, 오른쪽으로 고정하는 방법은 position:fixed를 적용하면 됩니다. 하지만 이 경우 해당 박스 모델이 다른 박스 모델을 가리게 되어 원치 않는 결과가 나올 수도 있습니다.

이 책에서는 플렉스 박스를 사용해서 이 문제를 해결해보겠습니다. 우선 body 태그에 다음의
노란색으로 된 부분과 같이 CSS 속성을 적용합니다.

```
body {
    margin: 0;
    padding: 0;
    box-sizing: border-box;
    font-family: sans-serif;
    display: flex;
    flex-direction: column;
    min-height: 100vh;
}
```

그리고 나서 푸터 부분에 노란색으로 부분과 같은 속성을 적용해 줍니다.

```
footer {
    color: white;
    width: 100%;
    flex: 0 0 50px;
    margin-top: auto;
    padding-top: 5px;
    background-color: #1b1b1b;
}
```

결과 화면은 [그림 10-34]와 같습니다. 여기서 브라우저의 크기를 늘려보면 푸터 부분이 화면
하단에 고정되어 있다는 것을 알 수 있을 것입니다. 또한 브라우저의 크기를 줄여보면 자연스
럽게 스크롤되면서, notice-box나 time-box 부분과 겹치지 않는 모습을 알 수 있습니다.

[그림 10-34] 프론트 페이지 완성: 푸터 부분이 화면 하단에 완전히 고정된 상태

프론트 페이지는 이렇게 완성되었습니다.

10.8.6 [서브 페이지] 만들기

이제 서브 페이지 작업을 할 예정인데, 템플릿 베이스 기반으로 페이지를 구성해서 작업하려고
합니다. 템플릿 베이스 기반이란, 웹 페이지의 공통된 요소들을 별도의 페이지로 분리한 후 개
별 결합하여, 수정이 필요한 페이지만 고치면, 모든 웹 페이지에 수정된 요소가 반영되는 것을
의미합니다.

가령, 웹사이트에서 메인 메뉴의 '회사소개'라는 메뉴가 'company'라고 바뀌었다면, 모든 웹 페
이지를 수정하는 것이 아니라, 별도의 분리되어 있는 즉 메인 메뉴가 있는 파일에서 '회사소개'
를 'company'로 수정해 주면 모든 웹 페이지가 수정되는 것을 의미합니다.

[그림 10-34]를 보시면 메인 메뉴가 있는 header.php 파일 하나만 수정하더라도, 다른 모든
페이지의 내용 또한 바뀐다는 점을 알 수 있습니다.

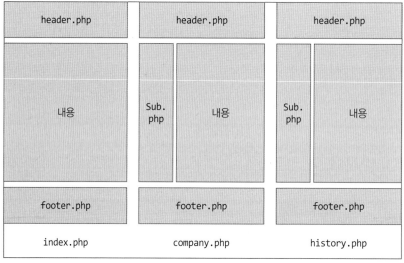

[그림 10-35] 템플릿 베이스로 화면 구성

여기서 확장자가 .html이 아니라 .php라는 것을 알 수 있는데, PHP는 웹 프로그래밍 언어의
하나로서, 전세계에서 가장 많이 사용되는 언어 중 하나입니다. 이 책에서는 PHP 웹 프로그래
밍에 대해서는 다룰 일은 없지만, PHP를 이용한 이유가 별도의 모듈로 웹 페이지를 분리한 후
결합하기 위함입니다.

지금까지 작업한 내용을 기반으로 index.html 파일을 index.php 파일로 다른 이름으로 저장한
후 index.html 파일에 있는 아래의 내용을 별도의 header.php 파일로 저장합니다. <!DOCTYPE
html> 부터 </header>까지입니다.

[코드 10-42] header.php 파일 내용

```
1   <!DOCTYPE html>
2   <html lang="ko-kr">
3
4   <head>
5       <meta charset="UTF-8">
6       <meta name="viewport" content="width=device-width, initial-scale=1.0">
7       <meta http-equiv="X-UA-Compatible" content="ie=edge">
8       <title>PlaceShare</title>
9       <link rel="stylesheet" type="text/css" href="https://cdn.rawgit.com/
            moonspam/NanumSquare/master/nanumsquare.css">
10      <link rel="stylesheet" href="css/style.css">
11  </head>
12
13  <body class="front">
14      <header>
15          <nav>
16              <div class="logo">
17                  <a href="./">
18                      <img src="./imgs/logo.png" alt="PlaceShare">
19                  </a>
20              </div>
21              <ul>
22                  <li>
23                      <a href="#">회사소개</a>
24                  </li>
25                  <li>
26                      <a href="#">서비스이용안내</a>
27                  </li>
28                  <li>
29                      <a href="#">상품가격</a>
30                  </li>
31                  <li>
32                      <a href="#">고객센터</a>
33                  </li>
34              </ul>
35          </nav>
36          <div class="copy-text container">
37              <h1>호흡이 맞는 팀들과 함께 작업해 보세요.</h1>
38          </div>
39      </header>
```

또 다음의 내용은 footer.php 파일로 저장합니다.

[코드 10-43] footer.php 파일 내용

```
71      <footer>
72          <div class="container">
73              <div class="foot-logo">
74                  <img src="./imgs/logo.png" alt="PlaceShare">
75              </div>
76              <ul>
77                  <li>
78                      <a href="#">블로그</a>
...                     … 중간 생략 …
98              </ul>
99          </div>
100         </div>
101     </footer>
102
103 </body>
104
105 </html>
```

이제 index.php 파일은 다음과 같이 설정합니다.

[코드 10-44] index.php 파일 내부 내용

```
1   <?php include "header-front.php"; ?>
2
3       <div class="container">
4           <div class="notice-box">
5               <h3>공지사항</h3>
6               <ul>
7                   <li>
8                       <a href="#"> 국가의 세입·세출의 결산, 국가 및 법률이 정한 단체의</a>
9                   <li>
...     … 중간 생략 …
19              </ul>
20
21          </div>
22          <div class="time-box">
23              <img src="./imgs/tele.png" class="tele-icon">
24              <h3>상담시간안내</h3>
25              <h3>평일 AM 9:00 ~ PM 6:00</h3>
26          </div>
27      </div>
28  <?php include "footer.php";?>
```

이렇게 프론트 페이지에 대한 모듈화를 마쳤습니다.

이렇게 하면 메인 메뉴 부분이나 푸터 부분에 대한 수정 사항이 있을 경우 해당 header.php 파일 또는 footer.php 파일만 수정하더라도, 전체 웹사이트에 수정한 사항이 반영되는 것입니다. 그렇다면 이렇게 모듈화 한 상태에서 company.php란 파일을 하나 생성하도록 하겠습니다. 우선 VC에서 빈 페이지를 하나 만들고 저장할 때 파일 형식을 'PHP'로 선택하고, 이름을 'company'로 한 후 다음과 같이 빈 페이지를 채워 줍니다.

[코드 10-45] company.php 파일 기초 구조

```php
1   <?php include "header.php"; ?>
2
3   <?php include "footer.php";?>
```

그리고 다음과 코드를 입력해 줍니다.

[코드 10-46] company.php 파일 내용

```php
1   <?php include "header.php";?>
2   <section class="company">
3       <h1>회사 소개</h1>
4   </section>
5   <div class="container">
6       <aside>
7           <h3>회사소개</h3>
8           <ul>
9               <li><a href="#">인사말</a></li>
10              <li><a href="#">연혁</a></li>
11              <li><a href="#">제휴문의</a></li>
12          </ul>
13
14      </aside>
15      <article>
16          <h2>회사 소개</h2>
17          <p>법관은 탄핵 또는 금고 이상의 형의 선고에 의하지 아니하고는 파면되지 아니하며,
                  징계처분에 의하지 아니하고는 정직·감봉 기타 불리한 처분을 받지 아니한다.</p>
...               ... 중간 생략 ...
28      </article>
29  </div>
30  <?php include "footer.php";?>
```

근데 여기서 문제점은 header.php 파일 내부에 있는 body 태그입니다.

```
<body class="front">
```

이 body 태그에 전체 화면에 배경을 설정해 주는 역할을 하는 front라는 클래스 선택자를 적용해 줬기 때문에 다른 페이지에서는 사용할 수 없습니다.

따라서 header.php 파일을 하나 더 만들어서 그 파일 이름은 header-front.php라고 변경하고, header.php 파일 내부에 있는 `<body class="front">`는 `<body>` 태그로 바꿉니다. 그러면 index.php 파일 내부에는 다음과 같은 구조가 될 것입니다.

[코드 10-47] 변경된 index.php 파일 내용

```php
<?php include "header-front.php"; ?>

여기는 내용들 들어감...

<?php include "footer.php";?>
```

index.php 파일 이외의 파일들은 다음과 같은 구조가 됩니다.

[코드 10-48] index.php 파일 외의 다른 파일 구조

```php
<?php include "header.php"; ?>

여기는 내용들 들어감...

<?php include "footer.php";?>
```

다시 [코드 10-46]를 보면 aside 태그가 있는 부분이 있습니다.

[코드 10-49] company.php 파일 내부에 있는 aside 태그 내용

```html
1    <aside>
2        <h3>회사소개</h3>
3        <ul>
4            <li><a href="#">인사말</a></li>
5            <li><a href="#">연혁</a></li>
6            <li><a href="#">제휴문의</a></li>
7        </ul>
8
9    </aside>
```

이 부분은 별도의 파일로 저장할 수 있습니다. 예를 들어 sidebar-company.php 파일로 저장해 놓고 다음과 같이 수정하면 사이드 바가 있는 부분까지 모듈화가 가능한 것입니다.

[코드 10-50] 사이드 바 부분까지 모듈화 처리한 후 company.php 파일 모습

```php
<?php include "header.php";?>
<section class="company">
    <h1>회사 소개</h1>
</section>
<div class="container">
    <?php include "sidebar-company.php";?>
    <article>
        <h2>회사 소개</h2>
        <p>법관은 탄핵 또는 금고 이상의 형의 선고에 의하지 아니하고는 파면되지 아니하며,
        징계처분에 의하지 아니하고는 정직·감봉 기타 불리한 처분을 받지 아니한다.</p>

        …
    </article>
</div>
<?php include "footer.php";?>
```

다시 [회사 소개] 부분 디자인을 다시 한번 확인해 보도록 하겠습니다.

[그림 10-35]를 볼까요? ❶번 항목이 있는 부분은 대제목이 됩니다. ❷번 항목은 서브 메뉴 부분이고, ❸번 항목이 콘텐츠가 들어가는 부분입니다. 바로 위 [코드 10-50]을 보면 <section class="company">가 들어 있는 부분이 ❶번 항목, "sidebar-company.php"를 include 하는 부분이 ❷번 항목, 나머지 부분이 ❶번 항목이 되는 것입니다.

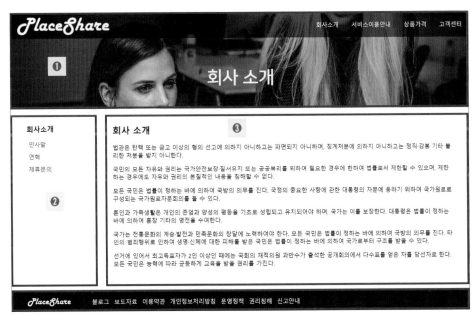

[그림 10-36] 회사소개 디자인 부분 모듈 단위로 쪼개 보기

마지막으로 CSS 코드를 이용해서 디자인을 해보겠습니다. 우선 디자인 전 화면을 볼까요?

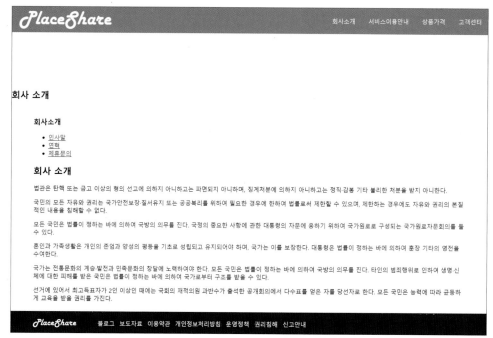

[그림 10-37] CSS 디자인 전 회사소개 페이지

[코드 10-51] [회사 소개] 페이지 CSS 코드

```
178 section.company {
179     background-image: url(../imgs/company.jpg);
180     background-repeat: no-repeat;
181     background-position: center;
182     background-size: cover;
183     min-height: 300px;
184     margin-top: -240px;
185 }
186
187 section.company h1 {
188     text-align: center;
189     padding-top: 150px;
190     font-size: 3rem;
191     color: #fff;
192     font-family: 'NanumSquare', sans-serif;
193 }
194
```

```
195 article {
196     padding-top: 0;
197     margin-top: 0;
198     width: 80%;
199     float: right;
200 }
201
202 aside {
203     float: left;
204     width: 18%;
205 }
206
207 aside ul {
208     margin-left: -35px;
209     list-style: none;
210 }
211
212 aside ul li {
213     padding-bottom: 0.75em;
214 }
215 aside ul li a {
216     text-decoration: none;
217 }
```

간단하게 코드에 대한 설명을 해 보겠습니다.

178행: section.company에는 배경화면으로 이미지가 들어가 있습니다. 하지만 이 배경화면은 화면의 크기에 따라서 웹 페이지 크기가 달라지는 효과를 적용했습니다. 이럴 때 사용하는 속성이 'background-size: cover;'입니다. 이 책의 모든 예제에서 나오는 속성입니다. 그리고 해당 이미지는 메인 메뉴 부분 nav 태그까지 포함해야 하기 때문에 margin-top: -240px;을 적용했으며, 세로 크기를 고정하기 위해서 min-height: 300px를 적용하였습니다.

202행: float 속성을 이용해서 콘텐츠는 화면 왼쪽, 메뉴 부분은 오른쪽으로 배치를 했으며 리스트 스타일에 따른 마진 값 정도만 적용했습니다.

여기까지 멀티 페이지를 어떻게 모듈화를 하는지에 대한 내용을 살펴봤습니다. 웹 페이지를 모듈화하는 이유는 유지보수의 편의성에 있습니다. 모든 페이지를 단일화했다면, 1,000개의 페이지가 있는 경우 1,000개의 페이지를 전부 수정해야 하지만, 모듈화를 하게 되면 페이지 수는 많아지지만, 해당 페이지 하나만 수정하더라도(특히 header와 footer 부분) 1,000개의 페이지에 즉시 반영되기 때문에 매우 빠르고 편리하게 유지보수가 가능한 것입니다.

이 예제는 반응형 웹사이트로 만드는 방법에 대해서는 설명하지 않겠습니다. 이 부분은 독자분을 위한 연습문제로 남기려 합니다. 물론 이 문제의 정답은 없습니다. 하지만 필자는 최대한 표준을 지켜서 반응형 웹사이트로 만든 예제를 별도로 제공해 드리겠습니다.

참고 반응형으로 작동되는 예제는 로드북 사이트와 백견불여일타 네이버 카페에서 다운로드하실 수 있습니다. 10장의 연습문제는 본문에서 필자가 요구한 부분에 대해서 여러분들께서 지금까지 학습한 내용을 토대로 여러분 본인만의 답을 찾아서 사이트를 직접 제작해 보시기 바랍니다

여기까지 따라 오시느라 수고하셨습니다. 감사합니다. ^^

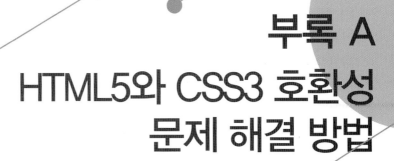

부록 A
HTML5와 CSS3 호환성
문제 해결 방법

웹 개발자인 경우 모든 사용자들이 크롬 최신 버전이나, 윈도우 엣지, 파이어폭스 등과 같은 최신 브라우저를 사용해 주면 가장 행복할 것입니다. 아니면 적어도 IE10 버전만이라도 사용해 주면 감지덕지할 것 같은데요, 하지만 모든 사용자들이 윈도우 10 또는 윈도우 8.1 버전을 사용하는 것이 아니고 지금도 상당히 많은 사용자들이 윈도우 7에 기본 설정된 IE9 또는 그보다 더 하위 버전인 IE8을 사용하고 있는 실정입니다. 이런 하위 브라우저에서는 지금까지 책에서 배운 내용들을 그대로 적용하면 무조건 레이아웃이 깨지거나, 이상하게 보일 수밖에 없습니다. 이런 하위 브라우저와의 호환성 때문에 개발자들이 엄청난 고생을 하는 것입니다.

[부록 A]에서는 이런 하위 브라우저에서 문제가 되는 호환성 문제에 대해서 간단하게 설명해보 겠습니다.

먼저 하위 브라우저와의 호환성 문제는 다음의 사이트에서 해당 HTML5 태그 또는 CSS3의 속성이 해당 브라우저에서 작동하는지 알 수 있습니다.

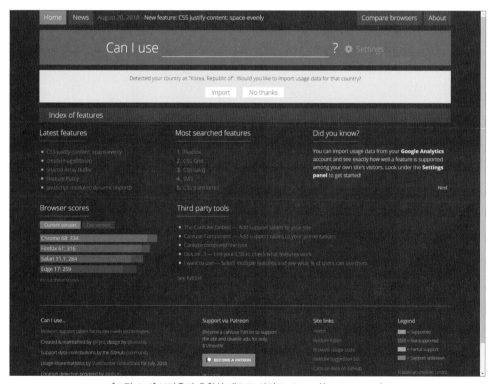

[그림 A-1] 브라우저 호환성 테스트 사이트 : https://caniuse.com/

가령, 필자가 이 책의 전번에 걸쳐 상당히 많은 언급을 했던 flex에 대해서 확인해보겠습니다. 검색창에 flex라고 입력을 하면 어떤 결과가 나올까요?

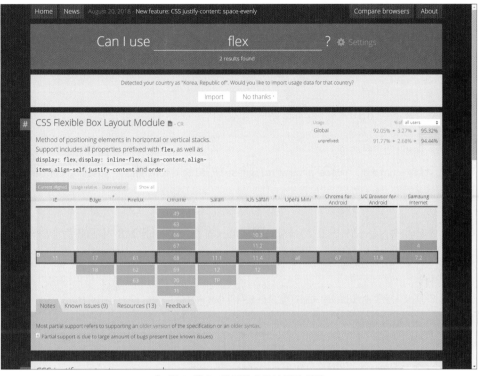

[그림 A-2] flex에 관한 호환성 결과 화면

[그림 A-2]를 보시면 상당히 놀라운 결과를 알 수 있습니다. IE는 11버전부터 호환이 된다고 합니다. 즉, IE10도 flex를 사용하면 안 되는 것입니다. 나머지 브라우저들은 거의 대부분 호환 되는 것을 알 수 있습니다. 그렇다면 이렇게 적어도 IE10에서 flex 속성을 사용하는 방법은 없 을까요? IE10에서는 `-ms-` 라는 브라우저 프리픽스prefix를 flex 속성에 추가해줍니다. 하지만 IE10에서 는 웹 표준 방식의 flex 속성과 비교했을 때 약간의 차이가 있습니다.

웹 표준에서는 다음과 같이 flex를 지정하지만,

```
display: flex;
```

IE10에서는 다음과 같이 지정합니다.

```
display: -ms-flexbox;
```

위의 flex 속성 정의하는 것 이외에는 거의 모든 웹 표준 방식의 flex 속성을 앞 부분에 `-ms-`를 추가해주면 됩니다. 여기서 주의할 점은 프리픽스가 붙는 모든 속성은 웹 표준보다 앞 쪽에 위 치해 있어야 합니다. 다음과 같이 말이죠.

```
.page-wrap {
  display: -ms-flexbox;       /* IE 10 플렉스 적용 */
  display: -webkit-flex;      /* Chrome 구형 버전에 플렉스 적용 */
  display: flex;              /* 웹표준 방식 */
}}
```

여기서 주의할 점은 IE10에서 flex의 모든 속성 중 다음은 사용할 수 없습니다.

- flex-flow와 관련된 속성
- justify-content: space-around, align-self, align-content / justify-content 중 3개의 속성

하지만 아래의 속성을 보시면 IE10에서도 거의 flex의 모든 속성을 MS 자체 표준에 의해서 지원되는 것을 알 수 있습니다.

[표 A-1] IE10에서 사용할 수 있는 flex 속성과 웹 표준 방식의 flex 속성값

속성	설명
display: -ms-flexbox; display: flex;	flex 설정
-ms-flex: 1; flex-grow: 1;	아이템의 크기 조정
-ms-flex-direction: row; flex-direction: row;	플렉스 수평 방향 설정
-ms-flex-direction: column; flex-direction: column;	플렉스 수직 방향 설정
-ms-flex-direction: row-reverse; flex-direction: row-reverse;	플렉스 수평 방향 반대로 설정
-ms-flex-direction: column-reverse; flex-direction: column-reverse;	플레스 수직 방향 반대로 설정
-ms-flex-wrap: nowrap; flex-wrap: nowrap;	플렉스 감싸기 설정
-ms-flex-wrap: wrap; flex-wrap: wrap;	플렉스 감싸기 설정
-ms-flex-order: 1; order: 1;	플렉스 아이템 순서 설정
-ms-flex-pack: start; justify-content: flex-start;	내부 아이템 수평 배치 설정
-ms-flex-pack: end; justify-content: flex-end;	내부 아이템 수평 배치 설정
-ms-flex-pack: center; justify-content: center;	내부 아이템 수평 배치 설정
justify-content: space-between;	내부 아이템 수평 배치 설정

-ms-flex-align: start; align-items: flex-start;	내부 아이템 수직 배치 설정
-ms-flex-align: end; align-items: flex-end;	내부 아이템 수직 배치 설정
-ms-flex-align: center; align-items: center;	내부 아이템 수직 배치 설정
-ms-flex-align: stretch; align-items: stretch;	내부 아이템 수직 배치 설정
-ms-flex-align: baseline; align-items: baseline;	내부 아이템 수직 배치 설정

[표 A-1]에서 보시면 IE10에서 사용할 수 있는 flex 속성을 알 수 있습니다. 표에서 보시면 알 겠지만 많은 속성들이 -ms- 프리픽스만 달고 나머진 비슷하지만 몇몇 속성들을 다른 것을 알 수 있을 것입니다. 이 점만 명심하면 IE10에서도 flex의 주요 속성을 모두 사용 가능합니다.

이외에도 IE9이하의 브라우저에서는 HTML5 태그를 인식하지 못하는 경우가 있습니다. 이런 경우 반드시 HTML 문서의 <head>와 </head> 사이에 다음의 코드를 반드시 넣어 주시기 바랍니다.

```
<!--[if lt IE 9]>
<script src="http://html5shim.googlecode.com/svn/trunk/html5.js" type="text/
javascript"></script>
<![endif]-->
```

이 코드는 IE9 이하의 브라우저에서 HTML5의 태그가 작동하도록 하는 역할을 해줍니다.

여기서 'If lt IE9'가 의미하는 것은 '만약(if) IE9 보다 작다면(less than)'이라는 의미입니다. 가 끔 웹사이트에 이와 유사한 코드를 보실 수 있는데 이 코드들을 특별히 IE 브라우저에 맞춰서 작동하는 코드만 넣는 곳입니다. 다음의 코드를 볼까요?

```
<!--[if (gte IE 9_&(lte IE 10)]>
 <style>
     CSS 속성들 여기 들어감.
</style>
<![endif]-->
```

이 코드는 IE9 에서 IE10 브라우저에서는 내부에서는 CSS 속성들이 적용되는 것입니다. 여기 서 gte의 의미는 grater than equal 즉, '~ 보다 크거나 같다면'이라는 의미입니다.

또는 다음과 같이 IE9 에서만 사용되는 CSS 속성을 적용해 줄 수도 있습니다.

```
<!--[if IE 9]>
 <style>
      여기는 IE9에만 적용되는 CSS 속성들
 </style>
<![endif]-->
```

위와 같이 조건문을 만들 때는 다음의 조건을 참조하시면 됩니다.

```
 ! : 아니다(not) 🔲 [if !ie8] ie 8이 아니면
 lt : 작다(less than) 🔲 [if lt ie 9] ie9보다 작다면
 gt : 크다(greater than) 🔲 [if gt ie 6] ie6보다 크다면
 lte : 작거나 같다(less than equal) 🔲 [if lte ie 8] ie8보다 작거나 같다면
 gte : 크거나 같다(greater than equal) 🔲 [if gte ie 7] ie7보다 크거나 같다
 () : 두 개의 조건문 사용 시
 & : 그리고(and) 🔲 [if (gte ie 8)&(lt ie 10)] ie8 이상이고 ie10 미만이라면
 | : 또는(or) 🔲 [if (ie 6)|(ie 8)] ie6이거나 ie8이라면
```

다시 한번 말씀드리지만 위의 조건문은 <head>와 </head> 태그 내부에서만 사용해야 합니다. 이러한 조건문 내부에는 CSS 뿐만 아니라 자바스크립트 또한 추가해 줄 수 있습니다. 즉 브라우저별로 작동하는 자바스크립트를 넣어 줌으로써 하위 브라우저에서 작동하지 않는 경우 문제를 해결해 줄 수 있습니다. 또한 이러한 조건문으로 '현재 사용하는 브라우저에서는 이 페이지가 정상적으로 보이지 않을 수도 있습니다.' 라는 문구를 넣거나, 다른 페이지로 보내 버릴 수도 있는 것이죠.

사실 한국이 인터넷의 발달이 늦는 것은 이런 구형 IE 브라우저의 역할도 큽니다. 특히 공공기관에서 이런 구형 IE 브라우저에서만 행정 업무가 가능하게 하는 바람에 개발자들은 엄청난 스트레스를 받는 것입니다. 이유는 공인인증서와 그에 따른 키보드 보안 등의 쓸데없는 액티브X 기반의 프로그램들로 구성된 일련의 보안 관련 프로그램이 IE 구형 브라우저에서만 작동하기 때문입니다. 심지어 MS에서는 윈도우 10에 설치된 기본 브라우저인 엣지Edge에서는 더 이상 액티브 X가 작동하지 않게 만들었습니다. 막상 실제로 액티브 X는 없앴지만, 설치 프로그램들(이것이나 액티브 X나 같음)로 만들어 놔서 진정한 웹 표준으로 전환하기까진 시간이 많이 걸릴 것 같습니다.

이렇게 IE 하위 브라우저에서의 문제는 바로 앞에서 설명한 조건문을 통한 별도의 스타일 시트를 만들어서 하위 브라우저에 제대로 동작하게 하는 방법이 현재로는 가장 최선의 방법입니다. 웹사이트를 하나 만들 때 고려할 요소는 상당히 많습니다. 하지만 IE 브라우저 버전별로 레이아웃이 달라져서 그에 맞는 방법을 찾는 것은 개발자를 괴롭히는 것과 다름이 아닙니다. 앞으로 이런 하위 브라우저 때문에 생기는 문제 때문에 코드가 복잡해지고, 여러 보안 문제들이 발생하는 것을 없애기 위해서 정부에서부터 많은 노력을 해야 할 것입니다.

부록 B
PC에 웹 서버 설치하기

이 책에서 나오는 예제 중 확장자가 php일 때 php의 include문으로 제작되었습니다. 이렇게 확장자가 php로 되어 있고, 내부에 include문이 포함된 문서를 제대로 보기 위해서는 2가지 방법이 있습니다.

첫 번째 방법은 웹 호스팅 서비스를 이용하는 것이고, 다른 하나는 WAMP 서버 또는 XAMPP 서버를 설치하는 것입니다. 웹 호스팅 서비스는 다양한 가격에 다양한 서비스가 존재합니다. 개인용부터 시작하여 기업용 서비스 등 아주 많은 서비스가 존재하며, 서비스할 웹사이트의 크기와 용량, 하루에 어느 정도 트래픽이 발생할 것인지 예측하여 그에 맞는 서비스를 신청하면 됩니다. 하지만 이 책의 예제를 연습하기 위해서는 굳이 돈을 들여서 서비스를 설치할 필요는 없습니다. 가장 간단한 방법은 사용하는 PC에 WAMP 서버 /XAMPP 서버를 설치하면, php 기반 예제를 실행할 수 있습니다.

WAMP는 Windows+Apache+MySQL+PHP의 합성어입니다. 즉 윈도우 PC 기반에 아파치 서버, MySQL 데이터베이스 그리고 웹 개발 언어인 PHP가 복합적으로 구성된 하나의 패키지용 소프트웨어입니다. 현재는 버전이 WAMP Server 3.06 최신 버전이며, 무료로 사용 가능합니다([그림 B-1]을 참고하세요). 버전에 계속해서 업데이트 되기 때문에 최신 버전을 사용하시는 것을 추천합니다.

[그림 B-1] WAMP 서버 홈페이지: http://www.wampserver.com/en/

맥용으로는 MAMP(Macintosh+Apache+MySQL+PHP)입니다. MAMP는 2가지 종류가 있습니다. 무료로 사용 가능하며, MAMP Pro는 상용입니다([그림 B-2]를 참고하세요).

[그림 B-2] MAMP 서버 홈페이지: http://www.mamp.info/en/index.html

리눅스용으로는 LAMP(Linux+Apache+MySQL+PHP)가 있으며 역시 무료로 사용 가능합니다. 리눅스 패키지에 포함되어 있는 경우가 많으며, 따로 웹사이트는 없습니다.

필자는 한동안 WAMP 서버를 사용해서 작업을 했는데, 최근에는 HTTPS 기반의 웹 페이지를 테스트해 볼 기회가 생겨서 XAMPP 서버를 주로 사용하고 있습니다. [그림 B-3] 참조하세요.

[그림 B-3] XAMPP 서버 홈페이지 https://www.apachefriends.org/index.html

XAMPP는 특이하게 윈도우용, 맥용, 리눅스용 3가지 버전을 한꺼번에 제공하는데, XAMPP 가 실제 사용성이나 확장성에서 상당히 좋은 평가를 받고 있으며, 특히 인증서와 연동해서 사 용할 때 가장 편리하게 사용 가능합니다.

별도의 설치 방법에 대해서는 언급하지는 않겠습니다만. 반드시 웹사이트를 작업하실 때에는 해당 프로그램이 설치된 디렉토리에 특정 폴더(WAMP인 경우 www 폴더 / XAMPP인 경우 htdocs) 내부에 새로운 폴더를 만들고 작업해야 합니다. 앞에서 언급했지만, 저는 XAMPP 서 버를 사용하기 때문에 xampp 폴더 내부에 있는 htdocs 폴더에 별도의 폴더를 만들어 놓고 해 당 폴더에서 작업을 합니다([그림 B-4]를 참조하세요).

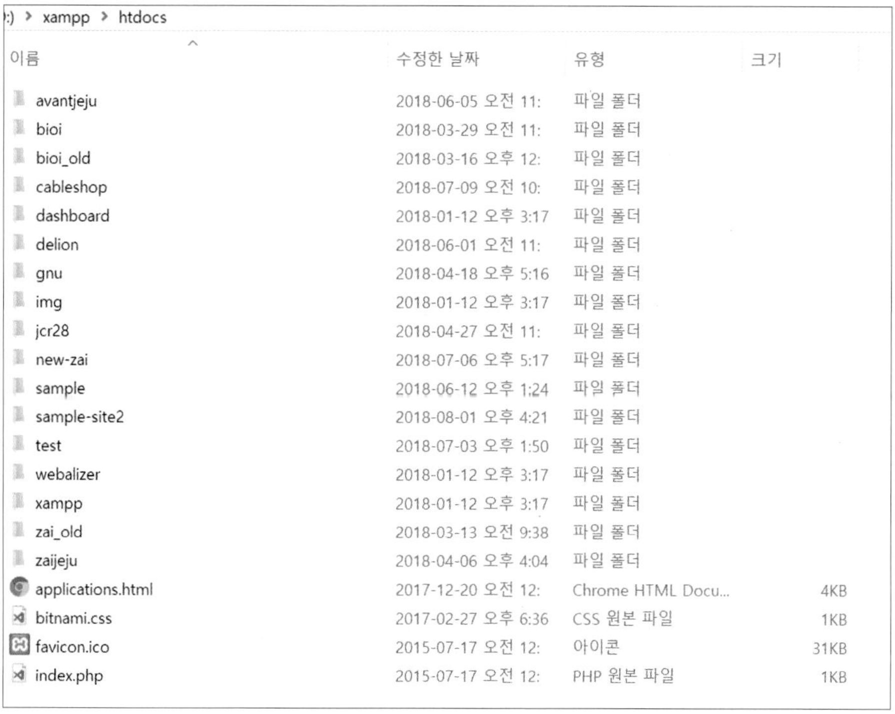

[그림 B-4] 필자가 작업하고 있는 htdocs 폴더 모습

그리고 중요한 점 하나!

WAMP든, XAMPP든, 반드시 로컬 PC에 설치 되어 있다면 [그림 B-5]와 같은 컨트롤 패널을 반드시 실행한 후 작업을 해야 합니다. 즉, 서버 프로그램이 설치되어 있어야 하는데, 서버 프로그램이 작동하지 않으면 php로 작업된 파일들은 제대로 열리지 않을 것입니다.

[그림 B-6]과 같이 해당 사이트로 접속이 거부되거나, 또는 이상하게 페이지가 표시될 때 웹 서버가 제대로 실행되지 않은 경우입니다. 따라서 php 기반의 웹사이트를 개발할 때는 XAMPP 또는 WAMP 서버를 이용해서 로컬 PC에서 모든 작업을 끝내고 나서 웹 서버 또는 웹 호스팅 서버로 이전하는 것이 가장 편리하고 안전한 방법이 될 수 있습니다.

이상으로 로컬 PC에서 php 기반의 웹 서버 구동 방법에 대해서 알아보았습니다.

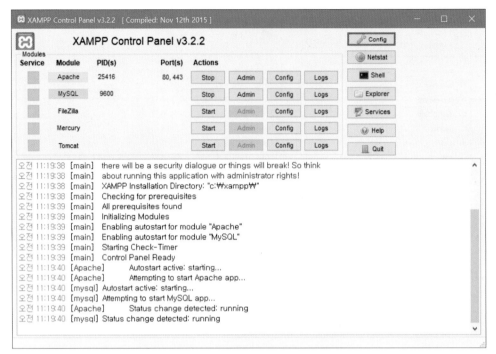

[그림 B-5] XAMPP의 컨트롤 패널 모습

[그림 B-6] XAMPP 또는 WAMP 서버 미 실행 시 해당 웹 페이지에서 에러가 발생한다.

찾아보기